思想と思想家

思想と思想家

——バーリン選集 1——

福田歓一
河合秀和 編

岩波書店

A SELECTION FROM "CONCEPTS AND CATEGORIES",
"RUSSIAN THINKERS", "AGAINST THE CURRENT"
AND "PERSONAL IMPRESSIONS"

by Isaiah Berlin
edited by Henry Hardy

Originally published by the Hogarth Press Ltd., London

This volume includes the following articles:
Herzen and Bakunin on Individual Liberty (1955),
The Originality of Machiavelli (1971), The Divorce between
the Sciences and the Humanities (1974), Montesquieu (1955),
Benjamin Disraeli, Karl Marx and the Search for Identity
(1970), The 'Naïveté' of Verdi (1968), Georges Sorel (1971)
and Nationalism : Past Neglect and Present Power (1978)

This Japanese edition is published in
1983 by Iwanami Shoten, Publishers, Tokyo
by arrangement with Sir Isaiah Berlin,
Henry Hardy and Wolfson College
c/o Curtis Brown Academic Ltd., London.

凡　例

一、本選集は、H・ハーディ氏の編集による四巻著作集(Vol. I, *Russian Thinkers*, Vol. II, *Concepts and Categories*, Vol. III, *Against the Current*, Vol. IV, *Personal Impressions*, 1978–1980, The Hogarth Press)を中心に、福田歓一、河合秀和が、バーリンの全体像を浮かび上がらせるよう、翻訳されていない諸論文を主として、三巻に編集したものである。第一巻では思想史を、第二巻では同時代人論と政治哲学を、第三巻ではロマン主義と政治に関連する諸論文をまとめた。

一、第二巻では福田歓一のバーリン教授の紹介を、第三巻ではH・ハーディ氏作製のバーリン著作目録を掲載する。

一、第一巻の諸論文の初出は次のとおりである。

マキアヴェッリの独創性　The Originality of Machiavelli(*New York Review of Books*, 4 November 1971). 著作集Ⅲ巻に収録。

自然科学と人文科学の分裂　The Divorce between the Sciences and the Humanities(2nd Tykociner Memorial Lecture, Illinois, 1974). 著作集Ⅲ。

モンテスキュー　Montesquieu(*Proceedings of the British Academy* 41, 1955). 著作集Ⅲ。

ゲルツェンとバクーニン　Herzen and Bakunin on Individual Liberty(Ernest J. Simmons ed., *Con-*

tinuity and Change in Russian and Soviet Thought, 1955). 著作集Ⅰ。

ベンジャミン・ディズレーリとカール・マルクス Benjamin Disraeli, Karl Marx and the Search for Identity (*Transactions of the Jewish Historical Society of England* 22, 1970). 著作集Ⅲ。

ヴェルディの「素朴さ」The 'Naïveté' of Verdi (*Hudson Review* 21, 1968). 著作集Ⅲ。

ジョルジュ・ソレル Georges Sorel (*Times Literary Supplement*, 31 December 1971). 著作集Ⅲ。

ナショナリズム El nacionalismo: descuido del pasado y poder actual (*Diálogos* 14, No. 6, November-December, 1978). 英語版は Nationalism: Past Neglect and Present Power (*Partisan Review* 46, 1979). 著作集Ⅲ。

一、第二巻、第三巻には次の諸論文が収録される。

第二巻――一九四〇年のウィンストン・チャーチル、フランクリン・D・ルーズヴェルト大統領、カイム・ワイツマン、L・B・ネーミエ、J・L・オースティンと初期のオックスフォード哲学、アインシュタインとイスラエル、ロシアの詩人たちとの会話、哲学の目的、「希望と恐怖から自由に」、平等。

第三巻――西欧におけるユートピア思想の衰頽、反啓蒙主義、ヴィーコの知識概念、ヴィーコと啓蒙の理想、モーゼス・ヘスの生涯と意見、ロシアと一八四八年、注目すべき一〇年間。

目　次

マキアヴェッリの独創性

一

マキアヴェッリの政治的見解については非常に多くの異なった解釈があり、その解釈の数たるや驚嘆に値するものがある。[1] 個々の点をどう考え、解釈するかについての厖大な見解の数々を別としても、今日なお、『君主論』や『論考』をどう解釈すべきかについての主な見解が二〇を超えるといった有様である。[2] このようにマキアヴェッリについての文献の数は多く、しかも今や以前にもましてその増加の速度が早まっている。これら二つの作品に含まれている個々の見解や特定の用語の意味については解釈の相違があるにしても、それは他の思想家の場合に通常見られる範囲を超えるものではない。これに対してマキアヴェッリの基本的な政治的見地、その中心的見解の解釈については他の思想家の場合と比較して驚くほどの違いが見られる。

こうした現象が何故生ずるかを理解するのはその思想家の見解がなお人類の頭を悩まし、その心をかき乱すような場合――例えば、プラトン、ルソー、ヘーゲル、マルクスなど――、まだしも容易である。またこれらの場合には、プラトンがその執筆に際して自ら身をおいた世界や言語が、われわれが確信をもって理解できるとはいえないような対象であるとか、ルソーやヘーゲル、マルクスが含蓄に富む思想家であり、彼らの作品は明晰さ、一貫性の点で模範とは言えないとか、付け加えることもできよう。これに対して『君主論』は小品であり、その文体は一般に非常に明快で、簡潔な、切れ味の良い文体と言われており、明晰なルネサンスの散文の一つの模範と言われている。『論考』も、政治論としては格別長い作品でなく、同じように明晰、明確な文体を具えている。しかしながらこれら二つの作品いずれの意義についても解釈の一致が全く見られないのである。この二つの作品は伝統的政治理論の枠内に吸収されることなく、依然として激しい感情的反応を喚び起している。『君主論』が過去四世紀にわたって、特に今世紀において、腕利きの実際政治家——彼らは通例古典的文献を熱心に読むことなどありえない人々である——の関心と称讃とを喚起したのは明らかな事実であった。

マキアヴェッリが述べたこと、ほのめかしたことの中に、異様に人々の心をかき乱し、深刻で絶えず不安をまき起す何かがあることは明らかである。現代の研究者たちは、『論考』(と『フィレンツェ史』)に見られる(大体において)共和主義的な見解と『君主論』における絶対的支配者への助言との間には、実質的あるいは外見的な矛盾があると指摘してきた。実際、これら二つの作品の間には論調の違いがあり、またこれらの執筆の年代順についてもさまざまな難問がある。ここから三百年以上にわたって、マキアヴェッリの性格、動機、信念についてのさまざまな問題が、文学者、言語学者、心理学者、歴史家に豊かな研究と思弁との対象を提供することになった。

しかし西欧人の感覚に衝撃を与えたのはこの点ではない。そしてまたマキアヴェッリの「現実主義(リアリズム)」、すなわち彼の野蛮で破廉恥な、冷酷な政策の擁護のみが後の多くの思想家を心底から狼狽させ、彼らの中のある者にこの力と欺瞞との弁護を説明しあるいは巧みに釈明するのを余儀なくさせたわけではなかった。それというのも悪人の栄えが見られるとか、不道徳な方途が利益をもたらすように見えるとかといった事実は、決して人類がそれまで気づいていなかったことではないからである。聖書、ヘロドトス、トゥーキュディデース、プラトン、アリストテレスの作品など、西欧文化の基本的な作品の中からあるものだけを取り出してみても、ヤコブやヨシュア、ダヴィデの性格、サウルに対するサムエルの助言、トゥーキュディデースのメロス島人とアテナイ人との対話あるいはアテナイ人のとった残忍な、しかし後に撤回された決定の少なくとも一つについての彼の説明、トラシュマコスとカリクレスの哲学、『政治学』におけるアリストテレスの僭主への助言、キケロの記すところのカルネアデスのローマの元老院での演説、ある利益の観点からするアウグスティヌスの世俗国家についての見解、それとは異なった観点からするマルシリオの見解、これら全ては政治の現実に光を投げかけることによって、マキアヴェッリをまつまでもなく理想主義に無批判に身をゆだねる軽信の徒に十分衝撃を与えるだけのものを具えていた。

従って恐らく彼が他の先人たちよりも鋭く政治の現実を描き出したとしても、彼の与えた衝撃をそのしたたかな精神によってのみ説明しようとするのはほとんど不可能である。(3) この体質は最初のマキアヴェッリに対する抗議の声——すなわち、ポールやジャンティユの反応——を説明することができるとしても、ホッブズやスピノザ、ヘーゲル、ジャコバン主義者とその後継者などの見解に親しんでいる人々のマキアヴェッリに対する反応は、こうした彼の体質によっては説明できない。従ってマキアヴェッリの作品が相変らず嫌悪を惹起し、解釈者の間で意見の違いが見られるという事実を説明するには、何かそれとは違ったものが必要であることは確かである。この二つの現象は無関係ではないと思われる。この後の現象がどのようなものかを示すため、以下、十六世紀以来マキアヴェッリの政治思想について唱えられて来た相対立する解釈のうち、良く知られているものだけを挙げることにしよう。

アルベリコ・ゲンティリ(4)とギャレット・マッティングリによれば、(5)『君主論』の著者は一つの風刺(サタイア)を書いたのであって、彼自身自ら口にしたことを文字通り本気で主張したということは全くあり得ない。スピノザ、(6)ルソー、(7)ウーゴ・フォスコロ、(8)ルイジ・リッチ(9)(彼は「世界古典叢書」の読者のために『君主論』の序文を書いている)によれば、『君主論』は一種の戒めを目的とする作品である。彼らによれば、マキアヴェッリはいかなる境遇にあっても熱心な愛国者、民主主義者、自由の信奉者であり、『君主論』は僭主がいかなる存在であり得、何をすることができるか人々に警告を発し、僭主に抵抗することは好ましいという意図の下に執筆されたに違いなかった(スピノザはこの点特に明快に述べている)。マキアヴェッリがこの点を公然と述べることができなかったのは、恐らく教会とメディチ家という二つの相対立する権力が同じように(そして正当にも)猜疑の念をもって彼を見すえていたからであった。それ故『君主論』は一つの風刺である(尤も私にはこの作品ほど風刺に見えない作品はないように見えるが)。

A・H・ギルバートにとっては『君主論』[10]はそれとは全く違ったものであり、その当時の典型的なタイプの作品、すなわち、一つの「君主鑑」であり、ルネサンス及びそれ以前(そしてその後)に極めてありふれた、明らかに先人の見解の借用と模倣とに満ちたジャンルの一つの具体例である。そして『君主論』は他の同種類のものよりも才知に富み、確かにより現実的で(より影響力のある作品)あるが、しかしその様式、内容、意図において他と余り異なるところはない。

ジュゼッペ・プレッツォリーニ[11]とヒラム・ハイドン[12]は『君主論』を反キリスト的作品である(この点で彼らはフィヒテその他に従っている)[13]という、よりもっともらしい解釈をとり、その趣旨を教会とその諸原理に対する攻撃、異教的生活観の弁護にあるとしている。これに対してジュゼッペ・トッファニン[14]はマキアヴェッリを幾分特異ではあるがキリスト教徒であることに変わりはないと考えている。非常に秀れたマキアヴェッリ伝を書いた、存命中のロベルト・リドルフィ[15]やレースリィ・ウォーカー(その『論考』の英語版において)[16]も、こうしたキリスト教徒マキアヴェッリという見解を完全に否定する立場をとっていない。実際、アルデリジオ[17]はマキアヴェッリを真摯なカトリック教徒と見なしている。もっともこの点ではリシュリューの代弁者カノン・ルイ・マコンの『マキアヴェッリ弁護論』[18]、十九世紀の匿名の編者の手になる『ニッコロ・マキアヴェッリの著作から忠実に抽出された宗教上の格率』[19](この作品についてはリドルフィがマキアヴェッリ伝の最後の章で言及している)の方が、もっとキリスト教徒マキアヴェッリというテーゼを大胆に打ち出している。

ベネデット・クローチェ[20]や彼の見解に従う人々からすれば、マキアヴェッリは苦悶するヒューマニストであり、自ら描くところの犯罪行為が人々に与える印象を弱めようと試みるどころか、人間の悪徳の故にそうした悪行が政治の世界では避けることができないことを嘆き悲しんだ人間であった。従ってマキアヴェッリは、政治上の目的が道徳的に見て邪悪な手段によってのみ達成されうるという世の中の現状を考察しながら、「時々道徳的嫌悪感を催した」[21]モラリスト、その意味で政治の領域と倫理の領域とを分離した人物であった。これに対してスイスの研究者ヴァルダー、ケーギ、フォン・ムゥラルト[22]によればマキアヴェッリは平和を愛するヒューマニストであり、秩序、安定、人生の悦楽の信奉者であり、人間性に潜む攻撃的要素を文明を伴った調和状態へと秩序づけることを可能だと考えていた。そしてこの調和状態を最も美わしい形で実現していたのが、当時自ら武器を執ることで有名であったスイスの民主政であると彼には思われたのである。[23]

新ストア派のユストゥス・リプシウス、それから一世紀後のアルガロッティ(一七五九)、アルフィエリィ[24](一七八六)にとってはマキアヴェッリは情熱的な愛国者であった。その彼にとって、チェーザレ・ボルジャはもし生きていたならば、イタリアを踏みつぶし、イタリアを悲惨、貧困、堕落、無秩序に陥れた野蛮なフランス人、イスパニア人、オーストリア人からイタリアを解放したと思われる人物であった。ギャレット・マッティングリ[25]はこの見解の正しさを疑っている。何故ならば、チェーザレが無能で、一個のいかさま師、卑劣な落伍者であったことはマッティングリにとってのみならず、マキアヴェッリにとっても明らかであったに違いないと確信をもって言えるからである。またエリック・ヴォグリンは、マキアヴェッリがこの思いつきに駆られていた時点で念頭においていたのはチェーザレではなく、(誰よりも)チムールであったと示唆しているように見える。[26]

カッシーラー、[27]ルノーデ、[28]オルスキ、[29]ケイト・ハンコック[30]によれば、マキアヴェッリは政治的、倫理的にいかなる立場にもコミットしない冷淡な技術者、政治の客観的分析に専心する人物、道徳的に中立な科学者であり、(カール・シュミット[31]がわれわれに語るところに従えば)社会や歴史の世界に帰納的方法を適用した点でガリレオの先がけをなす人物であり、自らの技術上の発見の利用の仕方に全く道徳的関心を持たない――従って解放者であれ専制君主であれ、善人であれ悪漢であれ、誰に対してもそれを同じように利用に供する用意がある――人間であった。ルノーデはマキアヴェッリの方法を「純粋な実証主義」と規定し、カッシーラーはそれを「政治の静力学」を扱うものと規定している。しかしフェデリコ・シャボーによれば、マキアヴェッリは冷静な計算とは全く無縁な、非現実主義に陥るほど情熱的な人間であった。[32]リドルフィもまた彼を偉大な情熱家と呼び、[33]デ・カプラリス[34]は彼をむしろ夢を追い求める人間と解釈している。

ヘルダーによれば、マキアヴェッリは何よりも時代の驚嘆すべき鏡であり、時代の特徴に敏感な人間であった。彼は他の人々が述べたり、気づいたりしなかった事柄を正確に記述し、鋭い同時代的考察の汲めども尽きぬ宝庫を提供している。この見解はランケやマコーレー、バード、そしてわれわれの時代ではジェンナロ・サッソ[35]によって支持されている。フィヒテにとってマキアヴェッリは、人間を形作り、その道徳性を変形させる本当の歴史的(あるいは超歴史的)力に対して深い洞察力を持つ人間であった。なかんずく、彼は政治的統一と中央集権化とのためにキリスト教の原理を拒否した人間であった。またヘーゲルにとって彼は、群小弱体君主国の無秩序な集まりを統一性を持つ全体へと結合することの必要を見抜いた天才であった。彼の唱える術策は嫌悪感を呼び起すかも知れないが、それらは今日から見て遠い過去の、マキアヴェッリの時代の状況に帰せられるべき、いわば偶然的要素である。彼の唱える個々の助言がいかに時代遅れであっても、彼はその時代の要求、すなわち、近代的、中央集権的な国家の誕生の時期が到来したというより重要な論点を捉えており、彼はその形成のために「真に必要な基本原理を確立した」のであった。[36]

ヘルダー、ヘーゲル、マコーレー、バード、デ・サンクティス、オレステ・トマッシーニ[37]に共通するのは、マキアヴェッリは何よりも自らの世代――フィレンツェ人のみならず、何らかの程度においてイタリア人――に語りかけたイタリア人、愛国者であり、従って彼についての判断はその歴史的脈絡の中でのみ、少なくとも主としてはその脈絡の中で行なわれなければならない、という立場である。しかしハーバート・バターフィールド[38]やラファエロ・ラマ[39]によれば、マキアヴェッリは科学的感覚のみならず歴史的感覚も欠いていた。すなわち、古典古代の著述家に魅了されていた彼の眼は専ら頭の中で描かれた過去に向けられており、(ラウリ・フォビネン[40]によれば)彼はその政治上の格率をある独断的公理から非歴史的、ア・プリオリな形で演繹している。そしてこうした方法自身、彼が執筆していた当時既に時代遅れとなりつつあった。この点で彼の古典古代の盲目的模倣は、彼の友人グィッチャルディーニの歴史的感覚と賢明な判断に比べて劣る(その意味でグィッチャルディーニの中に、近代の科学的方法の発見がむしろ示唆されている)と判断されることになる。

ベーコン[41]にとって(スピノザ及び後年のラッサールにとっても)マキアヴェッリは何よりも最高の現実主義者(リアリスト)であり、ユートピア的幻想から自由な人間であった。ボッカリーニ[42]はマキアヴェッリの作品によって衝撃を受けつつも、その観察の鋭さや重大性を否定することはできなかった。同じようにマイネッケ[43]にとってマキアヴェッリは国家理性論の父であり、それによって西欧の国家に匕首を突き刺し、ヘーゲルだけがその治療法を心得ていたような深手を負わせたのであった(ヘーゲルが治療法を心得ていたというこの認識は半世紀前のマイネッケの楽観的な見解であり、第二次世界大戦後こうした解釈は明らかに撤回された)。

ケーニヒによれば[44]マキアヴェッリは不屈の心を持った現実主義者や冷笑家などでは全くなく、当時の頽廃したイタリアの混乱とあさましさを逃れて純粋な技術の夢の中に安住の地を求めようとした審美的人間であり、理想の政治的風景を描く、実践には関心を持たない人間である点で(もし私がケーニヒの意図を正しく理解しているならば)、理想の国家を描いたピエロ・デッラ・フランチェスカと同様である。つまり『君主論』は何よりも新古典主義的、新しい田園生活趣味の、ルネサンス的スタイルの牧歌と見なされるべきである(しかしデ・サンクティスはその『イタリア文学史』第二巻において、マキアヴェッリの空想的ヴィジョンに対する敵対性を根拠に、彼を人文主義の伝統の中に加えるのを拒否している)。

レンツォ・セレノによれば、[45]彼の作品には確かに幻想が見られるとしてもそれは挫折感にさいなまれた人間のそれであり、「運命の女神(フォルトゥナ)の底知れぬ、絶えることのない悪意」[46]の犠牲者の発する「絶望的な祈り」[47]がその内容である。こうしたテーゼを証明するため、マキアヴェッリの生涯の中のある風変りなエピソードの心理分析的解釈が行なわれている。

マコーレーによればマキアヴェッリは政治の実践家で、何よりもフィレンツェの独立のために心を向け、それを確保するためとあらばいかなる政体をも認める愛国者であった。[48]マルクスは『フィレンツェ史』を一つの「傑作」と呼び、エンゲルスは(『自然の弁証法』の中で)彼を啓蒙思想の「巨人」の一人、小ブルジョア的見解から自由な人間と述べている。ソビエトにおけるマキアヴェッリ批判はもっと両義的である。[49]

短命に終ることになるフィレンツェ共和国を再建した人々にとってマキアヴェッリは、打算的で不実なおべっか使い、いかなる主人にでも仕えようとし、メディチ家の好意を得ようとして追従したが失敗した人間以外の何者でもなかった。ジョージ・セイバイン[50]は(その周知の教科書の中で)彼を反形而上学的経験主義者、いわばヒュームやポパーの先駆者であり、反啓蒙主義や神学的、形而上学的前提条件から自由な経験主義者と見ている。アントニオ・グラムシ[51]によれば彼はすたれつつある封建貴族、教皇、それらの傭兵に対して攻撃を向けた革命的革新家であり、『君主論』は新しい、進歩的勢力の独裁を示唆する一つの神話、物語であって、究極的には大衆の来たるべき役割と新しい、現実主義的政治リーダーの必要とを物語っている。『君主論』は「集団的意志」の支配を

「具体的な人間の姿を借りて象徴した作品」である。

ヤコプ・ブルクハルト[52]やフリードリヒ・マイネッケ[53]と同様、C・J・フリードリヒ[54]とチャールズ・シングルトン[55]は、マキアヴェッリは芸術品としての国家という観念を発展させたと考えている。すなわち、人間の結合体を築き、維持する偉大な人物は美をその目的として追求する芸術家にたとえられ、その欠くべからざる条件としてその素材を理解することが要求される。彼らは丁度彫刻家が大理石や粘土から像を作り上げるのと同じように、人間たちを一定の型へと形作っていくのである[56]、と。こうした見解によれば政治学は倫理学の世界を離れ、美学の領域へと近づいてゆく。シングルトンの論ずるところによれば、マキアヴェッリの独創性は政治行動を「実践」(アリストテレスやアクイナスはそれをここに属せしめた)——その目的は内在的、道徳的であってある外的事物の製作とは異なり、特定の種類の、正しい形の生き方、あり方の実現にある——の一形態としてではなく、アリストテレスの言う「製作」——その目的は非道徳的な製作物、人間の外部にある美しい、あるいは有用な事物の生産にある——の一形態として(従ってこの場合で言えば人間諸関係を一定の仕方で調整することを意味する)考えた点にあった。

この立場は、それが政治と倫理との分離をマキアヴェッリの主張とする点で、ヴィラーリ、クローチェその他と余り異なるところがない。シングルトンはマキアヴェッリの政治学を非道徳的な性格を持つと考えられる技術の領域に属するとし、クローチェはそれに独立の地位、政治のための政治という地位を認めているのである。

しかし少なくとも政治思想家マキアヴェッリについての最も通俗的な見解は、依然としてかつてエリザベス朝時代の人々、特に劇作家、学者たちが懐いていたそれである。彼らによればマキアヴェッリは悪魔の手先として善人を破滅へと導く人間、甚しく人間を堕落させる人間、悪の教師、悪行についての博士、聖バルテルミィの夜の策謀を吹き込んだ人間、イアーゴの原型である。これはエリザベス朝時代の文学に名高い、四百余に及ぶ「殺人鬼マキアヴェッリ」という表現に現われている。[57] 彼の名は悪魔のそれまでの姿に新しい要素を付け加えることになった。イエズス会士によれば彼は「犯罪における悪魔の共犯者」、「恥ずべき著作家、不信仰者」であり、『君主論』はバートランド・ラッセルの言葉によれば「ギャングのための便覧」である(これに対してムッソリーニは『君主論』を「政治家のための便覧」と呼んだが、これは他の国家の首長たちも暗々裡に共鳴するところと思われる)。こうしたマキアヴェッリ観は新教徒とカトリック教徒、ジャンティユとフランソワ・オマン、ポール枢機卿、フリードリヒ大王によって支持され、多くの反マキアヴェッリ論者——その最も近年のものの中にジャック・マリタン[58]とレオ・ストラウス[59]がいる——は全てそれに従っている。

一見したところ、これほど甚しい判断の分裂[60]があるのは奇妙な事態である。その思想の研究者にこれほど多様の顔を示した思想家は他にあったであろうか。その目的についてこれほど深刻且つ広汎な不一致を読者に喚起した思想家——しかもマキアヴェッリは哲学者とさえも認められていないのである——が他にあったであろうか。その上、私は繰返さざるを得ないが、マキアヴェッリは不明瞭な形で物を書いたわけではなく、むしろ彼を研究するほとんど全ての人々がその簡潔で、飾らない、明快な散文の故に彼を称讃しているのである。

マキアヴェッリは何故にかくも多くの人々の関心を惹くことになったのであろうか。誰の目にも明らかな答から挙げてみよう。当時の一般の物の考え方の前提としてわれわれが教え込まれている事柄から彼は余りにも自由であり、この点で人々が驚きを覚えるのは疑問の余地がない。例えば自然法という、キリスト教徒、異教徒、目的論者、物質主義者、法学者、神学者、哲学者などがある問題を論ずるに際して、マキアヴェッリ以前、いやむしろその後も数十年にわたって用いたこの基礎カテゴリーについて、マキアヴェッリは同じ問題を論ずる場合にも全く言及するところがない。言うまでもなく彼は哲学者でもなければ法学者でもなかったが、それにもかかわらず政治の専門家であり、多くの著作に親しんでいる人間であった。当時古いストアーキリスト教的教義の持つ影響力は、かつてそれがイタリアで、特に初期人文主義者の間で持っていた影響力とは同じではなかった。マキアヴェッリは社会における人間の行動を新しい形で一般化することを行ないつつ、この前提を明確に否定、拒否しないまでも、明らかにその破滅を招くと思われるある種の前提に軽く一撃を加えたと考えられよう。結局彼の言うところによれば、彼の辿った道はそれ以前何人も足を踏み入れたことのない道であり、彼の場合、このことは決して単なる決り文句ではなかった。それ故、当時の有名な思想家や学者が自らの意見を表明する際用いた概念やカテゴリー——ルーティン化した装置——を彼があっさり無視したのは、尋常でない事態を物語っている。そして事実、ジャンティユは『反マキアヴェッリ論』の中でこの点を捉えてひとつひとつ彼を論難している。彼以前にあって敢えてかかる挙に及んだのはマルシリオのみであり、フィギスは彼の思想と先行のそれとの間に劇的な断絶があるとしている。(61)

キリスト教的心理学や神学——罪、恩寵、贖罪、救いといった——が欠けている点はそれほど驚くに値しない。それというのも当時の人文主義者たちもそうした言葉でほとんど語っていないからである。中世的伝統の影は薄くなっていた。しかしより注目すべきはマキアヴェッリにおいてプラトン的あるいはアリストテレス的神学の痕跡は全く見られず、何らかの理想の秩序への言及もなく、また偉大なる存在の連鎖や自然における人間の位置についての教説——これはルネサンスの思想家が深い関心を寄せたテーマであり、フィチーノ、ピコ、ポッジョは実質的にこの教説を自明のものと見なしていた——も全く触れられるところがない。マキアヴェッリにはポパーの言う「本質主義」的なるものが見られない。すなわち、ここには人間や社会集団が一定の方向へ——神や自然によって人間に植えつけられた目的を追求する形で——一貫して進歩することを人間の理性や直観に直接示すような、ア・プリオリな確言性を持つ言辞がないのである。方法からしても論調からしても全ては経験的であり、歴史の循環についての彼の理論も形而上学によって保証されているわけではない。

宗教に関して言えば、マキアヴェッリにとってそれは社会的に必要不可欠な装置であり、それだけ有益な社会の絆である。宗教の価値を判断する基準はそれが人々の団結と結合を促進する役割を果すか否かにある。このように宗教が社会において決定的に重要であることを強調する点で、マキアヴェッリはサン・シモンやデュルケムの先駆者である。彼が最も称讃する人間は宗教の偉大な創始者である。ある種の宗教(例えばローマの異教)は、人々を強くし、あるいは勇気あらしめるが故に社会にとって好ましい宗教であり、これに対して他の宗教(例えばキリスト教的な従順と脱世俗性)は社会の衰退と分裂との原因となる。宗教上の絆が弱まることは社会一般の堕落、腐敗と一体不可分の関係にある。宗教はそれが社会的に見てもし有効であるならば、真理に基づいている必要はない。(62) ここから健全な精神的基礎の上に社会を築いた人々――モーゼ、ヌマ、リュクルゴス――に対する彼の尊敬が出てくる。

マキアヴェッリには神や神法の存在について何か真剣な仮定があるわけではない。マキアヴェッリの個人的信念がいかなるものであれ、無神論者は彼の作品を全くの知的安らぎの中で読むことができる。そこには権威や慣習に対する敬虔の念は見られず、個人の良心の役割や何らかの形而上学的、神学的議論についての関心は全く見当らない。彼の知っている自由とは政治的自由のみであり、恣意的、専制的支配からの自由としての共和主義と他の国々による統制からの一国の自由とがそれである。このうち後者はむしろ都市国家、祖国(パトリア)の自由と言った方が正確であろう。それというのも「国家(ステイト)」という言葉をこの文脈で用いるのは時期尚早であるからである。(63)

彼の作品には諸団体や非政治的集団――宗教的であれ、世俗的であれ――の権利やそれに対する義務という観念がそもそも見られない。いわば絶対的な、中央集権的な権力の必要(主権の必要ではないにしても）は当然のことと考えられている。また歴史的感覚なるものもほとんど見られない。人間はいかなる場所、いかなる時点においてもほとんど同じであり、古代人に非常に役立った事柄――彼らの医術、戦闘術、統治術のルール――は確実に現代人にとっても妥当するであろうと考えられている。伝統は主として社会的安定の源泉として評価されている。創造の秩序の目標である遥か彼方の神聖な出来事といったものはなく、プラトン的な個人や社会の理想といったものもなく、従って物質的であれ精神的であれ、およそ進歩という概念が見られない。そこにある仮定は、（もし運命の女神が余り悪意でないならば）十分な能力と意志、リーダーの側の有能さ（ヴィルトゥ）と適切に訓練され、勇敢にかつ巧みに指導された公民団とによって、古代の幸福な時代が再建できる、という仮定である。そこには不可逆的な出来事の一定の流れを暗示する言葉はなく、運命の女神（フォルトゥナ）も必要（ネチェシタ）も全ての存在を支配することなく、それを無視したり否定したりすれば不可避的に破滅が生ずるといった絶対的価値も見られない。

マキアヴェッリに近代的な香気を与えている要因は二つ考えられる。第一にそれ以前の「君主鑑」の作者は言うに及ばず、エギディオやポンターノのような全く世俗的な人文主義者の作品においてさえなお残光をとどめる伝統的な歴史の形而上学のなごりから、彼が自由であることが疑問の余地なく挙げられる。第二はマキアヴェッリが来たるべき科学革命を神秘的な形で提示することなど全くなく、常に自らの時代の具体的、実際的問題と関わっていたことである。しかし当時から今日に至るまで彼の読者をかくも深く魅了したり嫌悪感を惹起して来たのは、こうした性格でないことは明らかである。マイネッケの言葉によれば、「マキアヴェッリの教説は、西欧の政治社会に突き刺った剣であり、政治社会はそれによって悲鳴をあげ、自己自身との闘争状態に陥る」のである。[64]マキアヴェッリの見解の中で何が人々をかくも狼狽させたのであろうか。マイネッケが言うところの「短剣」と「癒し難い傷」とは何のことであり、マリタンが雄弁にも論難した「人間の実践的知性によって惹き起された最も暴力的な四肢の切断」[65]とは何のことであろうか。もしこれらの世紀にわたって彼の思想を衝撃的たらしめたのがマキアヴェッリの(仮借のない、しかし余り独創的ではない)現実主義や彼の(相対的に独創的であるが、十八世紀にはかなりの広がりを見せた)経験主義でないとしたら、一体それは何であったろうか。

彼の一人の註解者によれば「格別なものは何もない。」[66]すなわち、『君主論』は政府や支配者のタイプ、その維持の方法の一覧表を示したものに過ぎず、それ以上のものはそこには存在しない。『君主論』によって惹き起された「興奮と論争」とが、類を見ないほど明快で、道徳的に中立的なテキストについてのほとんど全ての人々の読み違えに基づくことは明らかである、と。

私は公正を期するため、この一般的でない見解を引用した。この問題に対する私の回答は、それを述べるに先立ってマキアヴェッリの積極的信念をどのようなものと考えるかを述べる(どんなに短く、極めて単純な形においてであれ)ことによって、より明快になるであろう。

二

キケロやリヴィウスのように自らの理念を常に眼前に置いているローマの著作家たちと同様、マキアヴェッリの信ずるところによれば、人間——何らかの形で秀れた人間——の追求する目標や名誉は、強力で良く統治された社会を創り、その共同の努力によってそれを維持していくことにあった。これを成就するのは、これに関連ある事実を知っている人間のみである。もしあなたが過ちを犯し、妄想の中で生きているならば、何を試みたとしても失敗するであろう。それというのも現実を誤解する——それを無視したり、軽蔑したりするのはもっと悪いが——人間は常に最後は挫折するからである。われわれが自らの欲するところを成就できるためには、何よりも先ず己れを理解し、次にわれわれの働きかける対象の本質を理解することが不可欠である。

それ故最初にしなければならない作業はこうした知識を獲得することである。マキアヴェッリにとってこの知識とは主として心理学的、社会学的知識であった。その情報は次の二つの供給源を結びつけることによって最も良く獲得できる。第一は同時代の現実についての鋭い洞察である。第二は過去の秀れた観察者、特に古代の偉大な魂の作品から拾い集められたさまざまの知恵である。(ヴェットーリ宛の有名な手紙で言っているように)マキアヴェッリは日常の些末な雑事から解放されるとこれら過去の賢人たちとの知的交流に向った。これら高貴な魂は人間らしい態度で彼を親切に遇し、彼の問いに回答を与えてくれた。そして人間には確固とした、活動的な政府が必要であることを教えてくれたのは正に古代の賢者たちであった。各人はそれぞれ異なった目標を追い求めているが、それぞれの目標を追い求めるためにはそれぞれにふさわしい手段が必要である。彫刻家、医者、兵士、建築家、政治家、求愛者、冒険家はそれぞれ異なった目的を追い求める。彼らがこうした活動ができるためには政府が必要である。何故ならばこれらさまざまな人間活動を自ら調和に導くような隠れた手はどこにも存在しないからである(こうした形での問題への接近方法はフィレンツェ及び当時の人文主義に全く典型的なものである)。支配者が必要とされるのは、さまざまな利益に支配されている諸々の人間集団を統制し、それらの間の安全と安定、そしてとりわけ敵に対する保護を実現し、人々の必要と欲求を満足させることのできる唯一の社会組織を樹立するためには、こうした作業をする人間が要請されるからである。支配者がこうした目的を達成するためには彼らが個人的にも社会的にも健全である必要がある。適切な教育だけが、秩序、権力、名誉、成功を目ざして有効に共同作業するのに十分なほどの肉体的・精神的逞しさ、活力、大望、エネルギーを彼らに与えることができる。

事実とその事実を扱う方法とは支配者とその臣民とでは違った現われ方をするであろうが、統治術の存在そのものはそれによって影響を受けることはない(この点についてマキアヴェッリは全く疑問を懐くことがなかった)。支配者と臣民とではその視角が異なる。「風景画家は山々の特徴を観察しようとして自ら平地に身をおき、……低地の有様を観察しようとして山頂に登ってみる」[67]という違いである。確実なことは舵をしっかり握っている人間がいないならば、国家という船は浸水沈没してしまうということである。一人の有能な専門家がそれを指導しないならば、人間社会は混乱と惨めな状態に陥ってしまう。マキアヴェッリ個人は自由と共和主義的統治を望ましいとする論拠を持っていたが、しかし弱体な共和国よりも強力な君主(ヴァレンティーノ公や、もし彼の祈りが本心であるならばメディチ家でさえも)の方が好ましいという状況もある。

この見解はアリストテレスや後期ストア派も支持したことであろう。しかし人々が実際に追い求めているさまざまな目標を達成するのに不可欠な、統治の技術といったものが存在するという事実と、マキアヴェッリがその技術の用途に全く顧慮せず、道徳的に中立的な、「価値から自由な」科学的な政治への「指針」からなる一個のハンドブックを専ら執筆したこととは論理的につながるものではない。彼自身は自分が何を欲しているかを十二分に明らかにしているからである。

人間は行動と言辞双方にわたって研究されなければならない。支配者が扱う人間という素材について、ア・プリオリな形で知識を得るすべはない。しかし変化する状況へのその反応の幅を確定出来る程度の、不変の人間があることは疑問の余地がない(マキアヴェッリの思想には体系的発展という観念や個人、社会を一個の自らを変形させてゆく存在とみる観念は全く見られない)。人は経験的観察によってのみこうした知識を獲得することができる。人間というものは、人間を理想化する人々——キリスト教徒あるいは他のユートピア主義者——や、人間が現在、過去において常に示して来たあるがままの姿と全く違ったものであって欲しいと考える人々が描く人間とは違ったものである。人間(少なくともマキアヴェッリが自らの議論の相手及び素材として念頭においている彼の同国人)とは彼にとって多くは「忘恩で、気まぐれで、不誠実で、自らを偽り隠し、臆病で、貪欲で……傲慢で、さもしい。彼らは事が巧く運んでいる時には威丈高となり、逆境に遭遇すると情けないほど卑屈になる本性がある。[68]」彼らは自由にはほとんど関心を示さず——彼らが尊ぶのは自由の実質よりもその名前である——、自由に対して安全、財産、復讐欲の方を優先させるであろう。これら安全等の価値は支配者の側でもある適当な範囲で実現することができる。人間は容易に腐敗堕落し、それを矯正するのは難しい。彼らは恐怖の的に対しても好意を感ずる対象に対しても、従って残酷なハンニバルに対しても、正義を愛し人情味豊かなスキピオに対しても共に敏感に反応する。もしこれら二つの感情が同一の対象について生じない場合、恐怖感の方が頼りになる。それも憎悪に変わらない限りにおいて常にそうであって、憎悪が生ずれば臣民が自らの支配者に対して懐くはずの最小限の尊敬の念さえも破壊されることになるであろう。

社会とは通常、さまざまなグループ間、グループ内での争いの場、戦場である。この対立は説得と力とを賢明に用いることによってのみ統制することができる。これはいかにして行なわれるか。医学、建築術、戦争術の場合と同様、われわれの知る限り最も成功を収めた社会、すなわち古典古代の社会の実践(と理論)に注目することによってのみ、われわれはこの必要な技術についての体系的知識を獲得することができるというのである。

マキアヴェッリの理論は確かに十七世紀の科学的原理に基づくものではない。彼はガリレオやベーコンよりも百年前の人間であり、その方法は幾分前科学世界の経験医学に似ており、観察、歴史的知識、一般的知恵といった経験の混合である。マキアヴェッリの作品には実に多くの勧告、有益な格率や実践上のヒント、ばらばらの考察、特に歴史的類似性の指摘などがある。そして彼は自らが一般的法則、永遠に妥当性を持つ一般法則を発見したと主張する。古代世界における勝利や敗北の例、古代の著述家の印象深い言葉は、(バターフィールドやラマが正当に指摘したように)グィッチャルディーニを巨匠とする、当時一般的になりつつあったタイプの歴史分析の場合とは比較にならないほど彼によって重視された。

何よりも彼が人々に対して警告したことは、人間をあるがままに見ずに、自らの希望や願望、愛情や憎悪などによって色どられたイメージを通して見、人間が現在、過去、未来においてどうあるかでなく自らが欲する理想化された人間のモデルに従って見る人々から、自らを守るようにということであった。誠実な改革者は、その理想がいかに価値あるものであれ、マキアヴェッリが仕えたピエロ・ソデリーニや素晴しい才能を具えていたサヴォナローラ(彼に対するマキアヴェッリの態度は激しく動揺している)の如く、主としてあるものとあるべきものとを取り違えたが故に、従ってある点において非現実主義に陥ったが故に、他の人々の破滅をもたらすことになった。

彼らは互いに異なった気質を持っていた。サヴォナローラは強い意志の持主であったのに対して、ソデリーニはマキアヴェッリの見るところ狭量で、優柔不断であった。しかし彼らは権力をどう用いるかを適切に理解していない点では同じであった。決定的事態の下で彼らは政治における現実的真理、すなわち現実に政治を動かしているもの、現実の権力、歴史の趨勢についての感覚の欠如を共に暴露した。マキアヴェッリの作品の中では当てにならない情報源、例えば亡命者に対して警戒すべきことがしばしば述べられているが、これは彼らの心がその期待によって歪み、事態を客観的に見る力がなく、また他の者の場合はそのヴィジョンを歪める情念が理性を曇らせる(これは人文主義者にあっては決り文句である)からである。

そのような政治家を破滅に導くのは何であろうか。しばしば彼らの理想そのものがその原因となる。これらの理想のどこが悪いのか。それは達成可能でないからである。それでは達成可能かどうかはいかにして知ることができるのか。マキアヴェッリが第一級の思想家たる地位を要求できるか否かは、一つにはこの問題についての回答に全てかかっている。マキアヴェッリは地上においてどのような社会の実現を期待するかについて明瞭なヴィジョンを持っていた。こういう言い方は彼のように具体的な問題と現実的適用に心を配る思想家には余りに大げさであるというのであれば、少なくとも彼は自らの国において、恐らくその生きている間に、そしていずれにせよそう遠くない将来において実現させたい社会について、明快なヴィジョンを持っていたと言ってよい。彼はそうした秩序は建設可能であると知っていたが、その理由はこうした秩序ないしそれに極めて近い秩序がかつてイタリアや他の地域――スイスやドイツの都市、当時の大中央集権国家――において実現されていた点にあった。従って彼はそうした秩序をイタリアにおいて建設、再建することを単に望んだだけではなく、イタリアには歴史や観察の教える所に従えば人間によって達成可能な極めて好ましい条件が具っていることに気づいていたのである。

観察のデータの多くは当時のイタリアから取られ、歴史について言えば、大歴史家や彼の最も称讃する著作家、すなわち、ローマ人、ギリシャ人、旧約聖書の著者の記すところが彼にとってのデータとなった。人々が絶頂を極めたのはどこにおいてであったか。ペリクレス時代のアテナイと人類史の中で最も偉大な時期、すなわち、世界を支配した没落以前の共和政ローマがそれであった。しかしまたネルヴァ帝からマルクス・アウレリウス帝に至る「善良な」皇帝の統治も称讃される。彼はこれらの時期が人類史の黄金時代であることを証明する必要を感じなかったが、それは彼の信ずるところ、これらの時期を考察し他の悪しき時期と比べる人には自明であったからである。悪い時期としては、共和政ローマの末年、それに続く崩壊、野蛮人の侵入、暗黒の中世(もっとも彼自身がこうした言葉で中世について語っているわけではない)、イタリアの分裂、北方や西方の巨大な、良く組織された国民国家の軍隊によって将に踏みにじられんとする分裂に苦しむイタリア小君主国の弱体、貧困、悲惨、無防備などが念頭にある。

彼はこうした点について長々と論ずる労をとらない。イタリアが物質的にも道徳的にも共に劣悪な状態にあることは彼にとって(当時の多くの人々にとってと同様)余りにも明らかであった。彼は、悪徳、腐敗、弱さ、人間にふさわしくない生活という言葉で何を意味しているかを説明する必要がなかった。良き社会とは安定、国内の調和、安全、正義、力と栄光との感覚がある社会のことであり、最盛期のアテナイ、スパルタ、ダヴィデやソロモンの王国、かつてのヴェネツィア、そして何よりも共和政ローマこそこうした社会であった。「実際アテナイがペイシストラトスの僭主制から自由になって百年の間に、いかに巨大になったかを考えるならば驚嘆の念にかられる。しかし何にもまして、ローマが王の支配から自由になった後にどのように偉大な国家となったかを観察するならば、驚嘆の念は一層強いものとなる。[69]」

こうした繁栄が生じたのは、これらの国家に都市国家を偉大にする方法を知っている人間がいたからである。彼らはそれをどのようにして成就したか。それは人間の持ついくつかの能力、すなわち、内面的な道徳的力、度量の大きさ、精神力、活力、寛大さ、忠誠心、特に公共心、公民としての意識、祖国の安全や力、栄光、領土拡大に対する献身を発展させることによってである。古代人はあらゆる手段を用いてこうした資質を育成した。その中には人々の感覚を燃え立たせ、男らしい勇敢さを喚起する目もくらむばかりの見せ物や血生臭い犠牲などがあった。そして彼らの異教的徳を助成する上で貢献したのが立法と教育であった。国家を偉大ならしめるのは権力、壮大さ、誇り、禁欲、名誉の追求、精神力、訓練、先人の徳である。アゲシラオス、ティモレオン、ブルートゥス、スキピオは彼らの英雄であり、これに対して共和政体を破壊し、人間の弱さを利用することによって人々の勇気を破壊したペイシストラトスやユリウス・カエサルは英雄ではない。勿論、ギリシャ＝ローマ世界の範囲に議論を限定する必要はなく、モーゼとキュロスはテセウス、ロムルス同様、尊敬に値する人物であり、国民の礎を築き、彼らによって正当に尊敬されている厳しく、賢明で、清廉な人物であった。

かつて一度なされたことは再度可能である。マキアヴェッリは歴史過程の不可逆性やその各々の段階の独自性の信奉者ではない。もし精力的で有能な、現実を十分把握した人間がその目的のために動員されさえするならば、古代の栄光の再建は可能である。堕落し、いわば病気の状態にある人々を治療するために、新しい国家や教会の創始者は無慈悲な措置、力、欺瞞、策謀、残酷、裏切り、無実な者の殺害、腐食した肉体を健康な状態に戻すために必要な外科的処置に訴えざるを得ないだろう。そしてこうした方策は実際には社会が健康を回復した後においてもなお必要であろう。それというのも人間は弱く愚かな存在であって、必要な高さに保っておかなければ標準からもずり落ちかねず、従って明らかに通常の道徳には背反するような手段によって、彼らを一定の状態に止めおくようにしなければならないからである。しかしこの方策が道徳に反するならば、それはどのような意味で正当化されうるであろうか。この点は私にはマキアヴェッリの全思想の結び目のように思われる。それはある意味では正当化できるが、他の意味ではできない。従ってこの二つの意味を彼が必要と考えた以上に明瞭に峻別しなければならない。実際のところマキアヴェッリは哲学者ではなく、自らの観念の意味するところを吟味したり、更には注意深く説明することを自らの任務としていないからである。

この点をより明らかにするよう試みてみよう。一般に言われているところによれば、特にクローチェの意見に従う人々によれば、マキアヴェッリは政治を道徳から区別した。つまり彼は一般の見解によれば道徳的に批判される方策――例えば国家の利益のために死体を踏みつぶして進むこと――を政治的に必要なものとして推奨したと言われる。彼の国家概念がいかなるものであったか、そして実際にこうした概念があったか[70]という問いをしばらく措くならば、この説は私には誤った対立命題のように思われる。何故ならばマキアヴェッリにとって彼の擁護する目的とは、彼の考えるところでは現実を理解する賢明な人間が生命を賭けるべきものであり、この意味で最終目的はそれがユダヤ－キリスト教的であるか否かにかかわらず、通常の道徳的価値を持つと考えられるものであるからである。

マキアヴェッリは特殊道徳的価値と特殊政治的価値とを区別した[71]のではない。彼が成就したのは、クローチェや他の多くの研究者がマキアヴェッリの冠たる業績とみなしている、倫理あるいは宗教からの政治の解放ではない。彼が樹立した区別はより深いものであって、それは二つの非両立的な生活の理想、従って二つの道徳の区別である。一方の道徳は異教世界のそれであって、勇気、精神力、逆境での堅忍不抜、公的業績、秩序、訓練、幸福、強さ、正義、そして何よりも自らの資格や知識、それらの満足を確保するために必要な力を主張することに価値をおいている。ルネサンスの読者の目には、理想のアテナイでこれを体現していたのはペリクレスであり、リヴィウスはそれを古いローマの共和政に見い出し、タキトゥスとユベナリスはそれぞれの時代においてその没落を概歎している。マキアヴェッリにとってこれらの時代は人類の到達した頂点であり、ルネサンスの人文主義者としての彼はそれを再建しようと欲したのである。

こうした道徳世界(これはクローチェ的意味でも伝統的意味においても道徳的、倫理的である、すなわち、その目的がどのようなものと考えられたにしろ、人間の究極目的が姿を現わしている)

に対抗するのが、何を措いても先ずキリスト教の道徳である。キリスト教の理想は慈悲、あわれみ、犠牲、神に対する愛、敵の赦し、この世の財に対する軽蔑、彼岸での生活への信念、比較を絶する価値を持つ個人の魂の救いへの信仰である。これらはいかなる社会的、政治的、その他地上の目的や、いかなる経済的、軍事的、美的考慮よりも高度の価値であり、これらと同一に論ずることは全く不可能である。マキアヴェッリは、このような理想を信じてそれに従って行動する人々によってはローマ的な意味での満足に値する人間の共同体は原則として築くことはできないと主張する。そこでの問題は単に人間の不完全性や原罪、不運、無知、物質的手段の不十分さの故に理想が実現できないという点にあるのではない。換言すれば、通常の人間がキリスト教的徳の十分高いレベルに現実に到達できない(実際、これは罪深い地上の人間にとっては免れ難い運命であろう)こと、良きキリスト教国家を樹立したり、それを追い求めることさえ現実にはできないこと、が問題なのではない。全く反対にマキアヴェッリは、俗にキリスト教の中心的徳目と言われているものこそ、その内在的価値がいかなるものであれ、彼が実現しようとする類の社会の建設にとって克服し難い障害物であると確信していた。その上こうした社会を欲するのは普通の人間にとって当然であり、この類の共同体は彼の見解によれば人間の永遠の欲求と利益とを満足させるものであった。

もし人間が現にあるのと違った存在であれば、おそらくキリスト教社会の理想を実現できたであろう。しかしその場合、人間は現にあるのとは余りに異なった存在であることを要求されることは明らかである。地上に存在できない人間のために社会を構築したり、その展望を論ずることは全くの無駄であり、それは肝心な点を逸した、夢と致命的妄想とを生むおしゃべりにすぎない。為されるべきことは、空想ではなく実現可能な事柄に即して規定されなければならない。統治術は人間の可能性の範囲――それがいかに幅を持つにしろ――での行動を扱う。人間は変化しうるが、想像を絶するほどに変化することはできない。天使にのみ適合的な理想の方策を擁護することは幻を追い求める、無責任な態度であって、破滅を招くことになる。そしてマキアヴェッリの目には、これまでの政論家は余りにもしばしばこの種の議論を行なって来たように思われたのである。

重要な点として認識しなければならないのは、キリスト教徒が善と呼ぶものが実際善であり、彼らが徳や悪徳と呼ぶものが実際に徳や悪徳であることをマキアヴェッリが否定しようとしていない点である。ホッブズやスピノザは(さらには十八世紀の哲学者たちやその点に関する限り初期ストア派も)、彼らのいういわゆる理性的人間がもし自己矛盾に陥らないならばある種の共同体の構築を欲するに違いないという立場から、道徳的観念を定義(再定義)しようとした。マキアヴェッリはこれと異なり、通俗的観念、伝統的な、人類が久しく受容して来た道徳用語に正面から反対することはしなかった。(さまざまな急進的な哲学の改革者たちは)謙譲、親切、彼岸性、神への信仰、神聖性、キリスト者の愛、不動の誠実さ、同情などを悪い、あるいはつまらない人間の性格であると言ったり、また残酷、不誠実、権力政治、社会的必要のために無実の人間を犠牲にすること等を良いことであると言ったりしたが、マキアヴェッリはかかることを言ったり、ほのめかしたりすることはなかった。

しかしながら歴史と賢明な政治家の洞察――特にそれが古代世界において、実践(現実的真理としての)において検証されている限りにおいて――が人間を導くべきであるならば、柔和や魂の救いといったキリスト教の徳目と、地上における満足に値する、安定した、活力ある、強力な社会とを結合することが実際には困難であることが知られる。従って人間は選択をしなければならない。キリスト者にふさわしい生活を営むという選択をすることは、自らが政治的に無能であることを宣言するに等しい。つまり彼は強力で、野心的で、抜け目のない、良心を欠いた人間によって利用され、押しつぶされることになる。他方もしアテナイやローマの如き栄光に満ちた共同体を可能な限り実現しようと欲するならば、その人はキリスト教的教育を放棄し、自らの目的によりふさわしい教育をそれに代えなければならない。

マキアヴェッリは哲学者でなく、抽象的な形で議論を進めはしなかった。しかし彼のテーゼの示す結論は政治理論にとって重要な問題を提起した。それは人々が直面したがらない事実、すなわち、人々が信ずることが可能な(そして至高の存在にまで高めることが可能な、と付け加えよう)これら二つの目的が、相互に両立できないという事実に他ならない。彼の考えによれば、人々は通常の場合その道がどこに続いているにしろ、この二つの道のどちらかを断乎として採ることができない(「人々は最も有害な中間の道を歩む。実際彼らは完全な善人にも完全な悪人にもなることができない」)(72)。彼らは両者の妥協を試み、両者の間を右往左往し、あぶはち取らずに終り、結局のところ優柔不断で破滅を招く。

政治的有効性を損う結果をもたらすものは、それが何であれマキアヴェッリによって弾劾される。『論考』の有名な一節において彼は、キリスト教徒は「害悪に対して復讐するよりもそれを耐え忍ぶことに心を用いた」[73]がために、キリスト教信仰は人間を「柔弱」にし、簡単に「邪悪な人」の餌食になる結果を招いたと語っている。キリスト教の教えは一般に公民の精神を破壊し、人々が不平を言うことなく屈辱を忍ぶように仕向けた。その結果国家を破壊する者や専制君主はほとんど抵抗に出会わないことになった。従ってこの点に関する限りキリスト教は、人間をより強く、より「残忍に」するローマの宗教と比べて好ましくないものと判断される。

マキアヴェッリはこうしたキリスト教に対する判断を、少なくとも二カ所において修正している。第一にこうした不幸な結果が生じたのはキリスト教が閑暇の精神――静観主義又は怠惰――にそうように誤って解釈されたからであって、キリスト教そのものの中には「祖国の改善と防衛」とに尽力するのを禁ずることは確かに含まれていない[74]、と彼は主張する。第二に「キリスト教の始祖の与えた形式がキリスト教君主たちの間でずっと保持されていたならば、キリスト教国、共和国は現に見られる以上に一致団結し、もっと幸福であったであろう[75]」と彼は宣言する。それが反対の結果をもたらしたのはローマ教会の体現する堕落したキリスト教であり、教皇権はイタリアにおける「あらゆる敬虔と宗教」のみならず、その統一を破壊したのである、と。

ここではこうした言葉を文字通り受取り、聖職者による検閲や迫害を免れるための最低限のリップ・サーヴィスの一つとは考えないことにしよう。その場合でもそこで主張されているのは、もし教会がローマ人の古人の徳の伝統に従って愛国主義的で極めて好戦的な態度をとり、その結果人々が勇敢で、強靭で、献身的で、公共精神に溢れた存在になっていたならば、より満足に値する社会的結果が生じただろう、ということである。教会が実際に行なって来たことの結果、一方では腐敗堕落と政治的分裂が生じ――これは教皇権の責任である――、他方では彼岸への志向と死後の永遠の生のために地上では苦しみをおとなしく耐え忍ぶことが生じた。このうち後者の傾向は社会組織を解体し、悪漢や圧政者を助けることになる。

ローマ教会に対する彼の政治的批判は、グィッチャルディーニやその他同時代人と共通であり、恐らく宗教改革こそ彼の最も熱心な同盟者であったであろう(私の知る限り、「修道僧たちの間の争論」のニュースが彼の耳に届いたという証拠はないが)。彼がキリスト教に要求したのは、純粋な良心の浄福や地上における成功に優越する天上の世界への信仰を植えつけるのでなく、名誉への愛を高め、柔和、諦観に対する自己主張の優越性を認めることであったが、こうした要求を満たすのは困難であったであろう。極めて強力な状況にあるローマの異教には何ら批判すべき点はなかった。マキアヴェッリはそれに似たような宗教を要求する――必ずしも完全に反キリスト教的である必要はないが、実際的目的にとって有効な程度に逞しい宗教を。(76)(フィヒテやプレッツォリーニの語るところによれば)マキアヴェッリは真のキリスト教の諸制度の擁護者であるよりも、むしろその不倶戴天の敵であるといわれているが、(77)以上述べたことからこうした結論を引き出すのは不当でないように思われる。この点で彼の見解を継承したのは、彼の人間観や人間の必要についての考え方を共有した後代の思想家たち(十八世紀の唯物論者、ニーチェ、社会ダーウィン主義者)や、公民の理想の観念を共有する人々(ルソーや若干の十九世紀の実証主義者たちの如き)であった。

マキアヴェッリが正面切ってキリスト教道徳、あるいは当時の社会で認められていた価値を論難しなかった、という事実に注目することは重要である。ホッブズやスピノザのような体系的道徳学説の持主と異なり、利己主義的合理主義に合致するように言葉を再定義したり、憐憫、謙譲、自己犠牲、従順といったキリスト教的徳目は愚かさや悪徳であることを証明しようなどとは試みることはなかった。彼は何物も置き換えることがなかった。人々が善と呼ぶものは実際に善であった。*buono, cattivo, onesto, inumano* といった言葉の用法は当時の一般的用法、われわれのそれと同じであった。彼が言ったのは唯一つ、こうした徳目を実行していてはあの社会——それは一旦、史書や政治的想像力を介して人々の思考の対象となるならば、われわれ全てに憧れの念を喚起するであろう——を創立することは不可能であるということであった。

一つの決定的に重要な一節が『論考』の第一巻第一〇章にある。そこで彼はタキトゥスやディオに従ってローマ皇帝を良い皇帝と悪い皇帝とに区別し、「もし君主が人間の生まれであれば、彼は悪しき時代を模倣するのを恐れおののき、全力を尽して善き時代のあり方に従うべく熱中するであろう」と付言しているが、ここでの「善い」は明らかにある非キリスト教的な意味を持っている。ホワイトフィールドの考えによれば、マキアヴェッリは悲観主義者でもなければ冷笑家でもない。恐らくマキアヴェッリは冷笑家ではない、しかしこの規定はデリケートであり、実際冷笑(及び悲観主義）と断乎たる現実主義とを区別するのは時々容易ではない。他面、マキアヴェッリは言葉の普通の意味で、希望に満ちた人間でもなかった。しかし彼の時代から今日に至る他の人文主義的教養を持つ思想家たちと同様、真理――浅薄な道学者の語る優美な物語でなく、本当の真理――が人々の知るところとなりさえすれば、その真理は人々が自らを理解し、更なる発展を遂げる上で助けになると信じていたのである。

その上彼は、この良き時代を再生するのに必要な人間の資質は、キリスト教教育が勧める資質とは両立しないものであると信じていた。彼はキリスト教の言う善き人間についての考え方を是正しようとは試みない。聖者といわれている人は実は聖者でないとか、尊敬に値するとされている行為は実はそれに値するものでも、称讃されるべきものでもない、といったことを彼は口にしなかった。彼が言ったのは唯一つ、こうしたタイプの善は、それが少なくとも伝統的な形をとる限りにおいて、強力で、安全、活力ある社会を形成、維持することはできず、むしろそれにとって致命的である、ということであった。彼の指摘によれば、こうした理想を追い求める人間はこの世において破れ、他人をも破滅に導くことにならざるを得ない。それというのも彼らの世界についての見方は真理に基礎を置かず、少なくとも――成功と経験とによって検証された真理としての――現実的真理に依っていないからで、この現実的真理こそ（それがいかに残酷であっても）最終的には他の理想（それがいかに高貴であっても）よりも害を及ぼすことが少ない。[78]

先に挙げた二つの個所を文字通りに受取るならば、キリスト教は、少なくとも理論的には、マキアヴェッリが称讃するような資質と両立可能な形式をとることができるであろうが、彼が思想のこの道筋を追跡しなかったとしても驚くには値しない。歴史はそれとは違った展開を示している。そのようなキリスト教国家という理念――もし彼がそれに真剣に取り組んだとして――は彼にとって、全ての人々または大多数の人間が善良な世界と同じくユートピア的理念であったに違いない。キリスト教の諸原則は人間の公民としての徳目を弱める。ありそうにもない状況の中でキリスト教がなおどのような形をとるか、とりうるかについて思いを巡らすことは、彼にとって単なるむだで(そして危険な)気晴しに過ぎなかったであろう。

キリスト教徒とは、彼が歴史や自らの体験を通して知っていたように、キリスト教の教えに実際に従って行動する人間であり、善き人間であった。しかし彼らがこの原則に則して国家を統治するならば、彼らは国家を破壊に導くことになる。ドストエフスキーの『白痴』のムイシュキン公爵のように、フィレンツェ共和国のお人好しの正義の旗手のように、サヴォナローラのように、彼らは現実主義者たち(メディチ家、教皇、スペイン王フェルディナンドのような)――永続的な制度をどのようにして構築するか、そして必要な場合には無実の犠牲者の死骸の上にそれを建設することを理解している――の前に必ずや敗れ去る。私はもう一度強調したいのは彼が明白にはキリスト教道徳を弾劾していないという点である。彼が述べたのは唯一つ、少なくとも支配者の場合(ある程度は臣民の場合においても)この道徳はマキアヴェッリが当然と考え、それを追い求めるのは人間にとって賢いと考えているこれらの社会的目的とは両立しないという点である。人間は自らの魂を救うことが出来るし、あるいは偉大で、栄光ある国家を樹立し、維持し、それに仕えることが出来る。しかしいつの場合でも同時に双方を実現することは出来ない。

これはアリストテレスが『政治学』の中で善き人間は善き公民とは同一ではないかも知れないと付随的に述べたことを大々的に、しかも雄弁に展開したものである（尤も、アリストテレスは善き人間を魂の救いとの関連で考えていたのではなかったが）。マキアヴェッリはどちらの生き方の方が価値が上であるとは明言していない。彼が「憎悪は善き行為によっても悪しき行為によっても惹き起される」[79]という時、「善き行為」とはキリスト教的価値の下で生活して来た人間が頭に描くものと同じことを意味している。更に、誠実、高潔であることは仮にその人が失敗に終ったとしても「称讃に値する」と語る時、彼が「称讃に値する」[80]という言葉で表現しているのはそうした人間を称讃するのは正しいということであり、その根拠には善きこと（通常の意味）は善いという判断がある。彼がスキピオ、キュロス、ティモレオンの「慈悲深さ、愛想の良さ、親切、寛大さ」[81]やメディチ家出身の教皇レオ一〇世の「善良さ」さえ讃える時、彼の言葉は（それが真剣なものであるか否かはともかくとして）、キケロ、ダンテ、エラスムスそして我々に共通の価値に基づいて語られている。有名な『君主論』第一五章において彼は、寛大さ、慈悲心、道義心、人間味あること、率直さ、純潔さ、宗教等々を実際に徳であると述べ、もし人間が完全に善良であるならばこうした徳目に従って実際に生きる人間は成功するであろうと語っている。しかし人間は決してそのように善良ではなく、彼らがそうなるのを期待するのは無駄である。われわれはあるがままの人間を引き受け、彼らを不可能な仕方でなく可能な仕方において改善するようにしなければならない。

この作業に際して、人々に恩恵を施す人々——建国者、教育者、立法者、支配者——は恐るべき残酷な行動に訴えることを余儀なくされる。「君主が先に挙げたような、善と考えられているような資質を自ら示すことが非常に称讃に値することである、と万人が認めるのを私は知らないわけではない。しかし人間の状況がそうした行動を許すようなものではないため、いかなる支配者もそうした資質を持っていないか、持っていても実行することができない。[82]」彼はその目的を達成するために、時に応じて全く違った行動をとらざるを得ない。モーゼ、テセウス、ロムルス、キュロスは全て人を殺したが、彼らの創造したものは永続性を持ち、栄光に満ちたものとなった。「善良であるのを自らの任務であるといかなる状況の下でも主張する人は、善くない、多くの人間の中で必ずや破滅する。従って君主は……善良でない能力を獲得し、必要に応じてそれをいつ用い、いつ用いないかを理解しなければならない。[83]」「若し全ての人間が善良であるならば、この格率〔利益が命ずるならば約束を破るという〕は善くはないであろう。しかし……彼らは邪悪である。[84]」力と悪知恵に対しては力と悪知恵をもって対抗しなければならない。

道徳的に見る限り獅子と狐に象徴される資質はそれ自身称讃に値するものではない。しかしこの両者の結合によってのみ都市国家が滅亡を免れるのであれば、政治指導者は須べからくこうした資質を涵養しなければならない。彼らはこれらの資質を彼ら自身の利益のために用いなければならない。マキアヴェッリにとって人が政治指導者になるか否かはどうでもよいことであるが、しかし人は政治指導者になりうるためにはそうした資質を用いなければならない。しかしこの資質はそのためにのみ用いられるのではない。人間社会は事実政治指導者を必要としており、権力、安定、有能さ、偉大さを効果的に追求することによってのみしかるべき存在となることができるからである。これらが達成されるのは人々がスキピオやティモレオンによって率いられる場合であり、状況が悪ければもっと無慈悲な人間によって指導されなければならない。ハンニバルは残酷な人間であり、残酷であるのは誉めるべき資質ではない。しかし健全な社会は征服によってのみ建設されることができ、そのためには残酷さが必要とされるならば、それなしで済ますことはできないに違いない。

マキアヴェッリはサディストではなかった。つまり自らの讃え、推奨する類の社会を建設し、維持するためには無慈悲な行為や詐術に訴える必要があるということを、彼は決して快感をもって見ていたわけではない。彼が極めて野蛮な見本と処方箋を主張するのは唯一つ、人々が完全に腐敗堕落し、それを健全ならしめるためには荒療治が必要な場合——例えば新しい君主が権力を掌握したり、邪悪な君主に反対する革命を実効あるものにしなければならない場合——に限られる。社会が相対的に健康であったり、支配者が伝統や世襲によって決定され、公共精神によって支持されている場合、暴力のために暴力に訴えることは全くの誤りであろう。何故ならば政府の目的は秩序と調和、強さを実現することにあるのに、こうした暴力行使は結果的に社会秩序を破壊するからである。たとえあなたが獅子と狐との資質を持っているとしても、アゲシラオス、ティモレオン、カミルス、スキピオ、マルクスの如くさまざまな徳——清廉、親切、慈悲、人間性、寛大、道義心——を具えることができる。そしてもし状況が暗転し、裏切りに満ちた世界に自ら身をおくような場合には、フィリッポス、ハンニバル、セヴェルスを模倣する以外に手はないのではなかろうか。

たんなる権力欲は破壊的性格を持つ。ペイシストラトス、ディオニュシオス、カエサルは僭主であり、多くの害を与えた。シラクサの僭主アガトクレスは同朋市民を殺し、友人を裏切り、「信義も慈悲も信仰もない[85]」形で権力を掌握したが、その行為は余りにも行き過ぎ、従って名誉を得ることができなかった。「彼は悪逆非道な残酷さと非人間性に発する数知れぬ悪行によって[86]」成功を収めたが、しかしこれほどの悪行はそのために必要ではなく、従ってパンテオンに入ることは許されない。そして野蛮な行為を行なったオリヴェットロ・ダ・フェルモは彼の同類で後輩に当るチェーザレ・ボルジャによって殺された。しかしこうした獅子と狐の資質を全く欠くならば失敗間違いないことは依然変わらない。そして失敗すれば、マキアヴェッリが普通の人間にも実現できると信じた唯一の前提条件も不可能になってしまう。聖者はこうした資質を必要としないであろうし、隠者は恐らく砂漠の中でもその徳を実践することができるであろうし、殉教者はその報賞を死後に獲得できるであろう。しかしマキアヴェッリはこの種の生き方には全く関心を示さず、それについて論ずることはなかった。彼は統治について論ずる人間であり、公的領域に、天上ではなく地上の安全と独立、成功、名誉、強さ、勢い、幸福に関心を注いだ。こうした観点から、過去と同様現在と未来に、空想の世界にではなく現実の世界に目を向けた。人間の持つ限界が変わらない限り、キリスト教会の教える掟は、それが真剣に受け取られるならば、このような彼の関心にとって何ら寄与するところがないであろう。

われわれが再三述べて来たように、マキアヴェッリは道徳を問題にしたのではない。現在最も有力な解釈――それはクローチェの解釈であり、ある程度シャボー、ルッソ等によって受け容れられている――によれば、マキアヴェッリは、コックレンの言葉を借りれば[87]「キリスト教道徳の妥当性を否定せず、政治的必要に発した犯罪は犯罪ではないなどと言い立てはしなかった。むしろ彼が発見したのは、……この道徳は政治の世界に単純に適用することはできず、それに発する仮定を根拠とするいかなる政策も必ずや不幸に終るだろうという点であった。従って彼が当時の政治の実態について事実に忠実な、客観的叙述をしたのは、冷笑や超然的態度の現われではなく、苦悶の現われであった。」

私の目には、この解釈には二つの根本的な誤解が潜んでいるように思われる。第一は、「この〔キリスト教〕道徳」と「政治的必要」との間の衝突である。ここで含意されているのは、道徳と政治とは両立不可能であるという認識である。ここで道徳とはそれ自身のために求められるべき究極的理想の世界、われわれが「犯罪」について語ったり、何かを道徳的に正当なものとしたり、非難したりする場合に、どうしても知らないでは済ますことのできない価値である。これに対して政治とは目的に手段を適合させる技術として、技術的卓越性、カントの言う「仮言的命法」の世界であり、それは「もしXを達成しようと欲するならばYをなせ」(例えば、友人を裏切れ、無実の者を殺せ)という形をとる。その場合、X自身が本当に望ましいか否かは必ずしも問われることがない。これがクローチェその他がマキアヴェッリに帰している、倫理からの政治の分離というテーゼの核心である。しかしこれはある誤りに基づいているように思われる。

この説が維持できるのは、倫理を例えば、ストア派、キリスト教、カントの倫理、それにある種のタイプの功利主義的倫理に限定する場合である。つまりそこでは価値の源泉や基準は神の言葉、永遠の理性、あるいは善悪や正邪についてのある内面的感覚や知識、個人の良心に絶対的権威をもって直接語りかける声である。しかしこれと同じように長い歴史を持つもう一つの倫理、ポリスの倫理があり、アリストテレスはそれを明快な形で描き出した。それによれば人間は生来社会の中で生活すべき存在であり、従って共同体の目的が最高の価値であって他の価値はそれから派生し、あるいは個々人の目的はそれと同一視される。ポリスの中での生活の技術としての政治は私的生活の方を好む人々によって処理されうる活動ではない。それは航海や彫刻のように、したくない人間はする必要のない活動ではない。政治活動は文明のある段階に生きる人間にとって本質的な意味を持つ活動であり、その要求は人間らしい生活を送る上で本質的なものであった。

そのようなものとしての倫理——行動の掟や個人の追求すべき理想——は、そのポリスの目的や性格を理解することなしには認識不可能である。言わんや、頭の中においてであれ、一方を他方から切り離すことはできない。これこそマキアヴェッリが当然のものと考えたキリスト教以前の道徳の本質である。ベネデット・クローチェは、[88]「よく知られているように、政治の必然性と自立性、道徳的善悪の彼方にある政治、抗うのが無益な、それ自身の法則を持った政治、聖水をもってこの世から追い払うことも追放することもできない政治、を発見したのはマキアヴェッリである」と述べているが、しかし善悪を超えているのは、アリストテレス的意味においてではなく、宗教的ないしカント的意味においてである。従ってこれら古今の共同体の善悪を超えるものではなく、この共同体の神聖な価値は徹頭徹尾社会的性格を持つ。(例えば)植民や大量虐殺の技術もまた、それを巧みに実行しようと望む者にとっては、「抗っても無駄なそれ自身の法則」を持っているかも知れない。しかしこれらの法則なるものが道徳の法と矛盾するならば、あるいは矛盾する時、そうした行為を止めるのは可能であるし、道徳的命令でもある。

しかしもしアリストテレスやマキアヴェッリが人間はどうあるか(そしてどうあるべきか――この点でのマキアヴェッリの理想は特に『論考』に生き生きと描かれている)という点について正しいのであれば、政治活動は人間の自然にとって本質的なものとなり、若干の個人には選択の余地はあるとしても人類の多くはそういうわけにはいかなくなる。共同生活はその構成員の道徳的義務を規定することになる。従って「政治の法則」を「善や悪」に対置すると言っても、マキアヴェッリは「政治」と「道徳」という行為の「自立的な」領域を対置させているのではない。彼は彼自身の「政治」倫理を他のそれについての考え――それは彼には全く関心のない人々の生活を支配している――と対照させた。実際彼は一つの道徳――キリスト教的道徳――を拒絶したが、それはおよそ道徳とは言えない、単なる技術のゲーム、人間の最終目的に関わらず、従って倫理的でない政治的と呼ばれる活動を支持したがためではなかった。

彼は現実にキリスト教倫理を拒否したが、それは他の体系のため、他の道徳的世界のためであった。その世界はペリクレス、スキピオの世界、そしてヴァレンティーノ公の世界でもあった。そこでは人々は闘い、自己目的として追求する(公的)目的のために死ぬ覚悟を固めている。彼らは(道徳と呼ばれる)目的の国に、(政治と呼ばれる)手段の国を対置させて後者を選んだのではない。それはキリスト教に敵対する(ローマ的、古典古代的)道徳を選んだことであって、違った目的の国の選択を意味した。換言すれば対立し合っているのは二つの道徳、キリスト教的世界と異教的世界(あるいはある人々はそれを審美的世界と好んで呼んでいる)であって、道徳と政治という二つの自立的な領域ではない。

もし政治が(通常そうであるように)手段、技術、方法、テクニック、「ノウ・ハウ」、クローチェの言う実践(それがそれ自らの不滅の法則によって支配されているか否かに関わらず)に関わるのでなく、自己目的として追求されるそれ自身独立の王国、倫理に取って代るものに関係すると見られるならば、これは単なる言葉の問題である。[89] マキアヴェッリが(フランチェスコ・ヴェットーリ宛書簡の中で)、自分は魂よりも祖国を愛すると述べた時、彼は自らの道徳的信念の基礎を明らかにしている。しかしこれはクローチェからすれば到底彼に帰することのできない立場である。[90]

これとの関連で誤っていると思われる第二のテーゼがある。すなわち、マキアヴェッリは彼の社会の罪を苦悶のうちにながめていたというテーゼである。(シャボーはその秀れた研究の中で、クローチェや他の弟子たちと異なり、この主張はしていない。)その意味するところは、彼は他に選択肢がなかったため、いやいやながら国家理性の恐ろしい必要性を認めたという点にある。しかしこうした証拠はどこにもない。実際彼の政治関係の作品のみならず演劇や手紙にも苦悩の跡は見られない。

マキアヴェッリの推奨する異教的世界は、支配者が体系的に狡智と力とを使用する必要を認めるという前提の上に樹立されている。そして支配者が必要な場合にこうした手段に訴えるべきであるということは、マキアヴェッリの目には当然であり、例外的とか道徳的に苦痛であるとかということは全くなかった。彼は支配者と被支配者との間に区別を設けることをしない。臣民や公民もまたローマ人でなければならない。彼らは支配者の持つ有能さは必要としない。もし彼らも欺くならば、マキアヴェッリの格率は妥当しないことになるであろう。彼らは貧しく、軍事訓練を受け、誠実で従順でなければならない。もし彼らがキリスト教的生活を送るならば、余りに唯々諾々と単なる悪漢ややくざ者の支配に服することになろう。そうした人々から共和国を作り上げることはできない。テセウス、ロムルス、モーゼ、キュロスは謙譲の徳を説くことはなかったし、この世が臣民たちにとって仮りの住居であるにすぎないといった見解を説くことはなかった。

しかし最も深刻なのは第一の誤解であり、マキアヴェッリを道徳問題にほとんど、あるいは全く無関心な人間と見る見解である。彼自身の言葉がこうした見解を支持していないのは確かである。善や悪、腐敗や純粋といった中心概念をめぐって思想を展開させる人間は誰でも、道徳的称讃や批判するための倫理的尺度を心に有している。マキアヴェッリの価値はキリスト教的ではなかったが、それもやはり道徳的価値であった。

この肝要な点についてのハンス・バロンのクローチェ＝ルッソ的テーゼへの批判[91]は、私には正しいように思われる。マキアヴェッリにとって政治は道徳的批判の彼方にあるという主張に対して、バロンは『論考』の中の極めて愛国的、共和主義的、自由を愛する部分を引用しているが、それによれば共和国の公民の(道徳的)資質は専制君主の治下の臣民のそれと比較して好ましい評価を与えられている。『君主論』の最後の章は超然とした、道徳的に中立的な観察の手になるものではなく、また公的生活を道徳的原理の墓場と考えて「苦悩の色を見せて」ながめ、自己一身に関心を向け、ひたすらその内面的、個人的問題に関心を向けている人間の手になるものではない。アリストテレスやキケロの如く、マキアヴェッリの道徳は社会的であって個人的ではない。しかしそれは彼らの道徳と同様道徳であることに変わりがなく、決して善悪の彼岸の、非道徳的領域に属するものではない。

このことは勿論、彼がそうした政治生活の技術によってしばしば魅了されたことを論理的に否定するものではない。陰謀を企てる者とその敵対者に対して平等になされる助言、オリヴェロット、スフォルツァ、バリョーニのとった方策についての専門家的評価などは、人文主義者に特有の好奇心、応用政治学の追求、自己目的化した知識――そこにどのような意味が込められているにせよ――による魅了の産物である。しかし道徳的理想、共和政ローマの公民の理想は決して遠い過去のものではない。政治的技能は手段としてのみ、つまり病人の健康を回復し、繁栄を実現できるように事態を改造するに際してそれが有効か否かによってのみ評価される。これはアリストテレスが人間に特有な道徳的目的と呼んだものと正に同じと思われる。

依然残されているのが、『君主論』と『論考』との関係という難問である。しかし両者の違いがいかなるものであれ、両者を貫流する傾向は同一である。そこで常に中心を占めているのは強力で、団結した、活動的で、道徳的に再生した、輝かしく勝利に飾られた祖国というヴィジョン——冷徹な心を持つ現実主義者と自らを考える著述家に典型的な夢——であって、この祖国が一人の人間の有能さによって支えられているか、多数のそれによって支えられているかは問うところではない。政治的判断、個人や国家、運命や必要に対する態度、方法の評価、楽観主義の程度、基底にある雰囲気などは、この二つの作品で違っており、同じことの説明でも違っている。しかし基本的価値、究極目的——マキアヴェッリの幸福に満ちたヴィジョン——は同じである。

彼のヴィジョンは政治的、社会的性格を持っている。従って単純に他人に勝つ方法についての専門家であると彼を考えたり、日曜学校で教えることは大変結構であるが、悪人に満ちた世界で何事かを為そうとするならば嘘をついたり殺したりしなければと説く通俗的冷笑家と彼を見る、いわゆる伝統的見方は正しくない。「食うか食われるか」「打つか打たれるか」といった言葉に要約される哲学は、マッツェイ[92]やジョヴァンニ・モレリィ[93]に見られる世間知の類であり、マキアヴェッリはこれまで彼らと比較されて来たが、しかしこうした側面は彼の思想の核心ではない。マキアヴェッリは野心的な個人の機会主義に格別関心を向けていない。彼の眼前にある理想はフィレンツェやイタリアについての輝かしいヴィジョンである。この点で彼はルネサンスの熱狂的人文主義者の典型であった。特異性があるとすれば、国家——又は再生したイタリア——がブルクハルト的意味での芸術的目的と考えられておらず、従ってその理想が芸術的ないし文化的でなく政治的性格を持っている点にある。こうした彼の立場は単なる非情な心性の擁護や、目的に無関係な現実主義の擁護とは全く異なっている。

繰返していえば、マキアヴェッリの価値は手段的なものでなく道徳的で、究極的性格を持ち、その名の下に非常な犠牲を払うことを要求した。そのために彼はそれに敵対する基準——キリスト教的な閑暇と柔和という原理——を拒絶したが、それはこれらが実際にそれ自身欠陥があるからではなく、真の生活の条件には適用できなかったからである。彼にとって真の生活とは(時々主張されるように)彼の周囲に見られるイタリアの生活——フィレンツェ、ローマ、ヴェネツィア、ミラノの犯罪、偽善、野蛮行為、愚行——だけを意味するものではなかった。それは真の現実の試金石ではない。彼の目的はこの種の生活を変わらないままで放置したり繰返すことにあったのでなく、それを新しい次元にまで高め、イタリアを卑劣で従属的な状態から解放し、その健康と健全な状態とを回復することにあった。

そのためには如何なる犠牲も大き過ぎることはないと彼が考える道徳的理想——祖国の幸福——は、彼にとっては人間によって到達可能な最高の社会生活の形態である。それは到達可能であって不可能ではない。それはわれわれの知っている人間の能力の限界の彼方にある世界ではない。それは歴史や観察の実例が示してくれる感情的、知的、肉体的資質からなる生物としての人間の能力の範囲内にある。マキアヴェッリは人間の神聖化、超人間化を求めたのでなく改善を求めた。創造されえたものであったとしても人間的とは呼びえないような、地上で知られていない理想の存在から成る世界を求めていたのではない。

彼の推奨する政治的手段が道徳的に嫌悪すべきものであるとの理由からあなたがそれに反対し、そしてリッターの言葉を用いればそれが「恐ろしい」との理由からそれに関係するのを拒否するならば、マキアヴェッリはそれに答える術も、論じ立てる術もなかったであろう。その場合、あなたは道徳的に善き生活を送り、私人(あるいは修道僧)に止まり、隠れ家を探し求める権利を持っている。しかしその場合にはあなたは他人の生活に責任を負うこともなければ、幸運を期待することもないに違いない。あなたは実質上他の人々によって無視され、破壊されるのを予期しなければならない。

いいかえればあなたは公的生活から退くという選択をすることができるが、その場合マキアヴェッリはあなたに対して何も語るべきことはない。彼が語りかけるのは公的世界とその中にある人間に対してであるからである。このことを極めて明瞭に示しているのが、征服地を押えつけるために勝利者のとるべき方策についての悪名高い助言である。マキアヴェッリは全てを一掃すべきことを説く。支配者、称号、権力、人間を全く新しくし、「富む者を貧しくし、貧しい者を富まし、ダヴィデが王になった時にしたように「貧しい者は財貨で満たし、富む者はそれを奪って無一物にする」」という政策をとるべきである。「更に新しい都市を建設してそれまでの都市を破壊し、住民を一方から他方へと移し変え、要するにその地方のあらゆるものが旧来のままでないように手を加えるべきである。そしていかなる身分にしろ、地位、官職にしろ、汝が認めることによって初めてある人間のものになることを明らかにすべきである。[94]」こうした勝利者はマケドニアのフィリッポス――「こうした形で遂にギリシャの支配者となった」――を自らのモデルとすべきである。歴史家の伝えるところによれば――とマキアヴェッリは続ける――フィリッポスは住民を一つの地方から他の地方へ、「あたかも羊飼いが羊の群を移動させるように」移動させた。マキアヴェッリは続けて次のように言う。疑いもなく、

こうした手段は残酷であり、キリスト教的統治のみならず人間らしい統治に敵対するものである。誰でもこうした手段を避け、人々に破滅をもたらす王たるよりは私人としての生活を好むのが当然である。それにもかかわらず、法的統治という好ましい第一の道を歩みたいと思わない支配者は、もし自己の地位を維持したいと思うならば、こうした邪悪な道を歩まなければならない。そして人々は何か中間的な道をとるが、それは極めて有害である。実際人間というものは完全に善い存在にも完全に悪い存在にもなることができない。[95]

その言わんとするところは極めて明瞭である。個人的道徳の世界と公的組織という二つの世界がある。つまり、二つの究極的な倫理的な掟があり、そこにあるのは「倫理」と「政治」という二つの「自立的」領域の間の選択ではなく、二つの相対立する価値体系の間の、二つの(彼にとっては)妥協を許さぬ選択肢である。もし人間が「最初の善き道」を選ばなければ、彼は恐らくアテナイと

ローマのような国家を希望することも、人間が栄え、強く、誇り高く、賢明で、生産的になる高貴で栄光に満ちた社会を希望することも全て断念しなければならない。実際のところ地上における我慢できる程度の生活を希望することも断念しなければならない。人間は社会の外で生活することはできず、第一の「私的」道徳の影響下にある人間(ソデリーニのような)によって支配される限り、集団生活を全うすることはできない。彼らは人間として最小限の目的さえも実現できず、結局のところ政治的のみならず道徳的にも転落してしまうであろう。しかしもしマキアヴェッリ自身がなしたように第二の道を選ぶならば、彼は私的良心の呵責があったとしてもそれを抑えつけねばならない。それというのも社会の再建過程においてであれ、その権力と栄光とを追求したり維持したりする場合においてさえも、余りに気むずかしい人間は確実に失敗することになるからである。オムレツを作る決心をした人は誰でも卵を割らなくてはその目的を達成することはできない。

マキアヴェッリは卵を割ることになるのに余りにも喜びを示し、ほとんど卵を割るのを自己目的化したとしてしばしば批判されている。しかしこうした批判は正当ではない。彼はこのような冷酷な手段が、ある善き結果を作り出すために必要であると考えた。ここで言う善とはキリスト教的なそれではなく、世俗的で人間臭い、自然主義的道徳に言うそれである。彼の述べる極めて衝撃的な諸実例はこのことを示している。その中で恐らく最も有名なのがジョヴァンパオロ・バリョーニの例であって、彼は遠征中のユリウス二世を捕えたが、逃れるに任せた。マキアヴェッリはこの件に関して、バリョーニはユリウス二世と枢機卿たちを殺すことによって、従って犯罪行為を行なうことによって、「そこから生ずるいかなる危険や不名誉も吹き飛ばすほど大きなこと」[96]をやってのけることができたものを、と述べている。

フリードリヒ大王（彼はマキアヴェッリを「人類の敵」と呼ぶ一方、彼の助言に従った[97]）と同じように、マキアヴェッリは要するに「ぶどう酒の栓は抜かれている。それを飲まねばならない」と言っている。あなたが一旦社会を変革する計画に乗り出すならば、その犠牲がいかに大きくても最後までやり遂げねばならない。下手にいじくり回したり、退却したり、良心のとがめに負けたりするのは、一旦選びとった道を裏切る行為である。医者であることは専門家としての覚悟を持ち、焼き、焼灼し、切断する心構えを持っていることであって、病気がそうした処置を必要とする場合、個人的な良心の呵責やあなたの技術、技能に無関係な規則の故に中途半端な処置に止まるならば、それは当惑と優柔不断の証であって、あなたは常に二つの世界の前に敗れ去ることになろう。少なくとも二つの世界が存在し、各々はそれぞれ自らのために多くのこと、実際には全てのものを持ち出して弁護することができる。しかしこれらの世界は二つであって一つではない。人はこの両者の間で選び、一旦選んだならば尻込みしないことを心得なければならない。

この世には一つ以上の世界、一つ以上の徳のグループが存在し、その間の混同は破滅をもたらす。このことを無視した結果生じた幻想の代表的例が、有徳な支配者は有徳な人間を作り出すというプラトン的－ヘブライ的－キリスト教的見解であった。マキアヴェッリによればこれは真理ではない。気前良さは徳ではあるが、君主の場合はそうではない。それというのも気前の良い君主は市民たちに重税を課して彼らを破滅させ、ケチな君主(そしてマキアヴェッリはケチを私人に関して善き資質であるとは述べていない)は市民の財布を大切にし、公共の利益に資するからである。また温和な支配者――そして温和であることは徳である――は陰謀家や強い性格の持主によって左右され、混乱と転落とをもたらすことになる。

「君主鑑」を執筆した他の人々も多くのこうした格率を述べているが、そこに含まれる意味を白日の下に引き出すことはなかった。マキアヴェッリの用いたような一般化を彼らは用いていない。マキアヴェッリは一般に道徳化でなく、特定のテーゼの解明に心を向けている。すなわち、人間の本性は公的な道徳を要請すること、この公的な道徳はキリスト教の教えを信ずると告白しそれに従って生きようとする人間の徳とは違い、それとは衝突すると考えること、がそれである。キリスト教の教えは静穏な時代、私的生活の範囲で全く実現できないわけではない。しかしその範囲外では破滅をもたらす。国家や人民と個人とのアナロジーは誤りである。「国家と人民は個人とは違う形で支配されている。[98]」「都市国家を偉大ならしめるのは個人の善ではなく共通の善である。[99]」

これに同意しない人がいるかも知れない。またもし市民が抑圧され、全体の偉大さのための単なる手段として扱われるならば、国家の偉大さや繁栄、富といったものは空虚な、嫌悪すべき理想である、と論ずる人がいるかも知れない。キリスト教思想家、コンスタンや自由主義者、あるいはシスモンディや福祉国家の理論家たちのように、国庫は乏しくても市民たちが豊かな国家、政府が中央集権化せず又は全能でなく、恐らく全く主権的でなく、市民たちが広汎な個人的自由を享受している国家を好ましいとする人々がいるかも知れない。そしてこうした国家を好ましいものとして、アレクサンドロスやフリードリヒ大王、ナポレオン、あるいは二十世紀の大独裁者の作り出した権力の権威主義的集中と対比させるかも知れない。

もしそうであれば、その人は単純にマキアヴェッリのテーゼを否定している。これに対してマキアヴェッリはかかるばらばらの政治組織の中に何らのメリットを見い出さなかった。こうした政治組織は長続きできず、人間はこうした状況の中で長く生き延びることはできない。彼の確信するところによれば、権力欲を失った国家は没落する運命にあり、より強力で秀れた武力を持つ隣国によって恐らく破壊されるべきものであった。ヴィーコや現代の「現実主義」思想家はこうした見解を繰返している。

マキアヴェッリは一つの明快な、度ぎつい、偏狭な社会観に捉えられていた。その社会では人間の才能は全体の権力と栄光とに寄与することができると考えられていた。彼は支配者の利益が被支配者の利益と矛盾しない、共和政的統治に好意を示した。しかし(マコーレーが見抜いたように)彼は頽廃した共和国よりは良く統治される君主国の方を好ましいと考えた。彼の称讃する資質と永続的な社会に接合可能な——実際不可欠な——諸々の資質とは『君主論』と『論考』とで異なるところがない。精力、大胆さ、実際上の技巧、想像力、活力、自己訓練、抜目なさ、公共精神、幸運、古人の徳、有能さ、逆境における堅忍不抜、クセノポンやリヴィウスの称讃する性格の強さなどがそれである。彼のもっと衝撃的な格率——これらはエリザベス朝下の「殺人鬼マキアヴェッリ」というイメージの原因となった――もこの唯一つの目的、すなわち彼を支配する古典的、人文主義的、愛国的ヴィジョンを実現する手段を述べたものであった。

彼の君主に対する悪しき助言の中で、極めて悪名高いものを一ダースほど引用してみよう。あなたは状況の命ずるに応じて、テロリズム又は優しい態度をとらなければならない。苛酷であるのは通常より有効であるが、しかしある状況の下では人間味のある方がより好ましい結果をもたらす。恐怖の念はまき起しても憎悪の念はまき起さないように。何故ならば憎悪は結局のところあなたの破滅を招くからである。人々を貧しいままに、不断に戦時体制のままにしておくのが最上であり、これによって積極的服従の二つの大敵――野心と退屈――に対処し、そして被治者は自らを指導する偉大な人物の必要をいつも感じていることになるであろう(二十世紀はこの鋭い洞察に対するうってつけの極めて多くの例証を提供している)。社会内部での競争――階級間の分裂――は、それがエネルギーを生み、正しい限度を伴った野心を生み出すが故に望ましいものである。

宗教は、それがキリスト教が実現するのに失敗した社会的連帯性を保持し、男らしい徳を促進する類のものであれば、仮に偽りに満ちていても奨励されるべきである。もし恩恵を施す場合があれば、自ら為せ(この点で彼はアリストテレスに従っている)。しかしもし手の汚れる仕事をしなければならない場合には他人にやらせよ。そうすれば君主ではなくこれを行なった人間が非難され、君主は適宜その首を切って人々の歓心をかうことができる。これによって自由よりも復讐や安全を好む人々の性向が満足させられる。いかなる場合でも為すべきことをするとして、それを人々に対する格別の好意として示すように試みるべきである。犯罪行為を行なわなければならない場合にはそれを予め公言してはならない。さもなくばあなたの敵はあなたが彼らを打ち滅すよりも前にあなたを打ち滅すであろうから。もし荒療治をしなければならないならば、人々をもがき苦しめるようなやり方ではなく一挙に事を成就するようにせよ。余りに強力な臣下に取り囲まれることがないようにせよ。武勲かくかくたる将軍は除くのがよい、さもなければあなたの方が彼らによって除かれるであろう。

あなたは荒々しく、力によって人々を恐れさせるかも知れないが、自ら作った法を破ってはならない。何故ならばそうした行為は人々のあなたに対する信頼を破壊し、社会秩序を解体することになるからである。人間は愛しむか絶滅すべきであって、宥和政策と中立主義は常に致命的結果をもたらす。卓越した計画も武器なしには十分でない。さもなければ依然フィレンツェは共和国であり続けたであろう。支配者は常に戦争を予期した生活を送らなければならない。愛すべき性格よりも成功の方が多くの帰依を喚起することは、ペルティナックス、サヴォナローラ、ソデリーニの運命を想起すればよくわかる。セヴェルスは破廉恥で残酷であり、スペインのフェルディナンドは人を欺くのが得意で悪賢かったが、獅子と狐双方の技術を駆使することによってわなと狼とを免れることができた。虚偽が何ら成果をもたらさないような状況を作り出し、人々があなたに真実を言うように強制しないならば、人々はあなたにうそを言うであろう、等々。

こうした実例は「悪魔の協力者」にふさわしいものである。時々懐疑の念がマキアヴェッリを襲ってくる。ローマ的基準で称讃に値する国家を建設する労をいとわない高潔な人間が、彼の指示するような暴力的で、邪悪な手段をとるほどしたたかであろうか、という疑問がそれである。そして逆に、それをするのに十分なほど残忍で野蛮な人間は、こうした悪しき手段を唯一正当化する根拠である公共の利益を理解できるほど私心なき存在であろうか、ということも疑問になる。しかしモーゼ、テセウス、ロムルス、キュロスはこれら二つの資質を兼備していた。[100] かつて行なわれたことは再度可能である。その意味で楽観主義が示唆されている。

これら全ての格率には一つの共通項がある。それはこれらが著者の言う人間の最も永続的関心を満足させる秩序を建設し、回復し、維持するために設定されたという点である。彼の唱える価値は誤っているかも知れないし、危険で嫌悪感を与えるものであるかも知れないが、しかし彼は極めて真剣である。彼は冷笑家ではない。その目的は常に同一であって、ペリクレスのアテナイ、スパルタ、そして就中共和政ローマをモデルとして構想された国家がそれである。人間は生来この目標を切望しており(彼の考えでは、この点については歴史や観察が十分な証拠を与えてくれている)、いかなる手段も「弁明され」、手段を判断するに際しては目的のみを注視する。もし国家が没落すれば、全ては失われる。従って『論考』第三巻第四一章の有名な一節によれば、「一国の安全が絶対的に問題になっている場合、正か邪か、慈悲深いか残酷か、称讃に値するか不名誉か、といった考慮は一切問題とすべきでない。むしろあらゆる疑念を放棄して、祖国の命を救い、その自由を維持する方策であればそれがいかなるものであっても徹底的に実行すべきである。」フランス人はこのように推論し、「フランス王の権力とその王国の権力」はそこから発している。ロムルスはレムスを殺すことなくしてローマを建設することができなかったであろうし、ブルートゥスは自らの息子を殺すことなしに共和国を維持できなかったであろう。モーゼ、テセウス、ロムルス、キュロス、アテナイの解放者たちは建設するために破壊した。こうした行為は非難されるどころか、古代の史家や聖書の称讃を浴びている。マキアヴェッリは彼らのファンであり、スポークスマンである。

それでは彼の言葉や調子には、読者を震撼させるような何かがあったのであろうか。実際こうしたことは彼の生前には起らなかった。こうした反応が生じたのは約四半世紀遅れてであり、その後マキアヴェッリに対する恐怖の念が絶えることなく、積み重ねられてきた。フィヒテ、ヘーゲル、トライチュケは彼の教説を「再解釈し」、彼ら自身の見解にそれを合うようにした。しかしそれによってこの恐怖の念が著しく緩和されることはなかった。彼の与えた衝撃の効果は明らかに一時的なものではなく、われわれの時代にまでもなお続いている。

その公刊直後に批判がなかったのは何故かという歴史的問題はともかくとして、『君主論』が禁書目録に加えられて以来四世紀にわたって読者の間に、連綿として生み出した不快の念について考えてみよう。マキアヴェッリのテーゼの独創性と悲劇的運命は、そのキリスト教文明との関連にあるように私には思われる。異教の時代には異教の理想の光に従って生きることは非常に望ましいことであった。しかしキリスト教が勝利してから千年以上後に、異教主義を説くのは、天真爛漫さが失われた状態でそれをすることであり、人間に意識的な選択を強制することに他ならなかった。この選択は、それがまとまった二つの世界の間での選択であるため、苦悩に満ちたものになる。人間はそれまでこの双方の中で生活し、一方に対して他方を維持するために戦い、死んできた。マキアヴェッリはこの中の一つを選び、そのためには犯罪行為を犯す心構えでいる。

人を殺し、欺き、裏切るという形で、マキアヴェッリの君主や共和国は通常の道徳の立場からすれば容認できない悪行を働いている。マキアヴェッリの大きな取り柄はこのことを否定しなかった点にある。(101) マルシリオ、ホッブズ、スピノザ、ヘーゲル、マルクスはそれぞれの仕方でこの点を否定しようとした。この点では国家理性の擁護者も、帝国主義者も、カトリック、プロテスタントの民権擁護論者も同じであった。これらの思想家たちはある一つの道徳体系を弁じ立てたのであって、そうした悪しき行為を正当化し、実際要求する道徳は、それを絶対的に禁止する無教育な道徳から生ずる混乱した倫理的信念と連続性をもちつつ、それをより合理的にしたものであることを示そうとした。

こうした(一見したところ邪悪な)行為が偉大な社会的目的という観点からなされるべきものとなると、それらは(議論の赴くところ)もはや邪悪な行為でなく、合理的なもの――事物の自然や公共の利益、人間の真の目的、歴史の弁証法によって要求される――と考えられるようになる。そしてそれを論難するのは、論理的、神学的、形而上学的、歴史的パターンの大きな区分を見てとることができないか、見てとろうとしない人間だけであるとされる。精神的に盲目で近視眼的人間だけが誤った判断をし、批判するというわけである。いくら悪くてもこうした「犯罪行為」はより大きな調和のために必要な不協和音であり、従ってこの調和を聞きとる人間にとってはもはや不協和音は存在しない。

マキアヴェッリはそうした抽象理論の擁護者ではない。そうした決疑論(カズイストリイ)を用いることは彼には思いも浮ばない。彼は徹底して誠実で、明快である。政治家の生活を選んだり、国家が可能な限り成功と栄光とを実現するのを望む公民としての感覚を持って公民としての生活を選びとることは、彼によればキリスト教の奨める行動を拒否することに同意することを意味する。[102] 社会的、政治的脈絡を抜きにして魂の幸福について語る限りにおいてキリスト教は正しいかも知れない。しかし国家の幸福と個人のそれとは別物であり、それらは「違った仕方で統治される。」あなたはその選択をなすであろうが、そこでの唯一の犯罪は優柔不断、臆病、愚さなどあなたを再度川のまん中に引き戻し、失敗に終らせる資質である。

通俗的道徳との妥協は失敗を生むが、これは常に見下げ果てたものであって、政治家がこれを犯すと人々を破滅に陥れる。手段が異教の倫理からしてもいかに恐るべきものであるとしても、その目的が(トゥーキュディデース、ポリュビウス、キケロ、リヴィウスの観点からして)十分高尚であるならば、目的は手段を「弁明する。」ブルートゥスが自分の子供たちを殺したのは正しかった。彼はそれによってローマを救ったからである。ソデリーニはそうした行為に及ぶような気質の持主でなく、フィレンツェは滅んだ。サヴォナローラは禁欲や道徳的力や腐敗について健全な考えを持っていたが、武器なき予言者は常に絞首台に歩を進めるということを知らなかったために身を滅した。

もし人々の献身と好意とを用いて望ましい結果を得ることができるものならば、必ずそうするようにせよ。その場合人間を苦しめることは何ら価値はない。しかしそれができないのならば、モーゼ、ロムルス、テセウス、キュロスが範たるべきであって、恐怖に訴えざるを得ない。マキアヴェッリには、ドストエフスキーの徹底的に邪悪な人間にみられるような、悪のために悪を追求するといった悪意ある悪魔主義は見られない。「全てが許されるか」というドストエフスキーの問いに対してマキアヴェッリ(彼はドストエフスキーにとって一人の無神論者であったことは確かであろう)は「もし目的——すなわち、特殊な状況の中で社会の基本的利益を追求すること——が他の仕方で実現できないならば、全てが許される」と答える。

この点はマキアヴェッリに対して自ら好意的であると称する人々も正しく理解していない。例えばフィギスによれば[103]、マキアヴェッリは「全人類の人身保護律」を恒常的に停止した。つまり状況が常に危機的で絶望的であったためマキアヴェッリはテロリズムという方法を擁護し、その結果通常の事態の中で用いられる政治原理と、あるとしても極限的な場合にのみ要求されるルールとを混同したと考えられたのである。

他の人々、恐らく多くのマキアヴェッリ解釈家にとって彼は、後年「国家理性」(*raison d'état, Staatsräson, ragion di stato*)論と呼ばれることになる議論——例外状態において国家の利益のために不道徳な行為を行なうことを正当化する議論——の発案者、少なくともその擁護者である。しかし複数の研究者が十分説得的に指摘したように、絶望的状況は絶望的な方策を必要とする——「必要の前には法は無力である」——という考えは古代に見られるのみならず、アクィナス、ダンテその他中世の著作家など、ベラルミーノやマキアヴェッリよりも遥か以前の人々にも同じように見られるのである。

こうした対比はマキアヴェッリの見解についての根強い、特徴的な誤解に基づいているように思われる。マキアヴェッリの見解を次のように解するのは誤りである。すなわち、通常の事態の下では普通に通用している道徳——キリスト教的、ないし半キリスト教的倫理規定——が支配すべきであるが、一旦尋常ならざる事態が生じた場合、これらの規定がその機能を果たすための唯一の条件である全社会秩序が危くなる場合、こうした緊急の場合には通常邪悪であるとか禁止するのが当然であるとか見なされている行為が正当なものとされる、と。

こうした見解をとっているのは、なかんずく全ての道徳の究極的根拠はある種の制度の実在にあるという考えに立つ人々である。例えば、ローマン・カトリック教徒は教会と教皇との存在をキリスト教にとって不可欠のものと考え、また民族主義者は民族の政治権力の中にその精神生活の唯一の源泉を見い出している。これらの人々はこの制度の破壊によって他の全ての価値の実現を支える不可欠の基盤が致命的な打撃を受けるとの観点から、厳しい危機の局面において国家や教会、民族の文化を守るために必要な極端な、「恐るべき」措置をとることは正当であると主張している。こうした教義に基づいて、カトリック教徒と新教徒、保守主義者と共産主義者は共に、普通の人間をぞっとさせるような極端な方策を擁護して来た。

しかしこれはマキアヴェッリの立場ではない。国家理性論の擁護者によれば、こうした方策が正当化される唯一の根拠はそれが例外的であるという点にある。つまり、こうした嫌悪すべき方策は、正にその必要をなくする目的を持った制度を維持するために必要であり、そうした処置が正当化されるのは唯一つ、今後それを必要とするような状況に終止符がそれによって打たれるという点にあった。しかしマキアヴェッリにとって、こうした方策自身はある意味で全くノーマルなものであった。それらが極度の必要に応じて求められるのは疑問の余地がないが、政治生活にはこうした多くの必要を、さまざまな程度の「極端な」必要を生み出す傾向が潜んでいる。従って自らの政策から論理的に導き出される帰結を避けたバリョーニは、明らかに統治には不適格な人間であった。

国家理性という概念には、道徳的に善良で敏感な人間を苦悶させる諸価値の対立が含まれている。しかしマキアヴェッリにはこうした対立はない。公的生活はそれ自身の道徳を持ち、キリスト教の原理(又は他の絶対的な人格的価値)はそれにとって不必要な障害になり勝ちである。公的生活はそれ自身の基準を持ち、永続的テロルを要求しはしないが、しかし政治社会の目的を促進する必要がある場合、力を行使するのを容認し、少なくとも許容する。

マキアヴェッリは、「暴力の効率」を一貫して高めることを信じていた、というシェルドン・ウォーリンの主張[104]は私には正当であるように思われる。つまり、彼や彼の言及する古代の思想家たちが称讃する徳が保護され、繁栄できるように事態を保っていくためには、その背後で常に一貫して力を留保しておく必要がある、と考えていたのであった。そうした力やその可能性が正しく用いられる社会に生れ育った人間は、かつてのギリシャ人やローマ人がその最盛期に送ったような幸福な生活を送るであろう。この生活を特徴づけるのは活力、才知、多様性、誇り、権力、成功であり(マキアヴェッリは技術や科学についてかつてほとんど言及することがなかった)、それはいかなる意味においてもキリスト教国家ではない。こうした中で生ずる道徳的対立に苦しめられるのは、どちらの道程をも放棄する心構えのない人間、すなわち、二つの非両立的な生活が実際には和解できると考えている人間だけである。

マキアヴェッリにとって世間一般に公認されている道徳はほとんど論ずるに値しなかった。それというのもそれは社会的実践に翻訳できないからである。「もし全ての人間が善良であれば……」という点について、彼は権力が不必要となるというまで人間を改良するのはまったく不可能であると確信していた。もし道徳が人間の行為に関わり、人間が生来社会的存在であるならば、キリスト教道徳は通常の社会的存在にとって導きの指針となることはできない。誰かがこの点を明言する任務を負っていたが、マキアヴェッリこそそれを果したのである。

人は選択しなければならず、一方を選びとることによって他方を断念しなければならない。この点が核心である。もしマキアヴェッリが正しいならば、もし道徳的に善良であり、通常のヨーロッパ的、特にキリスト教の倫理の判断に従って為すべき義務を果しながら、同時にスパルタやペリクレス期のアテナイ、共和政ローマ、更にはアントニウス帝下のローマさえも建設するのが原理的に(あるいは実際に——この両者の境界は余り明瞭でない)不可能であるならば、そこから第一の重要な帰結が導き出される。すなわち、いかに生きるべきかという問いに対して正しい、客観的妥当性を持つ回答が原理的に発見できるという信念自体、原理的に正しくないのである。これは実際恐るべき命題である。以下その意味をしかるべき文脈の中で検討してみよう。

西欧政治思想にはその長い間にわたる支配の間ほとんど疑問視されることのなかった、一つの極めて根源的な仮定があった。それは、太陽や星の運動経路のみならず、全ての生物のそれぞれの行動を規定する、ある単一の原理があるという教説である。動物や全ての理性を持たない類の存在は本能的にそれに従い、より高次の存在はそれを意識化し、それを捨てて自らの滅びを招く自由を持っていた。この教説はさまざまな見解の形をとりながら、プラトン以来ヨーロッパ思想を支配して来た。その現われ方は多様であって、多くの比喩やアレゴリーがそれをめぐって生み出された。その中心に位置するのが非人格的自然や理性、宇宙の目的、万物と被造物にそれぞれ特定の機能——これらの機能は一つの調和を形づくる全体の中の要素であって、この脈絡においてのみ理解可能である——を付与する力を持った神聖な創造者といった観念である。

この教説は建築物からとられたイメージでもってしばしば表現されて来た。例えば大建築物においてその各部分は全体の構造に独自の形で適合している、と言われてきた。更には全てを包摂する有機的全体としての人間の身体のイメージで表現され、あるいは巨大な階層制——封建的秩序と自然の秩序という二つの並行的体系の頂点に最も現実的存在（エンス・レアリシムウム）としての神を置き、全ては神から下方へと発し、上方へと神の意志に従って神に至る——として社会生活を描く形で現われた。それは偉大なる存在の連鎖として、時間と空間、両者の含む万物を結びつける宇宙樹ユグドラシルというプラトン－キリスト教のアナロジーとしても現われている。それはまた音楽のアナロジーでも表現され、全体は個々の楽器乃至そのグループが無限に多様な多声的総譜の中でそれぞれの音を出すオーケストラにたとえられた。そして十七世紀以降、多音のイメージに代って調和の比喩が登場すると、各楽器は特定の旋律を演奏するものとはもはや考えられず、それぞれのグループの演奏家には完全に捉えられない（彼らの出す音はそれを孤立させて取り出すならば耳ざわりであるか、不必要なものと思われたであろう）にもかかわらず、より高い観点から見てのみ把握可能な、全体的な形を形成するのに貢献するような音をつくり出すと考えられるようになった。

世界や人間社会が単一の理解可能な構造を持っているというこの考え方は、自然法についての多くのさまざまな見解——ピュタゴラス派の数学的調和、プラトンの形相の論理的階梯、アリストテレスの発生論的－論理的パターン、ストア派やキリスト教会の神的ロゴスとその世俗化された派生物——の根底に潜んでいる。自然科学が進歩すると、この種のイメージや人間形態を用いた比喩はより経験主義的内容を持つ所説となっていった。（ヒュームやアダム・スミスに見られる）相対立する諸傾向の調整者としての自然の女神、（フランスの百科全書派の幾人かの著作にみられる）幸福への最善の道を教える女王としての自然、組織化された社会全体の具体的な風俗や習慣に体現されているものとしての自然、などがそれである。生物的、美的、心理的比喩は時代の支配的観念を反映している。

伝統的合理主義は、それが宗教的、美的、形而上学的、科学的、超越的、自然主義的形態をとるにしろ、西欧文明の特徴をなすものであったが、そのまさに核心を成すのがこの全てを統一する一元論的図式に他ならなかった。この岩の上に西欧人の信仰や生活は築き上げられていたが、マキアヴェッリは事実上これを打ち砕いたように思われる。いうまでもなくこれほど大きな転倒を唯一人の人間の行為に帰せしめることはできない。こうした転倒は安定した社会的、道徳的秩序の下では起り得なかったであろうし、彼以外に古代の懐疑論者、中世の唯名論者や世俗主義者、ルネサンスの人文主義者は疑いもなく、この伝統を破壊するダイナマイトをそれぞれに提供している。この論文が示そうとしているのは、決定的な起爆装置に点火したのがマキアヴェッリであったということである。

もし人生の目的が何であるかを問うことが真の問いであるならば、正しい回答を与えることが出来るはずである。行為に合理性があると主張することは、そのような問いに対する正しい、究極的な回答を見い出すのが原則的に可能であることを主張することに他ならない。以前にその解決が議論された場合、通常、完全な社会が、少なくともその概略において、想定できるものと仮定されていた。さもなければ、所与の制度を不完全なものとして批判するに際して、いかなる基準を用いることができるであろうか。それはこの世では実現できないであろう。人間はそれを建設するには余りにも無知で、意志が弱く、邪悪である。あるいは(『君主論』以後の世紀のある唯物論者たちによれば)欠けているのは技術的手段であり、黄金時代の実現を妨げる物質的障害を克服する方策は未だ発見されていないと論じられてきた。要するにわれわれ人間は技術的に、あるいは教育上、あるいは道徳的に十分進歩していないとされた。しかし人々はこうした考え方自身の中に何か矛盾があるとは言わなかった。

プラトンとストア派、ヘブライの予言者と中世キリスト教思想家、モア以来のユートピア論者は、人間に欠けているのは何であるかについて一つの見解を持っていた。そして彼らは、いわば現実と理想との乖離を測定できると主張した。しかしもしマキアヴェッリが正しいならば、この西欧思想の中心的潮流をなす伝統は誤りとなる。何故ならば彼の立場が正しいならば、少なくとも二つのグループの徳——キリスト教的、異教的と呼ぶことにする——があり、それらは実際においても原理上も両立できず、従ってそのような一つの完全な社会像を構成することさえできなくなるからである。

もし人間がキリスト教的謙譲を実行するならば、古代の文化や宗教の偉大な創始者の持っていた燃えるような野心に同時に身を委ねることはできない。もし彼らの視線が彼方の世界に集中しているならば——もし彼らの考えがそうした見地に対するリップ・サーヴィスに染まっているにすぎないとしても——、彼らは完全な都市国家を建設する試みに、自らの有する全てを投入するとは考えられないであろう。もし苦悩と犠牲と殉教が常に悪しき、免れることのできない宿命でなく、それ自身至高の価値をもつならば、大胆な人間や荒々しい人間、若者の獲得する、運命に対する栄光ある勝利などは獲得されることもなければ、獲得するに値するものと考えられもしないであろう。もし精神的目的のみが唯一追求に値するものであれば、自然と人生を支配する法則としての必然——その操作によって人間は技術、科学、社会生活の組織において前代未聞の事柄を成しとげるであろう——を研究することに一体どれだけの価値があるであろうか。

世俗的目的の追求を断念することは、社会秩序の解体と新たな野蛮状態へと道を開くであろう。しかしこれが事実であるとしても、それは生じうる最悪の事態であろうか。プラトンとアリストテレス、彼らとソフィスト、エピキュロス主義者や前四世紀以後の他のギリシャの学派との間にどれほどの相違があったにしろ、彼らとその弟子たちである近代ヨーロッパの合理主義者と経験主義者は、外見に欺かれない心をもって現実を研究するならば人間の追求すべき正しい目的——人間を自由で、幸福で、強力で理性的ならしめる——は明らかになる、とする点で意見が一致していた。

ある人々は全ての状況の中で、全ての人間に妥当する唯一つの目的があると考え、他の人々は異なった類の人間あるいは異なった歴史的状況では異なった目的があると考えた。客観主義者と普遍主義者は相対主義者、主観主義者と対立し、形而上学者は経験主義者と、有神論者は無神論者と対決した。このように道徳的問題については深刻な意見の対立があったが、しかしこれらの思想家たち、懐疑主義者さえも敢て唱えなかったのは、他の全ての事物を正当化する唯一の根拠である目的が複数存在し、それらが共に究極的であって互いに両立しないということ、人間がさまざまな目的の間で合理的に選択することが可能な包括的基準は存在しないという点であった。

こうした見解は実際それまでの考えを深く動揺させる結論であった。その意味するところによれば、もし人間が首尾一貫して生き、行動しようとし、いかなる目的を自ら追求しているかを理解しようとするならば、自ら追求する道徳的価値を吟味しなければならない。人間が二つの非通約的体系の間で選択をする必要に迫られ、しかもそれまでのように不可謬の測定指標——それはあるタイプの生が他の全てのそれより秀れていることを保証し、前者が全ての合理的人間を満足させるものであることを証明する機能を果していた——を用いることなしに選択をしなければならないならば、どういうことになるであろうか。マキアヴェッリの主張に含まれているこの恐るべき真理こそ、恐らく人々の道徳意識を動揺させ、彼らの心に絶えず、その後執拗につきまとったものではなかったであろうか。

マキアヴェッリ自身はこの点を仰々しく論じ立てることはなかった。彼にとっては問題もなければ苦悶もなかった。彼には懐疑主義や相対主義の痕跡はなく、彼は一方に加担し、この選択が無視し侮蔑する価値に対してはほとんど関心を示すことがなかった。彼の価値の尺度と伝統的道徳の尺度との間の対立は(クローチェや他の人々のように、マキアヴェッリを「苦悶する人文主義者」とする解釈には失礼だが)、マキアヴェッリを悩ませることがなかったように見える。動揺させられたのは彼の後の人々のみであった。なかんずくそれは一方で自らの持つ道徳的価値(キリスト教的又は人文主義的)及びそれら全体を包括する思想や行動の全体のあり方を放棄する覚悟がなく、他方で政治的事実についてのマキアヴェッリの多くの分析や、それに付随する彼が華々しく、説得的に描いた社会構造の中に体現されている(大部分異教的な)価値や見解が、少なくとも妥当性を持つことを否定しない人々の間に見られた。

ある思想家が時代や文化の点でいかにわれわれと異なっていようとも、彼が依然として人々の情念、熱中あるいは激怒、あるいは何らかの類の激しい論争をまき起すのは、一般に彼が深く定着している物の見方を動揺させるテーゼを提起する場合であり、伝統的信念に固執しようとする人間がそれにもかかわらずそのテーゼを捨てたり、反駁したりするのが困難であるか、不可能であると自覚する場合である。こうしたことはプラトン、ホッブズ、ルソー、マルクスについても見られる。

これまでマキアヴェッリの教説を解釈し尽そうとする絶望的努力がなされてきた。その結果、マキアヴェッリは冷笑家、従って結局のところ権力政治の皮相な擁護者とされたり、悪魔の信奉者、めったに生じないような一定の絶望的な状況のための処方箋を書いた愛国者、単なる無節操な人間、憤激に駆られた政治的落伍者、われわれが常に知っているが公言するのをはばかる真理を単に口にした人、更には普遍的に受容されてきた古代の社会原理を経験的レベルに移しかえた教養豊かな人物、秘かに共和主義を奉ずる風刺家(ジュヴネルの子孫、オーウェルの先駆者)、冷静な科学者、道徳的考慮から自由な、単なる政治の技術屋、今日すたれた様式に従う典型的なルネサンスの著作家、などの他、多くの形でこれまで規定され、今日なおそうされ続けている。私にすればこうした結果を長期間にわたって生み出した原因は全て、マキアヴェッリが読者の心に対して二つの見方を並置した――二つの両立不可能な道徳的世界をあるがままの形で――こと、そしてそこから生じた衝突と鋭い道徳的不快感にあった。

マキアヴェッリにここに挙げたような資質が少なくともいくらかあったかも知れないが、しかしそのうちのあるものに関心を集中し、それを彼の本質的、「真の」性格とするのは私によれば、マキアヴェッリが意図せずに、ほとんど偶然的に明らかにした不愉快な真理に直面するのを躊躇し、ましてやそれについて論ずるのを躊躇する態度の現われである。その真理とは、全ての究極的価値は必ずしも互いに両立し合うものでなく、唯一の究極的解決――それが実現すれば完全な社会が確立するであろう――という考え方そのものには実質的障害のみならず、概念上(通常「哲学的」と呼ばれている)障害がある、ということである。

三

しかしもしそうした回答が、原則としてであれ、定式化できないとすれば、全ての政治問題と道徳問題は実際それによって大きな変化を蒙ることになる。それは倫理からの政治の分離とは違ったものである。そこに明らかになったのは、何ら共通する基準――それらの間での合理的選択を可能にする――を持たない、一つ以上の価値体系が可能であるということである。ここで問題になっているのは、異教主義に加担してキリスト教を拒否することでもなければ(マキアヴェッリは明白に異教主義に好意を示したが)、キリスト教(これは少なくとも歴史的実態に即して見る限り、通常の人間の基礎的欲望と両立しないものであると彼は考えた)に加担して異教主義を排撃することでもない。問題はそれらが並存状態に置かれ、善良で有徳な私的生活を選ぶか、それとも秀れた、成功に満ちた社会生活を選ぶかという選択が、つまり双方でなく一方の選択が暗黙のうちに促されている点である。

マキアヴェッリはしばしば(ニーチェの如く)偽善の仮面を引き裂いた人間、真理を残酷に暴き出した人間などとして称讃されている。その彼が示したのは人間の言行が一致しないということ(勿論彼はこの点も指摘したが)ではなく、人々が二つの理想が両立可能であるとか、それどころか一つの、同じ理想であるとか仮定する場合、実は背信の罪(実存主義者はそう呼んでいるし、マルクスの定式を用いるならば「虚偽意識」となる)を犯しており、そのことは彼らの行動に明らかであるということである。マキアヴェッリが挑戦状を突きつけたのは世間一般の道徳——通常人の生活の偽善性——に対してではなく、西欧の哲学的伝統の核心を成す一つの基本的な考え、すなわち、全ての真の価値が究極的に一致するという信念に対してであった。彼自身にはやましいところはなにもない。彼は自らの選択をした。彼は伝統的な西欧の道徳と手を切ることに苦しんだ気配は全くなく、実際そのことをほとんど自覚していなかったように見える。

しかし彼の作品が劇的に表現したこの問題は、彼自身に対してでなくその後の世紀の人々の前に突きつけられた。その問題とはわれわれはいかなる根拠に基づいて、正義と慈悲、謙譲と有能さ(ヴィルトウ)、幸福と知識、栄光と自由、壮大さと神聖さが常に一致するだろう、あるいは実際に合致できると想定するかという点にあった。詩的正義が詩的正義と呼ばれるのは、それが一般に散文的な日常生活の中で起るからではなく正に起らないからであり、そこでは全く違った種類の正義が作用していると仮定されている。つまり「国家と人民とは個人とは全く違った仕方で統治される。」不滅の権利──それが中世的意味においてであれ、自由主義的意味においてであれ──について語る余地はどこから出て来うるであろうか。賢明な人間は自らの頭から幻想を打ち払い、他人の頭からもそれを追い払うようにすべきである。そしてもし彼らの抵抗が余り強いならば、パレートやドストエフスキーの大審問官が勧めているように、少なくとも実現可能な社会のための手段として彼らを利用し尽すべきである。

ヘーゲルは「世界史の歩みは、徳、悪徳、正義の彼方にある」と言った。もし「歴史の歩み」を「良く統治された祖国」と置き換え、ヘーゲルの徳の観念をキリスト教徒や通常の人間のそれと解するならば、マキアヴェッリはこの教説の最も早い主張者の一人となる。他の偉大な革新家たちと同様、彼にも先駆者がいなかったわけではない。しかしパルミエーリ、ポンターノといった名前、更にはカルネアデス、セクストゥス・エムピリクスといった名前さえも、そのヨーロッパ思想に残した足跡はほとんどない。

クローチェが、マキアヴェッリは冷淡でもなければシニカルでもなく、無責任でもないと主張したのは正当である。彼の愛国主義、彼の共和主義、彼の傾倒には疑問の余地がない。彼はその信念の故に制裁を受けた。彼は連綿としてイタリアとフィレンツェについて考えをめぐらし、その救済方法を考え続けた。しかし彼に他の思想家には見られない名声を与えたのはその性格でもなければ、劇作、詩、歴史書、外交、政治活動でもなかった。(105) それは彼の心理学的又は社会学的想像力にのみ帰することもできない。彼は持続的で真の意味での利他主義がわずかなりとも可能であることをほとんど認めていないようである。従って彼は強敵に対して戦いを挑まんとする人間や、必然性を無視し、展望のない事柄のために命を捨てる覚悟を固める人間が、いかなる動機を持っているか考えるのを拒絶する。

世間に疎い態度や、経験的観察を欠いた絶対的原理に対する彼の嫌悪感は想像を絶するほど強烈であり、その強さはほとんど現実離れしている。彼を夢中にさせるのは、あたかも道具に働きかけるかの如く他の人間に働きかける大君主の姿である。彼の仮定に依れば、違った社会は異なった目標を持つが故に、常に戦い合わざるを得ない。彼の目からすれば、歴史とは食うか食われるかの競争の果てしない過程であって、合理的人間が懐きうる唯一の目的は同時代人と後世の人々の前で成功を博すことである。彼の手腕は幻想を地上に降すことで発揮されたが、丁度ミルがベンサムに対して不満を表明したように、マキアヴェッリもこれで十分であると考えた。彼は理想が人間に訴える力を余りにも極小化した。彼には歴史的感覚もなければ、経済的観念もほとんどない。彼は政治生活、社会生活、そして特に戦争術を大きく変えんとしていた技術の進歩についても、何らほのめかすところがない。個人、共同体、文化がどのように発展し、自ら変化を遂げていくかを彼は理解しなかった。ホッブズ同様、自己保存をめぐる議論やそれへの動機づけが自動的に他を上廻ると彼は想定していたのである。

何よりも先ず、彼は人々に愚者であってはならないと命ずる。自らを破滅に導くような原則に従うことは、少なくとも世間一般の基準から判断して馬鹿気ているからである。もう一つ彼がうやうやしく語っているが全く興味を示さない基準がある。その基準とはそれを用いても自らの名を不滅にするような事蹟は何もできない類のものである。彼の描くローマ人が現実のものでないのは、その才気あふれた喜劇に登場する一定のタイプの人間がそうでないのと同様である。彼の描く人間はほとんど内面的生活を持たないか、共同生活や社会的連帯への能力を持たず、従ってホッブズのこれと似た人間の場合と同様、彼らが永続的な社会全体を形成するのに十分なだけの相互的信頼感をどのようにして育てることができるか——暴力行為を注意深く抑制し、その影を継続的に利用するとしても——、それを理解するのは困難である。

マキアヴェッリの著作、なかんずく『君主論』が他の政治についての著作よりも、人々の深刻で継続的な憤激をかったことはほとんど誰も否定しないであろう。その理由は、再度言わせてもらうならば、政治が権力のゲームであること——独立した共同体の間及びその内部の政治的関係は力と詐術の使用と結びつき、競技者の公言する原則とは無関係であること——を発見した点にあるのではない。こうした知識は人間が政治について意識的に考えるようになるや否や存在したのであって、実際トゥーキュディデース、プラトンと共に古いのである。その理由はまた、彼が権力の獲得や維持において成功したものとして挙げた実例にあるのでもない。シニガリアにおける虐殺やアガトクレス、オリヴェロット・ダ・フェルモの行為などについての記述は、その与える恐怖感においてタキトゥスやグィッチャルディーニなどに見られる類似の話と格別異なるところがない。犯罪は割りが合うことがあるという命題は、西欧の歴史学では決して新しいものではないのである。

こうした憤激の原因は彼が読者を動転させるような冷酷な方策を勧めた点にだけあるのではない。それというのもアリストテレスははるか昔に例外的事態の発生を認め、原理やルールはあらゆる状況に厳格に適用できないことを認め、『政治学』の中ではかなり無法な方策を助言しているからである。キケロも危機的状況が例外的方策を要求することを知っており、公共の利益の考慮(*ratio publicae utilitatis*)、状況の考慮(*ratio status*)というのは中世思想にお馴染みのものであった。「必要の前に法はない」とはトマス主義者の主張であり、ピエール・ドーヴェルニュは同じことを語っている。ハリントンは次の世紀に同じことを語り、ヒュームはそれを称讃した。

こうした見解はこれらの思想家によって最初に考え出されたのでなく、恐らく思想家によって考え出されたものでもない。マキアヴェッリは国家理性という概念を考え出しもしなかったし、用いもしなかった。彼が強調したのは意志、大胆さ、巧妙さであり、フィレンツェ政庁やオリテェッラーリの学園での彼の仲間が持ち出したと推定される静かな理性(ラジョーネ)の指し示すルールを犠牲にしてそれを行なったのであった。レオン・バッチスタ・アルベルティは、運命が押しつぶすのは弱い、能力のない人間だけだと公言したが、彼はこの点でマキアヴェッリと同じである。同じことは当時の詩人たちにも見られるが、ピコ・デッラ・ミランドラは人間の能力——人間は天使と異なり、どのような姿にも自らを変えることができる——への有名な呼びかけの中で、同じ主張を独自の形で行なったのである。ヨーロッパ及び地中海世界の人文主義の根底に横たわっているのは、こうした人間像に対する熱烈な讃美である。

これに対してしばしばマキアヴェッリのより独創的な点であるとして挙げられるのが、彼以前(マルシリオも)においても以後においても神学的世界像の枠内で論じられていた政治行動を、研究領域として神学的世界像から切り離した点である。しかし彼の世俗主義が当時いかに大胆であったにしろ、彼がヴォルテールやベンサム、その後継者たちの心を動揺させることができたのはその世俗主義の故ではなかった。彼らに衝撃を与えたのはそれとは別の何物かであった。

マキアヴェッリの業績の核心をなすのは、繰返し言わせてもらえば、彼が解決不可能なディレンマを暴露し、後世の人々の歩む道筋に永遠の疑問符を植えつけた点にある。その源泉は次のようなことに事実上気がついた点にあった。すなわち、複数の同じように究極的で、同じように神聖な目的が互いに対立し合い、価値の全体系は理性による調停の可能性を失って内部衝突に陥り、しかもそれは尋常ならざる事態や偶発事件、過失の結果としての例外的状況――アンティゴーネとクレオン、トリスタン物語に見られるような衝突――においてのみならず、(この点が確かに新しい点であるが)人間の通常の状況の一部分であることである。

こうした衝突をまれな、例外的な、災難であると考える人々にとって、選択をしなければならないことは理性的存在として予め備えることができなかった(いかなるルールも適用できないため)苦衷に満ちた経験とならざるを得ない。しかしマキアヴェッリには、少なくとも『君主論』『論考』『マンドラゴラ』には苦悩は全く見られない。人が選択をするのは自らの欲するものを知り、それに対して犠牲を払う用意があるからである。人がチベットの砂漠よりも古代の文化を選び、エルサレムでなくローマを選ぶのは、聖職者がどう言うとも、それが彼の本質にかなうからであり、そして――彼は実存主義者でもロマンチックな個人主義者でもないので――それがあらゆる時代、あらゆる場所での人間の本質にかなうからである。もし他の人々が孤独あるいは殉教の方を好むならば、彼はその肩をすくめる。そうした人間は彼の味方ではない。彼はそうした人々に何も語らないし、彼らと何か論ずることもしない。彼や彼に同意を表明する人々にとって重要なのは、こうした人間は政治や教育など人間生活の中心的作業に関わり合うべきでなく、彼らの見解はこうした作業をするには向かないという点に尽きる。

マキアヴェッリが多元主義やその間で自覚的選択の必要な価値の二元主義の存在について明確な主張をしたなどと、私は言ってはいない。しかしこれは彼が称讃した行為と批判した行為との間の対照から論理的に出てくる。彼には古代の公民の徳が明らかに他に勝るのは当然のことであり、キリスト教的価値や通俗道徳は無視され、侮蔑的あるいは横柄な言葉、あるいは二、三の章句によって、更にはキリスト教の誤った解釈についての巧みな言葉によって処理される。[106] こうした態度は彼と見解を異にする人々をますますいら立たせ、激怒させる。それというのもマキアヴェッリは彼らの信念に反することをあたかも自覚していないかのような形で主張し、そして邪悪な方策を何か明らかに非常に思慮分別のあるものであるかの如く勧め、それを拒絶するのは馬鹿と夢想家にすぎないものとしているからである。

もしマキアヴェッリの信ずるところが真実であれば、西欧思想の一つの主要な前提が掘り崩されることになる。その前提とはどこかに、過去にあるいは未来に、この世にあるいはあの世に、教会や実験室に、形而上学者の思弁や社会科学者の発見に、単純な善人の堕落していない心の中に、人生如何に生きるべきかという問いに対する最終的回答が見い出されるはずである、という考えである。もしこれが誤りであるならば(そしてこの問いに対して一つ以上の回答が与えられれば、それは誤りであることになる)、唯一の、真の、客観的、普遍的な人間の理想という観念は崩壊する。それを探究すること自体実際問題としてユートピア的であるのみならず、論理的一貫性に欠ける。

しかしこれと反対の前提の下で育って来た人間——信仰の持主、芸術家、経験主義者、先験論者——にとって、これに真向うから直面するのがいかに難しいかは確かに理解できる。一元主義的な宗教体制、少なくとも一元主義的な道徳、政治、社会の仕組みの中で育って来た人々にとって、それに裂け目をあけられることほど動揺を招くものはない。これがマイネッケのいう短刀であり、マキアヴェッリはこれによって決していやされることのない傷を与えた。フェリックス・ギルバートが正当にも指摘しているように、マキアヴェッリ自身はこの傷痕を持ってはいなかった。それというのも彼は異教的ではあったが、やはり一元論者に止まったからである。

マキアヴェッリが多くの混乱や誇張に責任があることは疑問の余地がない。彼は究極の理想は一致しないだろうという命題を、より通俗的な人間の理想——自然法、友愛、人間の善良さに基づく——は実現できないものであるという全く異なった命題と混同し、この後者の命題と異なった見解に基づいて行動する人間は馬鹿であり、時には危険であるという全くそれと違った命題と混同し、この疑わしい主張を古代に帰せしめ、歴史によって証明されると信じた。この二つの主張のうち〔究極の理想は一致しないという〕前者は、終局的解決に到達できるとか、あるいは少なくともそれを定式化できると信ずる全ての教説の根本を攻撃するものであり、第二の命題は経験的、常識的であり、自明ではない。これら二つの命題はいかなる形でも同一でなく、あるいは論理的に結びつくものではない。

その上彼は甚だしい誇張をした。ペリクレスのギリシャやローマの古い共和政といった理想のタイプは、キリスト教国(そうしたものが考えられるとして)の理想の公民とは融和しがたいかも知れないが、しかし実際には――特にマキアヴェッリが証明のためではないにしろ例示のために用いた歴史には――純粋な事例はほとんど存在しない。そこにあるのは両者の混合物、複合物、妥協の産物、容易には分類できないような形態の共同体である。しかしキリスト教徒にしろ、自由主義的人文主義者にしろ、マキアヴェッリにしろ、そのことを信念からして拒否せざるを得ないものでないことは余り大きな知的困難を伴わずに理解できる。それにしてもマキアヴェッリの業績の中で第一級に属するのは、やはり全文明の中心的な前提を攻撃し、いやすことのできない打撃を与えたことにある。

マキアヴェッリはこの二元主義を肯定しなかった。彼は単に教会の教えるキリスト者の生活に対して、ローマ的な古来の徳が優越していることを当然のこととした(これは立場を異にする人にとっては非常に不愉快なことであったかも知れない)。彼はキリスト教の持っていた可能性について不用意な言葉を二、三吐いたが、キリスト教が今あるような性格を変えることは期待しなかった。彼はここで事柄を放置しておいた。キリスト教道徳を信じ、キリスト教国がその現われであると考え、同時にマキアヴェッリの政治的、心理的分析の妥当性を大部分受け容れ、ローマの世俗主義の遺産を拒否しない人間、こうした人間はもしマキアヴェッリが正しければ、解決されないのみならず解決できないディレンマに直面したであろうと予見される。ヴァニーニやライプニッツによれば、『君主論』の著者はゴルディウスの結び目を結んだ、切ることはできるがほどくことのできないこの結び目を。[107] 従って彼の教説を薄めたり、そのとげを除去する形で解釈しようと努めるのは正しくない。

マキアヴェッリ以後、全ての一元主義的思想建築物は疑いの目をのがれることはできなくなった。どこかに隠れた宝——われわれの病弊に対する最終的回答——があり、それに至る道があるはずだ(それというのも、こうした答は原則として発見可能であるはずであるから)といった確実性の意識、それと違ったイメージを用いていえば、われわれの信念や習慣の形作る断片ははめ絵の一片であり、従ってそれは原則的に解決可能であり(そのことはア・プリオリに保証されているので)、全ての利益の調和が実現する回答を発見するのに成功していないのは技術が乏しいか、愚かであるか、不運であるためであるという信念、こうした西欧政治思想の基本的な信念は激しく動揺するに至った。確実性を求める時代にあって、『君主論』と『論考』を説明しよう、あるいは釈明しようとする無限の試み――それはかつてよりも今日の方が多い――が確かに見られるが、その理由はこれで十分説明されるであろう。

これはマキアヴェッリの所説に含まれる消極的な帰結である。しかし実は積極的帰結、マキアヴェッリを驚かせ、恐らく不愉快にする積極的帰結も存在している。一つの理想が真の目的である限り、常にいかなる手段も困難すぎることはなく、いかなる犠牲も高すぎることはないように思われ、人間は究極目的の実現のために必要なあらゆることをすると考えられる。こうした確実性の意識こそ、熱狂主義、強制、迫害を正当化するのに与って力のあるものの一つである。しかしもし全ての価値が互いに一致することなく、それぞれの価値のあるがままの姿に基づいて選択しなければならず、ある価値を選ぶのはそれがある単一の基準との関連でより高次のものとされるからではなく、そのあるがままの姿の故であるとしよう。またある生活を信ずるが故にそうした生活様式を選び、またそれを当然と考えるが故に、あるいは吟味の結果、われわれは他の形の生き方をする道徳的心構えができていないことがわかった（他の人々は違った選択をするとしても）が故にこうした生き方を選ぶとしよう。合理性や計算が適用されうるのは手段や従属的目的についてであって、決して究極目的についてではない、としよう。ここに現われてくるのは、人間にとって唯一の善があるという古い原理の下に構築された世界とは全く違った世界である。

もしパズルの答が一つだけしかないならば、そこで問題になるのは、第一にそれをどのようにして見い出し、次にどのような形で実現し、最後に説得や力によっていかに他の人々がその答を信奉するようにするか、だけである。しかしもしパズルの答が一つでないならば(マキアヴェッリは二つの生き方を対比したが、しかし狂信的一元主義者を除けば、二つ以上の生き方があり得るし、かつあることは明らかである)、経験主義、多元主義、寛容、妥協への道が開かれる。寛容は歴史的に見て、同じような独断的信仰が和解できないこと、一方の他方に対する完全な勝利が実際上あり得ないことが意識された結果として生じた。生き延びようと欲する人々は誤りを寛容しなければならないことを知った。彼らは徐々に多様性に価値を認めるようになり、人間の世界の事柄について確定的な解決があるという立場に対して懐疑的となった。

しかしあることを実際に受け容れるのと、それを合理化するのとは別である。マキアヴェッリの「けしからぬ」著作は後者の道のはしりであった。それは重要な転換点であって、著者自身は全く意識していなかったが、歴史の幸運な皮肉の結果、その知的帰結として出て来たのは正に自由主義の諸基礎であった。マキアヴェッリが自由主義を弱体で無性格なものとして批判し、権力を一貫して追求する点に欠け、光輝や組織、有能さ(ヴィルトゥ)などに欠け、無秩序な人間を強敵に抗してエネルギーを持った全体へと組織する力に欠けるとして批判したことは確実であったであろう。しかし彼は、彼自身のこうした見解にもかかわらず、多元主義の創始者の一人であり、危険な——彼にとっては——寛容を受け容れた一人であった。

それまであった統一を破壊することによって彼は、人間が公私の生活(この二つが完全に切り離したままでおかれないことは既に明らかになった)の中で矛盾する選択肢の間で選択をしなければならないこと、その必要を人々に自覚させるのに寄与したのである。彼の業績が第一級であるのは、そのディレンマが明るみになって以来、正に人間には決して平安の時が訪れることがなかったからである(そのディレンマは解決されないままに止まり、われわれはそれと共に生きることを学んだ)。人間は疑いもなくマキアヴェッリが明らかにした対立をしばしば十分すぎるほど現実に体験した。マキアヴェッリはこの対立に違った表現を与え、パラドックスを常識的なことに変えた。

マイネッケのいう剣の鋭さは失われることがなく、それによって与えられた傷はいやされていない。最悪の場合を知るということは、必ずしもその帰結を常に免れているということにはならないが、しかし無知よりはましである。マキアヴェッリはわれわれの目をこの苦痛に満ちた真理へと有無を言わさず向けさせた。その際彼はそれを明確に定式化したのでなく、伝統的道徳をほとんどそのままユートピアの領域に属するものだと主張することによって恐らくより効果的にその真理を示したのであった。これがいずれにせよ、私の主張したい事柄である。二〇以上の解釈が確固とした地歩を占める中に、更にもう一つの解釈を加えることは出しゃばりとは考えられないであろう。クローチェはその長い生涯の終りに臨んで「恐らく将来も決して解決されない問題がある。それはマキアヴェッリの提起した問題である」と語った[108]が、この問題は提起されて以来四世紀以上を経ている。私の解釈はいくら悪くとも他の試みと同様、それを解決しようとするもう一つの試みにすぎない。

(1) この論文の草稿は、一九五三年の政治学研究会のイギリス部会の会合で発表された。この機会を借りて、その際私の方からこの草稿を送ってコメントを求めた友人、同僚に感謝の意を表したい。その中にはA・P・ダントレーヴ、C・J・フリードリッヒ、フェリックス・ギルバート、メイロン・ギルモア、ルイ・ハーツ、J・P・プラムナッツ、ローレンス・ストーン、ヒュー・トレヴァー－ローパーがいる。私は彼らの批判から多くの有益な示唆を得、その結果多くの誤りを免れることができた。勿論ここに述べた点に関しては私一人の責任である。

（2）その完全なリストは今日三〇〇以上の論文にのぼっている。以下の文献解題は私にとって非常に有益であった。P. H. Harris, 'Progress in Machiavelli Studies', *Italica* 18(1941), pp. 1–11; Eric W. Cochrane, 'Machiavelli: 1940–1960', *Journal of Modern History* 33(1961), pp. 113–36; Felix Gilbert, *Machiavelli and Guicciardini*(Princeton, 1965); Giuseppe Prezzolini, *Machiavelli anticristo*(Rome, 1954), trans. into English as *Machiavelli*(New York, 1967; London, 1968); De Lamar Jensen(ed.), *Machiavelli: Cynic, Patriot, or Political Scientist?* (Boston, 1960); Richard C. Clark, 'Machiavelli: Bibliographical Spectrum', *Review of National Literatures* 1(1970), pp. 93–135.

（3）彼が事柄を極めて極端な形で展開する癖があったことはグィッチャルディーニによって既に注目されていた('Considerazioni intorno ai *Discorsi* del Machiavelli', book 1, chapter 3, p. 8, in *Scritti politici e ricordi*, ed. Roberto Palmarocchi(Bari, 1933))。

（4）Alberico Gentili, *De legationibus libri tres*(London, 1585), book 3, chapter 9, pp. 101–102.

（5）Garrett Mattingly, 'Machiavelli's *Prince*: Political Science or Political Satire?', *American Scholar* 27(1958), pp. 482–91.

（6）Benedictus de Spinoza, *Tractatus politicus*, chapter 5, section 7.

（7）*Du contrat social*, book 3, chapter 6, note.

（8）「支配者の権力を強化しながら、勝利を余すところなく示し、そして全ての人々に暴露した。それがどんなに lagrime と血とをしたたらせているかを」(*I Sepolchri*, lines 156–58)。

（9） Luigi Ricci, preface to Niccolò Machiavelli, *The Prince* (London, 1903).

（10） Allan H. Gilbert, *Machiavelli's* Prince *and its Forerunners* (Durham, North Carolina, 1938).

（11） Prezzolini, *op. cit.*

（12） Hiram Haydn, *The Counter-Renaissance* (New York, 1950).

（13） 例えばスペイン人 Pedro de Ribadeneira, *Tratado de la Religión* (Madrid, 1595) や Claudio Clemente (pseudonym of Juan Eusebio Nieremberg), *El Machiavelismo degollado* (Alcalá, 1637).

（14） Giuseppe Toffanin, *La fine dell'umanesimo* (Turin, 1920).

（15） Roberto Ridolfi, *Vita di Niccolò Machiavelli* (Rome, 1954), trans. by Cecil Grayson as *The Life of Niccolò Machiavelli* (London and Chicago, 1963).

（16） *The Discourses of Niccolò Machiavelli*, trans. with introduction and notes in 2 vols by Leslie J. Walker (London, 1950).

（17） Felice Alderisio, *Machiavelli: l'Arte dello Stato nell'azione e negli scritti* (Turin, 1930).

（18） Prezzolini, *op. cit.*, English version, p. 231.

（19） Ridolfi, *op. cit.* Italian version, p. 382; English version, p. 235.

（20） クローチェはマキアヴェッリを「厳しさと苦悩に満ちた道徳的良心」の持主としている（*Elementi di politica*, Bari, 1925, p. 62）。マキアヴェッリは実際には赤裸々な権力政治――ゲルハルト・リッターがその書名とした『権力のデーモン』――を告発しようとした、という解釈は十六世紀にまで遡るものである（今日なお欠くべからざるものであるバード版、*The Prince*, Oxford, 1891, p. 31ff. を参照のこと）。

（21） *Ibid.*, p. 66. なお Cochrane, *op. cit.*, p. 115, note 9 のコメントを参照のこと。

（22） Cochrane, *ibid.*, p. 118, note 19 の引用を見よ。

（23） 「スイス人は最も良く武装しているが故に最も自由である」（*The Prince*, chapter 12）。

（24） Vittorio Alfieri, *Del principe e delle lettere*, book 2, chapter 9. *Opere*, vol. 4, ed. Alessandro Donati

(Bari, 1927), pp. 172–73.

(25) Mattingly, *op. cit.*

(26) Eric Vögelin, 'Machiavelli's *Prince*: Background and Formation', *Review of Politics* 13 (1951), pp. 142–68.

(27) Ernst Cassirer, *The Myth of the State* (London and New Haven, Connecticut, 1946), chapter 12.

(28) Augustin Renaudet, *Machiavel: étude d'histoire des doctrines politiques* (Paris, 1942).

(29) Leonardo Olschki, *Machiavelli the Scientist* (Berkeley, California, 1945).

(30) W. K. Hancock, 'Machiavelli in Modern Dress: an Enquiry into Historical Method', *History* 20 (1935–6), pp. 97–115.

(31) Karl Schmid, 'Machiavelli', in Rudolf Stadelmann (ed.), *Grosse Geschichtsdenker* (Tübingen/Stuttgart, 1949); Leonard von Muralt, *Machiavellis Staatsgedanke* (Basel, 1945) に対するA・P・ダントレーヴの卓抜な書評 (*English Historical Review* 62 (1947), 96–99) を見よ。

(32) 彼の一九二五年の元の論文の中で ('Del "Principe" di Niccolò Machiavelli', *Nuova rivista storica* 9 (1925), pp. 35–71, 189–216, 437–73; repr. as a book (Milan/Rome/Naples, 1926))、シャボーは本論文の結論に近づくような形でクローチェの見解を発展させた。シャボーのマキアヴェッリ論を集めた英訳版 *Machiavelli and the Renaissance*, trans. David Moore, introduction by A. P. d'Entrèves (London, 1958), pp. 30–125 ('*The Prince*: Myth and Reality') と *Scritti su Machiavelli* (Turin, 1964), pp. 29–135 を参照せよ。

(33) Ridolfi, *op. cit.*, Italian version, p. 364.

(34) Cochrane, *op. cit.*, p. 120, note 28 の引用を見よ。

(35) Gennaro Sasso, *Niccolò Machiavelli* (Naples, 1958).

(36) もしマキアヴェッリの『君主論』がその歴史的文脈——分裂し、侵略され、自尊心を傷つけられたイタリアという——の中で解釈されるならば、それは何にもとらわれない、「全ての状況に用いられうる、従って特定の状況に限定されない、道徳的、政治的原則の一覧表」とはならず、「真の政治的天才、偉大で高貴な心の持主の懐く、極めて壮大で、真理に満ちた考え」となって現われる(*Die Verfassung Deutschlands*, in *Schriften zur Politik und Rechtsphilosophie*(*Sämtliche Werke*, ed. Georg Lasson, vol. 7), 2nd ed. (Leipzig, 1923), p. 113)。ヘーゲルが、ドイツの統一者と考えられる「征服者の権力」を擁護している点については同書一三五ページ参照。彼は同じような状況にあったイタリアの先駆者と見なしている。

(37) 特にトマッシーニの厖大な作品 *La vita e gli scritti di Niccolò Machiavelli nella loro relazione col Machiavellismo*(vol. 1, Rome/Turin/Florence, 1883; vol. 2, Rome, 1911)を見よ。この点に関してエルンスト・カッシーラーは正当かつ適切な主張をしている。すなわち、マキアヴェッリの見解を専らその時代を反映したものとして評価する——正当化する——ことと、彼自身意識的にイタリア人に対してのみ語りかけ、そしてバードの言を信じるならば、全てのイタリア人に対して語りかけたのではないと主張することとは違ったことであって、この点を混同するのは彼と彼の属する文化についての誤解に基づいている。ルネサンスは自らを歴史の相の下に見なかった。マキアヴェッリが求め——そして見い出したと考えた——のは社会行動についての超時間的、普遍的真理であった。彼が同時代人及び先達と共有している反歴史的前提を否定したり無視することは、彼のためにもならなければ真理のためにもならない。ヘルダー以来のドイツの歴史学派、更にはマルクス主義者アントニオ・グラムシはマキアヴェッリに称讃を惜しまなかったが、その根拠は彼の時代についての現実主義的理解、当時のイタリアとヨーロッパの社会・政治状況の急激な変化に対する洞察、封建社会の崩壊やイタリアの小君主国内での権力関係の変化等に対する洞察に、あった。彼らはこうした点に彼の強味を認め、それに対して讃辞を与えたが、こうした讃辞は永遠の真理を発見したと信じ込んでいた人間をいら立たせるものであったろう。彼は同国人コロンブスと同様、自らの業績の本質を誤解していたかも知れない。もし歴史学派(マルクス主義を含む)が正しいならば、マキアヴェッリは自ら行なうと宣言したことを行なわなかったし、行なうことができなかったことになる。

しかしそれをするのを宣言しなかったと仮定しても何らうるところはない。彼の時代からわれわれの時代に至る多くの証人はヘルダーの主張を否定し、マキアヴェッリの目的は政治学の永遠の原理の発見にあり、その点でユートピア的性格を持っていたこと、そして彼はその目標を達成したというよりもそれに接近したことを主張するであろう。

(38) Herbert Butterfield, *The Statecraft of Machiavelli* (London, 1955).

(39) Raffaello Ramat, '*Il Principe*', in *Per la storia dello stile rinascimentale* (Messina/Florence, 1953), pp. 75-118.

(40) Lauri Huovinen, *Das Bild vom Menschen im politischen Denken Niccolò Machiavellis* (*Annales Academiae Scientiarum Fennicae*, series B, vol. 74 (Helsinki, 1951), No. 2).

(41) 「われわれは人間何を為すべきかを語っている人々よりも、人間がどうあるかを公然とありのままに述べ、叙述したマキアヴェッリやその類の文筆家に多くを負っている。」ベーコンは更にこの点を説明して善を知るためには悪を研究しなければならないと語り、最後にこうした研究方法を「堕落した知恵」と呼んでいる(*De augmentis*, book 7, chapter 2, and book 8, chapter 2: quoted from *The Works of Francis Bacon*, ed. Spedding, Ellis and Heath (London, 1857-74), vol. 5, pp. 17, 76)。これをマキアヴェッリがアルヴィジ版(Niccolò Machiavelli, *Lettere familiari*, ed. Edoardo Alvisi (Florence, 1883))所収第一七九のグイッチャルディーニ宛書簡で述べたアフォリズムと比較せよ。「地獄を避けるために地獄への道を学ぶことが、天国へ行く真の方法であると私は考える。」A・P・ダントレーヴは親切にもこの特色ある一節に対する私の注意を喚起してくれた。私の知る限りベーコンがそれを知っていたと推定する根拠はない。またT・S・エリオットが次のように書く時、彼もまたこのマキアヴェッリの一節を知っていたとは思えない。「モルレイ卿は、マキアヴェッリは人間の自然について半分の真理しか知っていないことを感じていた。マキアヴェッリが人間の本質について知らなかったのは、自由主義思想が神の恩寵への信仰に代えて主張した人間の善という神話である」('Niccolò Machiavelli', in *For Lancelot Andrewes* (London, 1970), p. 50)。

(42) Traiano Boccalini, *Ragguagli di Parnaso*, centuria prima, No. 89.

(43) Friedrich Meinecke, *Die Idee der Staatsräson in der neueren Geschichte*, 2nd ed.(Munich/Berlin, 1927), trans. by Douglas Scott as *Machiavellism*(London, 1957).

(44) René König, *Niccolo Machiavelli : Zur Krisenanalyse einer Zeitenwende*(Zurich, 1941).

(45) Renzo Sereno, 'A Falsification by Machiavelli', *Renaissance News* 12(1959), pp. 159–67.

(46) *Ibid.*, p. 166.

(47) *The Prince*, dedication(trans. by Allan Gilbert in Machiavelli, *The Chief Works and Others*, 3 vols (Durham, North Carolina, 1965), vol. 1, p. 11. この論文でのマキアヴェッリの著作からの引用は，特に断わらない限りこの版による）.

(48) この見解を展開した最近の成果については，Judith Janoska-Bendl, 'Niccolò Machiavelli : Politik ohne Ideologie', *Archiv für Kulturgeschichte* 40(1958), pp. 315–45を見よ。

(49) 我々の知っているボルシェヴィキ知識人のマキアヴェッリ論としては唯一つ，カーメネフの『君主論』のロシア語訳（モスクワ，一九三四年）への短命に終った序文（これは英語で 'Preface to Machiavelli', *New Left Review*, No. 15(May–June 1962), pp. 39–42として覆刻された）だけである。この論文はカッシーラーの批判した全くの歴史主義的，社会学的接近方法に徹頭徹尾従っている。マキアヴェッリは，イタリアの小君主国内，小君主国間の「権力をめぐる闘争のメカニズム」に心を奪われた活動的な文筆家，「強力な，民族的，本質的にブルジョア的な」イタリア国家の形成以前の「社会学的」無秩序状態について見事な分析を行なった社会学者として描かれる。彼のほとんど「弁証法的」とも言える権力の現実についての把握，形而上学的，神学的幻想からの自由，こうした点でマキアヴェッリはマルクス，エンゲルス，レーニン，スターリンの先駆者に値する人物である。このカーメネフの見解は，彼の裁判に際して検察官ヴィシンスキーによってとり上げられた。この点については Chimen Abramsky, 'Kamenev's Last Essay', *New Left Review*, No. 15(May–June 1962), pp. 34–38を見よ。そしてロシアにおけるマキアヴェッリの特異な運命については Jan Malarczyk, *Politicheskoe uchenia Makiavelli v Rossii, v russkoi dorevolyutsionnoi i sovetskoi istoriografi*(*Annales Universitatis Mariae Curie-Sklodkowska*, vol. 6, No. 1, section G, 1959 (Lublin, 1960))を見よ。

(50) George H. Sabine, *A History of Political Theory*(London, 1951).

(51) Antonio Gramsci, *Note sul Machiavelli*, in *Opere*, vol. 5(Turin, 1949).

(52) Jakob Burckhardt, *The Civilization of the Renaissance in Italy*, trans. S. G. C. Middlemore(London, 1929), part 1, chapter 7, pp. 104ff.

(53) Meinecke, *op. cit.*

(54) C. J. Friedrich, *Constitutional Reason of State*(Providence, Rhode Island, 1957).

(55) Charles S. Singleton, 'The Perspective of Art', *Kenyon Review* 15(1953), pp. 169–89.

(56) Joseph Kraft, 'Truth and Poetry in Machiavelli', *Journal of Modern History* 23(1951), pp. 109–21 を見よ。

(57) Edward Meyer, *Machiavelli and the Elizabethan Drama*(Litterarhistorische Forschungen I: Weimar, 1897)参照。この点については、Christopher Morris, 'Machiavelli's Reputation in Tudor England', *Il pensiero politico* 2(1969), pp. 416–33, especially p. 423; Mario Praz, 'Machiavelli and the Elizabethans', *Proceedings of the British Academy* 13(1928), pp. 49–97; Napoleone Orsini, 'Elizabethan Manuscript Translations of Machiavelli's *Prince*', *Journal of the Warburg Institute* 1(1937–38), pp. 166–69; Felix Raab, *The English Face of Machiavelli*(London, 1964; Toronto, 1965); J. G. A. Pocock, 'Machiavelli, Harrington and English Political Ideologies in the Eighteenth Century', in *Politics, Language and Time* (London, 1972), pp. 104–47 の他、何よりも有名なのが Wyndham Lewis, *The Lion and the Fox*(London, 1951)である。*The Classical Republicans*(Evanston, 1945)におけるZ・S・フィンクとJ・G・A・ポコック、フェリックス・ラーブは十七世紀イングランドにおけるマキアヴェッリの積極的影響——ベーコン

とハリントンという代表的な讃美者を持つ——を強調している。
(58) Jacques Maritain, 'The End of Machiavellianism', *Review of Politics* 4(1942), pp. 1–33.
(59) Leo Strauss, *Thoughts on Machiavelli*(Glencoe, Illinois, 1958).
(60) 『君主論』についての相対立する多くの諸見解を、極めて巧みに鮮かに説明しているのが(2)にあげたコクレンの論文であって、本論文の一覧表もそれに多くを負っている。それ以前の見解の対立については、基本文献であって今なお欠かすことの出来ない、パスカリ・ヴィラーリの *The Life and Times of Niccolò Machiavelli*, trans. Linda Villari(London, 1898)を見よ。ヴィラーリが引用しているそれ以前の文献には例えば、Robert von Mohl, 'Die Machiavelli-Literatur', in *Die Geschichte und Literatur der Staatswissenschaften*(Erlangen, 1855–58), vol. 3, pp. 519–91 と J. F. Christius, *De Nicolao Machiavelli libri tres*(Leipzig, 1731)がある。その後の作品については(2)を見よ。
(61) John Neville Figgis, *Studies of Political Thought from Gerson to Grotius*, 2nd ed.(Cambridge, 1916).
(62) *Discourses* I, 12.
(63) このしばしば論じられた問題についての適切なテーゼについてはホワイトフィールドの *Machiavelli* (Oxford, 1947)の特に pp. 93–95、ヘクスターの '*Il principe* and *lo stato*', *Studies in the Renaissance*, 4 (1957), pp. 113–35 を見よ。反対の見解については、Fredi Chiapelli, *Studi sul linguaggio del Machiavelli*(Florence, 1952), pp. 59–73 ; Francesco Ercole, *La politica di Machiavelli*(Rome, 1926) ; Felix Gilbert, ***op. cit.*** pp. 328–30 を見よ。ギルバートの反エルコーレ的テーゼはその論文 'The Concept of Nationalism in Machiavelli's *Prince*', *Studies in the Renaissance* 1(1954), pp. 38–48 に見られる。H・C・ドウェルはもっと主張を推し進め、結局マキアヴェッリは state という語を発明することによって近代政治学を築いたと主張しているように思われる('The Word "State"', *Law Quarterly Review* 39(1923), pp. 98–125)。
(64) Meinecke, *op. cit.*, p. 61(English version, p. 49).
(65) Maritain, *op. cit.*, p. 3.

(66) Jeffrey Pulver, *Machiavelli : The Man, His Work, and His Times* (London, 1937), p. 227.

(67) *The Prince*, dedication.

(68) ここでこの『君主論』一七章の有名な一節については、プレッツォリーニの躍動的な訳文を用いた ('The Christian Roots of Machiavelli's Moral Pessimism,' *Review of National Literatures* 1 (1970), p. 27).

(69) *Discourses* II, 2.

(70) (63)を参照せよ。

(71) この故にマキアヴェッリはデ・サンクティスに称讃されたが、(プレッツォリーニが指摘したように、(2)参照) この故にモーリス・ジョリィの有名な *Dialogue aux enfers entre Machiavel et Montesquieu* (Brussells, 1864)で非難された(なおこのジョリィの作品は偽作 *Protocols of the Learned Elders of Zion* (London, 1920)の元になった)。

(72) *Discourses* I, 26.

(73) *Ibid.*, II, 2.

(74) *Ibid.*

(75) *Ibid.*, I, 12.

(76) *Fichte's Werke*, ed. Immanuel Hermann Fichte (Berlin, 1971), vol. 11, pp. 411–13.

(77) Prezzolini, *op. cit.*, English version, p. 43.

(78) (74)(75)参照。

(79) *The Prince*, chapter 19.

(80) *Ibid.*, chapter 18.

(81) *Ibid.*, chapter 14.

(82) *Ibid.*, chapter 15.

(83) *Ibid.*

(84) *Ibid.*, chapter 18.

(85) *Ibid.*, chapter 8.

(86) *Ibid.*

(87) Cochrane, *op. cit.*, p. 115.

(88) Croce, *op. cit.*, p. 60.

(89) マイネッケとプレッツォリーニ(*op. cit.*, English version, p. 43)、エルネスト・ランディ('The Political Philosophy of Machiavelli', trans. Maurice Cranston, *History Today* 14(1964), pp. 550-55)はこの立場に非常に近いように思われる。

(90) Benedetto Croce, 'Per un detto del Machiavelli', *La critica* 28(1930), pp. 310-12.

(91) Hans Baron, 'Machiavelli: the Republican Citizen and the Author of "The Prince"', *English Historical Review* 76(1961), pp. 217-53, *passim*.

(92) Ser Lapo Mazzei, *Lettere di un notaro a un mercante del secolo XIV*, ed. Cesare Guasti, 2 vols(Florence, 1880).

(93) Giovanni di Pagolo Morelli, *Ricordi*, ed. Vittore Branca(Florence, 1956).

(94) *Discourses*, I, 26.

(95) *Ibid.*

(96) *Ibid.*, I, 27.

(97) フリードリヒがこの点でどれだけ多くをその師ヴォルテールに負っているかは未だ明らかではない。

(98) *Legazioni all'Imperatore*, quoted by L. Burd, *op. cit.*, p. 298, note 17.

(99) *Discourses*, II, 2. ここにはフランチェスコ・パトリッツィの『王国と王政』の中の「王者の徳と私人の徳とは異なる」という言葉(これは Felix Gilbert, 'The Humanist Concept of the Prince and *The Prince*

る。

of Machiavelli', *Journal of Modern History* 11(1939), p. 464, note 34 に引用されている)の反響がみられる。

(100) ヒュー・トレヴァー=ローパーは、この大リアリストの称讃する英雄たちが、全て全くあるいは一部分神秘的人物であるという皮肉な事実に対して注意を喚起した。

(101) この点はジャック・マリタンの認めている点で、マキアヴェッリは「決して悪を善と呼んだり、善を悪と呼んだりしなかった」ことを認めている(*Moral Philosophy*, London, 1964, p. 199)。権力政治はあるがままの形で、従って大部隊を具えた側であることとして示される。神が自らの側にあることは主張せず、フランス人のおかげで神の偉業が達成されるとは考えない。

(102) 私は読者の勘忍袋の緒が切れる危険を犯しつつも、なおこの対立が異教の統治術とキリスト教道徳との対立ではなく、異教の道徳(社会生活と分ち難く結びつき、社会生活なしには考えられない)とキリスト教倫理(その政治に対する意味はどうあろうとも、政治から独立に叙述できる――アリストテレスやヘーゲルの倫理はそうではなかったが)の対立であることを繰返さざるを得ない。

(103) Figgis, *op. cit.*, p. 76.

(104) Sheldon S. Wolin, *Politics and Vision* (London, 1960), pp. 220–24.

(105) 彼の最善の喜劇作品『マンドラゴラ』の道徳は、政治論文のそれに近いように見える。登場人物の表明する倫理的教説は彼らが実現しようとするさまざまな目的に応じて全く異なっている。そして事実各人は結局自らの望むところを実現する。もしカリマコが誘惑に抵抗していたならば、もし彼の誘惑する婦人が良心の呵責を感じたならば、あるいはもし修道僧ティモテオが教父たちや学者の教える格率――彼は自らの談論をそれで自由に味つけしている――を実行しようと試みたならば、こうしたことは起らなかったであろう。しかし全ては極めてうまく運んだが、うまくというのは一般に受容されている道徳の観点からではない。この作品が偽善と愚鈍とを酷評しているとしても、その立脚点は徳にあるのでなく率直な快楽主義にある。カリマコを私的生活における一種の君主、すなわち策略や詐術を巧妙に用い、有徳ぶり(ヴィルトゥ)を発揮し、運命に大胆な挑戦をして自らの世界を構築し、維持するのに成功した君主、と考えるのは説得力がある。この点については、Henry Paolucci, Introduction to *Mandragola* (New York, 1957) を参照せよ。

(106) 例えば先に引用した〔三一ページの〕『論考』の一節や、「人間のなしうる最善のこと、神を最も喜ばしめるのは自らの生まれた祖国のために尽すことであると私は信ずる」(この一節 *A Discourse on Remodelling the Government of Florence* (Gilbert, *op. cit.*, vol. 1, pp. 113–14) の言及についてはメイロン・ギルモアに感謝しなければならない)がそれである。こうした考えはマキアヴェッリの作品の中で決して珍しいものではない。ここで彼のレオ一〇世に対する追従や自らの時代の決まり文句に弱いという全て文筆家の傾向を別にして考えた場合、マキアヴェッリの考えは次のようであったと想定してよいであろうか。つまりマケドニアのフィリッポスがマキアヴェッリにさえ良心の呵責を起させたような形で人々を移住させた(それは先にも見たように不可避であった)時、フィリッポスのしたことは、もしそれがマケドニアの利益になるならば神にとって喜ばしいことであったと考え、逆にジョヴァンパオロが教皇と教皇庁の面々を殺すのに失敗したのは神を不快にしたと考えたとしてよいであろうか。少なくともそうした神観念が新約聖書のそれと非常に違っているとはいえる。それでは祖国の必要は自動的に神の意志と同一であろうか。この点に疑問をさしはさむ者は異端の危険があるであろうか。マキアヴェッリは時々極端なマキアヴェッリと見なされて来たかも知れないが、彼が神の要求とカエサルのそれとが完全に一致すると考えていたと仮定するのは、彼の中心的テーゼを論理的自己矛盾に追い込むものである。しかしだからと言って彼がキリスト教的考えを全く持っていなかったことが証明されたわけではなく、彼の晩年に執筆された(もしそれが真作であって偽作でない限り)『悔悛の勧め』は、リドルフィとアルデリジオが考えているように、全く彼の真意を示したものであるかも知れない。またカッポーニは、マキアヴェッリの「思想では宗教は完全に消滅している」わけではないが、「彼の心から宗教は駆逐された」と言っているが、ここには誇張があるかも知れない。しかし肝要なのは、われわれが問題にしている彼の政治著作の中ではこうした魂の状態の痕跡がほとんど見られないという点である。この点についてプレッツォリーニは先に挙げた論文(〔68〕)

参照）の中で興味深い議論を展開し、こうした態度の源をアウグスティヌスまで辿り、暗黙裡にクローチェのテーゼを否定している。

（107） Prezzolini, *op. cit.*, English version, pp. 222–23.

（108） *Quaderni della 'Critica'* 5 No. 14 (July 1949), pp. 1–9.

〔佐々木毅訳〕

自然科学と人文科学の分裂

一

ここでの私のテーマは自然科学と人文科学との関係、なかんずく両者の間の緊張の昂まりを扱うことにある。より具体的には、ある期間にわたって秘かに用意されて来た両者の大分裂——私にとってそう思われるところの——が、それを見る眼を持つ全ての人々にとって明々白々になった時点について論ずることである。それは「二つの文化」の分離ではなかった。人類の歴史にはこれまで多くの文化が存在して来たが、それらの間の多様性は自然科学と人文科学との間の相違とはほとんど共通点を持たないか、全く持っていないのである。私はこれまでこの人間の二つの研究活動領域を二つの文化と規定することがいかなる意味を持つかを捉えようと試みて来たが、それを捉えることは全くできなかった。しかしその中で明らかになったのは、この二つの領域がある程度異なった問題点を扱っていたように思われること、そしてそれまで二つの領域で仕事をしてきた人々がその作業の中で相互に異なった目標と方法とを追求していたことである。この事実は良かれ悪しかれ、十八世紀に明るみに出た。

そこでまず出発点として、今日なお多くの卓越した科学者たちが立脚している一つの伝統を取り上げることにしよう。その伝統を信ずる人々によれば、人間の知識はその全領域で不断に進歩することができ、方法や目的はこの全領域で究極的に同一であり、あるいはあるべきであり、この進歩への歩みはしばしば——恐らくしばしばしばというよりはもっと頻繁に——無知や幻想、偏見、迷信、その他さまざまの反理性的態度によって妨げられてきた。しかし、われわれの時代になって自然科学の偉業の結果、自然の構造を単一の体系にまでまとめ上げられた明確な原理または法則から導き出すことが可能となり、この原理や法則を正しく適用すれば自然の神秘の仮面を剝ぐことにより無限に進歩することが可能であるというのである。

こうした問題への接近方法は、少なくともプラトンにまで遡るヨーロッパ思想の中核的伝統と軌を一にしている。それは少なくとも三つの仮定を根拠にしているように私には思われる。(a)全ての真の問いには一つの、一つだけの真の答があり、他の全ての答は誤りである。もしそうでなければ問いは問いの名に値せず、どこかに混乱がある。この立場は近代の経験主義の哲学者によって明確化されたが、実は彼らが長い間妥協を排して戦って来た当の相手である神学、形而上学の先駆者たちも彼らに劣らずこの立場を確固として受継いでいたのであった。(b)全ての真の問いに対する正しい回答を可能にする方法は合理的性格を持ち、あらゆる領域において本質的に——その具体的適用においてでなく——同一である。(c)こうした回答は、それが発見されているか否かにかかわらず、普遍的妥当性を持つ、永遠不変の真理である。つまりあらゆる時代、あらゆる場所、あらゆる人間にとって真理である。古い自然法の定義に言われているように、それらは常に、あらゆる場所に、全ての人々に対して存在するもの(*quod sempter, quod ubique, quod ab omnibus*)である。

勿論この伝統の中にも、その答をどこに求めるべきかをめぐって意見の違いがある。ある人々は訓練を受けた専門家のみがそれを発見できるとした。例えば、プラトンの弁証法やアリストテレスのより経験的なタイプの研究といった方法、あるいはソフィストのさまざまの学派や、ソクラテスに発する思想家たちのさまざまな学派の唱える方法に習熟した専門家がそれである。他の人々はこうした真理に接近可能なのはむしろ純真で無垢の魂を持った人々、すなわち、理解力を精緻な哲学的議論や洗練された文明や人間に破壊的影響を持つ社会制度などによって堕落させられていない人々であると主張した。こうした見解は例えばルソーやトルストイによってその時々に唱えられている。これに対して十七世紀には、唯一の、真の道は理性的洞察(その完全な例は数学的推理である)に基づく体系という方向であり、これによってア・プリオリな真理が可能であるということを信じる人々がいた。他の人々は一定の観察や実験によって証明ないし反証されるような仮説に信をおいた。そしてある人々は科学に万全の信頼をおくことなく、彼らにとって平明なコモン・センス——良きセンス(ル・ボン・サン)——を注意深い観察、実験、科学的方法などで補強しつつ、依然としてそれに依存するのを好んだ。このように人々は真理へのさまざまな道をとったのである。こうした考えに立つ思想家全てに共通しているのは、あるのは一つの真の方法かさまざまな方法の一つの組合わせしかないという信念であって、それによって回答を得られない問題はそもそも回答不可能であるという考えである。この立場には、世界は単一の体系であって、合理的方法を用いることによって叙述、説明できるという考えが潜んでいる。従ってここから次のような実践的帰結が出てくる。すなわち、もし人間の生活が組織化されるべきであって、混乱、無秩序な自然や偶然の戯れに委ねられるべきでないならば、人間の生活はそうした原理、法に従ってのみ組織できるという帰結である。

こうした見解が非常に強く支持され、大きな影響力を持ったのが、自然科学が偉大な勝利——それは確かに人間精神のなしとげた、一つの秀れた業績である(最も秀れた業績ではないにしても)——を博した時期であったことは不思議ではない。従って十七世紀の西ヨーロッパにおいて特にそうであった。デカルト、ベーコン、ガリレオやニュートンの信奉者、ヴォルテール、百科全書派からサン゠シモン、コント、バックル、今世紀のH・G・ウェルズ、バーナル、スキナー、ウィーン派の実証主義者に至るまで、全科学(自然科学と人文科学)を一つの体系の下に統一するという理想は近代啓蒙主義のプログラムであった。そしてそれはわれわれの世界を社会的、法的、技術的に組織する上で決定的役割を果している。その結果、こうした考えに与しない人々の側からの反撃が早晩出てくるのは恐らく必至であった。後者によれば、理性と科学の構成物、全てを包摂する体系的構成物はそれが事物の本質を説明すると主張しようとも、更にそれから進んで自らの観点から何を為すべきか、いかにあるべきか、何を信ずべきかを指示すると主張しようとも、ある意味で限界を持っている。つまりこうした考えは彼ら自身の世界像の展開にとって障害であり、その想像力、感性、意志を鎖でしばりつけ、精神的乃至政治的自由の妨げとなっているというのである。

こうした現象が起ったのは歴史上これが初めてではない。ヘレニズム期においてアテナイの哲学諸学派が支配的であったが、そこでは人間の魂の中の非理性的要素にはけ口を与える神秘的祭儀やその他さまざまな形の神秘主義、主情主義がそれと並んで目立って増加した。またキリスト教がその巨大な叛旗を翻したのは、ユダヤやローマのような巨大な組織化された法制度に対してであった。そして中世では学問の正統派と教会の権威とに対して、道徳律廃棄論者が反抗した。カタリ派から再洗礼派に至るこの種の運動はその具体例である。宗教改革の前後には強力な神秘主義的、非合理主義的潮流の昂揚が見られた。私はその後のこの種の反動現象——ドイツのシュトルム・ウト・ドランク、十九世紀初頭のロマン主義、カーライルとキェルケゴール、ニーチェ、その他左翼右翼にわたる近代非合理主義の広汎な諸流派にみられる——についてこれ以上長々と論ずるつもりはない。

しかし私がここで扱おうとしているのはこうした現象ではなく、形而上学的——ア・プリオリ——な形においてであれ、経験的‐蓋然主義的な形においてであれ、人間の知識の全領域を支配せんとする新しい科学的方法の全面的自己主張に対して加えられた批判的攻撃である。この攻撃は心理的又は社会的原因を持っている(そして私の考えによれば、その原因の一部は少なくとも、全てを征服しつつある自然科学の進歩に対して人文主義者、特に彼らの中の内面志向的、反物質主義的キリスト者の側から加えられた反撃にある)が、それ自身合理的議論に根拠を持ち、その当然の結果として自然科学と人文科学——Naturwissenschaft と Geisteswissenschaft——との大分裂を生み出した。そしてこの分裂の妥当性に対してはその後も異議が唱えられ、今日に至るまで一つの中心的争点、激しい議論の争点であり続けている。

全ての人が知っているように、十七世紀における自然科学の大変な成功は科学的方法の擁護者たちに非常な権威を与えた。当時の偉大な解放者であったデカルトとベーコンはルネサンス期やむしろそれ以前に用いられた武器で身を固めて、伝統、信仰、独断、慣習などの権威にたいする反抗を、知識と臆見の全領域に拡げていった。そこではキリスト教信仰に公然と挑戦するようなことは避けるよう十分な注意が払われたが、新しい運動は一般にあらゆるものを理性の法廷の前に引き出す力を持っていた。法学者や聖職者のそれまでの自己主張の根拠となっていたものが粗雑な偽造文書であったり、誤った文献解釈であったりしたことは、それまで既にイタリアの人文主義者やフランスの新教徒の手によって暴露されていた。聖書やアリストテレス、ローマ法の権威に訴えることも、学識と批判的方法とに基礎をおく多くの鋭い議論の抵抗に遭遇していた。デカルトはこれらの方法を最も著名で影響力の大きかった二つの哲学論文——特に『方法叙説』とその適用である『省察』——の中で体系化しようと試み、それによって一時期を画した。スピノザの『知性改善論』、『倫理学』における幾何学的方法、彼の政治学の著作や旧約聖書の批判に見られる厳密な合理主義的仮説や厳格な論理などは敵の陣営深く戦いを持ち込んだ。ベーコンとスピノザはそれぞれの仕方で、明快で合理的な思惟の障害物を除去しようと努力した。ベーコンは彼の考える人間の迷妄の主要な源泉として四つのイドラ、すなわち、「種族のイドラ」「洞窟のイドラ」「市場のイドラ」「劇場のイドラ」を明るみに出した。彼の見解によれば迷妄は、感覚の証言の無批判的受容、自らの先入見、言葉の誤解、哲学者の思弁的幻想から生ずる混乱などの結果として生ずる。スピノザは感情がいかに理性を曇らせ、破滅的な行為を招く根拠のない恐怖や憎悪を生み出すか、という点を強調した。そしてヴァッラからロック、バークレイに至るまで、言葉の誤用がいかに多くの誤りと混乱とを生み出すかについて警告や実例が繰返し述べられた。

新しい哲学には普遍的な傾向ではないにしろ、一般に次のように宣言する傾向があった。すなわち、もし人間の心がドグマや偏見や決まり文句、学者先生の不明確な世界やアリストテレス的隠語などから自由になるならば、自然の各要素は遂には十全の対称と調和を持っていることが明らかになり、それにふさわしい論理的な言葉――数学や自然科学の言葉――で叙述し、分析し、示すことが可能である、と。ライプニッツは、実体の構造を反映する論理的に完全な言葉を作ることが出来ると信じていただけでなく、実体の構造を発見するための一般科学といったようなものの存在を信じていた。こうした彼の見解は哲学者や科学者のサークルの範囲を越えて広がった。実際、理論的知識は依然一つの不可分の領域をなしていると考えられており、哲学、科学、批判、神学との間には明確な境界線は引かれていなかった。ここでは侵入と反撃の侵入が行なわれ、文法、修辞学、法学、哲学は歴史的学問の領域に入れられたかと思うと今度は自然的知識のそれに入れられ、そのたびに交互に批判が加えられた。新しい合理主義は芸術的創造の領域にも浸透した。イングランドの王立協会は比喩やその他の修辞的言葉遣いの形式を用いることに公式に反対し、明白で文字通りの内容を示す厳密な言葉を要求した。それと同じようなことは当時のフランスでも見られ、例えばラシーヌやモリエールの戯曲やラ・フォンテーヌ、ボワローの詩など、ヨーロッパの表舞台を支配した著作家の作品では、比喩や装飾をこらした文章、高度に技巧をこらした表現は除去されている。そしてこうした華麗な文体はイタリアで行なわれていたため、イタリア文学はその文体が不純であるとの理由で当然非難されることになった。新しい方法は合理的方法の体系的使用によって正当化されない一切のもの、特に形而上学者や神秘家、詩人の作り話を除去しようとした。神話や伝統とは、原始的で野蛮な社会がその初期の、無力な幼年期にだまされた虚偽の物語以外の何であろうか。精々のところ、現実にあった事件や人物を想像にまかせて、あるいは歪めて叙述したものである。そしてカトリック教会さえもこの支配的な科学的気質によって影響され、ボランディストやモーリストの偉大な古文書関係の作業も半ば科学的精神の下に行なわれたのである。(1)

新しい科学的運動は実証主義的とでも呼びうる性格を持っていたが、その最初の犠牲になったものの一つが歴史であったのは当然であった。歴史的真実を語ることに対する懐疑の念は新しいものではなく、プルタルコスはヘロドトスに無知と幻想、悪意ある捏造が見られるとしている。こうした物語風歴史に対しては、憶測よりも確実性に好意を寄せる人々によって時をおいて告発がされてきた。特に十六世紀には、さまざまの党派が宗教戦争の中で歴史を動員した結果、懐疑主義と疑義が発生した。コルネリウス・アグリッパは一五三一年に歴史家の不注意と自己撞着について詳論し、利用可能な証拠がない場合に彼らがその無知を覆いかくし、知識のすき間を埋めるために恥知らずな捏造を行なっていることをつまびらかにした。さらに彼は話に登場する主役の性格を理想化するのがいかに馬鹿気ているかを指摘し、歴史家が情念――願望、憎悪、恐怖、パトロンを喜ばせたいという欲求、愛国的動機、国民的誇り――のために事実をいかに歪めるかを述べ、その例として、プルタルコスがローマ人と比較してギリシャ人を讃え、そしてアグリッパの同時代の論争好きの著述家がフランク族に対してゴール人の徳を讃え、あるいはその逆を行なっていることを挙げている。このような状態ではいかにして真理は顕現できるであろうか。その世紀の変わり目には、パトリッツィは同じように、全ての歴史は究極のところ目撃者に基づくと宣言し、その場に居合わせた人間は事件にまき込まれている可能性が高く、従って党派性に傾くと論じた。かくして中立的で事件に関わりを持たないが故に客観的たりうる人間は、党派的人間が油断なく隠し持っている証言を自ら直接目にすることができず、利害関係を持つ党派の片寄った説明に依存せざるを得ない。

こうしたピュロン主義は世紀と共に成長し、若干の例を挙げるならばモンテーニュ、シャロン、ラ・モテ・ル・ヴェイェ、そして世紀の終りのピエール・ベイルにそのより徹底した形態がみられる。歴史が徳の学校と見なされ、その目的が善き行為を称讃し悪事を暴露し、あらゆる時代、あらゆる場所における人間性の不変の性格を示し、具体的例を用いて人々に道徳的哲学と政治哲学を平易に教え込むことにあるとされる限り、それが正確であるか否かは余り問題ではないであろう。しかし真理そのものに対する意欲が自らを主張し、あるいは科学を進歩させようという、何かそれまでになかった意欲――知識を蓄え、先人よりも多くを知り、このことを知っていたいという意欲――が生ずると、人々は次のことに気がつく。それを達成できるのは唯一つ、その領域の著名な実践家が物理学や数学、天文学やその他全ての新しい科学に見られたのと(そして今も見られるのと)同じ原理、方法の妥当性を承認し、またそれと同じように相互にその結論を検証し合う場合であるというのである。この新しい見解によれば、歴史を知識の一領域であるとする主張は根拠の不確かなものに思われてくる。

最も恐るべき攻撃を多く行なったのはデカルトであった。彼の見解は広く知られているが、それによれば真の科学は公理的前提に基づき、合理的ルールを用いることによって、反駁不可能な結論がそこから導き出される。これは幾何学、代数学、物理学で行なわれる手続きに他ならない。歴史の作品のどこに公理、変形のルール、不可避的結論があるのか。真の知識の進歩とは永遠、不変、普遍の真理の発見であり、真理を追い求める人々の各世代は前の世代の肩にのり、前の世代がやめたところから始め、人類の知識全体を成長させる。こうしたことは明らかに歴史叙述の場合にはあてはまらないし、実際に人文科学一般の領域にも妥当しない。この領域のどこに単一の、常に蓄積されつつある学問の建造物が見られるであろうか。今日の学校の生徒はピュタゴラスよりも幾何学について多くを知っている。しかし今日の最も権威ある古代史家は、古代ローマについてキケロの侍女が古代ローマについて知っていないことを何か知っているであろうか。彼女の知っていることに彼らは何かを付け加えたであろうか。それではこうした学問的労苦は何の役に立つであろうか。こうした過去への没入——人々はこうした形でその余暇を使うのがいかに快いかを見い出すかも知れない——を妨げるつもりはデカルトにはなかったし、彼の言葉によればそれはスイス語や低ブルターニュ語などの風変わりな方言を学ぶのと同じようなものであった。しかしそれは知識の増大を真剣に考える人々の生業とすべきものではなかった。マールブランシュは歴史をゴシップだとして片付けたが、これは他のデカルト主義者によっても繰返されている。自ら相当大部の史書を執筆したライプニッツさえも、家門や国家の起源についての人々の好奇心を満足させる手段、道徳の一つの学校という、通俗的な歴史弁護論を展開している。数学や、数学に基づく哲学、自然科学、その他の純粋理性の発見物に対して歴史が劣っていることは、全て物を考える人々にとっては自明であったに違いない。

勿論こうした態度は歴史研究を殺しはしなかった。歴史学の方法は十五世紀中葉以来、特に古代の文献を用いることによって長足の進歩をとげた。遺跡、法学文献、草稿類、貨幣、メダル、芸術品、文学、建物、碑文、民衆の歌、伝説が当てにならない物語風歴史に対する補助手段として、時々その代用物としてさえも用いることができるようになった。十六世紀の偉大な法学者であるビュデ、アルキアーティ、キュジャス、デュムウラン、オットマン、ボウドゥアン、その弟子たち、次の世紀のイングランドのコークとマシュー・ヘイル、オランダのヴランク、イタリアのデ・グレゴリオ、スウェーデンのスパルなどは、ローマ及び中世の法学文献を復元するという大きな事業を行なった。フランスの普遍主義を唱える歴史家のグループ——パーキィエ、ル・ロワ、ル・キャロン、ヴィニィエ、ラ・ポペリニェール、そして大学者ボダン——は少なくとも文化史という概念を作り出した。[2]そしてこれは十七世紀にアベ・ド・サン・レアル、デュフロスノイ、シャルル・ソレル、ガブリエル・ダニエル神父、そして言うまでもなくブーランヴィリエとフェヌロンといった文筆家によって継承された。これら初期の文化史の輪郭、特に違った社会、時代、文化の間の類似性よりも差異にたいする意識の増大は新しい展開であり、それは赴くところ歴史観を変革することになった。それにもかかわらず、文化史の擁護者たちは無用な学識を批判する傾向を強く持ち、これらの作業を行なう具体的方法を示したり、実際にそれを行なうよりも、歴史家は何をすべきかというプログラムを提示した。それらの多くは具体的な歴史叙述であるよりもメタ歴史、又は歴史の理論であった。その上その世紀を支配した科学のモデル(「パラダイム」)には数学化できるもの、あるいは何らかの形で測定できるもの——原則として数学的方法が適用可能なもの——だけが現実的であるという見方が強く染み込んでいた。こうしたモデルは、個々の問題には一つだけ真の、普遍的、永遠の、不変の回答があるという古い信念を大きく強化する方向に作用する。数学においても、物理学においても、力学や天文学においても事態はそうであったし、そのように見え、また化学、生物学、動物学やその他の自然科学においてもやがてそうであるであろう。その結果、客観的真理の最も当になる基準は論理的証明、あるいは測定、あるいは少なくともそれに近いものである、と結論されるに至った。

スピノザの政治理論はこうした研究方向の良い例である。彼は人間にとってどのような政府が最も良いかという問題に対しては、誰であれ、どこにおいてであれ、いかなる状況においてであれ、合理的回答を見い出すことが原則的に可能であると仮定する。もし人間がこれまでこの超時間的回答を発見していないのならば、それは人間の弱さ、あるいは理性が感情によって曇らされていたこと、あるいは恐らくは不運に原因があるに違いない。スピノザ自身はこの真理に合理的証明を与えようと思っていたが、この真理は、いつでも人間の理性を用いることによって発見可能なものであったのであって、それによって人間は多くの災難を免れることができるかも知れないのである。経験主義者であり、同じように科学的モデルによって捉えられていたホッブズもこうした仮定をしている。こうした見解にとって時間、変化、歴史的発展といった概念は何ら影響を与えることはない。その上そうした真理は一旦発見されると、人間の幸福を増すはずである。従って研究を動機づけているのは好奇心や真理を知ろうとする欲求であるよりも、むしろ功利主義的なもの――人間をもっと合理的、従って賢く、正しく、有徳で、幸福ならしめることによって、地上の生活をより良いものにするという――である。人間の目的は与えられている。それは神又は自然によって与えられている。拘束から自由になった理性はそれが何であるかを発見するであろう。必要なことはそれに至る正しい方法を見つけることに尽きるであろう。

これがフランシス・ベーコンからH・G・ウェルズ、ジュリアン・ハックスレィ、それに社会学と心理学の科学的理論に基づいて道徳的、政治的合意が可能だと信ずる当今の多くの人々の理想である。こうした運動全体の中で最も著名な人物、その最も天才的な宣伝者こそヴォルテールであり、彼は科学そのものにおいてでなく、それを人間の生活に適用した点で有名であった。それに対する最も最初の、最も強力な敵対者はナポリの哲学者ジャンバッティスタ・ヴィーコであった。これら二人の見解を対比することは、重大な岐路を生み出すに至った態度がいかに互いに甚だしく異なっていたかを明らかにするのに一助となるであろう。

二

ヴォルテールは啓蒙主義の中心的人物である。彼はその基本的原理を受け容れ、その比類なき機知、精力、文才、才気に満ちた悪意を全て動員してこれらの原理を宣伝し、敵の陣営に対する破壊活動を広めた。嘲笑は荒々しい怒りよりも確実に敵を殺す。そしてヴォルテールはかつて存在したいかなる文筆家よりも文明の価値の勝利のために貢献したのである。ところでこれらの原理とは何であったろうか。私はここでもう一度その定式を繰返してみよう。あらゆる人間の活動領域——道徳、政治、社会、経済、科学、芸術——に全て妥当する、永遠の、超時間的真理が存在しており、それを認識するには唯一つの道があり、理性がそれである。ヴォルテールはこの理性を論理学や数学の演繹的方法——それは余りにも抽象的で日々の生活の事実や必要と余りにも無関係である——と解釈せず、絶対的確実性には至らないかも知れないが、人間の世界の事柄——公私の生活——について十分な程度の真実らしさあるいは蓋然的真理を与えてくれる良識(ル・ボン・サン)、良きセンスと解釈した。この卓越した能力を十分具えている人間は多くはいない。大衆はどうしようもないほど愚かであるように見える。しかしそれを持っている少数の人間は人類の美わしい時期を担ってきた。過去において価値があるのは全てこの美わしい時期であり、そこからのみわれわれはどうすれば人間を善良に、すなわち、正気、理性、寛容の持主であるように、あるいは少なくともより野卑、愚鈍、残酷でないようにすることができるかを学ぶことができる。また正義、美、自由、幸福を促進し、野蛮、狂熱、抑圧など人類史の大部分を支配しているこれらのものを減少させるには、どのように法や政府を作るべきかをそこから学ぶことができる。

従って近代の歴史家の仕事は明瞭である。すなわち、これら高度の文化を構成する諸要素を叙述し、称讃し、それらをその周辺の暗さ——信仰、狂熱、愚かで残酷な行為——と対照すること、がそれである。この作業をするためには、歴史家は古代人以上に「習慣、法、態度、商業、財政、農業、人口」にもっと注意を向けなければならない。そして交易、産業、植民、趣味の発達に対しても同じである。これらの説明は戦争、条約、政治機構、征服者、王朝の系譜、公的事件などこれまで歴史家が過大な意義を付与してきた事柄の説明よりも遥かに重要である。ヴォルテールがわれわれに語るところによれば、マダム・ドゥ・シャトレは彼に「私のようなフランスの女にとって……、スウェーデンでエジルがハキン王を継承したとか、オットマンはオルトゥガルの子であるとかといったことを知るのはどんな意味があるであろうか」と述べたと言われる。彼女は全く正しかった。従ってヴォルテールが表向きこの女性を啓蒙するために書いた作品(有名な『習俗論』)は、「記憶するに値しないような君主が何年にある粗野な民族の野蛮なもう一人の君主の後をついだといったようなことを知る」のを目的としていない。「私が望むのは今一度災害や不幸、人間の悪意と堕落の実例を語るよりも、どのようにして人間社会が成立し、どのようにして家族生活が営まれ、いかなる技術が開発されたかを示すことである。」彼の意図は「最も啓蒙されていた時代の人間精神」の業績を順を追って話すことにある。それというのも後世にとって価値あるもののみが言及に値するからである。

歴史とは少数のオアシスしかない、乾ききった砂漠のようなものである。人間が十分な水準まで自からを高め、誇りうるに足る文明を創造したのは西洋でわずか四つの時期しかない。すなわち、アレクサンドロスの時代――ヴォルテールはこの中にアテナイの古典時代を含める――、アウグストスの時代――ここには共和政ローマとローマ帝国の良き時代が含まれる――、ルネサンス期のフィレンツェ、ルイ一四世下のフランス、がそれである。ヴォルテールは一貫して、これらは啓発された少数者が大衆に押しつけた、いわばエリート主導の文明であると考えている。それというのも大衆は理性と勇気を欠き、他人によって楽しまされ、欺かれることのみを欲し、従って自然に宗教――ヴォルテールにとっては嫌悪すべき迷信――の餌食となるからである。「国民のレベルを上げるも下げるも……それは政府のみのなしうるところである。」

勿論ここでは、これら四つの大文化の追求した目的が究極的に同じであったと仮定され、真理と光はどこでも同一であり、多様な形を持つのは誤りだけであると考えられている。その上ヨーロッパと近東地方に探究の範囲を限定するのは馬鹿気ている。近東地方は残酷、狂熱、ユダヤ教やキリスト教といった無意味な宗教――ボスュェがいかに宣伝しようとしても、これらは真理、進歩、寛容の敵であったし、今でもそうあり続けている――以外、ほとんど何も生み出していない。開明的文人の支配する巨大で、平和なシナ帝国やインド、カルディアなど、キリスト教ヨーロッパが愚かな虚栄心に駆られて歴史の範囲から排除した世界の他の部分を無視するのは馬鹿気ている。歴史の目的は無益な好奇心を満足させることにあるのでなく有益な真理を伝えることにあり、それは人類の業績の谷間でなく頂点を研究することによってのみ達成できる。歴史家はヘロドトス——彼は老婆が子供に物語を語るように書いている——のように話をばらまくのでなく、一人の人間の行為ではなく非常に開明された時代における人間精神の進歩を後世の人々のために描き出すことによって、それとわからないような形でわれわれに義務を教えるべきである。「もしある野蛮人がオクスヌまたはイクサテスの土手で他の野蛮人を継承したという以上に言うべきことがないならば、あなたは国家にとってどんな役に立っているのか。」何故「クアンクムがキンクムを継ぎ、キクムはクアンクムを継いだ」という事実に関心を持つべきであるのか。われわれはルイ肥満王、ルイ頑固王、あるいは野卑なシェークスピア、退屈なミルトンの生涯さえ知りたいとは思わないが、しかしガリレオ、ニュートン、タッソー、アディソンの業績は知りたいと思う。一体誰がマルドケンパドのシャルマネサーについて知りたいと思うであろうか。歴史家は人間がいかに低い所まで没落できるものであるかを示すためでなければ、宗教戦争やその他人類を堕落させる愚行を述べ立てて、読者の心を乱すべきではない。スペインのフェリペ二世、デンマークのクリスティアンは、人々に専制政治の危険を警告する話の中で注意深く言及される。そしてもし、ヴォルテール自身のように、スウェーデンのカール一二世について生き生きとした、面白い伝記を書く人があるならば、その目的は唯一つ、人々に向う見ずな冒険に満ちた生活がいかに危険であるかを示すことにある。知るに値するのは、何故皇帝カールがフランスのフランソワ一世を捕えることによってより多くの利益を得なかったのか、イングランドのエリザベスやフランスのアンリ四世、ルイ一四世にとって健全財政はどのような価値を持っていたか、コルベールの統制(ディリジスト)政策はシュリィのそれと比較してどのような重要性を持っていたか、等である。恐ろしい事件もまた、われわれが聖バルテルミィの夜やクロムウェルの再現を防ぐべきである以上、詳細に述べられる必要がある。

ヴォルテールが再三述べるところによれば、歴史家の任務は技術や学問が繁栄し、自然が人間の必要、安楽、快楽の用に供された時代——こうした時代は残念ながらまれであったが——の業績を数え上げることである。マイネッケが正当にも述べたようにヴォルテールは「啓蒙主義の元締め」であり、その業績の保管者であった。彼は暗黒に対する光明の戦い、野蛮と宗教に対する理性と文明の戦い、エルサレムと教皇のローマに対するアテナイと有徳なカエサルに代表されるローマの戦い、ナツィアンツスのグレゴリイに対する使徒ユリアヌスの戦い、の一種の点数記録係であった。しかし過去に実際に起ったことをどのようにして語ることができるであろうか。ピエール・ベイルはその前に個々の事実の報告がどの程度頼りになるかについて深刻な疑問を投げかけ、歴史の証言がいかに頼りなく、矛盾に満ちたものでありうるかを示していたのではなかろうか。仮りにそうだとしても、しかしヴォルテールによれば重要なのは個々の事実よりも、ある時代やある文化の一般的性格である。個々の人間の行為は余り重要でなく、個々人の性格を叙述するのは困難である。マザランが実際どのような性格の持主であったかを語ることさえほとんど不可能であるならば、古代人に関して同じことがどうして可能であろうか。「魂、性格、支配的動機、これらは全て確実に把握することのできない不透明なカオスの類である。数世紀後にこのカオスを解きほぐそうとする人は、それ以上のカオスを作り出すにすぎない。」

それではわれわれはどのようにして過去を発見することができるのか。それは自然の理性——良きセンスによってである。「自然科学、理性、人間の心情の自然〔体質〕に合致しないものは全て誤りである。」従って野蛮人のたわ言や悪漢の奸計などに心を乱す必要があろうか。記念物は「歴史のウソ」であり、「一つの寺院や聖職者の学校、教会の一つの祭礼どれをとっても、何らかの愚さに源を持っていないものはない。」人間の心情はどこでも同一であり、真理を探すには良きセンスで十分である。

良きセンスはヴォルテールにとって非常に役立った。彼が多くの聖職者の宣伝や多くの単純に不合理なもの、衒学を伴う不合理なものの信用を失墜させることができたのは良きセンスのおかげであった。しかしまた良きセンスは、バビロニアとアッシリア両帝国がかくも狭小な地域に角をつき合わせて共存するのは不可能であったし、神殿での売春という話は明らかに馬鹿気たものであったし、キュロスとクロエソスは共に虚構の存在であり、テキストクレスが牛の血を飲んで死んだという可能性はないし、-us という語尾はバビロニア語にはないのでベルス、ニヌスはバビロニアの王ではなかったし、クセルクセスはヘレスポント海峡を鞭で打ったのでもなかったことを示す。ノアの洪水は馬鹿気た話である。それというのも山の頂上に発見される貝については放浪者の帽子から落ちたものと思われるからである。他方ヴォルテールは全く何の困難もなしにサテュロス、フォーン、ミノタウロス、ゼウス、テセウス、ヘラクレス、バッカスのインドへの旅を現実のものとして受け容れ、捏造されたインドの古典、『エツールヴェイダム』を本当のものとして喜々として受け容れた。しかし疑いもなくヴォルテールは歴史の本来の関心領域を政治や戦争、偉人の範囲を超えて押し広げ、「人間の旅行、生活、睡眠、服装、文字」、その社会的、経済的、芸術的活動を「叙述する必要」を主張したのである。ジャック・クュールはジャンヌ・ダルクよりも重要である。スウェーデンの国家文庫を目にすることのできたプーフェンドルフが、スウェーデンの自然的資源、その貧困の原因、貧困がゴート族のローマ帝国侵入に際して果した役割について全く何も語っていないとヴォルテールは不満を述べているが、こうした問題は新しい、重要な要請なのであった。ヴォルテールはヨーロッパ中心主義を批判した。また彼自身は自らのプログラムを実現できなかったが(彼の歴史書は驚くほどに読み易いが、その多くは逸話としての性格が強く、まとまりをつくろうとする真の試みは見られない)、自らに続く者たちがより広い領域に関心を向けるよう、社会史、経済史、文化史の必要を略説している。同時に彼は歴史の示す歴史的性格を削減したが、それは彼の関心が道徳、美、社会にあったためである。文筆家(フィロゾーフ)としてのヴォルテールは人間研究家(モラリスト)でもあれば旅行者、連載小説家でもあり、そして比類なき才能を持っていたにもかかわらず全体としてはジャーナリストであった。彼は文化史家——あるいはカタログ編集者——であったにかかわらず、違った時代、違った場所では多様な価値が現われ、その間の関係も変わること、あるいは歴史の発生的側面に気がつかなかった。変化と生成という概念に彼は多くの場合無縁であった。ヴォルテールによればあるのは光明に満ちた時代と暗黒の時代であり、後者の原因は人間の犯罪行為、愚行、災難にあった。この点で彼はルネサンスの先駆者よりもずっと、非歴史的である。彼は歴史を大ざっぱに因果的関連を持った事実の集積と考え、その目的は、自然が人間の心に植えつけた中心的な目的はどのような状況の中で実現可能か、誰が進歩の敵であり、それをどのようにして打破すべきかを示すことにあると考えている。こうしてヴォルテールは誰よりも啓蒙主義の方向を全体として決定する上で大きな働きをした。ヒュームとギボンもこれと同じ精神に取りつかれている。

われわれが今日考えるような歴史が現われたのは、全ての人間の経験を絶対的、超時間的価値に即して分類するという立場に対して反動が生じてからである。この反動はスイスとイングランドのギリシャ文学とヘブライ文学の批評家、歴史家の間に先ず始まり、やがてドイツへ浸透し、ヘルダーをその最も影響力ある使徒とする巨大な知的革命を生み出した。それにもかかわらず後年の歴史叙述にみられるより科学的な区分けは、ヴォルテール、フォントネル、モンテスキュー(彼は一般に言われている見解と違って、人間の採用する手段、方法は気候につれて変わるとしても人間の究極目的は絶対的、超時間的であるとの確信を同じように持っていた)の与えてくれた賜物である。経済史、科学及び技術の歴史、歴史社会学、人口学、その他統計、数量的技法に根拠を持つ過去についての知識の諸領域がそれに属する。しかしヴォルテールが自ら先鞭をつけたと考えた文明史は最終的にはドイツ人によって作り出された。そして彼らドイツ人にとってヴォルテールは彼らが擁護しているもの全ての不倶戴天の敵であったのである。

しかしスイス、イングランド、ドイツ人の反啓蒙主義運動の前に、実は新しい歴史研究についての見方が登場していた。その見方は性格上反ヴォルテール的である。その著者は無名のナポリ人で、ヴォルテールがその名前を聞いたことがないのはほとんど確実である。もし彼がそれを耳にしていたならば、軽蔑を込めてそれを論じたであろう。

三

ジャンバッティスタ・ヴィーコは一六六八年ナポリに生まれ、一七四四年死ぬまでナポリまたはその近郊で生涯を過した。その長い生涯の間彼はほとんど知られることがなく、まさに孤独な思想家の典型であった。彼は聖職者の教育を受け、若干の期間家庭教師として働いた後、ナポリ大学の修辞学の助教授となった。その後彼は、長年にわたってその乏しい収入を補うため、富者や有力者のために碑文、ラテン語の讃辞、その生涯を称讃する伝記を書き、その晩年ナポリのオーストリア副王の国史編集員に任命され、その労苦が報いられた。

彼は人文主義の文学、古典古代の著作家、特にローマ法に傾倒していた。彼の気質は分析的、科学的でなく、文学的、直観的であった。スペインとオーストリアの支配者の下にあったナポリは新しい科学的運動の先頭に立つことはなかった。実験に従事する科学者はそこで活動していたが、教会と異端審問も活発であった。どちらかと言えば両シシリー王国は後進地域であり、その性格からして豊かな歴史的想像力を持った宗教心厚い人文主義者であったヴィーコは、スコラ学の最後の残滓を除去せんとするこの大きな、物質主義者の運動に好意を寄せることはなかった。しかしその彼も若い頃には新しい思潮の影響下にあった。彼はルクレティウスを読み、人類が原始的な、半ば野獣的な状況から次第に発展してきたというエピキュロス主義的見方は、彼のキリスト教信仰にもかかわらず、生涯変わることがなかった。全能のデカルト主義の運動の影響を受け、彼は当初数学は諸学の女王であると信じていた。一七〇九年四〇歳の時の就任演説――ナポリ大学の教授はそれをもって新しい学年を始めるよう定められていた――で、彼は人文主義の伝統を熱烈に擁護した。人間の心(気質)は彼らが相続した言語――言葉と心像――によって形づくられると共に、逆に彼らの心は表現の様式を自ら形づくる。明確で、中立的な文体を追求するのは、デカルト的分析方法の干からびた光の下でのみ若者を教育しようとするのと同様、彼らから想像力を奪うことになる。要するにヴィーコはフランスの合理主義者や科学の影響を受けた近代主義者の簡素で控え目な文体に対して、ルネサンスの大人文主義者からうけ継いだ豊かな、伝統的なイタリアの「修辞学」を擁護したのであった。

明らかに彼は二つの対照的な方法について思いをめぐらし続けており、そのことは後に彼の到達した真に驚くべき結論となって現われた。すなわち、たしかに数学はいつも言われてきたように極めて明晰な、普遍妥当性を持つ反駁不可能な命題を生み出す学問であった。しかしこれはプラトンやピュタゴラスの時代以来言われて来たように、数学的言語が現実の基本的な、不変の構造を反映しているからではない。むしろ数学が何物の反映でもないからである。数学は発見物ではなく人間の発明品である。自ら選択した定義と公理とから出発しつつ、数学者は自らまたは他の人々の作ったルールに従い、そこから論理的に帰結する結論に到達することができる。人間の作ったルール、定義、公理は自らがそうするように仕組まれている。数学は一種のゲームであり(ヴィーコは数学をそう呼びはしなかったが)、物指しもルールも人間の作ったもので、そこでの動きとそれらの関係は確かに確実である。しかしそれは何ものも描かないという犠牲を払った上で、その創始者たちによって統制された抽象の遊びである。一旦この体系が、例えば物理学または力学という形で自然界に適用されるならば重要な真理が得られるが、自然が人間によって発明されたものでなくそれ自身の特質を持ち、象徴のように自由に操作できない限り、自然についての結論はより不明瞭となり、自然はもはや全面的に知られうるものではなくなる。数学は現実を支配する法則の体系ではなくルールの体系であり、空間中の事物の運動を一般化し、分析し、予言するのに役立つ。

ここでヴィーコは少なくとも聖アウグスチヌスにまで遡る、古いスコラ学の命題を利用している。それは、人間が十全に知りうるのは自ら作ったものである、という命題である。人間が完全に理解できるのは自らの知的、詩的構成物、芸術品あるいは設計に基づく作品であり、これらは自ら作ったものであるが故に彼にとって見通せるものである。そこにあるのは全て人間の知性と想像力とによって作られたものである。実際、ホッブズは政治組織の場合について同じことを主張している。

しかし世界——自然——は人間によって作られたものではなく、それを作った神のみがそれを完全に知ることができる。数学が驚嘆に値する業績のように見えるのはそれが全く人間の手になるものであり、人間が可能な限り神的創造に最も近づいた局面を示しているからである。こうした形で芸術を論じ、芸術家は神のように現実の世界と並ぶ想像の世界の製作者であり、それを作った神である芸術家はそれを完全に知っていると語った人物はルネサンス期にもいた。これに対して外的自然の世界については不透明な何かがある。人間はそれを記述し、それが異なった状況や異なった関係の中でどう動くかを語り、自然の物体のようなその構成物の動きについて仮説を立てることはできる。しかし何故に、いかなる理由で、それがそうあるのか、そう動くのかを語ることはできない。それを作った存在である神のみがそれを知っており、人間は自然の舞台で進行することについて、そのあるがままの姿について外面的な見解を持つにすぎない。人間が「内から」知りうるのは、彼自身が作ったものだけであって、それ以外のものは知ることができない。知識の対象物の中で人間の作った要素の比重が大きくなればなるほど、それはますます人間の目によく見通せるものとなるであろう。逆に外的自然の要素が多ければ多いほど、それはますます人間の理解力にとって不透明で、見通せないものになっていくであろう。人間の作ったものと自然のもの、作られたものと与えられたものとの間には架橋不可能な深淵がある。全ての知識の領域は、それがどの程度理解可能であるかという度合に応じて分類可能である。

一〇年後、ヴィーコは革命的な一歩を踏み出した。つまり明らかに人間の創造物である多くのもの――芸術品、政治制度、法制度、ルールが決められている全ての学問――の他に、人間が内側から知りうるもう一つの領域がある。それは人類史であって、それもまた人間によって作られたものである。人類史は外的世界のように、事物と出来事、それらの同時存在と継起(自然的物体としての人間の体のそれを含む)からのみ成るのでなく、人間の活動の歴史、人間が何をなし、考え、苦しみ、何を求め、目標にし、受容し、拒絶し、考え、想像し、その感情が何に向ったかといったことについての歴史である。それ故それは動機、目的、希望、恐怖、憎悪、嫉妬、野心、現実についての見解やヴィジョンに関わり、個人と集団の見方、行動の仕方、創造の仕方に関わる。われわれはこれらの活動に観察者としてでなく活動者として関わり合うが故に、それを直接知る。それ故、外的世界について知るよりもわれわれ自身についてより多く知っているというのは一理あることである。例えばわれわれがローマ法またはローマの制度を研究する時、その目的は何であるか、それに目的があるか否かを全く知らないような自然物について考えているのではない。われわれはこれらローマ人が何を欲するのか、何をしようとしているのか、彼らはどのように生き、考えているのか、他人とのどのような関係を促進しあるいは妨げようとしているのか、について問わなければならない。われわれは自然物にこうしたことを問うことはできない。牛や木、石、分子、細胞が何を欲しているかと問うのは無意味である。それらが目的を追求していると仮定する理由はなく、もし目的を追求しているとしてもそれが何であるかを知ることができない。われわれがそれを自ら作ったのでない以上、それらがどのような目的――それがあるとして――を追求しているか、どのような目的を実現すべく作られたかについて、神のように「内側からの」展望を持つことはできないのである。従って意図的な行動についてのわれわれの知識は、少なくとも本質的に空間における物体の運動や位置についての知識——これは十七世紀の科学が偉大なる勝利を獲得した領域であった——に勝るということは明らかである。外的世界を考える時、それはわれわれにとって不透明である。これに対してわれわれ自身を考える時、それは完全に見通せはしないとしても、しかしより見通しうるものであることは確かである。従って物理学やその他自然科学のルールや法則を心、意志、感情の世界に適用するのは、倒錯した一種の自己否定である。それというのもこれによってわれわれは自らが知りうるものから自らを不必要に遠ざけているのであるから。

神人同型論の誤りが無生物の世界に人間の心や意志を与えた点にあるとするならば、恐らくそうした性質を与えるのにふさわしいのは人間の世界である。従って川や植物、石のような自然物として人間を扱う自然科学的見地は、決定的な誤りに基づいている。われわれ自身との関係で、人間は「内側からの」展望を持つ特権的な観察者である。この点を無視して全ての存在物について単一の学を理想とし、単一の、普遍的な探究方法に好意を寄せるのは、知りうるものについての物質主義のドグマの名の下に片意地になって無知を強弁するのに等しい。われわれは行為、目的、あることをなしとげまたはあるものを理解する努力といったものがどのようなものであるかを知っている。われわれはそれらを直接意識することを通じて知っている。われわれは自己意識を持っている。他人が何を欲しているかを言うことができるか。ヴィーコはこれがいかにして可能かを直接語っていないが、唯我論は反駁を必要としないと考え、他人の目的を知りうることを自明としていたように見える。その上人間は互いに意志を伝え合うが、それはある直接的な形で、多かれ少なかれ成功裡に他人の言葉、しぐさ、サイン、シンボルの目的や意味を理解し、理解できるからである。もしコミュニケーションがなければ言語も社会も人間性もない。しかしかりにこのことが現在生きている人間に適用されるとしても、それは過去にも適用されるであろうか。われわれは死んだ過去の人々の行為、思想、態度、明確な信念と暗黙の信念、思想や感情の世界を捉えることができるであろうか。そうだとすれば、それはいかにして可能であろうか。この問題に対するヴィーコの回答は恐らく彼の思想の中で最も大胆で、独創的なものであった。

彼の明言するところによれば、過去に至るには三つの重要な扉がある。言語、神話そして制度的行為としての儀式がそれである。われわれは比喩的な表現方法を口にする。(ヴィーコがわれわれに語るところによれば)当時の美学論者たちはこの表現方法を飾り立てられたものとみなし、人々に快楽を与え、あるいは一定の形で人々を動かす意図的方策、あるいは重要な真理を伝える巧妙な方法として、詩人が用いる最高の話し方であると見なした(3)。この議論は、比喩的に表現されたものは少なくとも原則的に明快で、平明な散文でも同じように表現されうる——それは退屈で、詩人の言葉が生み出すような快さをわれわれに与えはしないが——、という仮定に基づいている。しかしヴィーコによれば、もし原始的な人々の言葉(ラテン、ギリシャの古い言葉を彼は良く知っていたが、彼はそれを多くの実例として用いている)を読むならば、われわれが比喩的語り口と呼んでいるものがこれら昔の人々の自然な表現様式であったことが直ちにわかるであろう。われわれの血が煮えたぎっていると言う時、それはわれわれにとって通常怒りの比喩であろうが、原始人にとって怒りは文字通り彼の中で血が煮えたぎっている感覚と似たものであった。われわれが鋤の歯、川の口、花びんの口唇という場合、これらは死んだ比喩であるか、少なくとも聞く者や読者に一定の効果を生み出そうという意図に基づく熟慮の産物である。しかしわれわれの祖先にとって鋤は文字通り歯を持っているように見え、彼らにとって半ば生物である川は口を持っていた。土地は首と舌を持ち、金属と鉱物とは脈を、大地は内臓を、樫の木は心臓を持ち、空は微笑み、渋面をつくり、風は怒り、全自然は生きており、活動していた。人間の経験が変化するにつれて次第にこのかつて当然とされた話し方――ヴィーコはこれを詩的と呼んでいる――は一つの言いまわしとして日常の話し方の中に長く止まったが、その源は忘れ去られるか、少なくとももはや感じとられることがなく、技巧をこらす詩人に用いられるしきたり、飾りとして存続した。話し方の形はある特定のヴィジョンの現われである。超時間的現実を示す普遍的な、「正確な」話し方などはない。「詩的」言葉を用いる以前の人間は象形文字と表意文字を用いていたが、これらはわれわれとは違った世界についての見方を伝えている。ヴィーコの言明するところによれば、人間は話す前に歌い、散文で話す前に韻文で話していたのであって、このことは彼らの用いた記号や象徴の種類と彼らがそれを用いた仕方を研究することによって明らかとなる。

自らと性格を異にする過去の社会でどのような生活が営まれていたか、それを捉えようとする人は先ず彼らの世界を理解しなければならない。言語のタイプはその背後にある世界観の表現であり、ある特定の種類の言語を用いる人はどのような種類の世界観の持主であったかを理解しなければならない。この作業の難しさは、ヴィーコの引用する神話学的用語のためにいやが上にも痛感せざるを得ない。ローマの詩人は「万物はジュピターで満ちている」と語った。それは何を意味するであろうか。ジュピターはわれわれにとって神々の父、ひげのある雷鳴を発する人であるが、この語は空、空気も意味する。「万物が」ひげのある雷鳴を発する人または神々の父で「満ちて」いるなどということはいかにして可能であろうか。しかし正にこれこそ人々の話し方である。従ってわれわれとしては、こうした言葉遣いを意味のあるものと考える——われわれにとってはほとんど全く無意味であるが——人々は、どのように世界を見ていたのかを問わなければならない。キュベレーを巨大な女性として語ると同時に大地全体として語る時、何が意味されていたであろうか。またネプチューンを三叉の矛をふるうひげの生えた海神として語ると同時に世界の全ての海、大洋として語る時、何が意味されていたであろうか。同じようにヘラクレスはヒュドラを殺した半神であると同時に、アテナイ人、スパルタ人、アルゴス人、テーバイ人は全てヘラクレスの一族であった。彼は多であると共に一である。ケレスは女神であると共に世界の全ての穀物でもある。

われわれがいわば自らの居を移そうとしている世界は極めて奇妙な世界である。ヴィーコの警告するところによれば、神話や伝記に記された彼ら原始人の世界観、精神構造は、それに入り込もうとするだけでも苦渋に満ちた努力をわれわれに強いる。しかしある程度それを成しとげることは可能である。それというのもわれわれはわれわれと異なった心に「入り込む」ことのできる、彼が想像力(ファンタシア)と呼ぶ能力を持っているからである。

それはいかにして行なわれるか。ヴィーコの考えを理解するための最も近い道は、種の成長と個人の成長との間に彼が設定したパラレルな関係である。ちょうどわれわれは子供の時の経験を想起することができ(そして今日の心理分析はそれ以上のことを証明している)るのと同じように、ある程度われわれ人類の初期の集団的経験を取り戻すことは、それが非常な努力を必要とするにしても、可能であるに違いない。この考えはマクロコスモスと個人のミクロコスモスとのパラレルな関係にあるという考え、系統発生は個体発生に似ているという考えに基づいているが、それは少なくとも時期的にルネサンスに遡る観念である。個人の成長と一国民の成長との間には類比関係がある。もし私が子供の時どうであったかを思い出すことができるならば、原始文化が何であったかについて示唆をうるであろう。現在の自分に従って他の人を判断しても巧くは行かない。もしアニミズムが自然物に人間の持つ性格を誤って帰属せしめるものであるとしても、原始人にわれわれの洗練された観念があると考えるのは同じような誤りを犯していることになる。われわれが過去を再構成するのに必要な能力である想像的理解力——想像力——は、類比よりもむしろ記憶の方に近い[4]。

違った世代の人間の持つ経験のカテゴリーは違うが、それは一定の決まった順序で展開する。ヴィーコはわれわれの眼前にある証拠に正しく問いかけることによって、この展開過程を再構成できると考えた。われわれが問わなければならないのは、特定のシンボル(言語)を用いることによってどのような種類の経験がそこで前提され、伝えられ、どのような一定のヴィジョンが過去の神話、宗教的儀式、碑文、遺跡に体現されているかである。これに答えることによってわれわれは人類の成長と発展を追跡し、努力や労働、闘争を通して自らの世界を形成した人々の心をありありと眼前に浮び上らせ、それに「入り込む」ことができるようになる。この過程のそれぞれの段階はそれに特徴的な形で自らの経験を伝え、実際に伝達する。それには象形文字、原始的な歌、神話と伝説、舞踊と法、形式ばった入念な宗教儀式などがあり、この最後のものはヴォルテールやドルバック、ダランベールにとっては野蛮な過去の旧式な遺物、反啓蒙的なまじないの塊に過ぎなかった。社会意識と活動の発展は(ヴィーコのいうところによれば)語源や構文の展開からも跡づけることができるが、それというのも語源や構文は社会生活の継起する段階を反映し、それと同じ歩調で展開するからである。詩は技巧をこととする文士の発明した意識的な潤色ではなく、記憶という形で神秘的知恵を語ったものではなく、われわれの遠い祖先が集団として、共同体として自己を直接に表現したものである。ホメロスは一個の詩人を表明しているのでなく、全ギリシャ人の代弁者である。こうした考えはその独自の定式化を経て、ヴィンケルマンとヘルダーの理論の中で豊かに開花する運命にあった。ただし彼らが最初にその考えを発展させた時、われわれの知る限り、ヴィーコについてほとんど知るところがなかった。

人間の基本的性格は不変であるという主張はギリシャ人からアクィナス、ルネサンスからグロティウス、スピノザ、ロックに至る西洋の伝統の中心をなす観念であったが、それはもはや妥当性を持たない。何故ならば人間の創造物である言語、神話、儀式はそれとは違った事実を語っているからである。人間は当初野獣、野人であって、「無音の」サイン――身振りとやがて象形文字――を用いていた。最初の雷鳴は彼らを恐怖で満たした。彼らに覆いかぶさっている、彼らより強い力に対する感覚、畏怖が彼らの中に目醒めた。彼らは自己防衛のために集合した。それから「神々の時代」、父祖の時代、原始的部族の冷酷な首長たちの時代が続く。その要塞の外に安全はなく、自分より強い人間によって攻撃された人間は保護を求め、その奴隷、被護民となるという条件で「長老たち」の保護を獲得した。ここに寡頭政や冷酷で欲深い主人、奴隷や農奴を支配し「詩的」語り口を用いる人々からなる「英雄」時代の特徴が見られる。やがて奴隷や農奴が反乱を起し、人間の制度の中で最古のものである結婚と埋葬儀式に関して譲歩を要求する段階が訪れる。彼らは新しい自らの儀式を記録させる。これが最初の法の形式である。次いでここから散文が生まれ、そこから議論と雄弁術が出、従って質問、哲学、懐疑主義、平等な民主主義への道が開かれ、最終的に素朴な敬虔や連帯感、原始社会の権威に対する尊敬が破壊され、人々の原子化と分裂、破壊的利己主義と疎外が出てくる。(5) そしてもしアウグストゥスのような人間が権威と秩序を回復しないならば、あるいは尽きざる力と確固とした規律を持つ古い、より原始的で強力な部族がそれを襲い、屈服させることがないならば、遂には衰弱する。もしこれがなければ全面的な崩壊現象が起る。そして再度ほら穴での原始的な生活が始まり、未開の生活の持つ野蛮さから没落の際に現われる第二の野蛮さへという全循環過程が繰返される。

不完全なものから完全なものへという進歩はない。それというのも完全という概念そのものには絶対的価値基準が含まれているからで、実際にあるのは認識可能な変化のみである。各段階はその先行段階から機械的に生ずるのでなく、絶えず自己形成と自己変化を行なっている活動的人間が古い必要を満たし、新しい必要を生み出すことによって出現可能となる。この過程の中で、ヴィーコの図式によれば、中心的役割を果すのが階級間の戦争である。ここでヴィーコは再度神話学に強く依拠している。ヴォルテールの語るところによれば、神話とは「未開人のたわ言と悪漢の奸計」であり、あるいは精々のところ読者を魅了しようとして詩人が想像にまかせて作り出した無害な幻想であった。しかしヴィーコにとって神話はしばしば、さまざまな文化の発生源となった過去の社会的対立を壮大な心像の形で展開したものであった。彼は才気にあふれた、想像力ある史的唯物論者であった。カドモス、アリアドネ、ペガサス、アポロ、マルス、ヘラクレスなどは全て社会変化の歴史の中での転換点を象徴するものであった。(6) 後代の合理的思考にはさまざまな属性の異様な総合と思われるものも――例えばキュベレーが女性であると同時に大地、翼を持った馬、ケンタウルス、木の精であるというような――、実際にはわれわれの祖先がある複数の機能または観念を一つの具体的イメージの中に結合しようとした努力の現われである。ヴィーコはそうした実在を「あり得ない一般概念」、相矛盾する特質から成る心像と呼んでいるが、感覚でなく概念で思考する子孫たちはそれを抽象的な表現法で置きかえた。特定の語の外延の変化、その変様もまた、ヴィーコによれば、社会構造の発展を知るのに開かれた窓である。それというのも言葉はわれわれに「言葉の意味する制度の歴史」を語るからである。従ってレックス（*lex*）という語の足跡は、「大地の大森林」の中での生活の後にあばら屋での生活が続き、その後に村落、都市、学校での生活が続いたことを示してくれる。(7)

ヴィーコの引き出す個々の結論は時として全く説得性に欠け、あるいは恣意的である。しかしこのことは彼が人類の積み重ねて来た歴史に適用すべき計画、一種のカント的超越論的方法を構想したことと比較して、重要ではない。それは特定の社会の経験がその特徴を表現するあれこれの神話、礼拝の方式、言語、建物に似ていることを認識する試みである。これは新しい門戸を開いた。それは超時間的、不変の「人間性」という、静態的な、精神の核をなす考えの信用を失墜させた。それは野蛮な最初の状態から徐々に人類は発展したという、古いエピキュロスールクレティウス的人類史観を改めて強化した。超時間的な不変の正義、財産権、自由、権利といった概念は存在しない。これらの価値はそれらが一部分をなす社会構造が変化するにつれて変化し、これらの価値が現われる心と想像力によって作られる事物は各段階において変わる。従って古代人が比類のない知恵を持っていたと語るのは全て馬鹿気た幻想である。古代人は戦争に専念する野蛮人、巨大な野獣であり、地球の大森林をさまよう、われわれとは違った被造物である。どこにも遍在する自然法なるものは存在しない。ストア派、セヴェリアのイシドール、トマス・アクイナス、グロチィウスなどは絶対的原理の一覧表を書き留めたが、それは野蛮な原始的祖先の心に明らかに存在しなかったし、その行為の中に暗黙にも存在しなかった。同じことはホメロスの英雄たちについても言える。ホッブズ、ロック、スピノザのいう合理的エゴイストとしての人間という議論は恣意的で非歴史的である。もし人間がこれらの人々が描いたような存在であったならば、その歴史は了解不可能なものとなったろう。

文明の各段階はそれに固有の芸術、固有の形式の感覚と想像力を生み出す。その後代の形式は以前のそれと比べて秀れてもいなければより悪くもなく、単に異なっているだけであって、各々はその特定の文化の現われと判断される。「無音の」サインを用い、「自らの体を使って話し」、語る前に歌った(ヴィーコは、どもる人間は今でもそうだと付言している)過去の人々を、いかにしてわれわれの複雑化した文化を基準にして判断できるであろうか。当時フランスの趣味判断の権威者たちは芸術的卓越性の絶対的基準を信じ、ラシーヌ、コルネイユ(あるいはヴォルテール)の詩句は醜いシェークスピアや退屈なミルトン、又は彼らより以前の異様なダンテ、恐らく古代人の作品よりも秀れていると考えていた。これに対してヴィーコは、ホメロスの詩は支配階級の野心と貪欲と残酷さに色どられた社会の崇高な表現であり、こうした社会のみがこうした生活観を生み出すことができたと主張した。後の時代はその生存に助けとなるものについてはより完全となるにしても、『イリアス』を生み出すことはできない。『イリアス』は特定の生活様式の持つ思考、表現、感情のあり方を体現しており、彼らはわれわれの目にとまらないものを文字通り見ている。

新しい歴史とは、人間の経験や活動、その継続的な一つの文化から他への自己変化の継起と多様さとを説明すべきものである。これは大胆な相対主義を帰結し、特に芸術における進歩という観念を殺してしまう。この進歩という観念によれば後の文化は先の文化を必ず改良し、またはそれからの退化であり、各々の文化はある固定的な、不変の理想との関係で測定され、この理想に従って全ての美、知識、徳は判断されねばならない。古代人と近代人との間の有名な論争はヴィーコにとって無意味なものであった。何故ならば各々の芸術的伝統を理解できるのはそれに固有のルールを把握し、それに内在する約束事を把握し、思考と感情のカテゴリーの変化する型の中から「本質的」部分を捉える人間だけであるからである。アナクロニズムという概念は、他の人々もいくらかそれを知っていたが、ヴィーコの場合中心的なものとなった。ヴィーコの語るところによれば、ポリュビオスはかつて人類の誕生を統轄していたのが哲学者でなく聖職者であったことは人類の不幸であると述べ、この悪意あるほら吹きがなければどれほど多くの誤りと残酷な行為がなくて済んだかと語ったと言われる。(8) ルクレティウスも熱心にこの非難を繰返している。しかしヴィーコ後の人間にとってはこういうことを言うのは、あたかもシェークスピアがその戯曲をジンギス汗の宮廷で書くことができたとか、モーツァルトは古代スパルタで作曲できたとか言うに等しい。ヴィーコはボダン、モンテーニュ、モンテスキューを遥かに超えている。(9) 彼ら(とヴォルテール)は相異なった社会的精神の存在を信じたかも知れないが、歴史的展開の各々の段階がそれに固有のヴィジョン、表現方法――それを芸術と呼ぶか、科学、宗教と呼ぶかはともかくとして――を具えつつ、継起的段階を成すということは信じなかった。知識は次々と蓄積されて成長し、唯一の普遍的基準が単一の集積物を支配し、従って科学者が樹立したことを他の世代は繰返す必要はない、こういう考えはヴィーコのような考えには全く合致しない。ここに実証的知識という観念と理解という観念の大きな裂け目が見られる。

ヴィーコは事実の確定をする上で新しい科学的技術が有効であることを否定しはしない。彼は経験的研究を省略できる直観的または形而上学的能力を主張したわけではない。記録やその他の証言の真実性、年代、年代の序列、誰が何を、いつ、どこでなし、かつなされたかの確定——個人、階級、社会のいずれを扱うにしろ——、単なる事実の確定、これら全てを検証する上で、新たに確立した科学的研究方法は不可欠であろう。同じ方法は非人格的要素である地勢的、環境的、社会的要素の研究や、自然の資源、動物群、植物群、社会構造、植民、交易、財政の研究にも適用される。つまりここでは科学的方法を用いなければならないのであって、ボダンとヴォルテール、それに社会学的、統計的方法を用いた全ての歴史家が行なったように、この方法は蓋然的知識を可能にする。ヴィーコはこれら全ての点については全く争いはしない。それでは彼が二〇年にわたる継続的労苦の成果として語る、その歴史観の中で何が新しいのであろうか。

私の考えではそれは次の点である。歴史の理解とは人々が身をおく世界をどのようにして作り、それに何を求め、彼らの感ずる必要や目的、理想が何であるか、を理解することである。ヴィーコは世界についての彼らのヴィジョンを発見しようとし、社会の持つ世界観を規定しているのがどのような欲求、問題、志向であるかを問う。ヴィーコの考えるところでは、彼は人々の思考、行動、自己と世界の変革の基礎となっているカテゴリーを捉える、新しい方法を生み出した。この種の知識は観察または科学、演繹的推理によって生まれる事実についての知識や論理的真理についての知識ではない。それはどのように事物を行なうかについての知識でもなければ、信仰に基づく知識や神の啓示に基づく知識——ヴィーコ自身それを信じていた——でもない。それはむしろわれわれが友人、その性格、彼の思考や行動について持つ知識に似ており、モンテーニュが巧みに叙述し、モンテスキューが考慮に入れたあの人格、感情、観念の微妙な色合についての直感に似ている。

歴史を理解するためには、芸術家、特に小説家に要求されるような高度の想像力を持たなければならない。しかしこれでもわれわれの生活様式とは違う、かけ離れた過去の生活様式を把握するには十分ではないであろう。しかしわれわれは完全に絶望するには及ばない。何故ならばわれわれが理解しようとしているのは人間——われわれと同じように心とさまざまな目的、内面的生活を持った人間——であり、彼らの業績は全く理解できない訳ではなく、非人間的自然というわれわれには見通すことのできない世界とは異なるからである。この他人の心と状況とに「入り込む」力と彼が呼ぶ能力なしには、過去は博物館におけるごとく、死物の集積に止まるであろう。

この種の知識はデカルト哲学の思惟と違い、人間とは何か、行動とは何か、意図や動機を持つとは何かといったことについてわれわれが知っているという事実に基礎をおき、非人間的世界の中で自らくつろぐために、ヘーゲルの言う「自己自身のもとにある」ことを了解し、理解しようとする。『新科学』の非常に有名な一節はこの中心的な洞察を極めて生き生きと表現している。

われわれから遠く離れた、ずっと古代の世界は深い夜の暗闇に取りかこまれているが、そこに疑問の余地のない、永遠の、欠けることのない光が輝やきわたる。つまり、政治社会という世界は確実に人間の作ったものであり、従ってその原理はわれわれ人間の心のさまざまな変様の中に発見できる。このことに思いをめぐらす人は誰でも、哲学者たちが自然の世界——それは神の作った世界であって、神のみがそれを知っている——の研究に全ての精力を注ぎ、諸民族、政治世界——それは人間の作ったものであるが故に、人間に認識可能である——の研究をおろそかにしているのを見て、驚かざるを得ない。

人間は自らの政治世界——その文明と制度——を作ったが、しかしマルクスが後年指摘したように、「一着分の服地」から、無限に伸縮自在の素材から作ったわけではない。人間の肉体的、精神的条件という外的世界もそれなりの機能を果している。しかしこのことはヴィーコの関心を惹かなかった。彼は人間の寄与にのみ関心を向け、人間の行為の意図しなかったような帰結が生じた場合を論ずる時、それを人間が意識的に「作った」のではないとして摂理に根拠を求め、摂理は謎めいた形で人々を最終的幸福に導いてゆくとしている。摂理もまた自然と同様、人間の意識的統制の彼方の存在である。彼の言わんとしたのは、ある世代の人々が体験し、行ない、その作品に結実させたことを、他の世代が——恐らく困難を伴い、不完全な形においてではあるが——把握できるという点にあった。そのためには発達した想像力(ファンタシア)——想像力に富む洞察力を示すヴィーコの言葉——を持たねばならない。そして彼はフランスの理論家がこの能力を低く評価していると批判する。それはカテゴリーを用いて現実を理解する方法が一元的であるのに対して多元的な理解能力である。それは例えば芸術家、革命家、裏切り者がそれぞれどのような人間であるかを理解し、貧乏であること、権威に従うこと、子供であること、囚人であること、野蛮人であることがどのようなことであるかを知る能力である。他人の内に入り込むある種の能力なしに、人間の状況や歴史、ある時代やある文化を他に対して特徴づけているものを理解することはできない。文明の継起の様式と他の時間的過程——例えば地質の過程——との違いは、前者を作る上で決定的役割を果すのがわれわれ人間であるという事実にある。これが芸術や科学の中心的な特質である。何がある生活様式には合致するが他の生活様式には合致しないかを語る場合、帰納的方法だけでは目的に達することはできない。

ヴィーコの方法の具体例を挙げてみよう。ローマ人がソロンの時代のアテナイから十二表法(ローマの最古の法制)を借用したという話は真実ではない。何故ならばソロンの時代には野蛮人であったに違いないローマ人にアテナイがどこにあるかを知っていたり、アテナイ人がローマ人にも有益と考えられる法制を持っていることを知っていたりするなどというのは不可能であるからである。その上、これら初期のローマ人たちが自らの東南の方角により文明化され、よりよく組織化された社会の存在を知っていたという、ありそうにない仮説をとるとしても(初期ローマの野蛮な部族は文明とか都市国家とかいった観念を、たとえ初歩的なものであれ、懐くことができなかったのであるが)、アッチカの言葉をしかるべきラテン語に訳す場合、それに対するギリシャ語の影響が残らざるを得なかったし、ギリシャ語にその対応語のない例えば *auctoritas* という語を用いることができなかったであろう。このようにヴィーコは論じた。

この種の議論が根拠にしているのは、多くの時代や場所での人間行動についての経験的証拠の集積ではない。社会学的一般化はそのようなものを基礎としているが。進歩した文化といった観念、それを野蛮な文化と区別するものはヴィーコの場合静態的な概念ではない。それは個人と社会における自意識の成長の段階、ある成長の段階で用いられる概念やカテゴリーと他の段階でのそれとの違い、一方が他方から発生するのを叙述し、そして最終的には子供時代、成年時代がどのようなものであるかを理解しようとするものである。十五世紀の初頭イタリアの人文主義者ブルーニは、ギリシャ語で言われたことは全て同じようにラテン語でも言えると述べたが、ヴィーコは、*auctoritas* の例が示しているように、正にこの点を否定した。経験の不変の構造などというものは存在しない。従ってそれを基準にして完全な言語を発明することはできないし、不完全な言語を完全にすることもできない。いわゆる原始な言語は後代の人々がより正確に表現する事柄を不完全な形で表現しているのではない。それは自らに固有の世界観を体現しており、この世界観は理解可能ではあるが、他の文化の言語に完全に翻訳することはできない。一つの文化は他の文化の不完全な表われではない。冬は未発達の春ではなく、夏は未発達の秋ではない。

ホメロス、聖書、カレバラの世界は、ヴォルテールやエルヴェシウス、バックル的な絶対基準の観点から判断されるならば全く理解できないし、ヴォルテールが『想像のミューズ』で実例を示しているように——そこでは人間の四つの偉大な時期が人間の業績の単一の頂点の示す諸側面として並列的に掲げられていた――、人類文明の極致との距離に従ってそれを採点することもできない。このことは自明であり、私はこの自明の理に余りにも長く骨を折り過ぎたと考えられるかも知れない。しかしこうした立場は十八世紀初頭においては自明の理ではなかった。歴史家の任務は単に事実を確定し、その因果関係を説明するのみならず、それに関わっている人々の目に状況がどのようなものと考えられ、彼らの見解がどのようなものであり、いかなるルールに従って導かれ、彼らの(他の社会や文化でなく)発言や行為に内包されている「絶対的前提」(コリングウッドの言う)とはいかなるものであるかを吟味することにあるという主張は、当時確かに斬新で、パリの文筆家(フィロゾーフ)や科学者の思想には全く異質のものであった。それはフランス啓蒙に最初に叛旗を翻した人々の思想を特徴づけるものであり、これらスイス、イングランド、ドイツの評論家と国民文学史家の中にはボダマー、ブライティンガー、フォン・ムラールト、ヘブライ学者ロース、ブラックウェルのようなホメロス批評家、ヤング、アダム・ファーガソン、ハマン、メーザー、ヘルダーのような社会思想家、文化思想家がいた。それに続いてヴォルフ、ニーブル、ベックといった偉大な古典学者の世代が続き、彼らは古代世界の研究の形を変え、その作業はブルクハルトとディルタイ、二十世紀のその後継者たちに決定的影響を及ぼした。ここから比較言語学、比較人類学、比較法学、比較宗教学、比較文学、芸術や文明、思想の比較史などが発生した。そしてこれらの研究に際しては事実や出来事についての知識のみならず理解力――それを感情移入(アインフュールンク)と最初に名づけたのはヘルダーであった――が必要とされた。

価値体系や全社会の人生観についての学識ある想像力、洞察力を用いることは、数学、物理学、地質学、動物学あるいは——ある人々はそれを否定するが——経済史や社会学においてさえ(それが厳格な自然科学と考えられ、行なわれるならば)必要ではない。この発言は意図的になされた極端な発言であって、人間の過去に対する新しい態度の帰結として自然科学と人文科学との間の裂け目を強調しようとするものである。コンドルセ、バックル、マルクスなどは非人格的歴史を構想し、彼らは「蜜蜂又はビーバー」(コンドルセのアナロジーを用いるならば)の行動について語るのと原則的に同じように、人間社会も人間についての科学によって研究できると考えた。これと対照をなすのが精神生活を信じ、それに従って生きている人間の歴史という立場であって、コールリッジやカーライルは功利主義者に向って、アクトンはバックルに対して(その有名なバックル批判の中で)、クローチェは実証主義者に対して、彼らがこうした見方に盲目であると批判を加えた。しかし実際にはこの二つの見方の間には多くの重なる部分がある。特殊的、ユニークなものに対して繰返されるものつけ、その後二つの道は分かれることになった。ヴィーコはこの二つの立場の分裂に先鞭をと普遍的なもの、具体的なものに対して抽象的なもの、永遠の運動に対して静止、内なるものに対して外なるもの、質に対して量、文化に規定された原理に対して超時間的原理、人間の永遠の状況としての精神的争いと自己変革に対するに平和、秩序、究極的調和そして全ての合理的な人間の願望の満足の可能性と(望ましさ)、こうした対照は二つの対照的立場の諸側面の現われである。(10)

歴史学の主題や方法についてのこうした考えは、今日文学史家、思想史家、芸術史家、法史家、るが、自然科学者自身の心に一般に意識されることもなければ、意識される必要もない。しかし十八世紀以前には私の知っている限り、こうした対照についての意識はなかった。広義の哲学の領域――自然哲学と形而上学――、神学、歴史学、修辞家、法学の間の区別はあまりはっきりしたものではなかった。方法をめぐる議論はルネサンスにあったが、自然科学の領域と人文科学のそれとの間の大きな裂け目を最初に作ったのは、あるいは少なくとも、良かれ悪かれ、それを顕わにしたのはジャンバッティスタ・ヴィーコであった。それによって彼は今日なおその結末が定かでない大議論の端緒をつけたのであった。

彼の中心的洞察はどこから出て来たのであろうか。文化とは何か、文化をその統一性と多様性、他の文化との類似性、特に他の文化との相違に即して理解するとはどういうことか、といった問題についての彼の考えは、文明の一体性や知識の蓄積による成長としての科学的進歩といった教説を秘かに傷つけるものであったが、この考えはパラス・アテネ神のごとく彼の頭脳から十分の武装を固めて飛び出て来たのであろうか。一七二五年以前にこうした思想を持っていたのは誰であろうか。どのようにしてこうした考えはドイツのハマンやヘルダーなど、これと極めて類似の考えを持つ人々の間に浸透した――そうであるとして――のであろうか。これらの問題については今日なお、思想家によって十分な研究が行なわれていない。しかしそれらがどんなに興味深いものであるにしろ、中心的発見そのものに比較すればその解決は重要とは思われない。その発見とは何よりも次のような考えである。何らかの程度で自己理解を実現しようとする場合、唯一つの方法は社会的成長の各段階を体系的、歴史的、心理的そして特に人類学的に再度辿ってみることである。この成長は経験的に発見可能な型――それが余りにも断定的な言葉であるならば、流れ又は傾向とも言ってよい――に従っており、われわれは自らの内面的生活の中でその動きに十分通じている。しかしこの流れは単一の、普遍的目標へと向うものではない。各々の世界は自らの足で立ち、その住人に理解できないものではなく、その後に続く世界と一定の共通性を持ち、人間の経験の継続的な側面を示すことになる。もしヴィーコが正しければ、こうした仕方でのみわれわれは人類史の統一性、つまりわれわれの「壮大な時代」と「地上の大森林」の中でのわれわれの「見苦しい」始まりとを結びつける結び目を理解できるという希望を持つことができるであろう。

(1) M・H・フィシュが正当にも指摘したように、修道院の解散はそれまで利用できなかった厖大な証拠書類を公開することになった。このことは、自らの歴史的要求に対する攻撃を反駁すべく教会が歴史研究という武器に訴えるという結果をもたらした。

(2) 「人々の習俗の時期と変化」、国民の「気質と体液」「生活の仕方」「生活の様式」「習慣(ポリス)」「人々の動機、意見、考え」「世紀の天才、意見、習俗、支配的な理念」「人々を支配する情念」といった句が、十六世紀から十七世紀にかけて非常に一般的に見られる。

(3) フォントネルの影響はヴォルテールよりは小さい。彼は芸術の発展(他の全てのものの発展と同じように)を秩序、明快さ、厳密さ、明瞭さ(ネテテ)と同一視したが、これらの理念を最も純粋に表現するのが幾何学であった。デカルトの方法はその接触する全てのもの、あらゆる知識と創造の領域に改革をもたらすものである。神話は彼にとって、ヴォルテールの場合と同様、未開と無知との産物であった。彼は全ての比喩に、特に事物についての「全く馬鹿気た、こっけいな」考えに発する架空のイメージに対しては疑いの念を示し、それらは誤りを広める役に立っただけだとした。原始時代の詩人は神話の言葉をけばけばしく用いたが、それは自らが神から直接霊感を与えられた存在であることを示すための策謀でもあった。近代の文筆家は時間、空間、神については精神的イメージ、人格化された抽象概念という、不合理な感情でなく理性に訴えるものを少なくとも用いるべきである。知力、勇気、人間性、確固たる真理の追求——啓蒙の時代はこれを武器に理論上の馬鹿気たことや反啓蒙主義、実践上の野蛮な残酷行為と戦っている——といった徳が悪徳を伴うことに盲目であってはならず、これらの徳は恐るべき犠牲を要求している、と。

(4) レオン・ポンパはその論文や私との会話の中でこのコントラストを強調した。私は彼のこうした解釈はヴィーコの思想に最もかなうものであり、私自身このテーマについて以前論じた時、この点について十分注意を払わなかったと考えている。

(5) 退廃的文明の終焉を論ずる『新科学』の一節は引用に値する。「人々の集まりや群衆がいかに巨大であったとしても、人々は野獣のように生活し、その精神と意志とは深い孤独によって色どられ、各々は自らの快楽や欲望に従うために二人の間で同意できることはほとんどない」(*The New Science of Giambattista Vico*, trans. Thomas Goddard Bergin and Max Harold Fisch, revised ed. New York, 1968, paragraph 1106. 以下の『新科学』の引用はこの翻訳から行ない、以下全てパラグラフへの言及は *N. S.* 1106 という形で行なう)。

(6) 例えばテセウスとアリアドネとの物語は初期の航海生活に関係がある。ミノタウロスはアテナイ人を誘拐する海賊を示すが、その根拠は雄牛が古代にあっては船首を特徴づける象徴であるからであり、海賊行為はギリシャ人や古代ゲルマン人の許では非常に名誉に値すると考えられていた。アリアドネは航海術を意味し、糸は航海の象徴で、迷宮はエーゲ海を意味する。あるいはミノタウロスは混血児、クレタに来た異邦人で、民族的対立を象徴する古いシンボルである。カドモスは未開人であって、彼の蛇殺しは広い森の開墾を示唆している。彼は蛇の歯を土にまいたが、この歯とは鋤の歯のことである。彼が自らの周囲に投げた石は、土地に飢えた農奴に対抗して寡頭政の英雄たちが維持するひとつのまとまった土地を意味する。畔は封建社会の秩序を意味し、歯から生まれた武器を執る者が英雄であるが、彼らは神話が語るように相互に戦わず(ここでヴィーコは証言を「矯正する」ことを決心している)、定着農民の生活を脅かす盗賊やごろつきと戦う。ペガサスの場合、羽は空を表わし、空は鳥を表わし、飛揚は非常に重大な吉兆を意味する。羽プラス馬で、占をなす権利を持つ馬に乗った貴族を、従って平民に対する権威を示し、やがてこうした神話は権力、制度を示し、しばしば社会秩序の急激な変化を反映するようになる。ミネルヴァによるマルスに対する傷害は平民に対する貴族の勝利を意味する。ドラコン――中国やエジプトにも発見される蛇――やヘラクレス、アイネーアス(彼の冥府への下降は勿論種まきを象徴している)のような神話上の人物はヴィーコにとって歴史上の人物ではなかった。そしてピュタゴラスやソロンのような人物は専ら政治構造を象徴する存在と考えられ、年代記の枠組には決してはめ込まれないと考えられていた。

(7) *N. S.* 239–40. これは自由に飛翔するヴィーコの歴史想像力の好例である。彼は *lex, ilex, aquilex, legumen, legere* を、明らかに森での生活から導き出された、典型的な「森を表わす」言葉として一つのグループにまとめ、これらの語は後に全く違った活動や対象を意味するようになったとする。最初 *lex* は「どんぐりの集まりを意味していたに違いない。」*ilex* は「オークの木」である。「何故ならばオークの木は豚を寄せ集めるどんぐりを生み出すからである。」(同様に *aquilex* は「水を集める人」を意味した)「次に *lex* は野菜の集まりを意味し、ここから野菜は後に *legumina* と呼ばれるようになる。後に、法を書き記す自国の文字が発明されていない段階で、それが政治の領域に適用されることによって必然的に市民の集まり、あるいは市民の公的集会を意味するようになったに違いない。従って人々の現にあることが *lex*、法であり、それは召集された民会において、集会を開いている民会の面前でなされた決定をおごそかにしたものであった。最後に文字を集めること、各々語を集めて束をつくることは *legere* と呼ばれ、読書である。」こうした議論は発生論的、社会学的言語学の、特殊的な、想像力に富んだ一例であり、この社会‐言語学的接近方法はやがて人文科学の多くの、重要な部門を生み出していった。例えば歴史法学、社会人類学、比較宗教学などがそれであり、特に言語理論の発生論的、歴史的側面との関係で重要な働きをした。

(8) これは実際にはポリュビオスのテキストの誤読に基づいているが、しかしヴィーコはそれを契機に自らの歴史主義的テーゼを示している。ポリュビオスはこの誤りに自ら加担することはなかったが、それはヴィーコが叛旗を翻した啓蒙主義の伝統の一環をなしていた。

(9) 初期と後期との態度の相違は、一方でボダン、ベーコン、モンテスキューの側の、他方でヴィーコの側の、神話や寓話に対する関心から明らかになる。前者は神話や寓話を虚偽を弄ぶ聖職者によって発明されたとか、単なる「人間の弱さ」(ヴォルテールの言葉を用いれば)の結果であるとは考えなかった。しかし彼らはこの種の遺物を初期の又は遠い過去の社会の習俗や生活の仕方についての情報として用い、そこから更に自らの時代や状況との関係で何か学ぶべきものがあるか発見しようという明確な目的を持っていた。一時的には彼らは他の社会について強い好奇心を示し、それらについての事実それ自身のために事実を集めたかも知れないが、表面に現われた動機は功利主義的なものであった。要するに彼らは人間生活の改善を欲したのである。これに対してヴィーコは神話を、経験が組織化される(われわれのそれとは)違ったカテゴリーの形跡と考えた。原始人や昔の人々はわれわれには異様な光景を通して自らの住む世界を見ていた。ヴィーコの目的はわれわれがどこから来たか、どのようにして今日ある状態に至ったか、過去がどれだけわれわれの中に存続しているかを理解することにある。その接近方法は発生論的である。何故ならば彼が発見したと考えるルールに従い、想像力によって再構成された始源を通してのみ、全ての物は真に理解できるものとなる。それは超時間的な本質や事物の現在の状態の経験的記述や分析によって可能なのではない。この点に歴史、社会観の真の転換点が示されている。

(10) エリッヒ・アウエルバッハはこの点を雄弁にそして正確に述べているように思われる。「各時代や社会は絶対的に望ましいとされる概念の型に従って判断さるべきでなく、それ自身の前提に即してそれぞれの場合に応じて判断されるべきであると人々が気づいた時、人々がそうした前提の中に気候や地質のような自然的要素の他に知的、歴史的要素を数え上げる時、換言すれば、彼らが歴史のダイナミズム、歴史現象の独自性についての感覚を発展させる時、……従って各時代は一つの全体として、その性格はそれぞれの仕方で現われるものとなる時、最後に、事件の意味は抽象的、一般的な認識の形で捉えられることはできず、それを理解するのに必要な材料は社会の上層や大きな政治的事件にのみ求められるべきでなく、芸術、経済、物質文明、知的文化、日常の世界の深み、その中の男や女の中にも求められるべきである――何故ならばそこでのみ人はユニークなもの、内なる力によって動かされるもの、より具体的、より深い意味において普遍的妥当性を持つものを捉えることができるからである――という確信を受け容れる時……」(*Mimesis*, Princeton, 1968, pp. 443-44)私は科学としての歴史と、自己認識の一形式としての歴史(それは決して完全に体系化されることができず、ヴィーコが戒めているように「信じがたい努力」によってのみ実現できる)との違いについて、これ以上見事な定式化を知らない。

〔佐々木毅訳〕

モンテスキュー

一

ジェレミイ・ベンサムは、一般に考えられている以上に、著述の中で感情をこめた言い方をする時が多いのだが、そのひとつで、モンテスキュー没後半世紀たって書いたなかで、次のように声高く述べている。「ロックは、無味乾燥で、冷たく、退屈だが、永遠に読まれよう。モンテスキューは、俊敏で才気にあふれ、偉大で魅惑的だが、彼の時代を越えて生き残れはしまい(1)」。そして、モンテスキューにさらにデカルトの名を加え、二人の思想は、かつては興味あるものであったが、真実の命題よりも間違った命題の方を非常に多く含んでいるとして、二人とも忘れらるべき存在であると断じた。これらの偉大な思想体系は、それ相応の讃辞をうけ、そのあと、それにふさわしく葬られなければならない。それらはすでに役割を果しおえたのだからである。体系の大部分をなす誤謬は、根こそぎ捨て去られ、二度とひとびとの心をまどわすことがあってはならないというのである。

この批判は、ベンサムらしく量的な功績評価を特色としているが、それ自体長い間忘れられていた。しかし、モンテスキューが擁護した多くのことが、すでに文明国民の考え方や制度の中に、平穏無事に吸収されていると思われていた十九世紀、とくに十九世紀末近くでは、この批判は別に不当とも思われなかったのであろう。モンテスキューは立憲主義を唱導するとともに、民事的自由の堅持と奴隷制の廃止、漸進主義、中庸、平和、国際協調、および、国民的伝統や地方の伝統にたいするそれ相応の配慮をともなった社会的経済的進歩を唱導した。彼は正義を信じ、法の支配を信じた。言論と結社の自由を擁護し、あらゆる極端と狂信を嫌った。権力の分立と均衡が、個人や団体や多数者による専制支配にたいする武器であると信じた。そして、個人の自由を脅やかさない程度の社会的平等と、秩序のある政治を乱す恐れのない程度の自由を是であるとした。こうした理想のおおかたは、彼の死後一世紀あとには、理論上はすくなくとも、西欧の文明化した政府や国民に共有されていた。なるほど、帝制ロシアやアジアにおいては専制的制度が、スペインにおいては聖職権主義（クレリカリズム）が、ラテン・アメリカにおいては断続してあらわれる無秩序と腐敗が、アフリカにおいては野蛮がなお存在していたし、西欧においても、ナショナリズムと帝国主義が無気味に成長しつつあった。しかしながら、モンテスキューの教えの核心は、いたるところで自由主義的な信条の真髄となった。彼の教義はすでによく理解されていた。彼は二十世紀にたいしては、すでに新しく語るべき何物も持ってはいないように思われた。時の経過につれ、彼の間違いの方が明らかとなった。歴史や地理や民族学にかんする彼の知識は、彼の生きた時代にさえおくれていた。彼の最も有名な教義、権力分立論は、彼が完全にイギリスの現実と思い違いをした制度にたいする熱烈でしかも誤った讃辞であり、かえってブラックストーンやド・ロルムを誤解させただけのものであったが、フランス革命をつうじてその非現実性は明らかとなり、合衆国においては杓子定規にすぎるほど忠実に受けいれられ、まんざらいいともいえない結果をもたらした。彼の教えの保守的な側面——急激な改革よりも、漸進的で「有機的」な発展の方がよいと強調する態度、様々な文明や伝統的生活様式のもつ特有の性格を強調して、それらすべてに画一的で同一の方法を適用することは望ましくないと強調する態度、世襲貴族政や、熟練を要する相伝の仕事や職業が価値あるものであり、機械的平等は悪であると強調する態度——確かにこれらすべてが、すでにもっとたくみにかつ雄弁にバークによって語られていたし、ヘーゲルおよびその学派によって統合され、壮大で通観的な形而上学的ヴィジョンにまでなっていた。彼の教えの自由主義的側面についていえば——個人の自由の擁護と司法の中立性と独立性の主張、さらに、国民の間においても個人の間においても同じように、人道にかなった礼儀正しい交わりが必要であるとすること——これらは、トックヴィルとミルに始まり、ジョレスとウィルソン大統領において感傷的な絶頂に達した自由主義的雄弁のきまり文句となって、ずっと以前からすでに陳腐なものとなっていた。最後に、なかでも最もオリジナルな業績——各国の制度とその物理的心理的原因および条件の比較研究にもとづいて、社会学と人類学の輪郭を示したこと——があるが、これも、フランスの偉大な実証主義学派とこれにたいするイギリスおよびドイツの反対者や賛成者たちによって、すでに、隆盛をきわめた高度の専門的学問(メチエ)となっており、彼らは、この名高い先駆者を敬意と好奇心をもって振り返りはしても、それ以上のことはしなかった。事実の間というのも、彼の学問は、警句と公理のたんなる寄せ集めにすぎなかったからであった。

違いは、途方もなく多かったし、社会の歴史は、逸話の羅列にすぎなかった。彼の一般化は信頼にあたいするものではなかったし、概念も形而上学的にすぎ、彼の仕事は、部分的には、そして定評のある文学の傑作においては示唆に富むものではあったが、全体としては、体系性を欠き、矛盾だらけで、遺憾ながら所々は浅薄でもあった。彼は要するに立派な先駆者であり、トーガをまとって凝然として立ちつくすアウグストゥス帝時代の肖像のごとき人物ではあったが、それ以上のものではなかった。彼の直接の後継者であるルソーやカントやヒュームやベンサムが言ったことが、今なおひとびとの心を揺り動かし、熱っぽい議論をひきおこしているのにたいして、モンテスキューの方は、主として、魅惑的作品『ペルシア人の手紙』の著者として、また、観察力が鋭く、教養の高い、懐疑的なお殿様として、さらにまた、いったんは画期的な著作として称讃され、その時代には広汎な影響力をもちながらも、出版されて一世紀後には、思想史における巨大な化石とみなされ、過ぎ去った時代の記念碑とみなされるにいたった『法の精神』の著者として、記憶の対象であるにすぎなかった。以上がおそらく、コントやバックル、ハーバート・スペンサーやデュルケムの意見であった。そして今日では、これらのひとびと自身が半分忘れられかけている存在であるが、これらのひとびとの意見は、その頃には誰もわざわざそれを否定したり、それについて疑いを持つような者はいなかったのであった。しかし、こうした意見が当時どんなに正しいと考えられていたにせよ、私は、今日なおそれがもっともな意見だとは思わない。いやそれどころか、私は、モンテスキューの考えは、十九世紀の彼の後継者たちの考えよりも、はるかによく、今日のわれわれの状況に適していると言いたい。現代のきびしい見方からすれば、時代遅れに見えるのは、モンテスキューの考えの方ではなくて、むしろ十九世紀の彼の後継者たちの考えの方なのである。

二

さてまず、いくつか周知の事実から始めよう。シャルル＝ルイ・ド・スゴンダ、ラ・ブレード男爵は、ボルドー近郊のラ・ブレード城に生まれた。一六八九年一月一八日である。父は地方の役人で、母は信仰心のあつい婦人であった。たまたま、城のそばを通りかかった一人の物乞いが彼の名付親にえらばれたが、これは、貧しき者が兄弟であることを生涯忘れさせぬためであった。彼は小作人に育てられ、司祭から教育をうけた。若い頃は自然科学をかじってみたが、それは物理学的というより生物学的なものであった。三二歳の時、彼は『ペルシア人の手紙』を書き、作家としての第一歩を踏みだした。この小説は、フランス社会とローマ教会にたいする大胆であざやかに書かれた愉快な風刺であると受けとられたもので、当時流行の懐疑的な小説より恐らく勇敢ではあるが、基本的にはそれほど違いはないものであった。当時のそうした風潮は、すでにルイ一四世の死後、一般的となっていたものであった。彼は、地方の法服貴族のおきまりの経歴をたどったが、一方で文人でもあった。彼は、伯父からモンテスキューの爵位とボルドー高等法院長の役職を相続し、順当に、ボルドー・アカデミーに選出され、後にはフランス・アカデミー会員に選ばれた。彼の領地と司法官職によって生活を固めると共に、時折はパリの知的サロンに出かけたりした。そして、四〇歳の頃から、二〇年後に彼の名を世界的に有名にすることになった著作の執筆にとりかかった。この著作が完成してから七年後、彼は世界中から惜しまれ、たたえられつつ、パリで死去した。

明らかに、彼は、自分が途方もない大発見をしたと思いこんでいた。彼の言によれば、光が時折あらわれるかと思うと、また暗闇の中にかくれてしまう、そういう長くて苦しい思想的模索ののち、彼は突然、すべてを明らかにし、それまではバラバラで無秩序のように見えたさまざまの事実を、ひとつの明晰かつ合理的な秩序にしたてあげる中心原理を直観したのであった。[2] 彼はこの啓示の瞬間を、回心を経験した他のひとびとと同じように語っている。デカルトやヴィーコ、ヒューム、ギボン、ルソーも、同じような言葉で、彼らの世界観を一変させた決定的瞬間のことを語っている。

モンテスキューのようなきまじめで懐疑的な男を、そこまで深くつき動かしたものは、一体何であったのだろうか。彼の生きた時代においては、合理主義的思想家たちは、世界は二つの領域に分割されると考えていた。ひとつは、自然の領域であって、その法則や原理はついに発見されたため、空間におけるあらゆる微分子の運動は、少数の単純な法則と演繹法の規則によって説明できるとされた。いまひとつは、人間の習慣や制度の領域であって、そこではすべてがまだ未知で未踏であると考えられていた。人間の世界を見渡すと、そこは、盲目的運命や不合理な力、好運や悪運、専制君主の気まぐれや、やま師や、大衆の情念が、活動する舞台であった。そこは、明晰判明の名に価するものによって支えられるのではなく、非合理的な方法によって行なわれる形而上学的、神学的説明にゆだねられた領域であって、迷信家ややま師および彼らにだまされたり、そのとりこにな ったりしているひとたちの恰好のあさり場でしかなかった。こうした考えは、反教会的立場にあるひとびとの標準的な態度であった。当時の合理主義者たちの著作は、ルイ一四世の晩年における教会の検閲によって抑圧されたため、醜聞の暴露にその方向が向けられていた。デカルトが、真理を探究する者にとっては興味がないとして、歴史や人文学一般を放擲したことは、別に驚くにあたらない。正しい結論とは、厳密な定義や明晰判明な規則や公理から、疑う余地のない妥当な方法によって演繹されると考えられたのであり、したがって、こうしたたぐいの問題には、こうしたことはあてはまらないと思われたのである。デカルトは、歴史とはつまらぬ噂話と旅行者の伝聞との織りまぜだと言い、退屈しのぎになるだけだと言った。ヴィーコは確かに、歴史のこの一見迷路と見えるものにも一本の筋が通っており、彼が発見した新しい原理によって、バラバラの史実を有機的に統一できると主張していた。しかし、彼は無名で貧乏なナポリの隠者であって、フランスで彼の著作を読んだ者は皆無といってよく、当時、彼に注目する者は誰もいなかった。モンテスキューが、ヴィーコの『新科学』*Scienza nuova* を読んだという話は、ただの伝説にすぎないと思われる。モンテスキューは、前世紀に、自然科学者たちが物質の運動法則を発見したのとほとんど同じように、あたかも彼が人類史上はじめて人間社会の運動を支配する基本法則を発見したかのように語っている。彼は法制度の起源について語るが、その意味するところは、明らかにはるかに広いものである。つまり彼は、個々の人間社会が存在するための全制度的枠組を語っているのであって、法律制度だけではなく、それぞれの社会の、政治的、宗教的、道徳的および美的な運動のさまざまな類型とその発展法則とを語っているのである。これらがひとたび把握されるなら、人間についての科学は可能となる。これからは、合理的な政治学がつくられうるし、彼(モンテスキュー)にとってもっと深い関心事であるもの、つまり、支配者と被支配者双方の行動が、それによってテストされうることになる。社会にかんする科学的技術が精密に開発され、経験と観察から導かれる原理にしたがい、目的にふさわしい手段が選択されうることになる。

モンテスキューは、人間の不幸の原因が、多くは、未知への恐れや、無知と迷信からくる無気力にあり、ほら吹きや権力を求める者たちが、あらゆる分野でこれらを巧みに利用することにあると考えた点で、時代の子である。人間関係にかかわるすべてが、不確かなものと偶然に支配されているという、そうした無気力な考えはきっぱりと捨て去ることができるし、また、捨て去らなければならない。丁度、物理学や生物学の領域における発見が、建築技術や医術のようなまったく異なった技術に変化をもたらしたように、彼の人間社会についての大発見によって、最も広い意味での統治技術は大きく変るべきだし、社会は、自然の力や人間自身の不徳と愚行のなすがままに放置されるのではなく、人間がみずから自分の運命を左右できるように作られなければならない。この目的にむかって、社会は体系的な方法で研究されねばならず、それは、解剖学者が人体をしらべたり、動物学者や植物学者が動植物の行動を確かめたりするのと同じである。有名な一節の中で、モンテスキューは、彼の仕事の土台となるべき中心的な考えを次のように述べている。「人間は多くの事柄、すなわち、気候、宗教、法律、政治の行なわれ方、過去の事例、習慣、習俗に支配されている。

そして、これらの事柄による影響力の組み合わせから、一般精神が生まれる[3]」。社会は、それぞれ相異なる諸要素の偶然の集合体でもなければ、人工的な建造物でもない。社会は、自然的発展によって形成されるのであって、人間が従うべき法律は、この発展の性質に一致するものでなければならない。人間の生活は多様な原因に支配されており、そのあるものは変えられないが、あるものは変えられる。しかし、その変化の過程は、通常緩慢であり、時には非常な困難をともなう。

人間の社会は、みなそれぞれに異なる。だから法律は、

それらが作られた対象であるひとびとに適しているべきなので、ある国民の法律が、他の国民にもふさわしいというようなことがあれば、それはまったくの偶然というべきなのである。……法律は国の自然的諸条件に適していなければならない。すなわち、気候の寒冷、暑熱、温暖に、国土の地味に、その位置と規模に、農耕民族であろうと遊牧民族であろうと狩猟民族であろうと、その生活様式に、適していなければならない。法律は国制が許しうる自由の程度に、住民の宗教に、彼らの性情、富、人数、交易、習慣、習俗に適していなければならない。最後に、法律は、法律相互間にも関係する。それらの起源、立法者の目的、立法の基礎にある事物の秩序にも関係をもっている。以上すべての観点から法律は考察されねばならない。これが、この本の中で私の行なおうとしている目論見なのである。私は、これらすべての関係を吟味するであろう。そして、これらの関係がいっしょになって、いわゆる法の精神をかたちづくるのである[4]。

以上が、社会学と人類学と社会心理学という新しい学問の原理となるべきものであった。モンテスキューが、何故あれほど深く自分の発見に興奮したかは、これで理解できよう。世界を支配するものは、神でも偶然でもない。ボシュエも懐疑主義者も、ともに間違っている。人間の行動は、個人でも集団でも、原則的には理解可能である。もし、いろいろの事実が辛抱強く、またかしこく観察され、仮説がたてられ、確かめられ、法則が打ちたてられるならば、それは理解可能である。そしてそこに、かつて物理学や天文学や化学上の大発見にともなったのと同じ程度の、そして間もなく、生物学や生理学および心理学の領域においても、同様の勝利がもたらされそうに思えたのと同じ程度の、天才と成功が、何故期待されてはならないのだろうか。物理学の成功は、楽観主義に根拠をあたえるように思われた。ひとたび、妥当な社会法則が発見されたなら、合理的な組織が、あてずっぽうでおざなりな組織にとってかわり、人間の希望は、自然のもつ一様性の限界内で、すべて原則上は実現されるにいたるであろう。これほどの自信は、十八世紀を除いてほかには存在しなかった。エルヴェシウスやコンディヤック、ドルバックやコンドルセ、もう少し条件付きでは、ディドロやチュルゴー、ヴォルテールやダランベールなど、彼らは、理想の実現が見える新しい時代の入口に立っていると信じていた。敵の力はまだ強いが、科学の進歩によってだんだんに、否応なくそれは嘲笑の的となり、無力になっていくだろう。しまいには、科学的知識の発展途上に立ちはだかるものは何もなく、知識だけが人間を幸福にし、有徳にし、かしこく、自由にすることができよう。このような勝利の福音は、フランスのサロンをはるかに越えて進軍し、ほとんど全ヨーロッパの国々や、ロシアにおいてさえ共鳴をうるにいたった。圧制がひどければひどいほど、未来は、ますます輝やいてみえた。当時、最も自由で開けた国としてあこがれの的であったイギリスでは、それほどの熱狂を呼んだわけではなかったが、ここでも、啓蒙主義の教義は、多くの好意や同感をもって迎えられた。この教義のアメリカでの顛末については、ほとんど話す必要はない。ルソーやマブリーは、道徳的立場から、この教義の唯物論的な側面を攻撃し、宗教的立場からは、ひとにぎりのカソリック神学者や、プロテスタント神学者が攻撃を試みたが、十八世紀末に至るまで、これにたいしていかなる重要な知的反論も、ほとんど提起されることはなかった。中世以来、西ヨーロッパの思想が、これほどの一致団結をなしとげたことはなかった。十九世紀の社会的楽観主義も、時には高揚をみたが、それとても、ルイ一五世時代の初期に、誕生と同時に絶頂をきわめたこの思想に匹敵するものではなかった。

モンテスキューは、ある意味では、啓蒙思想の創始者の一人と見ることができるが、しかしかならずしもこの気分を共にしていたわけではなかった。彼の著作のすべてにわたって、懐疑的な色合いがみられ、それが、彼よりもっと真面目で熱烈な改革論者たちの不興を買うことになった。特殊な政治的あるいは社会的問題にかんする彼の意見のあるものは、百科全書派のひとびとをいらだたせ、彼の理想を疑わせる原因になった。例えば、若い友人エルヴェシウスが、当時のフランスの国家と教会の双方がもたらす不正と残酷、不寛容と腐敗、無知と愚昧を攻撃するのを、彼が、いかに暖かく聞きいれたかも知れないにしても、明らかに彼は、エルヴェシウスのより積極的で革命的な教義にはほとんど共感を示さなかった。当時および十九世紀の批評家は、それを彼の臆病さと性来の保守主義のせいにしがちであったが、今日、その理由は、われわれにとってよほど明らかになってきている。

三

気質から言うと、モンテスキューは経験主義者であって、できるものならどこでもいつでも、すべてを自然主義的な方法で説明しようとする。彼も、ある種の形而上学的な概念、例えば自然法とか自然の目的とかいう概念を受けついではいるが、これは、当時の教養あるひとびとのほとんどに共通することで、彼らがそうした概念からまったく自由だと言っている場合でもそうである。にもかかわらず、モンテスキューが主として強調したことは、観察のもたらす成果であった。彼は、生涯をつうじ、好奇の眼でこと細かく、飽くことを知らずに観察をつづけた。旅行記や歴史についての素描、あるいは、多種多様にわたる話題について書き散らした覚え書は、微にいり細にいり、生き生きとし、洞察力に富んでいる。彼は、ただそれだけのために自分が見たことや学んだことに心を奪われてしまい、それが仮説の証拠になるのか、彼の強調したい教訓に力を添えることになるのか、とかいったことには無頓着であった。だから、彼の著作には、枝葉末節や傍白のたぐいが非常に多い。それで、体系的で論理的に構成された政治論を期待したり、事実はもっぱら総合や法則に必要な資料としてだけ役立つと考えるひとびとには、ただの気晴らしだけではないかと思わせることなるのである。一見したところ、モンテスキューもそうした法則を追求しているのであるが、実際は、具体的な細部に没頭している。これだけが、彼にとっての実在なのである。彼の性格描写や状況描写は、様式化されておらず、当世風の風刺画でも理想化でもない。『ペルシア人の手紙』に登場するペルシア人は、本国でも外国でも、素朴な野蛮人ではなく、悪意をもった化け物でもない。ユズベクとリカは、彼らの描写するパリのひとびととくらべて、ことにすぐれた人間でもなければ、また、ことにおとった人間でもない。しかし、それでもやはり非常に違った人間なので、ある文化においては、自明で正常なものが、別の文化においては、つむじ曲りでこっけいに見えるのである。つまり、あるひとびとの顔だちは、他のひとびとと違うものとしてひどくくっきりと——しばしば反語的に——浮き彫りにされているのであるが、それも意識的に誇張されているのでは決してないのである。このように、話の筋の中に、時々、挿話をさしはさむ手法は、『法の精神』でも用いられている。著者は、あまりにも個々の事実や出来事に、ただそれだけのために、夢中になりすぎ、その結果、それらの事実や出来事が、かえってその任務である仮説の証明に役立たなくなってしまっているのである。これまで多くの努力が、『法の精神』の各章の間に何とか体系性をみつけ、説明しようとしてなされてきた。見た眼には、この著作は、多種多様な話題についての論考からなる無形の集積にすぎず、そこに一貫した体系があるとはとても見えないからである。あれほど多くの学者や注釈者がはらった真面目な努力をとやかく言うのは、狭量すぎるというものだが、それでも、皆とまでは言わないが、それらが創意の向け所を誤っていたのではないかと思われる時がある。モンテスキューは、体系的な哲学者ではなく、演繹的な思想家でも、歴史家でも、科学者でもない。彼の偉大な功績のひとつは、まさに次の事実にある。それは、彼はデカルトの精神にもとづいて新しい科学を創設しているのだと揚言したけれども、彼の実際に行なった仕事の方が、彼の揚言よりもすぐれているということである。実際、彼はその種のことは何もやっていない。それは、資料がそうさせないのを、彼がわかっていたからである。その結果、一方では、社会的事実の調査が、彼のめざした仕事に不可欠であることを知るとともに、同時に彼は、前もって作られた型——それが形而上学的なものであれ、帰納的なものであれ——に資料をはめこもうとすることが、実は非常に不自然なやり方であり、個々の事実のもつ本来の性質にもとること、そして、後に社会学があまりにもしばしばそうなってきたように、結果においていちじるしく不毛になることを、おぼろげながらさとるにいたる。実際、彼は、事実上これと同じことを、次のように述べている。「人間のもろもろの感情を体系に還元しようとすることほど大きな誤りはない。明らかに、最も悪い人間の見本は、本の中に出てくる。そして本は、たいていは間違っている一般的命題のかたまりみたいなものである(5)」。

しかし、もし人間の感情が一般的命題に還元されえないとするならば、いったいどうすればよいのか。新しい発見は、周到に集められた事実を総合することによってなされ(一世紀後に、例えばオーギュスト・コントとか、ハーバート・スペンサーによって唱導された方法にしたがって)、その上で、政治学者や法律の実務家や役人の関心事である、具体的事例に適用されるというのでないなら、いったい発見の存在理由は何にあるのだろうか。デカルト的方法について語っているにもかかわらず、モンテスキューは、彼自身と後世のひとびとにとっては幸いにも、それを用いはしない。彼の行なったことは、むしろ、仮説や仮説的原理を進めることである。観察によってまだ完全には確証されていないものを証拠としてあげて、それらの仮説を擁護したり、使用したり、あるいは他のひとびとに使用をすすめたりすることである。そして、その際彼は、彼のいわゆる理性、すなわち仮説の最良の判定者である理性の光に照らして、問題の内容そのものが必要とすると思われる方法で、これを行なうことをすすめるのである。それは機械的ではないし、経験的方法によるのでもない。もしそうした方法なら、例えば、化学的方法や物理学的方法が、大部分そうであるように、原則的には、有能だが平凡な実務家でも学ぶことはできるであろう。モンテスキューの原理は、周到な帰納からの結論というより、金言とか警句に似ている。だから彼は、例えば、人間は生まれながらに社会的動物であるというような、彼の論題全体に基本的にかかわる命題については、あえて真剣に論証しようとはしないし、またそれゆえに、人間が集まって社会を作る理由を説明するのに、社会契約というホッブズの仮説を使う必要ももたないのである。彼はただ、たいした議論もせずに、ホッブズのいう、敵対的で、孤立的で利己的な、自然状態の人間というのは神話であって、社会の起源をとくに説明する必要はないと主張するだけである。何故なら、社会は、相互の殺し合いを防ぐための人為的工夫の結果とか、あるいは、安全ないし権力を求める熟慮の結果とかではなくして、鳥やけものの群れと同じく、生物学的法則の結果、自然に出現するにいたったからである。だから、戦争や、戦争への恐れは、ホッブズが教えたように、社会的結合がなされるための動因であるどころか、せいぜい社会が出現した後になって生じたものにすぎない。その時、他の人間と結びついた人間は、自分が十分に強いと感じて、権力を求める競争相手を支配し、打倒しようとする欲望から、つまり、それ自体必然的に社会的であり——共同生活の中からのみ生じてくる欲望から、他人を攻撃するのである。モンテスキューは、さらに、人間の社会を、孤立した原子としての人間の配列とか、意識的な計画によって作られる人為的な組織体と見るべきではなく、固有の運動法則をもった、もっと生物学的有機体に近いものであり、社会を人為的な集塊としてではなく、統一体としてとらえる人にのみ観察できるものと考える。[6] ひとつひとつの有機体としての社会は、ある点で他の同種の有機体とは異なるであろう。もし、それにおよぼすさまざまの物質的および精神的(彼の言葉では、道徳的)影響いかんを知りたいなら、ひとつひとつの有機体をそれぞれに考察しなければならない。そうした物質的および精神的影響自体が、それに適した地理上の位置、気候、大きさ、内部組織、発展段階などの違いに応じて、違ってこよう。無論、人間は多くの精神的特性を共通して持っている。彼らは、自己保存とそれに必要なすべてを求める。彼らは、社会的結合を求めるし、統治を必要とする。あるいはまた、さまざまの肉体的および精神的欲求の充足を求める。しかし、もっと重要なことは、人間の違いの方である。というのは、まさに人間が違うということから、さまざまな人間社会の発展の違い、制度や考え方の違い、肉体的、精神的、道徳的特徴の違いが説明できるからである。モンテスキューは、人間一般という概念を嫌う。これは、バークやヘルダーのような後代の思想家や、現代の文化人類学者と同様である。「私は、フランス人やイタリア人やロシア人には会ったことがある……だが、人間はどうかというと、断言してもいいが、そんなものにはいままでお目にかかったことがない[7]」と言ったのは、ド・メーストルだったが、モンテスキューが同じことを言ったとしても、もっともだったであろう。そしてさらに、「自然」とは、そうした意味での人間には分らない淑女のようなものであると付け加えたかも知れない。この種のことは、たしかヴィーコも言ったことがあったが、前述のように、彼の著作をモンテスキューは、まったく知らなかったと思われる。一世紀後に、ヴィーコの著作が有名になるころまでには、彼が、大胆に——しかし表現の上では、時にあいまいで混乱していたが——発表した独創的な真理は、すでにヨーロッパの教養人の共有財産となっていた。それは、主としてモンテスキューその人と彼のドイツおよびフランスにおける後継者たち——ヘルダーおよびドイツ歴史学派、そして後には、サン・シモンの影響をうけたフランスの新しい社会歴史学派——の影響によるものであった。これらの真理は、大胆かつ実り多い概念であったが、なお道徳目的に支配された大ざっぱな概念とバラバラの観察にもとづいており、モンテスキューと同時代のビュフォンやリンネのように、周到かつ徹底的な、道徳的には無色の研究にもとづいたものではなかった。

しかしながら、体系的かどうかは別として、人間社会はまず第一に、物理的要素によってその姿が形成されたが、社会の発展につれ、物質的原因よりも精神的原因によって、より直接に、より深く変化をこうむったと主張するのは、新しい説であった。植物学者が人間社会について述べるように、モンテスキューは、彼の分類する有機体としての社会の理念型を述べている。社会を、君主政の社会、貴族政の社会、共和政の社会、専制政の社会にわける有名な分類は、彼がアリストテレスの政体分類に改良を試みたものである。分類としてはこれは、明らかになお多くの欠陥を持っている。しかしその重要性は、彼の使った概念が、どの程度、豊かな分析方法や予測方法をもたらしたかということにあるのではなく、次の事実に、すなわちこの種の分類が——物理学の完全物体に似た理念型モデルを用いることにより——その後、ヘルダーやサン・シモン、ヘーゲルやコント、デュルケムやマックス・ウェーバーの社会学的、歴史学的分析の中に、大きな足跡を残すことになった、という事実にある。

モンテスキューの類型概念は、経験的ではなく、その源泉は、自然界の種、属にかんする古代の学説にある。それは完全に形而上学的でありアリストテレス的である。彼によれば、それぞれの類型をもつ社会は、ある内的構造、内的活動原理ないし動力、をもち、それが社会をそのように活動させる——そして、この「内的」力は、社会の類型によってそれぞれ異なる。何であれ「内的」原理を強化するものは、有機体としての社会を繁栄させ、それをそこなうものは、何であれ社会を衰亡させる。これらの力について彼が作った目録は非常に有名である。君主政は名誉、貴族政は節制、共和政は徳性(すなわち公共精神や愛国心、ほぼ団体精神に近いもの)、専制政は恐怖、という原理にもとづく。モンテスキューは、有機体としての社会を、アリストテレス風に、目的論的な——目的をもった——全体、つまりエンテレキーと考える。そのモデルは、生物学的であって化学的ではない。彼の考えによると、これら社会の内的原動力が、社会を内的目的に向けて動かし、それによって社会は、自らの本性を実現するにいたるのであり、社会はこの内的目的によってのみ理解されうる。これが有名な「内的」力の概念である。それは目的因による機械因の代用であり、すでに新しい科学によって棄て去られ、モリエールが、『町人貴族』*Le Bourgeois Gentilhomme* の中で、いともあざやかにもじってみせた概念である。しかも、モンテスキューは、彼の均整のとれた図式を擁護するため歴史を援用するが、これも、シュペングラーやアーノルド・トインビーが、自己の論理的ないし神学的体系を客観的法則のごとくよそおって提示しようとしたまったく同じような努力とくらべて、説得力の点で優るものではない。

モンテスキューは、社会の原型についての彼の概念が、観察から得た統計資料にもとづいたものだとは言っていない。それは、経験的資料にもとづいた、訂正しうるような仮説ではないからである。しかし、彼はこの概念に限りない重要性をもたせている。彼の歴史哲学全体が、この中心概念を基礎としているからである。個人や国家が衰亡するのは、その固有の「内的」構造の命ずるところに背くときである。それぞれの国家や人間社会は、まず第一に物質的原因によってつくられた、それ自身個別的で独特かつユニークな、それにふさわしい発展の道をもっている。それゆえ、為政者の仕事とは、この構造がどのようなものであるか、したがって、どういう特別の規則だけが、これを保持し強化するか、を理解することである。こういう内的構造のあり方が、有名な関係——必然的関係——といわれるものであり、もし法律制度がその任務を果すためには、すなわち、所与の社会の人間を十分健康で幸福で有能で、自由かつ正しく生きさせ、さらに、多かれ少なかれ当然望ましいと思われる他の属性を彼らに用意してやるためには、適合しなければならない関係なのである。その直喩は、ギリシャ古典哲学においてしばしばそうであるように、医学的である。立法者や為政者や判事、それに、どんなかたちにせよ、社会問題にかかわるすべての者の仕事は、社会の健康を保ち、維持し、増進させることである。では、その健康とは何に存するのだろうか。こう尋ねることは、人類の目的とは何であるか、そして、いろいろのひとびとあるいは社会の目的が互いに衝突する場合、どうして調停すべきか、いったい、相異なる利害は調停されうるのか、それとも調停されるべきなのか、と問うにほぼ等しい。モンテスキューは、その答えの中に、幅広い差があることを知りすぎるほどよく知っていた——宗教思想や哲学思想は、それぞれさまざまに、ひとの目指すべき、あるいは実際ひとの求める、あるいはひとが理性的なら、あるいは何が正義で何が真実かを知ったなら、求めるであろう窮極の目的をはっきりさせようとこれまでつとめてきたのである。だから彼は、当時のキリスト教神学者のすすめる目的を即座に拒否する。彼にとって、宗教とは、自然の原因によって生ずる他のどんなものとも同じ自然の現象であって、この自然の原因がこれまで、ヨーロッパ北部においては、新教と寛容を、南部においては、旧教と迫害を、東部においては、回教と静的狂信、等々を産んできたのである。彼は、必要をつくり出し、それと共にそれをみたすための制度をつくり出すこれらの原因——暑さ寒さ、雨の多い気候と乾燥した気候、土壌の肥沃と不毛、海から遠く離れていることと、山岳に近いこと——を懸命に調査しようとする。では、どうしたら人間の制度や立法や生活形態の価値を評価できるのだろうか。彼に味方する者も反対する者も、彼はただ観察し、記述するだけで満足していると言うのが普通であるが——政治的に特定の立場をもったひとびとは、モンテスキューの時代と現代とをとわず、たぶん、これほど超然とした態度は、道徳的にはほとんど卑劣で、おそらく危険であるとすらみなすだろう——、しかし、これは間違っている。彼の論調はおだやかで、彼の言葉は、彼がかつて言ったように[8]、いかめしく、もったいぶった神学者が、乱暴に地面に叩きつけられるのを見て読者が喜ぶのではなく、彼らがだんだん底なしの深い穴の中にずり落ちていくのを見て喜ぶように意図されていた。しかし、彼は、道徳問題については、当時のもっと熱心な論客たちに勝るとも劣らない位、深くまた直接的に関与している。ただ彼らと違うのは、道徳行為の問題についてどう考えるかというよりは、どう解決するかという点においてであり、無論、議論の抑揚と平静さの点においてである。彼は、当時の功利主義が用いた唯一の判断基準すら吟味しない。彼は不用意に、人間は自己保存するよう生まれついているとか[9]、「幸福と不幸は、人体の諸器官の、好都合なあるいは不都合な、ある配置の工合に存する[10]」とか、「利害は、この世でいちばん強い王だ[11]」とか書いてはいる。しかしこれらは、十八世紀のほとんど大部分のモラリストに共通する典型的格言である。彼は、幸福とかある特殊な欲望の満足が、唯一の目的であるとはどこにも言っていないし、示唆してもいない。また、その追求がどんなに無知で誤ったかたちで行なわれても、それが人間の行動の唯一の動機であるとは、どこにも言っていないし、示唆もしていない。十八世紀を大いに騒がせたこれらの問題にたいする真の解答は、モンテスキューには、明々白々に思われたので、彼は、示唆する場合のほか、それをわざわざはっきりと公式にして述べるようなことはしなかった。それぞれに異なる社会は、明らかに、異なる目的を追求する。社会が、それらの目的を追求するがゆえに、社会の「内的」原理が、環境にたいしてそのように反応するがゆえに、社会はそれらの目的を追求するのである。ひとびとが互いに似かよっていて、同じような条件の中で生活していると、それに応じて彼らの目的も似かよってくるだろう。ひとびとが互いに違っていれば――この方が、似かよう場合より彼の興味をひくのだが――彼らの目的もそれに応じて違ってくるだろう。彼は、ほかのひとが気づいている場合でも、そこに問題を見ようとはしない。医者はふつう、結局のところ、良い健康とは正確にいって何にもとづくのか、そしてその理由とは何かなどと自問したりはしない。彼は、それは自明であると思う。そして、健康で正常な人体と、病気あるいは異常な人体との見分けがつき、さらには、ある種の人体にはよいものが、他の人体には致命的かもしれないこと、ある気候においては必要なことが、他の気候においては不必要ないし危険であること、を知っているから、自分は医者だと言う。同じようにモンテスキューは、政治的健康や道徳的健康という観念は、分析を必要としないくらい分りきっており、これが存在する時、それはまったく明らかであり、そして、理性的だということは、それをそのまま認め、その徴候を知り、それに関連した病気の直し方や、人体の維持の仕方を知ることである、と思っていた。確かに、自分とはまったく異なる人体の要求と習慣を把握するには、すぐれた想像力に富む洞察が必要である。『ペルシア人の手紙』のもつ目立った特徴のひとつは、モンテスキューがペルシア人の旅行者に、まれにみる新鮮な眼でフランスやヨーロッパの制度や習慣を眺めさせ、パリやローマにおいては自明で自然とみなされることが、彼らにとっては、丁度、ペルシア人の習慣が、同じように大なり小なりの理由で、同様に偏見をもったヨーロッパ人の旅行者にそう見えるよう、風変りで、おかしく、馬鹿げて見えるよう描いてみせたことである。これが、モンテスキューの名高い相対主義である。これは、ありとあらゆる人間に、どこにおいても妥当するようなひとそろいの価値など、ひとつとしてありえないという信念であり、あらゆる国の社会問題や政治問題に妥当する解決策など、ひとつとしてありえないという信念である。この相対主義のおかげで、彼はこれまで、正義について確信のない、そして道徳的あるいは政治的行為の客観的基準を提供することのできない、道徳的懐疑主義者であり、主観主義者である、と見なされてきた。しかしこれは、彼の考えにたいする誤解である。モンテスキューは、可能なるもっとも広い意味における、社会衛生法とも言うべきものを信じていた。彼は、ひとびとが、進歩をなす要素や、社会的連帯や、人間の弱さや、社会の堕落について、十分に理性的で冷静であるなら、彼らの間に大きな不一致が生まれたり、あるいは生まれる可能性があるとは考えなかった。ローマ人の盛衰について書いた著作の中で、彼は、ローマを滅亡させた原因として、ローマ共和政の中心的「原理」にローマが背いたという事実を指摘している。共和政は、それが一定規模の大きさにある時にのみ健康であり、その市民は、共和政に固有の制度が、健全に手入れされている限りにおいてのみ、肉体的欲望および精神的欲望を、ほどよく満足させることができるからである。こういうわけで、ローマを滅亡させたのは、やり過ぎたこと——帝国主義的に領土を拡張しすぎたこと——であり、個人の専制が、「共和政の徳性」にとってかわったことであった。そして、この個人の専制は、共和政体の「内的」原理に反したという罪に直接由来する結果であった。彼は、こう言いながらも、自分の説明はどのくらい妥当なものなのだろうかと、内心あやぶんでいたかも知れない。しかし彼は、そこに含まれているいろんな評価——例えば、ローマ帝国の滅亡は、実際は三世紀だったとか、四世紀だったとか、五世紀だったとか、あるいは、もちろんヘーリオガバルスの方が、多少楽しい思いをしたかも知れないけれども、キケロになる方が、ヘーリオガバルスになるよりよい——もっとやりがいがある——とかいうたぐいについて、誰かが問題にするとは思いもしなかった。

モンテスキューは、この問題にたいする自分の独創的な貢献は、国家や社会の興亡の「有機的」原因を説明したことであり、自分のとくにあげた業績は、普遍的な解決が不可能であることを立証し、ある状況下にあるひとびとに善であるものが、手段の違いばかりでなく、目的の違いからも、かならずしも同じように、違った条件下の別のひとびとに善ではないということ、そして、ある社会は、ただたんに、その必要や、それを充足する方法が違うからという理由だけでは、かならずしもそれが、他の社会よりも優れているとはいえないということ、を説明したことだと考えた。彼の心にまさか、ひとしく文明化したひとびとによって、窮極的価値そのものの違いが問題になるかも知れないとか、知識と想像力——とりわけ、自分たちとは非常に違う諸条件を想像することができるほどの歴史的共感ないし人類学的共感——を持ちあわせた、等しく理性的な二人の人間が、さまざまな目的について言いあらそい、お互いの道徳的概念を、客観的に、また論証できるほど、間違っているとか不正であるとかいって排斥しあうことがおこるということが、浮かんだとは思えない。彼にとって合理的であるということは、目的にたいして手段をいかに適用するかの知識や歴史的因果関係——とくに社会構造が成長し、凝集し、衰亡する仕方——について十分に把握することだけではなく、自然と人間との相互作用のあらゆる分野を理解すること、どういう欲望や活動が自滅的で自殺的であるのか、どういうものがそうでないのか、を理解すること、多種多様な条件においてひとびとが追求する多種多様な目的を理解すること、さらに、もしそうした目的が互いに衝突する場合、どうしたら時には和解ができるか、あるいは、もし完全には和解できなくても、それらの間に妥協は可能なのか、それとも不可能なのか、を見つけ出すこと、でもあった。これらの目的のうちのあるものは、疑いもなく、他の目的より普遍的であり、それを追求するひとびとの本性により深く根ざすものであった。これは、観察、つまり事実研究の問題であった。異なった社会が、異なった環境のもとで実際に使用する基準を越えた、窮極的で普遍的な基準などはありえなかった。したがって、それらの目的自体を、判断したり、是認したり、非難したりするために、ただひとつの、あるいは複数の判断基準を探し求めるなど、無意味であった。彼は、ヒュームのように、ひとびとの是認するものだけが善であるとか、正義であるとかとは言わなかった。彼はあまり感情に注意をはらわなかったからである。彼にとって、道徳的および政治的な価値は、明晰に表現された思想ないし意見においてよりも、むしろ行動においてはっきりとあらわれるものであった。もしそれらの価値が、環境に適合していれば——それらが一定の社会の本性にふさわしく、自滅的でなければ——それらは批判されるべきではなかった。「善、美、高貴、偉大、完全というような名辞は、対象について考えをめぐらすひとびととの関係でいわれる対象の属性をいうものである。この原理をしっかり頭においてほしい。これは、ほとんどあらゆる偏見をぬぐい取ってくれる海綿のようなものだ[12]」。

客観的目的の概念がない場合、その相関語たる主観主義は、ほとんど無意味である。こうした態度は、懐疑的でもなく、さりとて道徳に無関心でもない。もしこれが、道徳問題に主として関心をもたない人間に属する態度だというなら、あるいは、ひとびとが喜んで命を捧げる目標や原理を、あまり深くつきつめて考えない人間に属する態度だというなら、これに答えて言えるものは、ほとんどない。モンテスキューの立場は、この問題にかんしては、アリストテレスに酷似しており、多分、パスカルやドストエフスキーの信奉者よりも、役人や法律家に共有される立場であろう。

世界を改良しようと望むひとびとは、事実をたんたんと記述するのを、もっとも嫌う。エルヴェシウスと彼の友人たちは、懸命になって、モンテスキューに『法の精神』の出版を思いとどまらせようとした。彼の名声を傷つけるだけだというのがその理由であった。エルヴェシウスたちにとっては、この本は、人間が犯した多すぎるほどのあやまちや逸脱を、細かすぎるくらい綿密に記述し、時間を浪費していると思われ、ほとんどあたかも、そうしたあやまちや逸脱がただ存在したという理由だけで、著者がそれらに何らかの価値を認めているかのように思われた。エルヴェシウスは、自分は二種類の政体しか知らない、良い政体と悪い政体の二つがそれで、前者はまだ存在するにいたっていない政体であり、後者は貧しい者のお金を富める者のふところへ移す政体である、と言明した。「真の政治学とは、存在についての科学ではなく、当為についての科学だ[13]」と、シエイエス師は十八世紀末に言ったが、どうせ言うなら、これを五〇年早く言ってもよかったであろう。というのは、こうした考えは、十八世紀のほとんどすべての合理主義思想家の考えであるからである。知識人にふさわしい関心事は、科学であった。そして、科学とは、たんなる記述や体系化ではなくして、もっとも迅速かつ直接的手段により、事物をより良いものへ変える計画をもった実践的規則のことを意味した。これにたいして、モンテスキューは、はっきりとは共感を示さなかった。彼は、ただ存在しているという理由だけで、制度に価値を認めるように見えた。彼の価値判断は、すべてあまりにも控え目であった。彼は明らかに、行動をおこすことより理解することの方に関心をもっていた。なるほど、かつてスピノザがこういう態度を唱導したことがあったが、十八世紀においては、これは、彼の進歩の敵にたいする闘いの、最も感心できない側面であった。そのうえ、モンテスキュー自身にしても、スピノザは決定論者であり、ひとびとが行動をおこすのに必要な熱情を抑圧しようとしたとして、彼を攻撃したことがなかったわけではない。しかしモンテスキューはその攻撃に付け加えて、ひとびとのそうした行動が悪ではなくて善であるにちがいないとまではいわなかった。だから彼は、行動が幸福に役立つことよりも、行動の類型を分類することに、より多くの関心を示したように思われた。「幸福について、彼は何も言っていない[14]」とベンサムは、エルヴェシウスをまねながら、憤然として言った。そして、ナポリの弁護士、フィランゼリも、モンテスキューは、「なされるべきことよりもむしろなされてきたことを論じた[15]」と言って非難した。モンテスキューは、この種の批判にじっと耐えた。しかし、百科全書派のひとびとが彼に反対したのは、事実を事実のために記述するという彼のいつもの癖にたいしてではなく——彼らのうち最もすぐれたひとたち自身、このことに反対はできなかった——、彼の一見中立的な態度の裏にひそむ意味にたいしてであったと感じざるをえない。彼らは、モンテスキューが、永続性のある有益な社会構造は、めったに単純であることはないということ、政治的行動の広大な領域は常に非常に複雑かつあいまいで、理解のとどかないものであるということ、その一部の急激な変革は、ともすれば他の部分における予期しない結果を容易にもたらす恐れがあるということ、始めより終りの方が悪くなる恐れがあるということを、あまりにも強調したがっていると感じとったのであった。彼らにすれば、モンテスキューがたえず、本性にしたがって進み、ゆっくり用心深く行動すべきだと繰り返し言うことが、それは彼らの熱心な計画を妨害するつもりからではないかと感じたのであった。そして、「自然は常にゆっくりと動く[16]」という彼の助言や、「最も完全な」政体とは、「ひとびとをその性向、性癖に最も適するように導く政体[17]」であるという有名な定義は、まったくなまぬるすぎると感じた。それでも、以上のことすら、もしモンテスキューがさらにまた、かりに改革がほんとうに避けられない時でも、「ただふるえる手で[18]」、法律にさわらなければならないとか、もっと悪いことに、「裁判にともなう苦労や出費や……危険ですらも、それは各市民が自分の自由のために支払う代償である[19]」、とまで言わなかったなら、大目に見られたことであろう。ベンサムは、ふたたび怒りを爆発させて述べている。「猶予と形態にたいする讃辞で出来たかくれみのが、この五五年間使用されてきたのを私は見てきた。製造元の名前がその上に見える。法の精神製造所。会社の名称はモンテスキュー商会。これ以上便利なあるいは当世向きの商品は皆無だった[20]」。疑いなく、世紀の変り目にベンサムを激怒させた悪弊と、十八世紀初期のフランスでモンテスキューが忌み嫌ったそれとでは、大きな違いがあった。しかし、そこにはまた、まぎれもない見解の相違がある。モンテスキューは、単一、精力、急激は、専制政治の属性であり、もっとゆるやかな社会組織と、もっとゆっくりしたテンポを必要とする個人の自由とは折り合えないものだ、ということを忘れることができない。

もし破壊が必要であるとしても、ひとは少なくとも躊躇すべきであるし、不安を覚えるべきである。彼よりも急進的な改革論者は、当然のことながら、このことを信じず、モンテスキューは、科学的好奇心と開明的意見の外被をきた反動的傾向をもつ人物ではないかと疑ぐった。彼らもまんざら間違ったわけではない[21]。確かに彼は革命には反対だったからである。エカテリーナ女帝と、彼女にしたがったロシアの保守的思想家たちは、ロシアは「有機的に」独裁政治を必要としているという命題を守るため、モンテスキューの意見を引用することができたし、また事実引用もしたのであった。それに、彼の自然主義は、明らかに、伝統的な形而上学的信念の厚い層をいくつもふくんでいた。にもかかわらず、この反動主義者は、彼以前の他の誰にもまして奴隷制度を攻撃し、自殺や離婚や近親相姦を不道徳ないし不自然そのものと考え、宗教もたんに社会制度と見なしていたのである。

「……モンテスマが、スペイン人の宗教は彼らの国にふさわしく、メキシコの宗教は彼の国にふさわしい、とあくまで言いはった時、彼は非条理なことを言ったのではなかった[22]」。こうした態度は、当時、二つに分れて大論戦中の両陣営を怒らせようという——事実、怒らせたが——意図をもっていた。ソルボンヌ大学の神学者たちは、むろん、その態度を弾劾した。モンテスキューは、ヤンセン派に猛烈に非難され、彼の著書は禁書目録に入れられた。しかし、啓蒙主義者の陣営のヴォルテールや百科全書派も、ほとんど負けず劣らずに憤慨した。というのは、もしもモンテスキューの意見が正しいとすれば、道徳目的には正しいのもあれば正しくないのもあるということや、いくつかの、あるいはすべての宗教はうそのかたまりであり、ただこの理由だけでそれらが有害なのだということを、科学的研究では証明することができない、ということになるからであった。事実、啓蒙主義の依拠した全価値体系は、道徳的、形而上学的問題にたいして、「いかなる時にも、いかなる所にても、すべてのひとびとに」*quod ubique, quod semper, quod ad omnibus* 妥当する正しい解答をえるためのただひとつの普遍的方法があるという、その可能性そのものが疑われたり、否定されたりした時、くずれ始めた。実際、まさにモンテスキューの論調、彼の著作全体の主旨は、どうも新時代の原理をくつがえすもののように感じられた[23]。なるほど彼は、宗教における啓示の真実性や、教会の権威や、主権の本性や、独裁的支配の不合理といったような問題にかんしては、新時代の盟友であった。恣意的な圧制、思想ないし言論の自由の抑圧、君主政の暗愚な経済政策をひどく嫌った。知識や科学や寛容を信奉した。軍隊や征服や暴君や聖職者を憎んだ。だが、反対派との意見の一致は、事実上、そこで終った。彼は明らかに、普遍的解決を信じなかったし、事実、単純な解決とか、最終的解決とかはまったく信じなかった。なるほど彼は、人間が原罪を背負っているとは信じなかったが、人間が無限に完全になれるとも信じなかった。人間は無力ではないが、ただ弱いということ、人間をもっと強くすることはできても、それには最大の困難がともなうということ、その場合でもあまり強くはなれないということ、を信じた。理想的な解決ができたためしはなく、ただそれに近づくことができるだけだと考えた。単一を信じず、ただ正義を除いては、いかなる制度も、いかなる道徳規範も、恒久的ではないと考えた。理性だけが、人間のもつ諸問題を解決することができるが、ただそれだけでは多くをなしとげることはできないと信じていた。彼は、ヒュームのように、かならずしも理性が情念の奴隷とは考えず、ただ情念よりも弱いものだと考えた。理性は弱いが、情念は強く、ともかく不滅なのだから、情念と闘うのではなくそれを利用し、望ましい水路にそれを導くための条件をつくりだすべきであると主張した。これは後に、サン・シモンや、コントや、パレートが採用した教義である。「……人間性という曲がった材木から、まっすぐなものは決して作れない」とイマヌエル・カントは言った[24]が、この言葉は、モンテスキューの友人であった、当時の楽観主義的社会計画家たちの意見に対立する彼の意見を代表している。彼らと異なり、彼は、あらゆる専制君主、もっとも合理的で開明的な専制君主ですらも憎み、恐れる。あらゆる集権的権力、社会のあらゆる偉大な管理者、他人の運命を自信をもってきちんと処理するすべてのひとびとに信をおかないからである。彼は、一度も疑惑に襲われたことのないような普遍的決定者*Décisionnaire universel*(彼の造語)のことを、軽蔑と敵意をこめて話している。その理由は、こういうひとたちに組織された社会は、どんなに秩序正しく開明的であっても、かならずや圧制になるからである。彼は、すべての市民には、何を選択するにしても、最小限度の個人の自由が必要であると熱烈に信じる。どんなに慈愛にみちたものであっても、個人を窒息させる恐れがあるという理由で(「徳性自体に限界が必要なのだ」[25])、狂熱には信をおかず、なによりも個人の自由を尊重する。

しかしながら、彼にたいするさらに重大な非難がある。すなわち、彼がしんそこからの決定論者ではないという非難である。物質的要因が、人間の性格や制度をかたちづくることについて、これまで見落されてきた多くの点に注意を促すのに、あるいは、社会的関係の網の目の中に戦略的問題点があるのを指摘するのに、モンテスキュー以上に貢献した者は誰もいなかった(例えば、自由貿易と軍事的安全との関連や、コミュニケイションの発達が専制的政体におよぼす影響や、未曾有の破壊力をもつ新兵器の開発が国際関係におよぼす影響など[26])。しかし彼は、この種の説明で、人間の行動全体をつくせるとは思わない。人間の行為を支配する法則は、たとえば、空間における物質の運動を支配する法則ほどには網羅的でないと考える。彼は、彼の言う「一般的原因」なるものを信じ、それが、ある結果をまさに大いにありうるものとする状況を、つくりだす、つまり、一定の——だがただ一定だけの——可能性としては考えられる行為を実現不可能とする状況をつくり出すと考える。偶然の行為は、ただそれが、説明可能な一般的原因と結合して行なわれるとき、はじめて重要な結果をもたらす。「カエサルやポムペーイウスが、カトーと同じように考えたなら、ほかのひとびとも、やはりカエサルやポムペーイウスのように考えたことであろう。そして、共和国は、滅びる運命にあったのだから、誰かほかのものの手にかかっても、破滅におちいったに違いない」[27]。イギリスのチャールズ一世が、国民の生活様式に、ある方法で「衝撃」をあたえなかったとしても、あの一般的状況では、やはりきっと別の方法で、「衝撃」をあたえたことであろう[28]。スウェーデンのシャルル一二世がかりに、プルタヴァの戦いで敗北をきっしなかったとしても、やはりどこかほかの所で敗北をきっしたことであろう[29]。なぜなら、ある「一般的原因」がはたらいているため、スウェーデンの国家と軍隊は、一箇所での敗戦が全体の敗戦につながりうるような状況におかれていたからである。しかし、これはせいぜい、ある可能性は実現されえなかったであろうということや、そうした可能性が開かれていたと推定するのは、現実から遊離した歴史の読み方だということ、を示しているにすぎない。しかしここからは、他に選択できるあらゆる可能性がつねに閉じられており、因果関係によってひとつの道だけが必然となるという結論は、でてこないのである。

デュルケムが若い学徒として、モンテスキューが社会学の、開拓者ではないにしても、その先駆者だという主張の研究に着手した時、彼が幾分悩みながら注目したことは、モンテスキューが厳密な決定論から逸脱している、ということであった[30]。デュルケムには、モンテスキューが、なぜ人間の行動を支配する法則は、物質の世界を支配する法則にくらべて、正確にはっきりと記述できないと考えたのか、また、結果の予測がしにくいと考えたのか、その理由が分らなかった。モンテスキューが、物質的原因は、人間の慎重な行動によって大いに妨げうる、[31]と断言する時——実際、彼は一七四九年、ヒュームが「物理的原因よりも精神的原因の方により大きな影響をもたせた」ことにたいして、祝福の言葉を述べた[32]——デュルケムは、これにたいする憤懣をかくしきれない。いやしくも社会学が科学であるためには、社会学はかならず、人間の活動それ自体は、その活動によって克服されるはずの障害と同じく、自然的原因によって支配されるものと見なければならない。彼は、モンテスキューが、明晰かつ理路整然とした方法で科学を構想した最初の人であったのに、まさにその科学を、いわれなく裏切ったと非難して論を終える。デュルケムの言うことは、むろん、完全に終始一貫している。だがもし、モンテスキューが近代の科学的社会学の父だという主張の根拠が、エルヴェシウスあるいはコントの原理を厳密に適用したことにあるというなら、それは、実際、ひどく彼の名誉を傷つけることになろう。モンテスキューがまさにこの罪を犯したということが、彼の永遠の名誉となっているからである。彼は、彼の観察しあるいは生ずると考えた事実によって導かれたが、それらをある調和のとれた型にきちんと整理するようなことはしなかった。それらがそういう整理のできるものであったかどうかは別として。彼は自分に重要と思えるある種の規則性を、自然や歴史の中に看取し、それを忠実に報告した。同様に、彼は、ある種の状況において、人間の活動がおよぶ力の限度を評価しようとした。人間のそれらの活動の中には、自然的原因にたどれるものが、いくつかはあるが、全部というわけではない、と彼は考えた。彼は、彼のもっている証拠の範囲をこえることや、未知の事柄を既知のものによって機械的に推定することや、ある現象が厳密な法則によって決定されているようだから、すべてがそうに違いないと主張することを、拒否した。人間は弱い、しかし、かつてモンテーニュはその弱さと無力をあまりにも誇張した。パスカルの方は、かつて、習慣を無批判に受けいれることが、法律の権威の神秘的な原因であると言明し、それにメスを入れる——「その原理にまでさかのぼる」——者が、その権威を破壊する、と示唆した。そして、バークもド・メーストルも同じことを繰り返し熱心に述べた。いかなる現象でも、その源泉、その「原理」にまで「さかのぼる」者が、その現象を強固にする、とモンテスキューも述べた。知識が弱さの源泉だということは、およそありえない。確かに知識には限界があるから、われわれは最善をつくすしかない。これは僅かのことかも知れないが、それでもまったく無意味ではない。世界は法則によって支配されているが、法則がすべてを説明するわけではない。スピノザが、人間は大悪党になりえても、罪を犯したわけではない、なぜなら、自分ではどうすることもできない環境の力が彼にそういう忌むべき行為をさせたのであるから、といったことに、モンテスキューは腹をたてている。(33) 自然的原因は明らかに非常に強力であるが、時には、法律制定や教育によってそれを妨げることができる。「すべての帝国の中で第一位」の偉大な主権者——気候そのもの——の影響ですら、強い道徳教育によって緩和したり、調整したりできる。ひとはほとんどすべてのものを緩和し、加減することができる(「調整する」、「緩和する」は、モンテスキューがいつも使う言葉である)。ある法律は他の法律によって、ある権力は他の権力によって、抑制できる。最良の国制とは、対抗する諸権力を入念細心、モザイク風に組み合わせて作られた国制のことである。人間は生来、引力にひかれるように下の方へと堕する傾向をもち、理性的ないし自由になろう、専制的支配と無秩序の間の狭いなわてを歩いていこう、というきわめて困難な仕事を試みようとする傾向さえもたない。しかしそれでも、人間はこの困難な仕事をなしとげることができる。ただそれには、専制的支配と無秩序の間の均衡をめざし、慎重に、困難をともないながら、少しずつ進むことが必要である。この均衡はいつも不安定である。それを維持するには、細心の注意と用心が必要であるし、手にいれうる最も正確な事実にもとづく——つまり科学的な——知識もまた必要である。無知と怠惰と利己心は、人間の進歩にたいする有力な敵である。しかしこれより一層有害なものは、頑固な迷信家と無法者である——ひとびとのもっている生来の能力の発育を妨げるよう彼らに説教する修道士や、おのれの個人的野望のため、ひとびとを皆殺しにする大征服者や、とりわけ一番悪い人間すなわち、国家の自由をあがなうため、仲間の市民を奴隷にするひどく専制的な組織者、がこれである。フランスにおいて、これまで最も悪い市民だった者は、リシュリューとルーボワであった。もしも、モンテスキューに勇気があったら、ルイ一四世もこれに加えたことであろう。

自由とは完全な独立でもなく、放恣でもない。自由を実現したり、維持したりすることは非常にむずかしいが、それがなければすべてはしぼんでしまう。どれだけ政治の能率や、国家の栄光や、繁栄や、社会的平等があっても、それで自由の喪失を埋め合わすことはできない。君主政ではとくに自由がなくなる恐れがある。君主政は、川が流れて大海に没するように、[34] 結局は専制政にいたる傾向をもつからである。専制とは恐怖がひろまることを意味する。そして、恐怖があまねく行きわたり、すべての市民が誰かをひどく恐れる所には安全はなく、「精神の静穏」[35] もない。弊害がはびこり、ついには正常な社会生活の組織を破壊するにいたる。だが、自由とは何なのだろうか。モンテスキューによれば、それは、したいことを何でも許されることと同じではない。なぜなら、それは無秩序をもたらし、それゆえ無秩序を抑制するため不可避的に専制が呼び入れられることになるからである。彼の有名な定義によれば、自由をもつということは、「欲すべきはずのことをなすことができ、欲すべきでないはずのことをなすよう強制されないこと」[36] である。しかし、いったい誰が、われわれに欲すべきはずのことを教えてくれるだろうか。それが法律である。自由とは、「法律の許すすべてをなしうる権利」[37] である。しかし、専制的な法律はありえないのだろうか。確かにありうる。しかし、理性的な社会においては、法律は正義にもとづいているだろう。正義とは、法律がたまたま命ずるもの、また、支配者が望むからというだけでの支配者意志とも、定義できない。実定法によって正義を定義しようとするのは、丁度、「円が描かれない前は、半径がみな等しいわけではない」[38] というのと同じように馬鹿げている。良き法律には、正義の命ずる規範が具現されているが、これらの規範それ自体は、絶対的かつ客観的で、成文法とは独立に存在する。では、正義とは何だろうか。それは「人間の存在と同じくらい人間に本有的なもの」[39] である。それは「二つのものの間に実際に存在する適合関係であり、この関係はどんな場合においても同一で、これを考える者が神であろうと、天使であろうと、人間であろうと、変りはない」[40]。こういう不変の構造は、「事物の本性から生ずる必然的関係」[41]以外の何物でもない――これは、『法の精神』の冒頭に出てくる有名な法律についての形而上学的な定義であり、近代の注釈者たちを惑わせ、苛立たせてきた定義である。「正義がいくら声を高めても、情念の騒々しさの中では、その声を聞かせることはなかなかむずかしい」[42]。正義は現実そのものの話す声である。「正義は永遠であり、人間の習慣いかんで変るものではない」(さらに彼は、神の習慣いかんでも変るものではないともつけ加えたであろう)。「そして、もし変るものだとしたら、正義はあまりに恐ろしい真理であり、われわれからかくさなければならないであろう」[43]。

以上の定義については一考を要する。といってここに何か新しいものがあるというのではない――その教義、真理をかくそうとするシニカルな誘惑でさえも、すくなくともプラトンと同じ位に古い。モンテスキューの言葉は、「必要な変更を加えれば」*mutatis mutandis*、多くの中世の文書の中にあらわれていたであろうし、フーカーもグロチウスも、こういう言葉を少しも奇異には思わなかったであろう。実際、これは、世俗的言葉に移しかえられたひとつの中世神学なのである。ヒュームは、モンテスキューが、正義を絶対的に客観的な関係と見るこういう考え方をマルブランシュからかりてきたといって非難し[44]、それは知りえない抽象的観念だとみなしたが、これは正しい。むろん、その由来は、十七世紀の法学者ばかりか、十八世紀の経済学者や社会哲学者もいだいていた自然法にたいする信仰にある。すべての人間の真の利害は一致する、という重農主義理論は、それ自体、自然の法則を適用した理論であって、その自然の法則とは、実際には違反がありえたり(もっとも、違反者が損するだけであるが)、また、人為的な実定法とは文字通り正確に、ひたすらそれの複写であることを求められるところのア・プリオリな体系である。こうして、ひとびとによる個人的な統治は、最も賢明なひとびとによる場合でも、いくらか恣意的な要素を残すから、法律そのものの支配によって取って代わられるであろう。こうした主張の中に、経済的ないし社会的用語に移しかえられた、古い神学的な、自然の秩序を読みとることは、そうむずかしいことではない。人の支配にかわる物の管理というサン・シモンの教義や、それをマルクスが再び繰り返したことや、ヘーゲルの合理的な「法治国家」や、近代の法理論および政治理論におけるこれらのひとびとの後継者すべての主張は、その起源を、自然の秩序という形而上学の中にもっており、その自然の秩序は、どんなに経験的な言葉で言い換えようとしても、ぬぐうことのできない超越的な起源の痕跡をとどめている。しかしながら、『法の精神』の中にこの由緒ある教義が出現していることで訳がわからないのは、モンテスキュー自身の偉大な新発見のなかで最も独創的なものとそれが矛盾しているという点である。彼のすべての目的は、法律は真空には生まれないということ、法律は、神や司祭や国王の強制的命令の結果ではないということ、法律は、社会における他のすべてと同じく、地球上の特定の時と所において、その時と所が人間にあたえる物理的および精神的影響によって作用された、特定の社会の変化してやまない道徳的習慣や、信念や、一般的態度の表現であるということ、を示すことである。この教義は、偉大なドイツ歴史法学派や、革命後のフランスの修史学や、近代のさまざまな社会学的法理論の基礎となっているが、この教義が、あらゆる時と所におけるあらゆる人間に等しく妥当する、普遍的で、恒久的で、不朽の規範――デカルトないしライプニッツが考えたような理性の力、つまり、永遠の真理を知覚する非自然的方法としての理性の力によって発見される規範――にたいする信頼と、どうして一致することができるのかを知ることはむずかしい。そして、まさにそうした普遍的規範という考えを覆すということが、モンテスキューのなしとげた偉大な歴史上の功績であった。実際、モンテスキューはもっと先へ進む。法律が、永遠の正義の表現であるためには、人間や時や所と関係なく「自然の必然性」であるためには、法律は、はっきりと成文として述べられなければならないから、裁判官の仕事とはただ、できるかぎり厳密正確に、それを個々の当該事例にあてはめることであり、為政者の仕事とはただ、できるかぎり完全に、また文字通りに、それを実行に移すことである、ということになるだろう。モンテスキューは、この点を強く主張している。彼は、法律の施行をできるだけ厳密に、自動的にしたいと思っている。裁判官が法律を作ったり、法律上の擬制を使ったり、古い法規を新しい状況に相応しく解釈するにあたって、字面ではなく、その精神をよくふまえ、それぞれの世代が自分自身の見解(それは、かならずしも他の社会、他の世代の見解と同じではない)に応じて働かせることのできる、そうした公共の利益にたいする理解を示して行なう、という伝統のすべてが――イギリスの諸制度の分析に鋭い観察を示した彼において、奇妙にも、この重要な法律の発展については言及されていない――彼にはひどく気に入らないようである。法律の文字をみだりにいじくってはならないし、解釈したり、融通性をもたせたり、実用性をもたせたりしてはならないのである。彼は、法律が有益でなくなり、客観的正義の原理をもはや十分に体現しなくなったら、その法律は、正式に廃棄され、新しい法律が立法機関によって特別に作られなければならないと考えているように見える。このことはともすると、ヒュームが正しく指摘したように、法律の過度の変更をもたらし、その結果、法律そのものにたいする遵法精神を弱めることにつながるおそれがある。しかし、モンテスキューの正義にかんする教義を厳密に解釈するなら、これは避けがたい。社会的不便は無視されねばならない。なぜなら、永遠なる自然の法の前に、社会的効用など何でもないからである。

実定法それ自体が、ある超法律的な一組の原理――聖典や、特権をもったひとびとの言葉の中とか、あるいは理性的直観という特別な能力によって示されるような――にぴったりと一致する基準によって検査されなければならないという教義は、西欧の法理論のもつ一貫した特徴である。これは、法律とは、社会生活一般と同じ種類の諸要因によって決定される社会の発展の数多くの局面のひとつにすぎないと主張する、同じように有名なもうひとつの見解とは明らかに矛盾しており、正義とは法律の定めるすべてであり、それ以外の何物でもないというホッブズの教義(モンテスキューはこれを否認しているが)は、ただその極端な、そして実際いくぶん「度を過した」説明にすぎない。法律は、社会の発展の函数であると信ずることと、正義という確固たる基準と明白な成文化や厳格な適用が必要だと信ずることとの間には、実際には論理的矛盾はないのかもしれない。なぜなら、基準そのものが、変化する社会的諸要因の間のある不変的関係に、例えば、功利主義者の最大幸福説の原理に、存在するのかもしれないからである。しかし、明らかにそこには態度の相違がある。そして、モンテスキューがわれわれに残したものは、疑いもなく、彼の考える正義とは、自然の函数ないし相関関係ではなくして、超越的で永遠の基準であるということである。例えば、ホームズやブランダイスといった実用主義的法学理論と、法律を立法府が公布した通り準機械的に適用しようという、もっと古い概念との間の衝突は、とりわけアメリカ合衆国において、これまで法学者たちの意見を二分し、そして当然のことながら、もっと深い政治的、社会的、そして実際形而上学的違いにまでさかのぼって見出される中心的な争点である。絶対的正義を、永遠に妥当する立法の基準とするモンテスキューのこうした考えは、例えばコントのような実証主義者やマルクス主義者の理解のように、法律を社会的に解釈する考え(法律を社会的経済的下部構造に依存する上部構造とみなす理論)とも両立しえない、ということは付け加えるに値する。しかし、これらすべての思想の流れは、モンテスキューに端を発しているのであって、この矛盾が彼自身の思想の中にあるということは明らかである。

どうして彼はこの矛盾に陥ったのだろうか。おそらくそれは、専制と恣意にたいする彼の恐れから出ているのだろう。そしてこの恐れが、二つの、簡単には和解できない異なった方向を辿ることになったのであった。一方では彼は、それぞれの社会には、固有の道徳的態度、習慣、生活様式があり、ただ法律を発布したり、条例を出したりするだけでは、こうした道徳的、社会的傾向をこわすことはできず、ただそれらを妨げるだけであり、それが当の社会の発展を支配する社会的法則からあまりにかけ離れたものであれば、かえってそれ自身が有効でなくなるという事実を、繰り返し強調する。このことが、個々の暴君や専制的集団による気紛れな干渉や、不当な抑圧や、弱いものいじめにたいして、彼が大反対する論拠の一部なのである。これを恐れることから、階層的身分社会を維持したいという願いや、分立と均衡への要求、あらゆる狂熱にたいする不信、「仲介的」権力への期待が生じ、世襲貴族と世襲法官職、地方および州の立法機関と司法機関、封建制度の遺物や遺風、新興中産階級への売官によって創られる新封建主義、変則的なものをそれ自体として擁護するといったようなことが生じてくる。これらすべてが、たえず侵害してくる集権的権力と国民の大半との間の緩衝装置としてはたらくよう期待されている。そうでないと、集権的権力は、あまりにも自由にまた無慈悲に、自分の恣意的な型に国民をはめこんでしまうかも知れないからである。そして、他方では彼は、合法性に熱心な関心をもち、法律は誰でも分るよう明確な言葉で書かれるべきだと主張する。これもまた、同じく最優先の目的のために——強力な個人が自分の自由気ままな意志を貫ぬこうとするのを(それが、アベ・デュボスのような、王権の擁護者によって、あるいはヴォルテールのような、啓蒙専制主義の信奉者によって、唱導されるにせよ)阻止したり、明確に成文化された法律の前に保証された平等によって、私的個人を支配者の権力から守ったりするために——意図された手段であり、しかも強力な手段なのである。[45]

しかしながら、モンテスキューの態度を心理学的にどう説明しようと、内的な矛盾はいぜんとして残っており、そこには、それぞれが彼の権威を主張する、二つの相対立する思想と実践の立場が見出される。第一は、法律は、意識的に社会の変化にしたがうことによって発展すると考える、実用主義的立場である。そして、ここから道がまた二つにわかれる。ひとつは、バークやドイツの法学者たちの著作において保守主義的な形態をとり、彼らは法律を、ひとつの国民ないし文化の特性を形成してきた最も深い伝統と本能の表現と見る。つまり、法律の発展は、共同社会の「有機的」発展と密接不可分であって、支配者の恣意的「命令」とか、あるいは共同社会の歴史的「精神」に一致しない「人為的」な改革によって歪められることはないと考える。それがもうひとつの、急進的な形態をとった場合は、社会改革論者や過激論者は法律を多くの要求と考え、法律は、変化する社会的必要に常に応ずるものでなければならず、過ぎ去ったある時代にだけ妥当する、ある時代おくれの原理と結びつけられてはならないという風に解釈してきた。これら二つの法学の発展形態は、ともに、ローマ的およびナポレオン的な制定法の伝統とは両立しない。こうした制定法は、明確にのべられた普遍的原理の適用に熱心であり、その原理の妥当性は、時と処と環境にかかわることなく、普遍的で永遠的だとみなされがちだからである。

こういう内的矛盾は、モンテスキューが、「理性」や「自然」という言葉について、典型的に十八世紀的な両義的使用をしていることにも見うけられる。理性は、時には、デカルトや合理主義者が使ったのと同じ意味で使われ、一般法則の直観的認識を意味することがある。そして他の時には、一定の社会が、一定の場所と時期において、「健全」かつ健康に機能するためには、何を必要とするかについての(経験的な)認識を意味することがある。自然は、通常、温和で緩慢であり、ほとんど気がつかないほどの圧力によって目的を達成する。しかし自然はまた、大音響をたてておびやかすこともできる。モンテスキューは、自分が遠くに離れすぎてしまい、拷問の利点を単に功利的な精神によって考察する時、自分の耳に聞えてくるのは、「私を非難する自然の声」[46]である、そしてそれが私を正気に立ち返らせてくれる、と明言している。しかし他の時には、自然は規範的ではなく、単に、事物と人間の成りたち、特殊な状況における人間の行動や、必要や、要求の原因を意味し、この意味で、あらゆる科学の対象となるものである。モンテスキューの全著作の中には、ただそれだけで人間の恒久的利益に一致すると思われる絶対的価値と、具体的状況における時と所に依存する価値との間の、ある種の絶えざる弁証法がある。

四

以上にのべた矛盾は、解決されないまま残されている。二つの教義を結ぶただひとつのものは、それらがともに自由の擁護を目的としていることである。モンテスキューのいう自由の意味は、法律の禁止しないことをなす権利にあるという、彼の公式的な——そして平凡な——定義の中にではなく、彼の価値観の全体を明らかにしてくれる他の社会的、政治的思想についての彼の説明の中に見出すことができる。モンテスキューは、あるただひとつの原理にとらわれる思想家ではない。彼は、すべての真理がただそれによって公式化されねばならないような、ある中心的な道徳的ないし形而上学的範疇によって、すべてを整理し説明しようとはしない。彼は一元論者ではなく、多元論者である。彼の妙技が最高頂にたっし、真骨頂を見せるのは、彼が、自分自身や彼の読者の大半とは異なる文化や見解や価値体系を知らせようとする時である。ある急進的な著述家は、彼を評して、彼の説明はあまりにもうまくできすぎており、すべてを正当化するように思われると言った。[47] そして実際、彼は、すべての見解や文化を、十八世紀の啓蒙主義の基準からどれだけ離れているかによって格付けするという、当時において支配的であった悪習に染まっていなかったので、当時の蒙昧主義者や急進主義者の双方に疑念を抱き、西欧キリスト教文化の制度とは異なった制度にたいしても、深すぎるくらいの思いやりを示すことができたのであった。個別的相違を感じとる能力のかわりに、一般原則を用いるということは、彼にとっては、悪の始まりである。彼の共感の範囲は実に広い。彼は、確信をもって、非常に様々な生活様式を弁護し、その各々が物理的環境によって規定され、それ自身の理解可能な発展の道を辿り、人間の必要を満足させており、人間は、別の時代の、別の国や気候や地理的状況のもとにある文化においても、同様に、十分満足して生活している、と述べる。想像力によって、種々様々の生活様式に共鳴することができるという、この非凡な才能が、モンテスキューを寛容(彼は寛容ということで名高かったけれども)や、悪弊を大目に見ることに導くばかりか、もっと実証的な態度にも導く。彼は、人類の精神史のもつ中心的特徴のひとつを把握した、当時としては、数少ない思想家の一人であった。つまり彼は、ひとびとの追求する目的は多種多様であって、しばしば互いに相容れないということ、このことによってどうしても文明と文明の間には衝突がおき、同一の社会の理想においても、時代が違えば差違が生じ、同じ時代においても、社会が違えばこれまた差違が生じ、社会や階級や集団の内部や個人の意識の内部にも、対立が生じる、とみてとったのである。さらに彼は、状況はきわめて多種多様で、個々の事例は極度に複雑で入り組んでいるとすれば、ただひとつの道徳目的ないし政治目的はいうまでもなく、いかなる唯一の道徳体系も、人間のあらゆる問題にたいして、時と処を問わない普遍的な解決を用意することはできない、とみてとった。そのようなただひとつの体系を押しつけようとすることは、それがどんなに価値があり、崇高で、広く信じられた体系であっても、結局は、つねにかならず迫害と自由の剝奪にいたる。専制は「いたるところで明白かつ画一的である。この支配を打ちたてるには情念があれば十分であり、誰にでもそれはできる」[48]。ほんとうに自由な社会とは、「揺れ動く」状態にある社会、不安定な均衡にある社会だけであり、その成員が多種多様な目的ないし目標を自由に追求したり、選択したりすることのできる社会だけである。ある国家は、それ自身は自由かもしれない、すなわち他の国家から独立しているかもしれない。けれども、その国家が柔軟性を失い、どんなに神聖な原理であっても、その原理の名のもとに、意見を抑圧するようになれば、その市民は自由ではなく奴隷になる。モンテスキューは争いを好まない。むしろ平和や和解や妥協の方を好む。彼は、あらゆる新しい主義や信念に疑いの念を抱く。それらはたいてい狂信者の産物であり、闘争をもたらすからである。しかし、いったんある主義や信念が、ある程度受け入れられたと分ると、今度は、どんなに馬鹿げたものであっても、それは寛大に扱われるべきであり迫害によって追放されてはならないとする。そのわけは、ひとびとが自由に間違いをおかす方が正しい意見をもつよう強制されるより、大切だからである。モンテスキューは真理に関して相対主義者ではなかった。当時の多くの開明的なひとびとと同じく、彼も、あらゆる領域において客観的真理が発見できると信じていた。しかし、それよりも彼は、理想の信奉者たちの間にはてしなき争いが起るのを警戒するあまり、それらの理想を選択する自由を認めない社会は、かならず衰微し、滅亡すると、深く信じていた。たとえ何が問題となっていようと、正統派の理想がどんなに高遠で深く崇拝されていようと、どんな正統にも強制されることにはこのように反対するという点に、モンテスキューと、当時の権威主義者のみならず神学者や無神論者や理想主義的急進論者との違いがある。このことが、啓蒙主義陣営内における民主主義者と自由主義者との対立の端緒をなしている。彼らは、蒙昧主義や、教会もしくは世俗による抑圧にたいしては結束して戦ったであろうが、この同盟にしてもせいぜい一時的なものである。専制は、好んで自己犠牲的であったり、自己陶酔的であったりするから、まさに専制的なのである。自ら奴隷を望む者はやはり奴隷なのである。こうした警句は、バンジャマン・コンスタンおよび、ジャコバン主義者にも正統主義者にも反対する自由主義的反動に至ってふたたび聞かれる。それは、自由を、幸福や平和や徳性の上位におくためいつも疑わしくて、いつも評判のよくない、考え方なのである。

今日、明らかとなり、とくに有益と思えるのは、どんな知識でも、技能でも、論理力でも、社会問題について最終的で普遍的な解決を自動的にもたらしうるものではないという事実を、モンテスキューが非常にはっきりとみてとっていたことである。フランス啓蒙主義の指導者たち、科学を広めた偉大なひとたちは、あらゆる種類の無知と蒙昧、とくに、野蛮、愚昧、真実の隠蔽、冷笑、人権の無視にたいして公然の戦いをいどみ、人類に大きな貢献をしてきた。彼らの自由と正義のための戦いは、彼らが自分たちの教義を完全には理解していない時でさえも、非常に多くのひとびとが、今日そのおかげで生きてゆけ、自由でいられるひとつの伝統をつくりあげた。これら指導者たちの大多数(彼らの告発の論拠はそれほど反駁の余地のないものであったが)はまた、事物の運動にかんする科学があるように、人間の行動にかんする科学もありうるはずだ、と信じていた。そして、この人間の行動についての科学の諸原理をつかんだ者は誰でも、それを適用することにより、彼らが一致して目指していたすべての目標を実現することができる、これらすべての目標——真理、正義、幸福、自由、知識、徳性、繁栄、肉体的力と精神的力——は、コンドルセが言ったように[49]、たがいに「ひとつの分ちがたい鎖に」つながっている、あるいはすくなくとも、互いに矛盾するものではない、そして社会生活について新たに発見された科学的真理の絶対確実な諸原理に一致するよう社会を変えたなら、これらすべての目標を実現することができる、と信じていた。

フランス大革命が、一夜にしてひとびとを幸福にそして有徳にすることができなかった時、革命を支持した者の中には、それは、新しい原理が正確に理解されていなかったか、その適用が不十分であったかのいずれかだったからだと主張したり、これらの原理ではなく別の原理が問題解決の真の鍵である、例えば、ジャコバン派の純粋に政治的な解決策は、問題を過度に単純化しすぎている点が致命的であり、社会的経済的原因がもっと考慮されるべきであった、と主張したりする者もいた。一八四八年から四九年にかけて、これらの要素が十分考慮され、それでもやはり、結果は満足すべきものではなかった時、科学的解決を信じるひとびとは、何か他のもの――例えば階級闘争とか、コント的進化の原理とか、他のある種の本質的要素――が無視されたからだと断言した。モンテスキューの用心深い経験主義、法律を普遍的に適用することへの不信、人間の能力の限界にたいする鋭い感覚といったものが、敢然と立ち向っていくのは、まさにこの種の「恐るべき単純化をするひとびと」にたいしてであって、彼らが知的に明晰であり、道徳的に心が純潔であるからこそ、人間の行動にかんして彼らが想定した科学によって祭壇に供えられた巨大な抽象の名において、彼らはますます容易に人類を幾度となく犠牲に供したように思われたのである。もし、急進的な改革や反乱や革命が主張されるとすれば、それは、社会体制のもたらす不正があまりにもたえがたきものとなり、それにたいして「自然が反対の叫びをあげる」時である。しかしこうしたなりゆきは、つねに危険を伴うし、社会的結果を計算にいれた絶対確実な方法により、物質的にも精神的にも安全を保証してもらうわけには決していかない。人類の歴史は、とりわけフランスにおいて幾多の高邁な思想家たちを深く魅了したような単純な法則によって影響されうるものではない。「物事の結果のほとんどは、あまりにも不思議な方法で生じたり、知覚できない、遠い原因によっていたりするので、それをあらかじめ見通すことはほとんど無理である」(50)。だから、われわれにできることはただ、その目的が何であれ、人間をできるだけ失望させないよう努力することである。ひとびとの「性向や性癖」(51)に最もよく適した政体が最良である。立法に際しては、なによりも、何がどういう結果をもたらすかについての判断が必要であり、この判断力は、経験もしくは歴史によってのみみがくことができる。なぜなら、法律と、人間性および人間の意識と相互作用をもつ人間の諸制度との関係は、きわめて複雑であって、単純で小ぎれいな体系でははかり切れないからである。時代を無視した規則をきびしく押しつければ、結果はつねに流血に終るものである。

政治制度の古風な形態分類や、社会の成長の内的原理や、自然における永遠不変の関係としての絶対的正義という、ア・プリオリな概念にもかかわらず、モンテスキューは、手段に関しても、目的に関しても、ルソーやマルクスはおろか、ドルバックや、エルヴェシウスや、ベンサムすらよりも、はるかに純粋な経験主義者としてあらわれる。保守主義者や自由主義者やフェビアン社会主義者は、それぞれその結論を、彼のきずいた伝統から導きだしたのであり、そして、彼の非独断的な原理は、現代の、敵対するイデオロギーの間で熾烈な闘争が行なわれている状況にまさに適切である。「モンテスキューは、もしも彼の名前が権力の……分立の教義につけられることがなかったなら……、ある精神状態や、ある社会学的傾向や、彼の描いた魅力的なペルシア人の空想についての記憶を除けば、おそらく、後世に何も残しはしなかったであろう[52]」と、マキシム・ルロワは書いている。そう言うなら、おそらく、バークに匹敵するほど具体的で、彼のひどい偏見や空想による歪曲のない、歴史的現実にたいする醒めた感覚や、人間が、あるいは少なくとも人間社会が何によって生きているかについて、アリストテレス以来比肩するもののないほどの理解を示したこと以上に、何も残しはしなかったであろう。

(1) *The Works of Jeremy Bentham*, ed. John Bowring (Edinburgh, 1843), vol. 10, p. 143.

(2) 「……私が私の原理を発見するや、私の探し求めていたすべてがはっきりした」。『法の精神』序文。*Oeuvres complètes de Montesquieu*, ed. A. Masson, 3 vols (Paris, 1950–55), vol. 1 A, p. lxii, 以下、モンテスキューの著作からの引用は、すべてこの版による。この第一巻は、一七五八年版の三巻本（マッソン版ではA・B・C）の複刻である。

(3) 『法の精神』第一九篇、四章。(vol. 1 A, p. 412.)

(4) 同上、第一篇、三章。(vol. 1 A, pp. 8–9.)

(5) *Mes pensées* 30(549)：(vol. 2, p. 9.) マッソン版では『パンセ』は、モンテスキューの原稿の通りの順序に編集されている。括弧の中の数字は、M. H. Barckhausen の編集した『パンセ』(*Pensées et fragments inédits de Montesquieu*(Bordeaux, 1899, 1901) 第一版の順序を示す。

(6) 本文一五四頁、参照。

(7) *Considérations sur la France* (Lyon/Paris, 1866), p. 88.

(8) Deffand 夫人への手紙（一七五四年、九月一三日付）参照。(vol. 3, p. 1515.)

(9) 例えば、『ペルシア人の手紙』一四三信。(vol. 1 C, p. 298.)

(10) *Mes pensées* 30(549)：(vol. 2, p. 8.)

(11) 『ペルシア人の手紙』一〇六信。(vol. 1 C, p. 212.)

(12) *Mes pensées* 410(2062)：(vol. 2, p. 158.) 一七五七年に『百科全書』のために書かれた *Essai sur le goût*（モンテスキューの *Oeuvres posthumes*, 1783. において、修正されて出版）の中に同様の一節がある。マッソン版 vol. 1 C, pp. 611–12.

(13) C. A. de Sainte-Beuve, *Causeries du lundi*, 2nd ed. (Paris, 1852–62), vol. 5 (1853), p. 153. に引用された 'Economie politique', 1772.

(14) 前掲、ベンサム著作集、vol. 9, p. 123.

(15) Gaetano Filangieri, *La scienza della legislazione*(1784), in *La scienza della legislazione di Gaetano Filangieri con giunta degli opuscoli scelti*, vol. 1(Milan, 1822), p. 12, trans. William Kendall in *The Science of Legislation, Translated from the Italian of the Chevalier Filangieri*(London/Exeter, 1792), p. 11. これは『エミール』第五篇におけるルソーの非難とまったく同じである。「存在するものを正しく判断するためには、存在すべきものを知らねばならない」。Rousseau's *Oeuvres complètes*, ed. Bernard Gagnebin, Marcel Raymond and others(Paris, 1959–), vol. 4(1969), pp. 836–37, 参照。

(16) 『ペルシア人の手紙』一一四信。(vol. 1 C, p. 227.)

(17) 同上、八〇信。(vol. 1 C, p. 164.)

(18) 同上、一二九信。(vol. 1 C, p. 257.)

(19) 『法の精神』第二篇、第二章。(vol. 1 A, p. 100.)

(20) 前掲、ベンサム著作集。vol. 8, p. 481.

(21) 『社会契約論』におけるルソーのグロチウス批判(第一篇、第二章から四章)は、ベンサムのモンテスキュー批判に似ていなくもない。

(22) 『法の精神』第二四篇、第二十四章。(vol. 1 B, p. 103.)

(23) プラトンは、こういう同じような態度を非難した。彼はソフィストの態度がこれであるとした。その理由もまったく同じであった。

(24) '......aus so Krummem Holze, als woraus der Mensch gemacht ist, Kann nichts ganz Gerades gezimmert werden'. 'Idee zu einer allgemeinen Geschichte in weltbürgerlicher Absicht', *Kant's gesammelte Schriften*, vol. 8(Berlin, 1912), p. 23.

(25) 『法の精神』第一一篇、第四章。(vol. 1 A, p. 206.)

(26) 「......火薬の発明いらい、難攻不落の城はなくなってしまった......私はいつも心配しているのですが、人間は結局は、なにか秘密を発見して、もっと簡単にひとびとを殺し、人民や国民全体を滅亡させてしまうのではないでしょうか」。『ペルシア人の手紙』一〇五信。(vol. 1 C, pp. 208–209.)

(27)『ローマ人盛衰原因論』第一〇章。(vol. 1 C, p. 427.)

(28) *De la politique* : (vol. 3, p. 169.)

(29)『法の精神』第一〇篇、第一三章。(vol. 1 A, p. 195.)

(30) *Quid Secundatus politicae scientiae instituendae contulerit* (Bordeaux, 1892), trans. as *Montesquieu's Contribution to the Rise of Social Science* in Émile Durkheim, *Montesquieu and Rousseau : Forerunners of Sociology* (Michigan, 1960).

(31)『法の精神』第一四篇、第五章、第六章。第一六篇、第一一章。(vol. 1 A, pp. 312–13 ; 361.)

(32) 一七四九年五月一九日付のヒュームへの手紙。(vol. 3, p. 123.)

(33) *Mes pensées* 1266(615) : (vol. 2, p. 343.)

(34)『法の精神』第八篇、第一七章。(vol. 1 A, p. 167.)

(35) 同上、第一一篇、第六章。(p. 208.)

(36) 同上、第一一篇、第三章。(p. 205.)

(37) 同上、(p. 206.)

(38) 同上、第一篇、第一章。(p. 3.)

(39)『ペルシア人の手紙』一〇信。(vol. 1 C, p. 26.)

(40) 同上、八三信。(p. 169.)

(41)『法の精神』第一篇、第一章。(vol. 1 A, p. 1.)

(42)『ペルシア人の手紙』八三信。(vol. 1 C, p. 169.)

(43) 同上、(p. 170.)

(44) *An Enquiry Concerning the Principles of Morals*, III, ii 158, note.

(45) あたかも、彼は、絶対的で永遠の正義の基準という概念が妄想であると確信していたかのようであるが、彼が恐れたのは、この種の知識が専制支配への道を開き、社会不安をもたらすのではないかということであった。

(46) 『法の精神』第六篇、第一七章。(vol. 1 A, p. 124.)

(47) Letter to Saurin of 1747-48. マッソン版 vol. 3, pp. 1538-40, 所収(注2参照)。この手紙の著者確認については、R. Koebner, 'The Authenticity of the Letters on the *Esprit des lois* attributed to Helvétius', *Bulletin of the Institute of Historical Research* 24(1951), 19-43, 参照。

(48) 『法の精神』第五篇、第一四章。(vol. 1 A, p. 84.)

(49) 『人間精神の進歩にかんする歴史的素描』O. H. Prior and Yvon Belaval 編、(Paris, 1970), p, 228.

(50) *De la politique* : (vol. 3, p. 166.)

(51) 『ペルシア人の手紙』八〇信。(vol. 1 C, p. 164.)

(52) Maxime Leroy, *Histoire des idées sociales en France*, vol. 1 : *De Montesquieu à Robespierre* (Paris, 1946), p. 110.

〔三辺博之訳〕

ゲルツェンとバクーニン

——個人の自由をめぐって——

〔ルイ・ブランが言った。〕

「人間の生活は偉大な社会的義務です。人間はつねにおのれを社会の犠牲に供さなければならない、ません。」

「なぜです?」と私はだしぬけにたずねた。

「『なぜ?』とはどういう意味ですか? だって、人間の目的や使命のすべてはまさに社会の幸福ということでしょう?」

「しかし、もし皆が自分を犠牲にして、だれも楽しまないとしたら、社会の幸福は決して達成されないでしょう?」

「君は言葉をもてあそんでいるんですよ。」

「野蛮人の頭の錯乱です。」と私は笑いながら答えた。

アレクサンドル・ゲルツェン『過去と思索[1]』

一三歳の年から……私は同じ理想に仕え、同じ旗のもとに行進してきました。それは、すべての抑圧的権力にたいする——自由を剝奪するあらゆるものに反対する、また個人の完全な独立の名におけるたたかいでした。私は、本物のコサックのように、ドイツ人たちが言うところの独力で、——auf eigene Faust——私の小さなゲリラ戦をすすめてゆきたいのです。

アレクサンドル・ゲルツェン、マッツィーニへの手紙(2)

一

十九世紀ロシアのあらゆる革命的作家の中で、ゲルツェンとバクーニンはもっとも目立った存在である。彼らは教義においても気質においても多くの点でそれぞれ著しく違っていたが、しかし個人の自由の理念をその思想と行動の中心においた点では一致していた。両者ともその生涯を社会的・経済的、公的・私的、公然・非公然を問わずあらゆる形の抑圧にたいする反逆のために捧げた。しかし、両者のあまりに多様な資質のため、個人の自由という重大な論題についての彼らの思想の相対的価値はこれまで不鮮明になりがちであった。

バクーニンが才能あるジャーナリストであったのにたいして、ゲルツェンは天才的な作家であり、その自伝『過去と思索』は、ロシア語の散文の最大傑作のひとつとなっている。十九世紀には、評論家として彼に匹敵するものはなかった。彼のもとでは燃えるような空想と細心の観察の能力と道徳的情熱、および知的な快活さと、しんらつでありながら同時に秀抜であり、皮肉をこめながらも白熱的な生真面目さと、みごとに人を楽しませるかと思うと、時にはひどく高貴な感情や表現に登りつめるといった独得の手法で書く才能とがたぐいまれな結合を示していた。マッツィーニがイタリア人のためにしたのと同じことを、ゲルツェンは彼の同胞のためにした。すなわち、彼はほとんど独力で、体系的な革命的扇動の伝統と「イデオロギー」を創造し、それによってロシアにおける革命的運動の基礎を築いたのである。バクーニンの文学的資質はもっと限られたものであった。しかし、あの民衆の護民官たちの英雄時代においてさえ、彼ほどの個人的魅惑を人々に及ぼした者はない。そして彼は、政治的陰謀という一つの伝統を後世に残した。それは二十世紀の偉大な諸動乱において大きな役割を演じてきたのである。しかも、これらの業績は、この友人であり、互いに腕を組んだ同志であった二人に不朽の名声を与えながら、他面では二人の政治的、社会的思想家としてのそれぞれの重要性を隠す役割を果している。というのは、バクーニンの場合、みごとな雄弁と明晰で、賢明で、精力旺盛で、時には破壊的でさえある批判力にもかかわらず、正確なことや、深遠なこと、あるいは彼自らが「生き抜いた」という意味で証明されたことをほとんどなにも語っていないのである。これに反して、ゲルツェンは、はなばなしい才気、気ままな自発性、評判の悪い「花火式弁舌」にもかかわらず、大胆で独創的な思想を表わしており、また、政治的な(従って道徳的な)思想家としての重要性は第一級なのである。彼の見解をバクーニンの見解といっしょに、半無政府主義的な「ナロードニキ主義」の型に分類したり、プルードンやロードベルトゥスやチェルヌィシェフスキーとともに農民的傾向をもった初期の社会主義のもうひとつの変種として分類することは、政治理論にもたらした彼のもっとも目ざましい貢献を見落すことになる。この誤りは矯正すべきである。

ゲルツェンの基本的な政治思想は、単にロシアの基準からだけでなく、ヨーロッパの基準からしてもユニークである。ロシアは第一級の思想家に恵まれていないので、その地に生をうけた三人の天才的な道徳的説教者の一人を無視するわけにはいかないのである。〔訳注1〕

二

アレクサンドル・ゲルツェンはフランスとドイツの歴史的ロマンチシズムの支配していた世界で成長した。フランス大革命の失敗は十八世紀の楽天的な自然主義への信頼を失わせた。それはさながら二十世紀のロシア革命がヴィクトリア朝的自由主義の威光を弱めたと同じくらいの深刻さであった。十八世紀啓蒙主義の中心的な観念は、人類の苦難や不正や抑圧の根本的原因は、人々の無知や愚かさのなかにあるという信念であった。十八世紀の啓蒙思想家たちは次のように考える。神のごときニュートンによって物理的世界を支配する諸法則についての正確な知識がひとたび発見され、公式化された以上、当然の帰結として、人間は自然を支配することができるようになろう。自然の不変の因果法則を理解しそれに自ら適応することによって、人間は現世において、可能な限り巧みに、幸福に生きるであろう。いずれにせよ、人間はそのような法則に反対したり、その裏をかこうとする無駄で愚かな努力から生ずる苦痛や不調和を避けるようになるだろう。ある人々はニュートンによって説明された世界は、何か発見不可能な理由によって、あるがままのもの(de facto)——説明のつかない窮極的現実だと考えた。他の人々は、森羅万象は窮極的な目的に向って進んでおり、その窮極的目的が支配しているひとつの合理的計画——「自然の」あるいは神の摂理——を発見できると信じた。それゆえに、人はその摂理に従うことによって盲目的必然性に屈伏することなしに、筋の通った、わかり易い、つまり正当な過程に沿って自らが演じる役割を自覚的に認めることになるのだという。しかし、このニュートン的計画は単なる記述としてとりあげられた場合も、あるいは護神論的なものとしてとりあげられた場合もいずれの場合においても、それはすべての解説にとっての理想的範例であった。天才ロックの仕事としては、同一原理の適用によって道徳的、精神的世界が最終的に整序され得るということと説明できる方途を示すことだけが残されていた。もし、自然科学が人間に物質世界を己の望む形にすることを可能にするならば、道徳科学は信仰と事実の間の不一致を永久に回避させるよう人間の行動を律し、そのあげく、すべての悪徳や愚劣や失敗を終らせることができるであろう。もし、自然と道徳の双方の哲学者たち(すなわち、科学者たち)が、王や貴族や僧侶たちや彼らに仕える間抜けどもや雑役夫たちに代ってこの世界の運営を受け持たされるならば、原理的には万人の幸福が実現可能となろう。

フランス革命の諸結果がこれらの思想の魔力を解いてしまった。間違わざるを得なかった原因が何であったかを解明しようとする諸々の教義のうちで、主観的-神秘的および民族主義的形態の両方をもつドイツ・ロマンチシズム、とくにヘーゲル派の運動が支配的な地位を獲得した。ここはそれについて詳しく検討する場所ではない。ドイツ・ロマンチシズムが世界は知性によって知り得る諸法則に従っているとか、進歩はある種の不可避的なプランに従うことにより可能であり、「精神的」諸力の発展とまったく等しいとか、または専門家たちはこれらの諸法則を発見したり、それらを理解することを他人に教えることができるとかいった教義(ドグマ)をもっていたと言えば充分であろう。ヘーゲルの後継者たちが指摘するフランス唯物論者たちの致命的な失策とは、彼らがそれらの法則の性格を機械的なものであるとみなしたり、宇宙は分子や原子や細胞などの独立した小片や断片から構成されるとみなしたり、あるいはまた、すべてのものは空間における物体の運動によって説明され、予測されると想像した点にある。人間は物質の小片の単なる排列ではない。人間は彼ら自身の独自で、複雑な諸法則に従う魂と精神である。さらに、人間社会は個人の単なる排列ではない。すなわち、人間社会もまた個々人の霊魂の組織に類似した内的構造を持っており、社会を構成する諸個人が程度の差はあれ無意識な諸々の目標を追求する。知識はまさに人間を解放しつつあった。完全に合理的であり得たのはすべてのものがなぜそうなのか、なぜそのようにするのか、そして、なぜそれ以外であり、それ以外のことをするのがなぜ不合理なのかを知る人だけが、完全に合理的でありえた。彼らはすすんで世界と協力し、そしてかたくなな「事実の論理」に反対して徒らに自らの頭を壁に打ちつけるようなことはしないであろう。達成し得る唯一の目標とは、歴史的発展の型にはまり込んだものであった。ただこれら型にはまり込んだもののみが合理的である、なぜならばその型が合理的だからである。人間の誤りとは非合理性のしるしであり、また時代が何を要求しているのか、理性の進歩の然るべき次の段階は何かについての誤解の現われである。そして、諸々の価値――善と悪、正義と不正、美と醜――とは合理的な人間が合理的な型の部分として、その発展の特定の一段階において追求するものである。不可避的なものを、それが冷酷だとかあるいは不正だとかいって嘆くことや必然的なものについて不平を述べることは、何をなすべきか、いかに生きるべきかの問題への合理的な回答を拒むことであった。流れに抗することは自らを殺すことであり、それはただ狂気にすぎない。この見解に従えば、善と高貴と正義と強さと不可避的なものと合理的なものとは「窮極的には」ひとつであった。すなわち、それらの間の矛盾は論理的に、演繹的(*a priori*)に除外された。型の性質については、多くの見方の相違があろう。ヘルダーはそれを異なる種族や人種の諸文化の発展のなかに、ヘーゲルは民族国家のなかに見た。サン・シモンはより広大な単一の西欧文明という型を見立て、そのなかに技術的革新の支配的役割と経済的に条件づけられた諸階級の衝突を認識し、さらにそれらのなかに例外的な個人――道徳的人間、知性的人間、または芸術的天才たち――の決定的な影響を認めた。マッツィーニとミシュレはそれを、各人――それぞれが独自の様式で個人の抑圧と盲目的自然に反対し、人々に共通の人間性の諸原理を擁護することを追求している――の内的精神の観点からみた。マルクスはそれを、物質生産の諸力の成長によって創られ、決定された諸階級の闘争の歴史という観点から見た。ドイツとフランスの政治的・宗教的思想家たちはそれを神聖な歴史(*historia sacra*)、神との統合をめざしてあがいている堕落した人間の進歩として、最終的な神権政治――すなわち地上における神の統治に世俗勢力を服従させるものとみなした。

これらの中心的教義には多くの変種があった。ある者はヘーゲル主義者であり、ある者は神秘主義的であり、またある者は十八世紀的自然主義に復帰した。狂暴な戦闘がくりひろげられた。異端者たちは攻撃され、反抗者たちは粉砕された。彼らのすべてが共通にもっている信仰とは、第一に、理性によって理解し得るか、あるいは、経験的に発見し得るか、あるいは神秘的に明らかにし得るかのいずれにせよ、世界は法則に従っており、ひとつの型を示しているということである。第二に、人間は彼ら自身よりも大きく、強力な全体の構成要素であり、それ故に個々人の行為はそのような全体の観点から説明することができるが、その反対はできないということである。第三に、何をなすべきかという質問への答えは、人間がいやが応でもまき込まれている歴史の客観的過程の目標についての知識から推論できるということである。そして、その答えは真の知識をもつ者すべて、すなわち理性的な存在のすべてにとって同一でなければならないということである。第四は、客観的に与えられた宇宙的目的を完遂するための手段には、不道徳なものや、残酷なものや、愚劣なものや、醜いものはあり得ない。すなわち、宇宙的目的の完遂の手段は、少なくとも「最終的には」あるいは「最終的分析では」(たとえうわべだけではそう見えても)そのようなものではあり得ない。そして、逆にいえば、偉大な目的に反対するものはすべてそのようなものである。しかし、このような目標が不可避的であり、従って進歩は自動的なものであるかどうか、あるいは反対に、人間は(自分たち自身の必然的に亡ぶ運命について)自由に選んでそれを実現したり、または破棄したりすることができるのかについては意見が分かれるところであろう。だが、普遍的に妥当する客観的諸目的を発見できるということや、それらの目的は社会的、政治的および個人的なあらゆる活動の唯一の正しい目的であるという点では皆が同意した。なぜなら、そうでなければ、世界は真の法則や「客観的」諸要求をもったひとつの「宇宙」とみなし難い。同時にあらゆる信念や価値は単に相対的で主観的なものになり、正当化されないしまた正当化できない気まぐれや偶然のなぐさみものになるだろうが、そんなことは考えられないことだからである。

この偉大な専制的ヴィジョン――時代の知的栄光――はドイツの形而上学的天才によって顕わされ、礼賛され、無数の比喩や言葉のあやで美化され、フランス、イタリア、ロシアの深遠で、もっとも尊敬された思想家たちによって喝采された。しかし、ゲルツェンはこれに対して激しく反逆した。彼はその基本的諸理念を拒否し、その結論を否定した。その理由は、それが彼にとって(彼の友人のベリンスキーにとってもそうであったように)道徳的に我慢ならないというだけでなく、それが知的な見かけだおしであり、審美的にけばけばしく、また自然をドイツの俗物たちや学者ぶる連中の貧弱きわまりない空想の拘束用上着に無理におしこむ試みと思われたからであった。「フランスおよびイタリアからの手紙」『向う岸から』「古い同志への手紙」のなかで、ミシュレ、W・リントン、マッツィーニへの公開書簡のなかで、もちろん『過去と思索』を通じて、彼は彼自身の倫理的および哲学的信念を宣伝した。それらのなかでもっとも重要なことは次のことである。自然は計画に従わない。歴史は台本に従わない。原則として個人あるいは社会の問題を解決できる鍵はひとつもないし、公式もない。一般的な解決は解決ではない。普遍的な目標は決して真の目標ではない。すべての時代がそれ自身の性格と自己の課題をもっている。単純化や一般化は経験の代用品ではない。特定の時間と場所での現実の個人の自由は絶対的な価値である。自由な行為のための最小限度の余地をもつことはすべての人々にとっての道徳的必要であり、それらは永遠の救済とか歴史とか人間性とか進歩とか、ましてや、国家とか教会とかプロレタリアートなどといった抽象語もしくは一般的な原理の名において抑圧されるべきでない。現代あるいは他のあらゆる時代において偉大な思想家たちによってかくも自由に言いふらされたこれらの偉大な名目は、憎むべき残酷さや専制主義の諸行為を正当化するためにもち出されたのであり人間の感情や良心の声を窒息させるようにもくろまれた魔術的なきまり文句なのである。ゲルツェンのこの自由主義的態度は、弱いながらも、まだ死んではいない西欧的自由意志論の伝統との類似性をもっている。その要素はドイツにおいてさえ――カントやウィルヘルム・フォン・フムボルトや、初期のシラーやフィヒテの作品のなかで主張されており、フランスやフランス領スイスではイデオローグたちの間で、またバンジャマン・コンスタン、トックヴィルおよびシスモンディの見解のなかで生き残っている。そして、イギリスでは功利主義的急進派たちの間で根強く育ちつづけていた。

西欧の初期の自由主義者たちと同じように、ゲルツェンは独立、多様性、個人的気質の自由な発揮などを喜んだ。彼は個々人の性格のできる限り豊かな発展を望み、自由な個々人の自発性、率直さ、特異性、自負心、情熱、真剣さ、スタイルと色合いなどを高く評価した。彼は体制順応主義、臆病、野蛮な力の圧制や世論の圧迫への服従、傲慢な暴力および小心翼々とした屈服をひどく嫌った。彼は権力崇拝、過去や制度や神秘的なものや神話にたいする盲目的畏敬、強者による弱者いじめ、宗派心、俗物性、多数派の怨恨と嫉妬、少数派の下品な尊大さを憎んだ。彼は社会的正義、経済的効率、政治的安定性を望んだ。しかし、これらは人間の尊厳を守る必要性や文明化された諸価値を保持すること、個人を侵害から守ること、個人的あるいは制度的な弱いものいじめから感受性や非凡な才能を保護することにたいしては常に第二次的なものでなければならないとされる。いかなる理由によるにせよ、自由の侵害を阻止するのに失敗したり、一方の側による侮辱や他方による屈従の可能性に戸口を開くような社会を彼はあからさまに非難して、そのような社会とそれがあきらかにもたらし得るすべての社会的経済的諸利益――その社会の成果――とをともに拒否したのである。彼は、イワン・カラマーゾフがひとりの罪のない子供のせっかんを代償とする永遠の幸福の約束を一蹴したのと同じような道徳的な激情をもって、それを拒絶した。しかし、ゲルツェンが自己の立場の防衛のために議論する時や、彼がさらし者にしたり、打破するために選びだした敵について記述する時には、彼は当時の神学的もしくは自由主義的雄弁のいずれともその語調と内容の両面においてほとんど共通性がない言葉で語ったのである。

己の時代の正確で予言的な観察者としてのゲルツェンはおそらくマルクスやトックヴィルに比肩し得る。道徳主義者としての彼は両者のいずれよりも興味深く、独創的である。

三

一般に言われていることだが、人間は自由を望んでいる。さらに加えて、人類はさまざまな権利をもち、それによってある程度の行動の自由を要求できるともいわれている。これらの公式はそれ自体としては、ゲルツェンにとっては空虚にひびいた。それに、なにか具体的な意味を与えられねばならない。しかし、その時でさえ、もしそれらが人々が実際に信じている仮説として引用されたならば、それらは真実ではないし、歴史によって生み出されたものでもない。なぜなら、大衆は自由をほとんど望んでこなかったのだから。

大衆は自分たちが得た一片のパンをあつかましく奪おうとする手を阻止したいと望んでいます。……彼らは個人の自由とか言論の独立とかについて無関心なのです。大衆は権威を愛し、いまだに権力の尊大な輝やきに目がくらみ、独立している人々を不快に思うのです。彼らは平等とは平等に圧迫されることと理解しています。……彼らは現存の政府のように自分たちにさからうのでなく、自分たちの利益のために自分たちを治めてくれる社会的政府を望んでいます。しかし、自分たち自身で自らを統治するということは、彼らの考えに入ってこないのです。(3)

この問題については総じて「心のためのロマンチシズム」とか「精神のための理想主義」(4)――言葉の魔術への切望、事物の代用としての言葉への願望が多すぎた。空虚な抽象的名目のもとに血みどろの闘争がつづけられて、多くの罪のない人々が虐殺され、もっとも恐るべき犯罪が黙認されて

きた。そしてその結果としていえることは、

フランス人ほどに自由のために多くの血を流してきた国民は世界にありません。また街頭や裁判所や自らの家庭において彼らほど自由への理解が少なく、自由への実現を求めることの少なかった国民もないのです。……フランス人は世界でもっとも抽象的で宗教的な国民です。彼らのもとでは理念への熱狂が人間への尊敬の欠如、自らの隣人たちへの侮辱と手をたずさえて進みます。フランス人はすべてを偶像に変えてしまうのです。そしてその後は、その日の偶像にひざまずかない人間に災いあれ。フランス人は自由のために英雄のように闘います。そしてもし、あなたが彼らの意見に同意しなければ、考えもなしにあなたを牢獄に引きずってゆくでしょう。……専制的な「人民の安寧(*salus populi*)」や、血みどろで、異端審問者的な「世界は亡ぶとも、正義は行われしめよ(*pereat mundus et fiat justitia*)」という言葉が王党派にも民主派にも等しくその意識に刻み込まれています。……ジョルジュ・サンドやピエール・ルルーやルイ・ブランやミシュレを読んでごらんなさい。あなたはいたるところでわれわれ自身の道徳に適したキリスト教精神やロマンチシズムに出会うでしょう。いたるところで二元論、抽象的概念、抽象的義務、強制された徳性および現実生活になんの関係もない公的で修辞的な道徳を見出すでしょう。(5)

結論としてゲルツェンは、これは無情な児戯であり、情熱を燃え上らせるだけの単なる言葉、その意味をつきつめれば全く無意味であることがわかるような単なる言葉のために人間を犠牲にする

ことだと言い、「ヨーロッパを興奮させ、魅惑させた」一種の政治的腕白(*gaminerie*)だが、しかし、またヨーロッパを非人間的で不必要な殺戮におとし入れたものだとさえ言うのである。〝二元論〟はゲルツェンにとって事実と言葉の混同であり、見出された真の必要性にもとづかない抽象的な言葉によって理論を築くことであり、実情に無関係な抽象的原則から演繹される政治的プログラムを打ち出すことであった。これらの公式は、狂信的な空論家たちの手中にあっては恐るべき武器になってゆくのである。彼らはなにか絶対的な理想のために、もし必要ならば狂暴な生体解剖も辞せずにこれらの公式を人間に押しつけようとしている。その絶対的理想の証明は批判もなされず、また批判もできない——形而上的で、宗教的で、美学的で、いずれにせよ現実の人間の現実的な必要に無関係なある種の世界観(ヴイジョン)に依拠している。その世界観(ヴイジョン)の名において、革命的指導者たちは良心に苦痛を感ぜずに人を殺し、拷問する。なぜなら、彼らはこの絶対的理想が、またはこの絶対的理想のみが、社会的、政治的、個人的なあらゆる病いの解決をもたらすか、またはもたらすに違いないと考えていたからである。そして、ゲルツェンはこのテーゼを、大衆は才人を嫌い、すべての人間が彼らと同じように考えることを望み、また、思想や行動の独立にひどく懐疑的であると指摘して、トックヴィルやその他の民主主義の批判者たちによってわれわれが知っている線にそって批判を発展させている。

　社会、国民、人間性、思想への個人の従属は、人身供養の継続です。……無実の者を有罪者の代りにはりつけ刑にすることです。……社会の真の現実の構成分子(モナド)である個人は、常になにか一般概念、ある種の集合名詞、ある種の旗印、その他の犠牲とされてきました。何の目的での……犠牲なのか、決して問われることはなかったのです。[6]

これらの抽象語――歴史、進歩、国民の安全、社会的平等――は注目に価する。なぜならそれらはすべて無実の人々が仮借なく犠牲に供されてきた非情な祭壇だからである。ゲルツェンはそれらを順次検討する。

もし、歴史がゆるぎない方向性と合理的構造とひとつの目的(多分、有益な目的)を持っているならば、われわれはそれに合わせるか、あるいは逆って滅びなければならない。しかし、この合理的目的とは何か。ゲルツェンはそれを認識できない。彼は歴史のなかに意味を見ず、ただ「代々の慢性的狂気の」物語を見るだけである。

事例を引用することは必要ないように思われます。数百万の例があるからです。あなたのお好きな歴史書をひもといてみなさい。すると驚くべきことには……真の利益の代りに、すべてが想像上の利益や空想によって占められています。血が流されたり、人々がひどい苦難を負わされた理由を見つめなさい。何が称賛され、何が罰せられるかを見つめなさい。そうすればあなたは、最初は悲しく見え、思い直せば慰めに充ちている真理――すべてこれは狂った知性の結果であるという確信をもつでしょう。古代世界を見る時、あなたはいたるところで、現代におけるのとほとんど同じように狂気がくりひろげられているのを見出すでしょう。ここではクルチウスが市を救うためにわが身を穴に投じています。そこでは一人の父親が順風を得るため己が娘を供物に捧げています。彼は自分に代って哀れな娘を殺してくれる老いた白痴を見出したことがあるのです。そしてこの狂人は監禁されもしなかったし、狂人収容所に連れていかれもせずに、高僧として認められてきたのです。ここではペルシアの王様が海を鞭打ち刑にするよう命じています。そして、毒にんじんで人間の知性と悟性を治そうと欲した彼の敵、アテネ人たちと同様に自らの行為の愚かさを理解していないのです。皇帝たちをしてキリスト教を迫害させたのは一体どのように恐ろしい激情だったのでしょうか。……

そして、キリスト教徒たちは野獣によって引き裂かれ、拷問にかけられた後で、彼ら自身が今度は、別の人々を自分たちが迫害された以上に猛烈に迫害し、拷問にかけはじめたのです。いかに多くの無実のドイツ人やフランス人たちが、まさにそのようにして全く理由なしに殺害されたことか。その間、気の狂った判事たちは、彼らが単に自らの義務を行っているにすぎないのだと考えていたし、異端者たちが火あぶりにされている場所から遠くないところで心安らかに眠れたのです。[7]

「歴史は狂人の自叙伝です」[8]。ヴォルテールやトルストイもこの言葉を同じような厳しさで書いたかもしれない。歴史の目的だって？　われわれは歴史を作らないし、歴史にたいして責任をもっていない。たとえ、歴史が白痴によって語られる物語であっても、恐ろしい抽象語――「歴史」あるいは「歴史的運命」「民族の防衛」「事実の論理」などの「要求」――の名のもとに抑圧や残虐を、あるいは誰か一人の専横な意志を何千という人々に強制するのを正しいとすることは、確かに犯罪である。「人民の安寧は法よりも高い、世界は滅ぶとも正義は行わるべし(*Salus populi suprema lex, pereat mundus et fiat justitia*)」という文句はその周囲に焼かれた死体、血、審問、拷問、一般的に「秩序の勝利」[9]といわれるものの強い悪臭を放っている。抽象語はその悪しき結果を別として、われわれが予想した計画に合わない事実を避けようとする試みにすぎないのである。

人がものを自由に見られるのは、ただ彼がそれを自分の理論の方向に曲げない時と彼自身がそれの前に頭を下げない時のみです。すなわち、そのものへの自由な尊敬ではなく、強制された尊敬は人を制約し、彼の自由を狭くします。人があるものについて語る時に冒瀆の言辞なしには笑えないのは……物神崇拝であり、人はそれによって押し潰され、それを通常の生活と混同するのを畏れるのです。[10]

それは聖像すなわち盲目的で不可解な崇拝の対象となる。そしてまた、ひどい犯罪を正当化する神秘となる。同じ文脈でゲルツェンは記している。

宗教的、政治的なるもののすべてが単純で人間的ななにものかに変形し、批判や否定を受けいれるようになるまでは、世界は自由を知らないでしょう。成年に達した論理は、聖典化された真理を嫌うものです。……論理は神聖不可侵なものはなにもないと考えます。そして、もし共和制が君主制と同様の権利を持つようになるならば、論理は共和制を君主制と同様に、いや、それ以上に軽蔑するでしょう。……王冠を軽蔑するだけでは足りません。——人はフリジア帽[訳注2]の前でも畏敬してはならないのです。不敬罪(*lèse-majesté*)を罪と認めないだけでは充分ではありません、人は人民の福祉(*salus populi*)を罪と認めなければならないのです。[11]

そしてゲルツェンは次のようにつけ加える。自らを自国のために犠牲にすること——愛国主義は疑いなく高尚である。しかし、もし、人が己の国とともに生き永らえれば、さらに一層よいことだ。「歴史」とはそんなものだ。人間は別の歴史的病い——騎士道、カトリシズム、プロテスタンチズムから治ったのと同じように〔このような〕観念論からも治るであろう。[12]

さらに、「進歩」を語ったり、現在を未来への犠牲にしたり、遠い未来の子孫たちが幸福であり得るために今日の人々を苦しめる用意をしている人々がいる。そして、彼らは野蛮な犯罪や人間の堕落をそれがある保障された未来の幸福に向けての不可避的方途であるからといって許している。反動的ヘーゲル派や革命的共産主義者たち、純理的功利主義者たちと教皇至上主義の熱狂的信者たち、および高貴だが遠い将来の目的の名において嫌悪すべき方法を正当化するすべての人々のまさに等しくわかちもつこのような態度をゲルツェンはもっとも激しく軽蔑し、嘲笑した。彼は一八四八年のうちくだかれた幻想への挽歌として書いた彼の政治的信条告白(*profession de foi*)——『向う岸から』の最も多くのページをこの問題に捧げている。

もし進歩がその目標ならば、われわれは一体誰のために働いているのでしょうか？　勤勉な労働者たちが近づいてきた時に、彼らに褒美を与えるかわりにあとずさりし、「われら死せんとする者君に礼す(*morituri te salutant*)」と叫びながら疲れ果てて死ぬ運命にある群衆への慰めとして、お前たちの死んだあとの地上はすべてが素晴しくなるのだと嘲笑的に答えることとしかせぬこのモロク神は、いったい誰なのでしょうか？　はたしてあなたは現在生きている人びとに、いつかその上で他人が踊りを踊る床を支えている女神像柱という悲しい役割……あるいは膝まで泥につかりながら、「未来の進歩」というあわれな言葉をその旗に書いたはしけを曳く不幸な船漕ぎ奴隷たちの悲しい役割を与えることを、ほんとうに望んでいるのでしょうか？……無限の彼方にある目標は、目標ではないのです、単なる……まやかしにすぎません。目標はもっと近いものでなければなりません――少なくとも労働者の労働の報酬とか、なされた仕事の中の喜びであるべきです。それぞれの時代、それぞれの世代、それぞれの生活がそれ自身の充足を持っていたのだし、現に持っているのです。そして、その途中で新しい要求や、新しい経験や、新しい方法が発達するのです。……

それぞれの世代の目的は、それ自身です。自然は決してある世代をある未来の目標を達成するための手段として作るのでもなければ、未来について配慮しているわけでもありません。自然はクレオパトラのように、現在を楽しむためには、喜んで葡萄酒の中に真珠を溶かす用意があるのです。[13]……

……もし人類が何らかの結果をめざしてまっすぐに進んでゆくのなら、そこにあるのは論理だけであって歴史ではないでしょう。……理性はゆっくり、苦痛に充ちて発育します。理性は自然の内にも、自然の外にも存在しないのです。……人は生活をできるだけ理性と調和させなければなりません。なぜなら脚本などどこにもないからです。もし歴史が用意された脚本に従うならば、歴史はすべての興味を失い、不必要で、退屈で、滑稽なものになってしまうでしょう。……偉人たちは舞台の上で気どって歩く沢山の主人公たちになってしまうでしょう。……歴史はすべてが即興であり、すべてが意志であり、すべてが即席(extempore)なのです——境界もなければ、旅行日程もありません。状況は起るものなのです。それは聖なる不満であり、生命の火花であり、また道がある限りどこへでも行きたいだけ進め、自分の力をためせ、という戦うものへの永遠の呼びかけなのです——そして道のないところは、天才がまず最初にそれを切り開いてゆくのです[14]。

ゲルツェンはさらに次のように語る。歴史や自然における諸々の過程は数百万年の間繰り返すかもしれない。あるいは突然停止もしよう。流星の尾がわれわれの惑星に触れて、地上のすべての生命を抹殺することもあろう。そして、これが歴史の終末となろう。しかし、このことから何の結果も生じない。すなわちそれは道徳をもたらさない。事がある一定の仕方で起るという保障はない。たった一人の人間の死は人類全体の死と同じくらい不条理なことだし、わかり難いことなのだ。それはわれわれが受け入れている神秘であり、それで子供たちをおどろかせる必要はないのだ。

自然は順調な、目的論的発展ではないし、確かに、人間の幸福のために企画された発展でも社会的正義の達成でもない。自然はゲルツェンにとって、知覚し得ない計画に沿って発達する一群の潜在的能力なのだ。そのうちのあるものは発達し、あるものは滅びる。好ましい条件のもとではそれらは実現されるであろう。しかし、脱落し、衰弱し、死ぬこともあろう。このことは、ある人々を皮肉癖や絶望に導く。人間の生命は成長と退歩、達成と崩壊の終りなき循環であろうか？　そこには目的が全くないのだろうか？　人間の努力は破滅に終るように定められ、新しい始まりといわれているものも、先の多くの始まりと同じく予め失敗するように定められているのだろうか？　これは現実についての誤解である。なぜ自然は人間の進歩や幸福のために企画された功利的道具として考えられねばならぬのか？　なぜ功利性——諸目的の達成——が無限に豊かで、無限に度量の大きい宇宙的過程についても要求されねばならぬのか？　植物にとってその見事な色彩、絶妙な香りが何の役に立つかと問うたり、あるいは、それがあまりに早くしおれてしまう運命にある時に、その目的は何かを問うというのはあまりに悪趣味なことではないであろうか？　自然は無限に、無鉄砲なまでに豊饒である。——「自然はすべての可能な発展の外的境界、すなわち自然の情熱を冷やし、自然の詩的空想と束縛されない創造的情熱の行き過ぎを抑制する死に到達するまでは……極限に進むのである」[15]。なぜ自然はわれわれのわびしい範疇に従うと期待さるべきなのか？　われわれが強制した型に従わなかったり、われわれの目標やわれわれの一時的な陳腐な理想を追求しないからといって、歴史を無意味であると言い張る如何なる権利をわれわれはもっているのだろうか？歴史は即興である。それは「同時に一千の扉を叩く……開くかも知れない扉を……一体誰が知ろう？」「多分バルト海の扉でしょう——その時には、ロシアがヨーロッパに押し寄せるのでしょうか？」「多分ね」[16]。自然のなか、歴史のなかのすべてのものが正に存在するものであり、それ自身の目的である。現在はそれ自身の成就であり、それはなにか知られざる未来のために存在しているのではない。もし、すべてのものがなにか他のもののために存在するのならば、すべての事実、事件、創造物がなにか宇宙的プランにおける自らを越える何物かの手段ということになろう。あるいは、われわれは見えない紐によって操られている単なる人形か、宇宙の脚本のなかでの神秘的な諸力の犠牲なのだろうか？ これが道徳的自由とわれわれが言っているものの意味だろうか？ 過程それ自体(*eo ipso*)の終着点がその目的だろうか？ それが人間的成長の順序だというだけで老年が青年の目的であろうか？ 生命の目的は死であろうか？

なぜ歌手は歌うのか？ 彼が歌うのを止めた時に、彼の歌を思い出してもらうためだけか？ 彼の歌が与えた喜びが、多くの人々にとりかえし難いものへの憧れをよびさますことができるという単にそのためだけなのか？ これは人生についてのまちがった、半盲で、浅はかな見解である。歌手の目的は歌であり、そして、人生の目的はそれを生きることである。

すべてのものが過ぎ去る。しかし、過ぎ去るものが巡礼者にその苦難にたいして褒美を与えるかもしれない。ゲーテは、保障もなく安全もない、人は現在に満足しなければならないとわれわれに語った。しかし、人は満足していない。人は美や完成を拒否する。なぜなら人は未来をも自らのものにしなければならないからである。これが、マッツィーニやコシュート、あるいは社会主義者たちや共産主義者たちのように、もし現在でなければ将来における文明や平等や正義や人間性のために最大限の犠牲と苦難を要求した人々すべてにたいするゲルツェンの回答である。しかし、これは「観念論」、形而上学的「二元論」、世俗的終末観である。人生の目的は人生そのものである。自由のための闘争の目的は、ここで、今日、生きている個人たちの自由である。彼らはめいめいが自らの個人的目的をもっており、そのために彼らは運動し、闘い、そして受難する。その目的は彼らにとって神聖である。彼らの自由をおしつぶし、彼らの追求を阻止し、未来のなにか言語に絶する至福のために彼らの目的を破壊するのは盲目的である。なぜなら、未来は常にひどく不確かだし、不徳であるから。また未来はわれわれの知っている唯一の道徳的な価値に不敬を働き、真の人間的生活と必要を踏みにじるから。それに一体何の名においてか？　自由、幸福、正義——それは熱狂的一般化、神秘的ひびき、抽象的概念である。なぜ人間的自由は追求に価するか？　それはただ自由それ自体のためである。多数の人々が自由を望むからではなくて、自由が自由だからである。人間は生まれながらに自由であるというルソーの有名な叫びにもかかわらず、一般的に人々は自由を追求しない。それは(ジョセフ・ド・メーストルの言葉を繰り返して)「魚は飛ぶように生まれついたが、しかし、いたるところで泳いでいる[17]」と言うのと同じであると、ゲルツェンは言う。魚類マニアたちは、魚が「生来」飛ぶようにつくられていることを証明しようと努めるかもしれない。しかし、魚は飛ぶようにつくられていない。そして大部分の人民は解放者たちを好かない。彼らは新しい生活を築く無限の危険を冒すよりは、むしろ古代の生活習慣をつづけ、古代のくびきに耐えようとする。彼らは現代の生活は封建主義や野蛮よりもとにかくましだとつぶやきながら、(ゲルツェンが再三言ったことだが)現在のおそろしい犠牲を選びさえする。「人民」は自由を望まない、ただ文明化された個人だけが望むのだ。なぜなら、自由を望むことは文明と結びついているからだ。自由の価値は、文明や教育——どちらも「自然な」ものでもなく、大きな努力なしに得られるものでもない——の価値と同様に、それなしには個人の人格がその潜在能力のすべてを発揮できないという事実にある。すなわち個人の人格は自由がなかったならば、無数の様式——歴史のあらゆる瞬間が提供し、歴史の他のすべての瞬間からは測り難く異なっており、またそれらとは全く比較できないような——様式で生き、行動し、楽しみ、また創造することができないのである。人は「過去の消極的な墓掘人にも、未来の無意識の助産婦にもなりたがっていない[18]」。人は自分自身の時代に生きたいと望む。彼の道徳性は歴史の法則(それは実在しない)からも人類の進歩の客観的諸目標(そんなものはない。それらは環境や人物が変わるにつれて変わるのだ)からも引き出すことはできない。道徳的目的は人民が彼ら自身のために望むものである。「真に自由な人間は彼自身の道徳を創る[19]」。

一般的な道徳的諸規則にたいするこの告発——バイロン的あるいはニーチェ的誇張の跡のない——は、十九世紀ではあまり聞かれない教義である。実際、その全面的な展開は現代に到るまで知られていない。それは右翼と左翼の両方に打撃を与える。すなわち、浪慢派の歴史家たちにたいして、ヘーゲルにたいして、そしてある程度はカントにたいして、また功利主義者にたいして、ニーチェ的超人にたいして、トルストイにたいして、そして、芸術の宗教視にたいして、「科学的」倫理やすべての教会にたいして。それは経験的で自然主義的であり、変化と同じく絶対的な価値を認め、進化にも社会主義にも威圧されない。そして、それは群を抜いて独創的である。

ゲルツェンの言うには、もし既存の政党が非難さるべきだとすれば、それは彼らが多数派の希望を満足させないからではない。なぜなら多数派はいずれにせよ、自由より従属を好む。そして内面的に奴隷である人間の解放は、常に野蛮とアナーキーに導くからである。「バスティーユ監獄の石を一つ一つ取り去るだけでは、囚人たちから自由人をつくりだせないだろう」[20]。〔一八四八年のフランスの急進派たちの〕致命的な失敗は……彼ら自身が解放される前に他人を自由にしようと試みたことである。彼らは〔監獄の〕壁を改造することなしに、それに新たな機能を与えようと試みた。あたかも、監獄のための計画が自由な存在にとって有用であり得るかのように[21]。経済的正義はまさしく充分ではない。そして、このことを社会主義者の「諸セクト」が無視して、自らの墓穴を掘っている。民主主義はどうかといえば、一八四八年に普通選挙権が与えられたフランスのように、未熟な人民がそれであわや自分の喉を切りかねない「かみそり」に充分なり得るのである[22]。これを治すのに独裁(「ペトログランディズム」)によろうと試みることは、さらに一層乱暴な抑圧に導く。フランス革命の諸結果に失望したグラキュス・バブーフは、平等の宗教――「徒刑囚の平等」[23]を宣言した。現代の共産主義者たちについていえば、彼らがわれわれに提供するのはどのようなものであろうか？　カベの「共産主義の強制労働」か？　「ルイ・ブラン風の古代エジプト的労働組織」[24]か？フーリエのちっぽけなファランステールか？[25]　そこでは自由な人間は呼吸もできず、他人の利益のために生活の一側面が永久に抑制されるようにきちんと設計されている。共産主義は単にひとつの平等化運動であり、血迷った群衆の専制、人民の安全――それは彼らが打倒しようと努めている敵と同じようにいかがわしく、いつもながら奇怪なスローガンなのだ――を叫んでいる公安委員会の専制である。野蛮はそれがどちらの側からくるものでもひどく厭わしい。「誰がわれわれを片づけ、すべてを終らせるのか？　王座の年老いた野蛮か、共産主義の荒々しい野蛮か？　血に汚れたサーベルか、赤旗か？」[26]。たしかに自由主義者たちは弱く、非現実的で、卑怯であり、そして貧しい者や弱い者や立ち上った新しいプロレタリア階級の要求について理解を持っていない。たしかに保守主義者たちは残忍で、愚劣で、けちで、専制的であることを自ら露呈している。それでもなお、僧侶や地主たちが、たとえ彼ら自身の意図が慈悲深くも正直でもないにせよ、普通は自由主義的知識人よりも大衆に近く、かつ彼らの要求を理解していることは記憶さるべきである。たしかにスラヴ主義者たちは想像上の過去の名において悪しき現在を許す単なる現実逃避家であり、空虚な帝座の擁護者である。これらの人々は残酷で利己的な本能、あるいは空虚な信条に従う。しかし、現代の野放しの民主主義は、いやらしく、さもしいナポレオン三世の政府よりもよくないし、人々とその自由をより残酷に抑圧することができるのである。

大衆は「われわれ」のことをどう思うか？　大衆はヨーロッパの支配階級にさからって次のような悪口を浴びせることができる。「われわれは飢えていたが、あなた方はわれわれにおしゃべりをしてきた。われわれは裸だったが、あなた方は別の飢えた裸の人々を殺すためにわれわれをわが国境の彼方に送った」と。イギリスの議会制政府は確かにこれへの回答ではない、なぜならそれは他のいわゆる民主的諸機関(「自由のオアシスと呼ばれるわな」)と同じように、ただ財産権を擁護し、公共の安全のためと称して人々を追放し、命令一下理由も聞かずに直ちに発砲する準備のできた武装兵を保持しているだけだからである。素朴な民主主義者たちは、彼らが信じていることが何か、そしてその結果が何であろうかをほとんど知らずにいる。「なぜ地上のユートピアを信ずることがばかげていないのに対して、神やら……天上の王国を信ずることがばかげているのか？」[27]。その結果はというと、いつか地上に民主主義が、大衆の支配が現実に生まれるであろう。それからまさになにごとかが起るのである。

> ヨーロッパの全体がその正常のコースを離れて全般的な異変に引き込まれるでしょう。……都市は強襲され、略奪されて、窮乏に陥るでしょう。教育は衰退し、工場は停止するでしょう。村落は空っぽになり、田舎は三〇年戦争のあとのように働き手のないままに残るでしょう。疲れ、飢えた民衆はなにごとにも従うようになるでしょう。そして軍隊的な紀律が法律やあらゆる種類の秩序正しい行政にとって代るでしょう。それから、勝利者たちは彼らの戦利品をめぐって争いはじめるでしょう。おびやかされた文明や工業は、全般的な破滅を避けて、ある者はその金を、他の人々はその科学的知識やその未完成の仕事をたずさえてイギリスやアメリカに逃れるでしょう。ヨーロッパはフス派を鎮圧した後のボヘミアのように荒れ果てるでしょう。
>
> それから、惨禍と破綻にひんしながら、新たな戦争——自国での、内部的な、持てる者たちへの持たざる者たちの復讐——がはじまるでしょう。……共産主義が恐ろしい、血まみれの、不正な、迅速な、激しい嵐となって世界を吹きまくるでしょう。雷鳴と稲妻の中、燃え上る宮

殿の火の中、工場や公共建築物の廃虚の上に、新しい戒律——信仰の新しい象徴が宣告されるでしょう。

それらは千もの仕方で歴史的な生活様式と結びついているでしょうが、……しかし、その基調は社会主義によって設定されるでしょう。われわれの時代の諸制度や構造および文明は滅びるでしょう——プルードンが丁重に述べたように清算されることになるでしょう。

あなたは文明の死を残念に思いますか？

私もまた、残念に思います。

しかし、大衆はそれを残念に思わないでしょう。文明は大衆に涙と、窮乏と、無学と侮辱以外のものを与えなかったのです。(28)

現代のソビエト批評家たちや聖徒伝作家たちを当惑させる原因となるのは、新秩序の創設の父たちによるこのタイプの予言である。それらは通常、省略という扱いを受けている。

ハイネとブルックハルトもまた悪夢のような予想をもっていた。そしてユートピアでなく、荒廃を約束する新しい世界の不正および「矛盾」によって生み出される悪魔たちについて語った。彼らと同様に、ゲルツェンも幻想を抱かなかった。

あなたには破壊に向って進んでいる……これらの新しい蛮族たちが見えないのですか？

……あたかも熔岩のように、彼らは地表の下で重々しく震動しつつあるのです。……その時が打つとヘルキュラネウムもポンペイも消え失せ、善人も悪人も、正しき者も罪びとも、等しくほろびてしまうでしょう。これは裁きでもなければ復讎でもなく、大動乱であり、全般的な革命でしょう。……この熔岩、これらの蛮族たち、この新しい世界、そして無力な、老衰したものを終らせるためにやって来るこれらのナザレ人たち……彼らはあなたが考える以上に近くにいるのです。なぜなら、寒さと飢のために死にそうになっているのは他ならぬ彼らであり、あなたや私が二階にある自分たちの部屋で「ペストリーやシャンパンを味わいながら」社会主義についておしゃべりをしている間に、屋根裏部屋や地下室から……聞える不平のつぶやきの主は他ならぬ彼らなのです。[29]

自分たちのライバルの「ユートピア」を掃き捨てて、結局は自分自身の千年王国の空想に屈した「科学的」社会主義者たちよりも、ゲルツェンはより一貫して「弁証法的」である。『共産党宣言』の中のエンゲルスによる階級なき社会の牧歌と比べるために、ゲルツェンによる次の数行を選んでみよう。

社会主義はその極限にまで、不合理に達するまで、その全局面を通って発達をとげるでしょう。それから、革命的少数派の大きな胸から否定の叫びが湧きおこるでしょう。再び死闘がはじまり、そのなかで社会主義は今日の保守主義が占めている位置を占めるようになり、将来の、われわれにはまだ見えない革命によって打ち負かされるでしょう……。[30]

歴史的過程には「頂点」がない。人間は際限のない衝突の可能性を直視できないためにそんな概念を発明したにすぎない。

このような議論は、ヘーゲルとマルクスによる荒涼とした予言に類似している。彼らもまたブルジョワジーの運命と死と熔岩と新しい文明を予言したのである。ヘーゲルとマルクスの両者が鎖を解かれた広大で破壊的な力を思い、罪なき人々や愚者や軽蔑すべき俗物どものすべての来るべき全滅を思った時に、そこには誤解の余地ない小気味よい喜びの調子がみられた。その際彼らはこのような人々の恐るべき運命についてほとんど気付いていなかった。これに対してゲルツェンは、たんなる勝利を得た権力や暴力の光景の前に平伏することからも、そうした弱さを軽蔑することからも、またニヒリズムや来るべきファシズムの核心をなすロマン主義的悲観主義などからも自由である。なぜなら、彼はその大変動を不可避的とも輝やかしいものとも考えていないからである。彼は自由主義者を軽蔑した。自由主義者たちは、革命を開始してからその結果を鎮圧しようと試みたり、古い秩序をくつがえすと同時にそれにしがみついたり、導火線に点火しておきながら爆発を止めようと努力した。また「己の財産をだまし取られた不幸な兄弟[31]」という神話的な創造物である労働者すなわち自らは失うべきなに物も持たぬが知識人はすべてを失うかもしれないことなどは頓着しないで己の権利を要求するプロレタリアの出現に自由主義者たちはおびえていた。一八四八年にパリやローマやウィーンで敗走し、一旦打破された反動たちが再び権力を奪って自由を撲滅するのを助けただけでなく、最初に逃走しておきながら、「歴史の諸力」が抗するにはあまりに強すぎたと弁明することによって革命を裏切ったのはほかならぬ自由主義者たちである。もし、人が問題への答えを持っていないならば、このことを認めて問題をはっきりと定式化することの方が、問題をまずあいまいにしたり、優柔不断の行為や裏切りをしたり、それから申しひらきとして、歴史の荷が勝ちすぎたと弁ずるよりはよほど正直である。まさしく、一八四八年の諸理想は、それ自体が全く空しいものであった。少なくとも一八六九年のゲルツェンにはそう見えた。「建設的で、有機的な理念はひとつもない……経済的な大失策は〔それは〕政治的失策のようには間接的ではなく、直接的でかつ深刻に、荒廃と停滞と餓死へと導いていく。(32) 経済的大失策に加うるに「普通選挙権の算術的汎神論」および議会制改革にたいする、すなわち「共和制にたいする迷信的信頼(33)」とは、事実上、一八四八年の諸理想のいくつかについてのゲルツェンなりの要約である。それでも自由主義者たちは、彼ら自身の馬鹿げたプログラムのためにさえ戦わなかった。そして、いずれにせよ、自由はそのような手段では獲得されなかった。われわれの時代の諸要求は全く明瞭である。それらは経済的というより社会的である。なぜなら、社会主義者たちが主張するように、深い変革を伴わない単なる経済的変化は、文明化された蛮行、王政と宗教、裁判所と政府、道徳的信仰と習慣を廃絶するには十分ではないからである。個人的生活の諸制度もまた変えなければならない。

現代科学によって欠乏と無法の強慾性から解放された人間が、それにもかかわらず自由になれず、どういうわけか社会によってのみ込まれてしまっているということは異常なことではないでしょうか？　人間の諸権利の完全な広がりと現実性と神聖さのすべてを理解すること、そして社会を破壊しないこと、社会を原子に還元しないことは社会問題の最も難しいところです。それは多分、他日、歴史自身によって解決されるでしょう。過去には、それは決して解決され

ることがなかったのです。(34)

サン・シモンには失礼だが、科学はそれを解決しないだろう。無拘束の競争の恐怖に反対する説教も、貧乏の根絶という宣伝も、もし、それらのすることすべてが個人を溶解してひとつの、単一的で、抑圧的な共同社会——グラキュス・バブーフの「徒刑囚の平等」——にすることならば、それを解決しないだろう。

歴史は決定されたものではない。人生は、幸いなことに脚本をもたない。即興は常に可能であり、形而上学者たちによって準備されたプログラムを未来のために果たすことを必要としない。(35)社会主義は不可能でも不可避でもなく、それをブルジョア的俗物主義あるいは共産主義的奴隷のいずれにも堕落させないように防ぐのは、自由を信ずる者たちの仕事である。人生は善でもなく、悪でもなく、人間は自らを作るものである。社会的感覚なしには彼らはオランウータンになるし、エゴイズムがなければ飼い慣らされた猿になってしまう。(36)しかし、彼らをどちらかになるように強制する無情な力は存在しない。われわれの目的はわれわれのためにつくられたものでなく、われわれによって作られるものである。(37)それゆえに、明日の自由が「客観的に」保障されているということを理由にして、その約束によって今日の自由を踏みにじるのを正当化することは、不正な行為のための口実として、残酷でよこしまな惑わしを利用することである。「もし、人びとが世界を救おうとするかわりに自らを救い、人間性を解放するかわりに自らを解放しようと望むならば、人々は世界の救済と人間の解放のために実に多くのことをなし得るであろう(38)」。

ゲルツェンはつづけて、人はもちろん――生理学、教育学、生物学の上で、またそれと同様にもっと意識的なレベルで――その環境と時代に依存していると言う。そして、人間が自分たちの時代を反映し、彼らの生活環境によって影響されることを認める。しかし、その社会的生活環境に反対したり、抵抗したりする可能性は、それが効果的であろうとなかろうとそれが社会的形態をとるか個人的形態をとるかどうかにかかわらず、まさに現実的であると言う。[39] ゲルツェンによれば決定論への信仰は弱さをかくすためのアリバイにすぎない。「歴史の道程の選択は個人的な力のおよばないものだ。事件は人々に依存しないが、人々は事件に依存する。われわれは自分の進む方向を制御しているように見えるだけであって、実際には波がわれわれを運ぶ方向に航海している」[40] と言う宿命論者たちは常に存在するだろう。しかし、これは真実ではない。

われわれの道程は全く変更できないものではないのです。反対に、それは、環境や理解や個人的エネルギーによって変わるものです。個人は事件……によって作られますが、事件はまた個人によって作られ、その上にそのしるしをつけています。永続的な相互作用が存在します。……われわれから独立した勢力の受動的な道具になること……これはわれわれのすることではありません。――運命の盲目的な道具――天罰、神の死刑執行人――になるためには、人は素朴な信念、無知による単純さ、野蛮な狂信、純粋無垢で子供っぽい性質の思想を必要とします。[41]

われわれは今日このようなものだと主張するならば嘘になろう。ビスマルク(あるいはマルクス)のような指導者が登場して、運命が彼らのために約束している不可避的な勝利を目指して自国民あるいは自己の階級を導くのだと主張する。そして、彼らは自らをその運命の選ばれた道具だと感じており、自己の神聖な歴史的使命の名において破壊し、拷問し、奴隷にするのである。しかし、彼らは残忍な詐欺師にすぎない。

思索する人々はアッチラや公安委員会やピョートル一世さえも許しましたが、彼らはわれわれにはそれと同じことを許さないでしょう。われわれは運命をつかさどる天上からのわれわれを呼ぶ声を聞きませんし、われわれに道を示す冥土からの声も聞きません。われわれにとっては、ただひとつの声、ひとつの力、理性と悟性の力があるのみです。それらを拒否しては解職された科学の聖職者、文明からの変節者となるでしょう(42)。

四

これがビスマルクあるいはマルクスへの非難であるとしても、それが一層明白に向けられているのは、バクーニンとロシアのジャコバン派〔訳注3〕たちに対してである。それは新しい青年革命家たちによって神聖視されたカラコーゾフのピストルとチェルヌィシェフスキーの「斧」〔訳注4〕や、ザイチネフスキー〔訳注5〕やセルノーソロヴィエヴィッチ〔訳注6〕のテロリスト的プロパガンダとネチャーエフの活動でその絶頂に達する恐怖と革命的教理の決定的悪用〔訳注7〕に対して向けられていた。この革命的教理はその西欧の起源をはるかに越えて進み、名誉や憐みや文明のためらいを非常に多くの人格的侮辱として扱ったのである。ここまでくれば、市民的自由の停止を承認した一九〇三年のプレハーノフの有名な定言「革命の安全は最高の法である」までは、また〔レーニンの〕「四月テーゼ」および「人身の不可侵性」を困難な時点では省略すべきぜいたくとして取扱う態度まではほんの一歩である。

ゲルツェンとバクーニンの間の深い断絶には橋の架けようもない。そして、ソビエトの歴史家たちはその相違を不明瞭にしないにしても、二人をともかく単一過程の発展における必然的で継続的な諸段階――論理上、歴史上いずれにも（なぜならば、歴史と理念の発展は「論理的」諸法則に従うのだから）ある程度必然的なものとして示そうという気のりしない試みによって、不本意な失敗を招いている。ゲルツェン（あるいはミル）のように個人の自由をその社会的、政治的教理の中心に置き、それが彼にとって至聖所であり、防衛にせよ攻撃にせよその放棄は他のすべての行為を無価値にするという見解[43]と、それらに反対して、そのような自由は自分たちの活動の唯一の目的である社会的変革の望ましい副産物にすぎないか、さもなければ歴史によって不可避とされた発展の一時的段階であるとする人物の見解とは対立している。そして、それらの間の和解や妥協は考えられない。なぜならば、あらたにフリジア帽の問題が両者の間に現われたからである。ゲルツェンにとって個人の自由の問題の投げかける影は、自由な連合に対する中央集権主義、上からの革命に対する下からの革命、政治活動に対する経済活動、農民に対する都市労働者、他党との協調に対する政治的取引きの拒否および「政治的純潔性」と独立への呼びかけ、資本主義的発展の不可避性への信仰に対するそれを回避して進む可能性への信仰といったような重大な諸問題、その他ロシアにおいて革命期までに自由主義的諸政党と革命家の諸政党を分裂させた大問題のすべてに及んでいた。「フリジア帽を畏れ」て立つ者にとって人民の福祉(*salus populi*)が他のすべての配慮の従うべき最終基準である。しかし、ゲルツェンにとってはそれは「犯罪的」原則であり、すべてのうちで最大の暴政である。それを受け入れることは、諸個人の自由をある巨大な抽象物――形而上学あるいは宗教が発明したなにか奇怪なもののために犠牲にすることであり、現実的な地上の諸問題から逃避することであり、「二元論」の罪を犯すことである。すなわち経験的事実から行動の諸原則を分離して、それらをなにか特別な形式の想像力が生み出したある別の「事実」から演繹することである。それは最後には常に「人食いの風習」――「未来の幸福」のために今日の男女を殺戮すること――へと導く道程をたどる。「古い同志への手紙」[44]は、とりわけこの致命的な誤りに向けられている。ゲルツェンはバクーニンにその罪ありと正当に判決した。そしてゲルツェンは彼がその最後まで個人的に献身的でありつづけたこの友人の熱烈な言葉、獅子の心臓をもった勇気、広大なロシア的性格、陽気さ、魅力と想像力の背後に、個々の人間の運命への冷笑的な無関心や社会的実験のために人間の生命をもてあそぶことへの子どもじみた熱中を見抜いた。また自ら告白したように、気儘な暴力や無実の人々をやりこめる光景を前にしてゲルツェンが恐怖で病気にまでなったその「革命のための革命」こそバクーニンの欲しているものであることを見抜いた。彼はバクーニンの中に、ある種の生まれながらの非人間性(それについてはベリンスキーもトゥルゲーネフも気がついていなかった)、隷属や抑圧や偽善や貧困をそれが具体的に現われる事例について現実的に対決するのでなく抽象的次元で憎悪すること、および高嶺に登って歴史そのものの構造を展望することができるならば、歴史をつくる手段について非難するのは無益なことだと感じている正真正銘のヘーゲル主義を見破った。バクーニンは皇帝権力を憎んだ。しかし、ニコライ帝への特別な憎悪はほとんど示さなかった。彼は皇帝の死亡の日に、トゥィッケナム[訳注8]で「ニコル帝が死んだよ！」と叫んでいる新聞売りのちっぽけな子供たちに六ペンスを与えることは決してしなかったであろうし、農民の解放を個人的な幸福として感ずることもなかったであろう。個々人の運命は彼にとって大して関心がなかった。彼の単位はあまりに漠然としており、大きすぎた。「まず破壊し、それから事態を見よう」といったぐあいである。気性、夢想、寛大、勇気、革命的情熱、自然力、これらをバクーニンは有り余るほどもっていた。だが個人の権利や自由は、彼の黙示的見解のなかで大きな役割を演じていない。

ゲルツェンのこの問題についての立場は明確であり、それは彼の生涯を通じて変わらなかった。遠い将来の目標や、権威を無視する原則あるいは抽象名詞への訴えは、自由の抑圧やごまかしや暴力や圧制などを正当化できない。仮定や可能性や当為としてではない、われわれが実際に生きるよりどころにしている道徳原理に従って営まれる、われわれの知っている現在の状況のもとでの人生の営みがひとたび破棄されるならば、個人的自由や人間的文化のあらゆる価値の廃棄にむけて道が開かれる。ゲルツェンは真の恐怖と嫌悪を感じながら、ロシアの革命家たちの若い世代の好戦的で、野卑な反ヒューマニズムを見つめ、告発したのである。すなわち、彼らは恐れを知らないが、粗野であり、猛烈な憤りに充ちているが文明や自由にたいして敵意をもち、〔無知で残忍な〕キャリバンの世代であり、ゲルツェン自身の世代の「革命的情熱の梅毒」(45)であるというのである。彼らはゲルツェンに対して、「軟弱な」貴族的ディレッタント、弱々しい自由主義的日和見主義者、革命への裏切者、時代おくれの余計者的生き残りだという悪口の組織的キャンペーンによってお返しをした。彼は「新しい人々」についての痛烈で、的確な小論文をもって答えた。新しい世代は古い世代にむかって言うだろう、「あなた方は偽善者だ。われわれは皮肉屋になるつもりだ。あなた方はモラリストのように語ったが、われわれは悪党のようにしゃべるだろう。あなた方は目上の人には礼儀正しいが、下層の者には無礼だ。われわれはすべてのものに無礼であろう。あなた方は尊敬の気持なしにおじぎをするが、われわれは押しても突いても詫びをいわないだろう……」[46]と。

ゲルツェンは幸福や効率や正義よりも個人的自由を望んでいた。彼は、組織化された計画の作成、経済的中央集権化、政府の権威を非難した。なぜならそれは空想の自由な活動にたいする個人の能力を、また広く豊かで「開かれた」社会的環境における人間生活の無限の深まりや変化にたいする個人の能力をはぎ取るかもしれないからである。彼はまた、ドイツ人たち(そしてとくにサンクト・ペテルブルクの「ロシア的ドイツ人たちとドイツ的ロシア人たち」)を、彼らの奴隷身分が(ロシアやイタリアにおけるように)「算術的」でなかったこと、すなわち、数字の上では優越している反動勢力への気の進まぬ服従でなくて、「代数的」すなわち、彼らの「内的様式」――彼らの存在そのものの本質[47]――の一部になっているという理由で嫌悪した。そのゲルツェンが、たまたまレーニンが恩恵的に漏らした言葉によって、今日ソビエトのパンテオンの至聖所の中に自らを見出さねばならぬとは全く歴史のアイロニーである。彼をそこへ祀りあげた政府の来歴については、彼はドストエフスキーよりも一層よく理解しており、もっと深刻に恐れていた。そして、その政府の言葉と行動は、彼が信じたすべてのことに対する絶え間ない侮辱であり、また、侮辱であった。

ゲルツェンは具体性へのあらゆる呼びかけを試み、抽象的な諸原理への非難を行なったにもかかわらず、疑いもなく彼自身は時として充分にユートピア主義者であった。彼は群衆を恐れ、官僚主義や組織を嫌ったが、それでもなお、正義と幸福の支配が少数者のためでなく多数者のために、もし西欧でなければ、少なくともロシアにおいて確立される可能性を信じていた。それはロシアの国民性の力によるものだという多分に愛国主義的考えから出たものであった。彼の考えたロシアの国民性はビザンチンの停滞性にも、タタールの軛にも、ドイツ人の棍棒や、自国の官僚たちのもとでも耐え抜き、人民の内的魂をこわさずにずっと保ちつづけることによって、かくも輝やかしく己の存在を証明してきたのである。彼はロシアの農民、村落共同体、自由なアルテリを理想化した。同様に、彼はパリの労働者の生まれつきの善良さや道徳的高尚さを、またローマの民衆を信じていた。そして、「ロシアの竪琴の三弦[48]……」悲哀、懐疑、風刺の音色が次第に強まったにもかかわらず、彼は冷笑的にも懐疑的にもならなかった。ロシアのナロードニキ主義のインスピレーションは、他のいかなる単一の源泉からよりも、事実に立脚しないゲルツェンの楽天主義から生まれたのである。

それでもバクーニンの教義と比較するならば、ゲルツェンの思想はつき放した現実主義の一つの模範である。バクーニンとゲルツェンには多くの共通点があった。すなわち、彼らはマルクス主義とその創始者たちに強い嫌悪を持っていた。彼らは、ある階級の専制を他の階級の専制によって代えることに利益をみとめなかった。彼らは、プロレタリアートの階級としての徳をそのものとして信じなかった。しかし、ゲルツェンは少なくとも次のような真の政治的諸問題にまっこうからとり組んでいる。すなわち、無制限な個人の自由は社会的平等あるいは最小の社会組織や権力と両立し難いこと、個人主義者の「原子化」と集産主義者の抑圧という二つの大きな危険の間を注意深く航海する必要、多くの等しく高尚な人間的諸理想の間の悲しい不一致と闘争、強制したり抵抗したりすることを正当化する「客観的」で永久で普遍的な道徳的および政治的基準は存在しないこと、遠大な諸目的にたいする妄想とそれらなしには完全な行為が不可能なことなどの問題である。これとは対照的に、バクーニンは彼のさまざまなヘーゲル的段階において、あるいは彼のアナキスト時代において、それらの問題を陽気に片づけたあげく、若気と本質的に浅薄な見解を特色とする自らの言葉を無責任に楽しみながら、革命的言いまわしの幸福な王国へと船出するのである。

五

バクーニンは、彼の敵たちや追従者たちが等しく証言するように、自由のための戦いにその全生涯を捧げた。彼は自由のために行動と言葉で戦った。ヨーロッパの他の誰にもまして彼はあらゆる形態の既成の諸権威に対する不断の反逆を試み、侮辱され抑圧されたあらゆる国民と階級の名において不断の抗議を行なった。彼の力強く、明快で、破壊的な議論の力は、尋常なものではなく、それは今日でさえまだ正当な認知を得てない。神学的、形而上学的諸概念に反対する彼の議論や西欧キリスト教の伝統のすべて——社会的、政治的および道徳的伝統——への彼の攻撃、国家であろうが階級であろうが、あるいは権威をもった特別の集団——僧侶、兵士、官僚、民主的代議士、銀行家、革命的エリートたち——であろうが、それらの暴政への彼の猛烈な攻撃は、今でも雄弁な論争文の手本となる言葉で述べられている。バクーニンは多くの才能と素晴しい進取の気性をもって十八世紀の啓蒙哲学者(フィロゾーフ)の中の過激な急進派の戦闘的伝統を継承した。彼は、彼らの楽天的性質とともに、彼らの弱点も継承していた。そして、彼の積極的教義は、彼らの教義がしばしばそうであったように、理路整然とした真の理念構成というよりもむしろ漠然とした感情的関連、あるいは修辞的な感興をつなぎ合わせた響きのよい一連の単なるきまり文句になってしまった。彼の積極的な教義は、彼らの教義と比べても貧弱である。したがって、自由の定義という問題への積極的寄与としては彼はこんな風に提案する、「皆は各人のために、各人は皆のために(*Tous pour chacun et chacun pour tous*)」[49]。小説『三銃士』のこだまと歴史物語の明るい色彩をもつこの小学生的文句は、バクーニンの抑制し難い軽々しい言動に充ち、空想好きで、行動や言葉の使用にあたっては疑念をもたない彼自身の特徴とそっくりである。それは、彼の追従者たちによって描かれ、また奔放な彼の雄弁の力で扇動されたあげくシベリア流刑か死刑にされた多くの若い革命家たちによって遠くから崇められていた献身的解放者としてのバクーニンの肖像よりも一層彼らしい。十八世紀的方法でもっとも見事に、もっとも無批判的に、(彼のヘーゲル的教養と評判の高い弁証法的手腕にもかかわらず)バクーニンはすべての徳目を一括してそれらが両立し得るかどうか(あるいはそれらが何を意味するか)の検証なしに、ひとつの大きな等質の混合物にしてしまう。いわく、正義、人間性、善、自由、平等(「万人の平等のための各人の自由」は彼の内容のないもうひとつの呪文である)、科学、理性、良識、および特権と独占への憎しみ、抑圧と搾取と愚劣、貧困、弱さ、不平等、不正、俗物性への憎しみ——これらすべてが、ともかくも、ひとつの単一で、明快で、具体的な理想を形成するものとして画かれている。そして、その理想を実現するためのさまざまな手段については、もし人々がそれらを使えないほど盲目的で邪悪でない限りは、手許にあるというのである。自由は「新しい天上と新しい地上、すなわちすべての不協和音がひとつの調和した全体——人間的自由の民主的で普遍的な教会——に流れ込む魅惑的な新世界」[50]に君臨するであろう。ひとたびこの種の十九世紀中期の急進派の科白の波に乗ると、話がうますぎて果してそこになにを期待できるのか、その結果について人はあまりにもよく知っている。次に彼のもうひとつ別の科白を言いかえてみよう。あなたも自由でなければ、私もまた自由ではない。私の自由は他の人々の自由のなかに「反映」されなければならない——私の自由の境界はあなたの自由であると考える個人主義者たちは間違っている[51]——自由は補完的であり——お互いに不可欠であり——競合はしないのである。自由の「政治的および法律的」概念は、バクーニンによれば社会と憎むべき国家とを平等視する言葉の犯罪的な使用の重要な一例である。それは人々から自由を奪う。なぜなら、それは個人を社会に対立させるからである。その概念を基礎にして、社会契約という完全に堕落した理論がつくられている。その理論によれば、人々は調和への協同のために、彼らの独自の、「自然的」自由のいくぶんかを放棄しなければならないということになる。しかし、これは詭弁である。なぜなら、人々が人間的に、そして自由になるのはただ社会の中においてのみである――「ただ集団的で社会的な労働のみが〔人を〕自然の……くびきから解放する」。そして、そのような解放なしには「道徳的あるいは知的自由は可能でない[52]」。自由はひとりでには生まれてこない。それは交互作用の一形式なのだ。私は他人も同様である限りでのみ自由で人間的である。私の自由は無制限である、なぜなら他人の自由もまたそうなのだから。われわれの自由はお互いを反映する。一人の奴隷がいる限りは、私は自由でなく、人間的でなく、威厳と権利をもっていない。自由は物質的あるいは社会的条件ではなく、精神的なものである。それは、個人の自由の普遍的で相互的な承認から成立する。隷属はひとつの精神状態であり、奴隷所有者はその財産である奴隷と同じく奴隷である[53]。バクーニンの著作に充満しているこの種の多弁なヘーゲル主義的はったりは、ヘーゲル主義の周知の長所さえもっていない。なぜなら、それは十八世紀思想の最悪の混乱の多くを再生産しようとしているからである。その混乱のひとつは、個人の自由の規定として、人が他人によって自分がしたくないことをするように強制されないような状態だ、ということである。これは仮に否定的表現ではあれ、比較的明白な概念をユートピア的で、おそらく、別の意味での「法」の諸法則から――すなわち、自然の不可避性や社会的な共存の必然性から――さえも自由だという理解し難い概念と混同しているのである。そして、このことから次のことが推論される。すなわち、自然からの自由を求めることはばかげている。なぜなら私は自然の一部としての人間であり、また、私と他の人々との諸関係は「自然」の一部であるから——それからの自由を求めることは等しく無意味である——人が追求すべきものは人々との「調和的連帯」を構成する「自由」である。

バクーニンはヘーゲルに対して反逆し、キリスト教を憎むと公言したが、彼の言葉は両者のありきたりな合成物である。彼は次のように想定した。すべての徳は矛盾しないし、それどころか、お互いに必要とする関係にある。一人の人間の自由は他人の自由と、もし両者が合理的であるならば決して衝突する筈はない(なぜなら、合理的ならば彼らは対立的な結末を望むことができないから)。無制限な自由は無制限な平等と両立し得るのみでなく、後者なしには考えられない。そして、彼は自由の概念あるいは平等の概念のいずれについてもまじめな分析を試みることを嫌ったあげく、人間の自然の善良さや英知がほとんど即時に、あるいは少なくとも、堕落した愚劣な法体系をもつ専制国家がことごとく破壊されるや否やこの地上にパラダイスを作ることができると信じた。またそれを妨げている原因を人間の愚かさと邪悪さであるとみなし、これらは簡単に避けることができると信じた。これらの素朴な誤信は十八世紀のものとしては十分理解できる。しかし、それらはバクーニン自身の属していた懐疑的世代においては、彼の垂訓「万人に(*urbi et orbi*)」やとりわけ彼に魅惑されたラ・ショー・ド・フォンやサンティミエールの峡谷の時計職人たちへの彼の火のような垂訓の本質をなすものとして、ずっと批判されつづけた誤信なのである。

バクーニンの思想はほとんど常に単純で、浅薄で、明瞭である。言葉は情熱的で、率直で、不正確で、修辞的論証の頂点から頂点へと移り進み、時々説明的であるが、大抵は勧告的あるいは論争的であり、通常は皮肉で、時には光彩を放ち、常に陽気で、人を楽しませ、おもしろく読める。しかし、経験的事実とはほとんど関係なく、決して独創的とかまじめとか明晰とかいうわけではない。自由という言葉はしきりに出てくる。バクーニンは時々、自由について高尚な、半ば宗教的な言葉で語る。そして、暴動——反抗——への本能は人間性の発達における三つの基礎的「契機」のひとつであると語り、神を非難して、最初の反逆者、自由の真の友であるサタンに忠誠を誓う。このような「アケロン的」話法と革命的行進歌のはじまりに似た言葉で、彼はロシアにおける(あるいは他のいかなるところでも)唯一の真の革命的要素は、失うべき何ものも持たず、古い世界を破壊するであろう山賊やならず者たちの勇猛な(*likhoi*)世界であるという。そして古い世界の後に新しい世界が、不死鳥のように灰の中から自発的に立ちあらわれるであろうと宣言する。[54] 彼は没落地主の息子たちをはじめ、自らの悲哀や憤りを束縛的な環境に対抗する激烈な暴動で晴らそうとするすべての人々に自己の希望を託す。ワイトリングのように、彼は社会の最下層の人々やとりわけ不満を抱く農民たち、プガチョーフやラージンのような人間たちに訴えて、彼らが現代のサムソンのように立ち上り、不正の寺院を打倒することを期待する。ある時には、彼はもっと素朴に、すべての父親や教師たちへの反逆だけを呼びかけている。子どもたちは彼ら自身の生涯を自由に選ばなければならないというのである。また「われわれは半神半人も奴隷もどちらも」望まないが、平等な社会、なによりも大学教育によって差別されない社会を欲する。なぜなら大学教育は知的優越をつくりだし、それは貴族政治や金権政治よりも大きな苦痛に満ちた不平等に導くからだという。彼は時々、

「鞭のドイツ的」軍隊や警察をもつ今日の悪徳社会と、束縛によって閉ざされない明日の無国家社会との間の過渡期間に、「鉄の独裁制」が必要だと語る。また別の機会には、彼はすべての独裁が不可避的に自らを永続化させる傾向をもっているとか、プロレタリアートの独裁は一階級の他の階級へのさらにもう一つの憎むべき独裁にすぎないと言う。彼はすべての「押しつけられた」人工的なものとしての法律は直ちに廃棄されねばならぬと叫ぶ。しかし、「自然な」、「人工的」でない「社会的」諸法律は、さながら一定不変で、人間の管理を越えるものでもあるかのようにそれに従わねばならぬものとして認めている。十八世紀の合理主義者たちの楽天的混乱のいくつかが彼の著作のどこかに必ず顔を出している。彼は反抗の権利――義務――と国家の暴力的廃棄の緊急な必要性を宣言したかと思うと、絶対的な歴史的、社会学的決定論への彼の信仰を幸せそうに公言する。そして、ベルギーの統計学者クェトレの次の言葉に賛成して引用している。「社会は……もろもろの罪を準備する、犯罪人たちはそれらを実行するために必要な道具にすぎない[55]」。自由意志への彼の信仰は不合理である。なぜなら彼はエンゲルスのように「自由とは……自然的・社会的必然性の不可避的な最終結果である[56]」と信じているからである。われわれの人間的環境は、自然的環境と同様にわれわれを完全に形づくる。とはいえ、われわれは「自然あるいは社会の法」からではなく、「彼の個人的信念に反して」他人から強制された「政治上、刑事上あるいは民事上の」あらゆる法律からの人間の独立のために闘わなければならない[57]。これが自由についてのバクーニンの最終的で、もっとも詭弁的な定義である。そして、この文句の意味は誰もが好き勝手に求めることができる。以上ではっきりしてきたことは、バクーニンがいかなる時点でも、いかなる条件のもとでも、誰にたいしても、いかなる制約をも課すことに反対していることである。さらに、バクーニンはドルバックやゴドウィンと同じように、盲目的伝統や愚かさや「私利に動かされた悪」によって人類に強制された人工的な制約がひとたび取り去られるならば、すべてが自動的に正常化され、正義、徳、幸福、喜び、および自由はたちどころに地上で連合した統治を開始すると信じている。バクーニンの発言の中でなにかより実質的なものを探しても報いられない。[58] 彼は言葉を叙述的目的でなく、主に扇動的目的のために用いた。そして、彼はその手法の偉大な使い手であった。今日でさえ、彼の言葉は感動させる力を失っていない。

ゲルツェンのように、彼も新しい支配階級「権力についたフィガロたち」や「フィガロ－銀行家たち」および「フィガロ－大臣たち」を嫌った。彼らのお仕着せは脱ぎかえられない、なぜならそれは彼らの皮膚の一部になってしまったからである。彼は自由人と不屈の人を好んだ。彼は他のいかなる性質よりも精神的な隷属を嫌った。そしてゲルツェンと同様に、ドイツ人たちを救いようもない奴隷とみなし、侮辱的な調子で繰り返しそのように語った。

イギリス人あるいはアメリカ人が「私はイギリス人だ」、「私はアメリカ人だ」と言う時に、彼らは「私は自由な人間だ」と言っているのだ。ドイツ人が「私はドイツ人だ」と言う時に、彼は「私は奴隷だ、しかし、私の皇帝は他のすべての皇帝たちよりも強い、そして、私を絞め殺しつつあるドイツの兵隊は、あなた方すべてを絞め殺すだろう」と言っているのだ。……すべての国民がそれぞれの趣好をもっているが、ドイツ人たちは国家という大きなステッキにとりつかれているのだ。[59]

バクーニンは、抑圧というものを見れば直ちに認識した。彼はあらゆる形態の既存の権威と秩序にたいして本気で反逆した。そして、権威主義者に出会った時に彼は、それが皇帝ニコライかビスマルクか、あるいはラッサールかマルクスか(マルクスは、彼の見解では三重に権威主義者である、ドイツ人として、ヘーゲル主義者として、そしてユダヤ人として)[60]を問わず、権威主義者というものを理解した。しかし、彼は慎重な思想家ではない。彼はモラリストでもなく心理学者でもない。彼の中に求むべきものは、社会理論でも政治的教義でもなく、予見と気性である。彼のいかなる時期に書いた物からも抽出さるべき一貫した思想はない。あるのはただ情熱と想像、暴力と詩、そして強烈なセンセイションや高度に緊張した生活への願望、および、平和で、隔離されていて、整っていて、規律正しく、小規模で、俗物的で、既定の、穏健で、日常生活の単調な散文の一部であるようなもののすべてを崩壊させようとする抑え難い願望である。彼の態度と教義は全く浅薄である。[61]概して彼はこのことをよく知っていた。そして、それを暴露されるといつも善人らしく笑っていた。彼はできるだけ多く、できるだけ速かに火をつけることを望んでいた。いかなる種類の混沌、暴動、蜂起に思いをめぐらせても彼は無限の興奮を見出した。彼の有名な告白(牢獄の中で皇帝宛に書かれた)の中で、彼は自分がもっとも嫌悪するものは静かな生活である、自分がもっとも熱烈に求めているものは、いつもなにか——なにものであれ——空想的で、冒険者たちさえ知らない絶え間ない動き、行動、戦闘である、自分は平和な条件のもとでは窒息すると述べた。この時、彼は彼の著述の質とその内容をともに要約したのである。

六

ゲルツェンとバクーニンのおもてむきの類似性——両者に共通するロシアの政治体制への憎悪、ロシアの農民への信仰、理論的連合主義とプルードン的社会主義、ブルジョア社会への憎悪と中産階級的徳目への軽蔑、反自由主義と戦闘的無神論、人間的献身、および社会的出身や趣味や教育の類似性——にもかかわらず、二人の友人の相違は深くて広い。ゲルツェンは(彼の最大の礼賛者たちによってさえもほとんど認められていないけれども)独創的思想家であり、独立的で、正直で、予想以上に深遠である。当時、普遍的な妙案や遠大な体系または単純な解決が、ヘーゲルやフォイエルバッハやフーリエの弟子たち、あるいは、キリスト教的およびネオ・キリスト教的社会神秘主義の弟子たちによって説かれ、一般に広まっていた。また功利主義者たちやネオ・中世主義者たち、ローマン的悲観論者やニヒリストたち、「科学的」倫理学や「進化論的」政治学の受け売り人たち、およびあらゆる種類の共産主義者たちや無政府主義者たちが短期的治療や長期的——社会的、経済的、神智学的、形而上学的——ユートピアを提供していた。そのような時期に、ゲルツェンは彼の不朽の現実感覚を堅持したのである。彼は「自由」とか「平等」のような一般的で抽象的な用語は、もし、現実の状況に適合した特別な用語に翻訳されなければ、せいぜい詩的想像をかき立て、人々を高潔な感情で鼓舞するだけであり、最悪の場合は愚劣さや犯罪を正当化するということを理解していた。「人生の意味とは何か?」あるいは「ものごとは、一般にそれらが起るように起るという事実をどう説明するか?」あるいは「歴史の目標点は、その型は、その方向は何か?」というような一般的な問いは質問すること自体の中になにかばかげたものがあると彼は見ていた——それは彼の時代では天才的発見であった。彼はそのような質問は、それらが特定化された時にのみ意味があるし、その回答は特定な状況における特定な人間たちの特定な目的に依存していることを知っていた。常に、「窮極の」目的を問うことは、何が目的であるかを知らないことだ。歌っている歌手の窮極的目的を問うことは、歌や音楽以外のなにかに関心をもっていることである。なぜなら人は、その人がしたように、それぞれ自分にとって神聖な、自分自身の個人的目的(それがどんなに多く、また正しく、他人の目的と関係があり、あるいは同一であると彼が信じようと)、彼がそのために生きて死ぬ用意のできているような目的のために行動するからである。ゲルツェンがあれほど真剣にまた情熱的に個人の独立と自由を信じ、そして、自己の信じているものを理解したのも、また、形而上学的、あるいは神学的特殊用語と民主的修辞学による問題の不純化や不明瞭化に反対してひどく苦労しながら対応したのも、ほかならぬこの理由のためである。彼の見解では、窮極的に価値あるものは個別的人物の固有の諸目的である。そして、これらを踏みにじることは、常に犯罪である。なぜなら、個人の目的よりも高い原理や価値はないし、あり得ない。従って、また人がその名においてすべての原理とすべての価値の唯一の源泉である個々人に乱暴したり、堕落させたり、破滅させたりすることが許されるような原理はないのである。すべての人々に彼らが欲するように行動できる最小限の範囲が保障されないならば、残された唯一の原理と価値とは、世界における人間の地位やそこでの人間の機能や目的についての窮極的真理を知ろうとする神学的、形而上学的あるいは科学的体系によって保障されたものになるだろう。ゲルツェンはこれらの主張をすべて詐欺的なものとみなしたのである。このゲルツェンの独特な非形而上学的、経験論的、「幸福主義的（ユーデイマニスティック）」個人主義が功利主義的思考や権威主義的諸原理や神秘的に顕示された諸目的、あるいは、不可抗力な力や「事実の論理」への崇拝、そのほか似かよった理由のどれにしても、それらの名において自由を抑圧するすべての体系および要求にたいして彼を不倶戴天の敵にするのである。

バクーニンは何かわずかでもこれと比較できるものを提供することができるだろうか？　はちきれるような元気と論理と雄弁をもち、根底から掘り崩し、燃やし、粉みじんにしたいという願望と能力をそなえたバクーニンは、時に無邪気に子供らしく、また、時には不条理で、非人間的である。また彼は、分析的な鋭さと手放しの宣伝癖という奇妙な組合わせをもち、類まれな無頓着さで、十八世紀の多彩な遺産を抱え込んでいる。自らの理念のうちのどれが他のものと矛盾するか、「弁証法」がその答えを出してくれるだろう――とか、そのうちの幾つが時代おくれで信用できないか、あるいは最初からばかげていたか、などについて考える苦労もしない。こういったバクーニン、絶対的自由の公的な友バクーニンは、自由そのもののために考慮に価するただひとつの理念も遺していない。新鮮な思想はなく、信頼すべき感動さえない。あるのはただ興味深い痛烈な非難、血気、敵意のある小論文、記憶すべき一、二の警句だけである。この歴史的人物は——彼が好んで自らをたとえたところの「ロシア熊」は——道徳的に不注意で、知的にはあてにならない人物である。抽象的には人間性を愛しているが、ロベスピエールのように血の海を歩いて渡る準備をしていた男である。それによって、冷笑的なテロリズムと個々の人間に対する無関心という伝統の中にひとつのつながりをつけた。そして、この伝統を実行したことが、これまでのところ二十世紀の政治思想にたいする主要な貢献である。バクーニンのこの側面は、ルーヂンの内側にかくされているスタヴローギンであり、ファシストの傾向であり、アッチラの方法であり、「ペトログラードの独裁制」であり、愛すべき「ロシア熊」——大きなリーゼ(62)——からはるかに離れた不吉な属性である。彼のこの側面は、ドストエフスキーのみでなく、ゲルツェン自身によっても見破られた。前者はそれを誇張して戯画化したが、後者はそれに対して、「古い同志への手紙」のなかでおそろしい告発を行なった。ゲルツェンのこの論文は十九世紀に書かれた人間の自由の見通しに関する、おそらくもっとも教訓的で、予言的で、まじめで、感動的なものである。

（1） *Sobranie sochinenii v tridtsati tomakh*(三〇巻選集)(モスクワ、一九五四—六五年、索引、一九六六年)第一一巻、四八ページ。以下ゲルツェンの作品からの引用のすべては、この選集に依拠し、巻数とページを次のように記す。XI, 48.〔金子幸彦訳・ゲルツェン『過去と思索Ⅱ』世界文学大系83、二五五ページ〕

〈訳者注〉著者が右のロシア語選集から引用したゲルツェンの言葉は、引用文の英訳が明らかにロシア語の原文の意に反していない限り、引用者の英文を尊重して訳出した。邦訳のあるものについてはそれを参照し、原注の末尾に訳書の該当個所を〔 〕で示した。
（2） G・マッツィーニ宛、一八五〇年九月一三日付。
（3） 'From the Other Shore': VI, 124.〔外川継男訳『向う岸から』現代思潮社、古典文庫33、一九七〇年、一八六―一八七ページ。以後この訳書に関しては、〔 〕のなかに外川訳と記し、該当ページ数のみを示す。本書の邦訳に当ってその訳文を参考にした。〕
（4） *Ibid.*: VI, 123.〔著者の引用語は原書の該当ページには存在しない。〕
（5） 'Letters from France and Italy', tenth letter: V, 175-76.
（6） 'From the Other Shore': VI, 125-26.〔外川訳、一八八―一八九ページ〕
（7） 'Doctor Krupov': IV, 263-64.
（8） *Ibid.*: IV, 264.
（9） 'From the Other Shore': VI, 140.〔外川訳、二〇八ページ〕
（10） 'Letters from France and Italy', fifth letter: V, 89. あわせて、「古いテーマについての新しいヴァリエイション」のなかにある、偶像の造出や第二の戒律の違反によって知的責任を逃れようとする一般的な願望についての注目すべき分析を見よ(II, 86-102)。これははじめ雑誌『ソヴレメンニク』に載った。
（11） 'From the Other Shore': VI, 46.〔外川訳、六七―六八ページ〕バーリンの引用では「不敬罪を罪と考えるだけでは充分でない」となっているが、ゲルツェンの原文では「不敬罪を罪でないと考えるだけでは充分でない」となっており、原文に従った。
（12） *Ibid.*: VI, 35.〔外川訳、五一ページ〕
（13） *Ibid.*: VI, 34-35.〔外川訳、五〇ページ〕
（14） *Ibid.*: VI, 36.〔外川訳、五二ページ〕「旅行日程もない、状況は起るものなのだ」の原文は「航路もない、条件はある」となっている。引用文の英訳に従った。
（15） *Ibid.*: VI, 31.〔外川訳、四四ページ〕

（16） *Ibid.*: VI, 32.〔外川訳、四五ページ〕
（17） *Ibid.*: VI, 94.〔外川訳、一四二ページ〕
（18） 'Letter on the Freedom of the Will' (to his son Alexander): XX, 437–38.
（19） 'From the Other Shore': VI, 131.〔外川訳、一九六ページ〕
（20） *Ibid.*: VI, 29.〔外川訳、四一ページ〕
（21） *Ibid.*: VI, 51.〔外川訳、七五ページ〕
（22） 'To an Old Comrade': XX, 584.
（23） *Ibid.*: XX, 578.
（24） 'From the Other Shore': VI, 472.
（25） 'To an Old Comrade': XX, 578.
（26） 'Letters from France and Italy', fourteenth letter: V, 211.
（27） 'From the Other Shore': VI, 104.〔外川訳、一五八ページ〕
（28） 'Letters from France and Italy', fourteenth letter: V, 215–17.
（29） 'From the Other Shore': VI, 58–59.〔外川訳、八六―八七ページ〕
（30） *Ibid.*: VI, 110.〔外川訳、一六六ページ〕
（31） *Ibid.*: VI, 53.〔外川訳、七八ページ〕
（32） 'To an Old Comrade': XX, 576.
（33） 'My Past and Thoughts': XI, 70.〔金子訳、前掲書Ⅱ、二六七ページ〕
（34） 'Letters from France and Italy', fourth letter: V, 62.
（35） 'From the Other Shore': VI, 36, 91.〔外川訳、五六、一三六ページ〕
（36） *Ibid.*: VI, 130.〔外川訳、一九五ページ〕引用文の英訳では egotism となっているが、ゲルツェンの原文ではエゴイズムとなっているので、それに従った。

(37) *Ibid.*: VI, 131.〔外川訳、一九六ページ〕
(38) *Ibid.*: VI, 119.〔外川訳、一八〇ページ〕
(39) *Ibid.*: VI, 120.〔外川訳、一八〇―一八一ページ〕
(40) 'To an Old Comrade': XX, 588.
(41) *Ibid.*
(42) *Ibid.*: XX, 588-89.
(43) ゲルツェンはロシアと対比して西欧についてかつて語った。「どんなに政府が低く落ち込もうと、スピノザが流刑に処せられたり、レッシングが鞭打ち刑になったり、兵役につかされるということはなかった」('From the Other Shore': VI, 15.〔外川訳、一八ページ〕)。二十世紀はこの比較の力を破壊してしまった。
(44) 'From the Other Shore': VI, 126.〔外川訳、一九〇ページ〕
(45) Letter to N. P. Ogarev, 1-2 May 1868.
(46) 'My Past and Thoughts': XI, 351.
(47) 'On the Development of Revolutionary Ideas in Russia': VII, 15.〔金子幸彦訳『ロシアにおける革命思想の発達』岩波文庫、一九五〇年、一八ページ〕。アーノルド・ルーゲは一八五四年にこの書のドイツ語版を受けとって非常に傷つけられ、彼の論文の予告のなかで猛烈に抗議した。Arnold Ruge, *Briefwechsel und Tagebuchblätter aus den Fahren 1825-1880*, ed. P. Nerrlich(Berlin, 1886), vol. 2, pp. 147-48, を見よ。
(48) 'The Russian People and Socialism: Letter to Monsieur J. Michelet': VII, 330.
(49) 'Letter to the Committee of the Journal *l'Égalité*', *Œuvres*, ed. J. Guillaume, vol. 5(Paris, 1911), p. 15.
(50) Quoted by A. Ruge in his memoirs of Bakunin, in *Neue Freie Presse*, April/May 1876.
(51) 'Three Lectures to the Workers of Val de Saint-Imier', in J. Guillaume(ed.), *op. cit.* vol. 5, pp. 231-

32.

(52) M. Bakunin, 'The Knouto-German Empire and the Social Revolution', *Izbrannye Sochineniya*, vol. 2 (Petrograd/Moscow, 1922), pp. 235–36.

(53) *Ibid*., pp. 236–38.

(54) 彼の一八六九年のパンフレット 'A Statement of the Revolutionary Question', in M. A. Bakunin, *Rechi i vozzvaniya*(Moscow, 1906), pp. 235–45, を見よ。

(55) V. A. Polonsky(ed.), *Materialy dlya biografi M. Bakunina*, vol. 3(Moscow, 1928), p. 43.

(56) *Ibid*., p. 121.

(57) *Ibid*., pp. 122–23.

(58) 一八六二年一一月一〇日付のトゥルゲーネフ宛の手紙の中で、ゲルツェンはそれを適切に '*fatras* bakuninskoi demagogii'(「バクーニンのデマゴギーのごった煮」)と呼んだ。

(59) M. Bakunin, 'Statism and Anarchy', in A. Lehning(ed.), *Archives Bakunine*, vol. 3(Leiden, 1967), p. 358.

(60) *Ibid*., p. 317.

(61) バクーニンは皇帝宛の手紙のなかで言った、「私は生まれつき大ぼらふきではありません。しかし、不自然で不幸な境遇が(それには、実のところ私自身に責任があった)いつか私をして自分の意志に反して大ぼらふきにしてしまったのです。」V. A. Polonsky(ed.), *op. cit.* vol. 1(Moscow, 1923), p. 159.

(62) ゲルツェンはバクーニンの仲よしであった自分の三歳の娘に従ってバクーニンをそう呼んでいた。

〔訳注1〕 バーリンがここで言及しているロシア生まれの三人の道徳的説教者たちとは、ゲルツェンとトルストイ、ドストエフスキーである。そのうちゲルツェンが従来、その思想にふさわしい評価を得ていない点を指摘している。

〔訳注2〕 昔フリュギア人がかぶった三角キャップで、フランス革命の時に自由の象徴としてとり入れられて民衆の間で流行した。

〔訳注3〕 ドミトリー・ウラジミロヴィッチ・カラコーゾフ(一八四〇―六六年)。カザン大学在学中に学生運動に参加して大学を追放され、後にモスクワのイシューチン・グループに参加し、大衆への啓蒙宣伝活動にたずさわった。しかし、グループの運動方針にあきたらず、一八六六年四月四日にペテルブルクで皇帝アレクサンドル二世をピストルで狙撃しようとして失敗し、絞首刑となった。

〔訳注4〕 ニコライ・ガヴリロヴィッチ・チェルヌィシェフスキー(一八二八―八九年)。一八六〇年代のロシアの農民解放運動の急進的指導者。一八六一年の帝制政府による農奴解放令が農民の真の解放にはならないとして厳しく批判し、革命的運動の必要を説いた。翌年七月逮捕され、シベリアに終身流刑に処せられた。一八六〇年二月付でゲルツェンの解放運動機関誌『コーロコル』に載った匿名の投書は、皇帝への幻想を捨てて、農民に斧をとって立ち上がるようにと呼びかけるべきだと主張したが、その筆者は当時チェルヌィシェフスキーであろうと考えられていた。

〔訳注5〕 ピョートル・グリゴリエヴィッチ・ザイチネフスキー(一八四二―九六年)。ロシアのジャコバン派の創始者の一人。一八六六年にモスクワ大学に学生グループを組織し、革命的檄文「若きロシア」を発行して逮捕された。

〔訳注6〕 アレクサンドル・アレクサンドロヴィッチ・セルノ-ソロヴィエヴィッチ(一八三八―六九年)。兄ニコライとともに一八六〇年代のロシアの解放運動に参加し、檄文「若き世代へ」をはじめ革命的文書を発行して、帝制政府への直接的闘争を呼びかけた。一八六二年に西欧に亡命し、若いロシア人亡命家たちを率いて、ゲルツェンの運動方針に急進的な批判を加えた。

〔訳注7〕 セルゲイ・ゲナヂエヴィッチ・ネチャーエフ(一八四七―八二年)。ロシアの革命家。一八六九年に自らモスクワで組織した秘密革命組織「人民の制裁」で、メンバーの学生イワーノフを殺害し、スイスに逃亡した。そこでバクーニンに協力して各種の扇動的文書を作成したが、そのうち「革命家の教理問

答」は革命のためには手段を選ばぬその反倫理的傾向によって知られている。

〔訳注8〕 ロンドンの西南にある郊外都市。亡命中のゲルツェンは一八五五年にこの地に住み、ニコライ一世の死(一八五五年二月一八日)をイギリスの新聞記事で知った。

〔今井義夫訳〕

ベンジャミン・ディズレーリとカール・マルクス——自我の探求——

一

自分がユダヤ人であることを自覚しているユダヤ人は、すべて深く歴史を意識している。彼らは、これまで生き延びた他のいかなる共同体にもまして長い記憶を持ち、共同体としての長い連続性を意識している。彼らを繫ぎ合わせる絆は、彼らを迫害し中傷した人々の武器よりも強いことが証明された。ユダヤ人は時として、大いなる誠意と弁舌を揮って、この絆は見かけ程強くも特異でもなく、ユダヤ人は共通の宗教ないし共通の苦しみによって結合されているにすぎないと論じた。また彼らの間の差違は類似性よりも大きく、したがって、より開明的な生活様式——自由主義的、合理主義的、社会主義的、共産主義的等々の意味での——が現れてくれれば、集団としてのユダヤ人はそれぞれの社会的、民族的環境の中に平和的に解消することになるであろう、そして彼らの結束は例えばユニタリアン派、仏教徒、菜食主義者、その他の共通の信念——必ずしもあまり情熱的に信奉されている必要はない——を共有し、世界的な拡がりを持っている集団の結束程の強さしかないと、論じてきた。しかしユダヤ人の絆は、このような彼ら自身の同胞、同じユダヤ人による説得という、迫害や中傷よりもはるかに陰湿な武器よりも強いことが証明された。もし右のような論議が真実であったとすれば、パレスチナの植民事業、窮極的にはイスラエル国家を可能にするだけの活力、共通の生活を生きようとする願望もなかったはずである。必ずしもユダヤ人自身がそう認めなくても、ともかくも他の世界がユダヤ人として直ちに認めるような特殊な合成体（アマルガム）の中に、他にどのような要因が入り込んでいるかはさておき、歴史意識――過去との連続性の感覚――は、そのもっとも強力な要因の一つである。

十九世紀ロシアの革命家ゲルツェンは、彼自身の国について、その強さは歴史にはない、ロシアにはあまり多くの歴史はない、むしろその強さは地理、野蛮で広大な領土の大きさにあるといった。逆にユダヤ人については、彼らに常に欠けていたのは地理、そこに住みついて発展させるだけの土であると、いってよい。歴史については、彼らはどちらかといえば、充分以上に持っている。かつて歴史家の故ルイス・ネーミエが私に語ったことだが、ある素敵なイギリス貴族からユダヤ人である彼が何故ユダヤ史でなくイギリス史を書くことに献身しているのかと訊かれて、こう答えたというのである。「ダービイ君、近代ユダヤ史などといったものはない。あるのはユダヤ殉教者列伝だけだ。そして、それでは私には面白くないのだ。」これはいかにも彼らしい発言で、もっぱらこの思慮のない貴族をたしなめることを意図したものであったに違いない。しかしそこにはある真理がある。第二の神殿の破壊から比較的近代の時期までのユダヤ人の年代記は、たしかにもっぱら迫害と殉教、弱さと英雄主義、きわめて不利な条件にたいする不断の闘争の物語である。にもかかわらずユダヤ史研究者の観点からすれば、その課題はかなり容易である。主としてキリスト教徒、ある程度まではイスラム教徒による組織的、計画的な迫害のために、ユダヤ人はゲットーや定住地など限られた地区に追い込まれ、それだけに彼らの共同体としての歴史を確認し記述し分析することは、痛ましいまでに簡単だからである。ともかく十八世紀までのヨーロッパでは、確かにそうであるように思われた。個々のユダヤ人には、共同体を離れて、非ユダヤ人（ジェンタイル）の中に住むものもいた。洗礼を受けたものもいたし、逆に秘かに祖先の宗教を多少なりとも実践するものもいた。またスピノザのように公然たる異端の徒になり、ユダヤ人共同体から追放され、住んではいるものの決して完全には一体化できないでいるより大きな社会の中で、よくて神経質な敬意でもって迎えられるものもいた。このようなユダヤ人は多くはなかった。したがって古代世界や中世、さらにはルネサンスとその直後の時期については、誰がユダヤ人であり、誰がそうでないかという問題は、重大な歴史の問題ではない。

　ユダヤ史のおおよその時代区分を試みるならば、少なくとも三つの時代があるといえよう。(1)彼らが自らの土地に住み、小アジアないし北アフリカにあまり広くなく散在する植民地を有していた時代。(2)中世のディアスポラの時代、彼らは隔離された集団の中で暮し、まさにそれ故に、少なくとも理論的にはさして大きな困難を感じることなく、彼らの運命を辿ることができる。(3)解放後の時代である。歴史家にとっての真の難問、ユダヤ史とは何であり何でないか、誰がそれに属し、誰が属さないかは、ここに生れる。東欧のユダヤ人共同体の社会史、思想史、宗教史は明らかに存在している。ロシア領ポーランドのユダヤ人居住区についても同じである。しかし西欧のユダヤ人については、どういえばよいのか。共同体としての彼らの諸制度の歴史を辿ることは可能であろうか。イギリスでは、この時期の彼らの歴史はきわめて好運であったが、それはおよそ劇的ではなく、色彩と運動、複雑な人格と状況の相互作用を好んだネーミエのような歴史家には全然面白くない。ヘーゲルがいったように、幸福な時代は歴史書の空白の頁なのである。

しかしここに、一つの問題が生じる。ユダヤ系、さらにはユダヤ教を信仰する個々人の歴史は、それもまたユダヤ史の一部を構成するのであろうか。イタリア史家はマザラン枢機卿、アルベローニ枢機卿、マリー・ド・メディチをめったにイタリア史上の人物に算えないであろうが、大抵のユダヤ史家は例えばノクソスのヨセフやスピノザのような人物に言及する。それでもおかしくないのは、近代以前には誰が何であるかという問題はあまり深刻でなかったからである。プルタークは、自分がギリシャ人かローマ人かという疑問に出会うことはなかった。ユダヤ人の歴史家ジョセフスは、自分は何かを疑ったことはなかった。スピノザは、自分が真にオランダ人であるかどうかを自問しなかった。ヨーロッパ国民国家によってさまざまな自治体が解体され、国家にたいする全面的な忠誠が要求されるとともに、右のような状況が変化して、忠誠心の葛藤が生れることになった。この危機は、ユダヤ人にとっては彼らの隣人よりも遅くに始った。ゲットーの門が開かれ、ユダヤ人たちが初めはおずおずと、やがては強い自信をもって信仰を異にする他の市民と交わり、公私両面にわたって共通の生活に参加するのに成功した時、その危機があらわになり始めた。近代史については、ユダヤ人そのものの歴史と、彼らがたまたまその成員となった一層大きな社会の歴史との間に、どこに線を引くことができるであろうか。ユダヤ人のための弁明者がユダヤ人を中傷する人々に向って、キリスト教文明がいかに大きくユダヤ人の恩恵を受けているかを想起させようとして全般的文化にたいするさまざまな貢献を列挙したが、われわれはこのいささか悲愴な貢献のリストについてはすでによく知っている。ハイネ、フェリクス・メンデルスゾーン、リカードの生涯と業績は、ユダヤ史の一部なのであろうか。それとも、受洗したという理由で彼らを除外しなければならないとすれば、ラッサール、マイヤービア、ピサロなど――前世紀から思いつくままに例を挙げるが――、受洗せずにユダヤ人の制度的な生活との特別の絆を保っていた人々については、どういえばよいのか。フランシス・ベーコン、ジョン・ステュアート・ミル、ラッセルなど、強くキリスト教に反対した人々を、われわれはキリスト教的思想家とは呼ばない。にもかかわらずフッサール、ベルグソン、フロイトなどを何らかの特別の意味でのユダヤ人思想家と呼ぶべきであろうか。

まさしくこの疑問が古来の問題を提起する。歴史上もっとも恐るべき大量虐殺とユダヤ人国家の創設、この両者の結果として、その問題は今や直接にわれわれに向って提出されている。「ユダヤ人とは何か」という問題である。彼の社会の他の人々にたいする彼の関係は何か。いかなる意味でそれは「彼の」社会であり、いかなる意味でそうではないのか。彼と社会の他の成員との間の差違は、国家、民族、くになど通常は単一の社会的全体とみなされているものの内部での階級、職業、教会、その他の社会集団など、もっと馴染みのある差違と類似のものであろうか。

この問題はフランス大革命の後、古来の牢獄から釈放された人々にとって特に尖鋭になった。彼らは西欧世界のゲットーの拘束、名はともかく実においてはゲットーであったものの拘束を離れて、陽光を浴びる場に出てきつつあった。この解放はかなり急激であった。調整の問題にたいする準備はなかった。未知のより広い世界を前にして尻ごみ、古来の拘束という狭くかつ既知の場の影にたたずむのを好んだものもいた。他のもの、きわめて熱烈な人々、きわめて野心的で、理想主義的、楽観的な人々は、情熱的な希望を抱いて光明に向って進んだ。今日ではその名はほとんど忘れられているが十八世紀イギリスのユダヤ人銀行家ギデオン、経済学者のデーヴィッド・リカード、あるいは著名な金融家と鉄道建設者たち、サン・シモンの南欧系(セファーディック)ユダヤ人の弟子たち――このような人々はさして大きな精神の苦痛と疲労を味わうことなく、彼らの新しい同胞と同化し、信仰を変え、あるいはともかくも習慣を変えるのに成功した。しかしさまざまな理由で、多くの場合に心理的な原因、屈服をいさぎよしとしない気質のために、時には自らの自覚的な意志にも反して、同化は不可能と感じるものもいた。急激に習慣を変えようとする人々はかなりの妥協を強いられるが、まさにこの妥協ができないと感じられたのである。彼らは時として中途半端の立場にとどまり、一方の岸は離れたものの対岸には達することができず、焦りながらも己を曲げられず、複雑でやや苦悩する人物として中流に漂う。別の比喩でいえば、敵味方の中間の無人地帯を彷徨する。そして自己憐憫、攻撃的な傲慢さ、彼らを他の仲間から区別するまさにその属性にたいする過大な誇りなどの波を次々に受け、その合間には自己軽蔑、自己憎悪の時期が来て、新しい社会の成員——その承認と尊敬は彼らの熱望するところである——にとっては自分たちが嘲笑ないし反感の的となっていると感じる。これは異質文化に押し込められた人々に見られる周知の状態であって、決してユダヤ人に限られてはいない。それは、民族主義の時代にあって支配的集団への自己一体化が最高度に重要でありながら、いくらかの個々人にとってはそれが異常なまでに困難であることから生じる、周知の神経症(ニューロシス)である。例えば半イタリア人、半ドイツ人のユダヤ人音楽家フェルッチオ・ブゾーニの書簡を読めば、彼の生涯がこのような緊張に引き裂かれていたことを誰しも理解するであろう。ヒレール・ベロックの文体と意見の誇張された激烈さは、イギリス社会における彼の立場の不安定にその原因を辿ることができよう。彼自身、このことに無意識であったのではない。それ程知られてはいないが、アメリカでハイフン付きの集団——イタリア系-アメリカ人、ギリシャ系-アメリカ人など——と呼ばれているもの、つまり外国の新しい生活に完全には統合されていない新移民に属する人々は非常に多い。しかしこの病症のもっとも生々しい実例は、あらゆる流浪の部族の中でもっとも有名で才能に恵まれた人種、つまり西欧のユダヤ人の中に見出すことができる。彼らは信仰の厳格な規律という支えの枠組を失い、決して友好的ではない新世界、魅惑的でかつ危険な世界に直面させられた。そこでは一歩踏み間違えれば命とりになるが、報酬もまたそれだけに大きい。そして無知、不安、野心、危険、希望、恐怖など一切のものが想像力を募らせた。明白には自分自身のものではない文化遺産に参入したいという過度の願望は、かえって挫折を招きがちである。即座に受け入れられたいという過度の熱意が生れるが、その希望は現れたかと思うと、次には裏切られている。またそこからは、報いられざる愛情、欲求不満、憤激、苦渋が生れる。同時にそれは、知覚能力を鋭くし、かきにはさみ込まれた砂のように、苦痛を惹き起しながらも、時として天才という真珠を輩出させる。

これが、外界の受容を求めた才能と野心のあるユダヤ人第一世代の運命であった。ルードヴィッヒ・ベルネとハインリッヒ・ハイネ(1)の話はよく知られている。二人にとって、自らの異常な地位が一種の執念となった。この二人が、ドイツ的価値のみに専念し、あるいは啓蒙の果実を同胞にもたらすことを心がけているドイツ人、ドイツ文化の真の相続人であると自称すればする程、二人は同じドイツ人から見てますますドイツ人ではなくなるように見えた。すでに安定している人々にとっては、安定を求めようとする努力は異常さの徴候のように見えて、時には苛だたしく感じられる。ユダヤ人の中のあまり気性が激しくなくて物静かな人々は、気付かれることなくヨーロッパ世界の扉の中へ滑り込んでいった。彼らの子供たちは、その住民と平和裡に自然に混り合った。より大胆な精神の持主は門戸を打ち叩いて無用の注目を引き、しぶしぶ入門させてはもらったものの、新しい環境の中での完全な安楽さは遂に得られなかった。彼らはさまざまな手段に訴えて、差別に打ち勝ち、自らの善意、忠誠、才分、クラブ加入資格を他人に認めさせようとした。彼らが抗議すればする程、彼らの存在そのものが問題となり、その問題の性質、単純な解決は困難であるということの証拠を自ら提出していったのである。

このエッセイにおける私の関心は、この特殊な歴史的、心理的苦境を代表する二人の重要な人物にある。私の問題点を明らかにするために、私はともに有名で影響力があり、例外的な才能を備えた二人の人物を選んだ。二人はさまざまな点で明白に大きく異なっている。しかし二人は、私がすでに触れた特定の資質においては共通であり、共通の状況の中に巻き込まれていた。

人間の初歩的な必要——食、住、安全、生殖、通信の必要と同じく基本的な必要——として特定の集団に属する必要があるという命題に、はじめて広汎な注意を喚起したのは、ドイツの歴史哲学者ヘルダーであった。人間は何らかの共通の絆——特に言語、集団としての記憶、同じ土の上での継続的な生活、あるものはさらに、われわれが現代にあって大いに耳にすることになった人種、血、宗教、共通の使命感などの特徴を付け加えたが——これらの絆によって結合されて、特定の集団に属する必要があると、いうのである。ヘルダーにあっては平和的で人間主義的な理論であったものがやがて誇張ないし歪曲を蒙り、恐るべき結果をもたらすことになった。しかし、われわれがいかにその結果を嘆こうとも、ヨーロッパでフランス大革命に続いて生れた世界にあっては、意識的な結合の原理が支配し、民族的、社会的、宗教的、政治的等々のそれまで相対的に抑圧されていた集団が登場してきたことは、疑うべくもなかった。この民族、人種的 - 言語的少数集団、階級、政党、社会的身分などの自覚的連帯の時代には、ある個人がどの集団に属するか、どこが彼の自然に落着く場所かという問題は、ますます尖鋭になった。ユダヤ人は、人間主義、平等、寛容、国際主義などの偉大な旗印のもとで解放された。このような啓蒙の理想の名において、人々は国王と聖職者、無知と特権にたいして立ち上ったのである。しかし歴史を読んだものが誰しも知っているように、大革命とそれに続く戦争はそれまで隠されていた民族、階級、運動、個人などの攻撃的な力を解き放った。不正と不平等の犠牲者が入ることを許されたヨーロッパは、これまで抑圧されていたさまざまの集団の自由と民族自決、民族主義を求める激烈な闘争と、地位と権力と物欲のための苛烈な競争とにますます支配される世界であった。歴史上もっとも厳しく差別されてきた少数集団、つまりユダヤ人の統合されたいという願望、尊敬されている人類の成員とともにありたいという願望は、当然にきわめて強かった。ユダヤ人のための世俗教育を唱えた偉大な十八世紀の使徒モーゼス・メンデルスゾーンは、ユダヤ人がその隣人たちと同じ社会的、教育的、文化的水準に達すること、つまり他の人々のようになることを望んでいた。彼の息子の一人、娘二人がキリスト教徒になったという事実は、さして驚くに足りない。彼らがどこまでキリスト教の教義を信じていたかは確かではない。明らかなのは、彼らが人類の羨望されている部分、上流の文明化され解放された部分と一体化したいと望んだことであった。文化的、政治的な結合、いわゆる「有機的」な民族的連帯——これが当時の合言葉であった。このような発展の局外にあるものには、その発展は時として黄金の陽光を浴びているように思われた。局外者が、彼らの視線が固定されている境界線の彼方にある国を理想化しがちであるのは、周知の心理的現象である。安定した社会の確固たる安全の中に生れ、その成員であり、それを自らの自然の住み家と見なす人々は、傾向としてより強い社会的現実観を持つ。彼らは公共生活をかなり正しい均衡をもって見て、政治的夢想やロマン的虚構に逃避する必要を感じないであろう。先の理想化の傾向は、共同体の中心的な生活への参加からある程度排除されている少数集団に属する人々の中に、きわめて頻繁に見られる。彼らは、支配的な多数者にたいして過剰の憤激ないし軽蔑を抱くか、それとも過度の尊敬、むしろ崇拝を感じ、時としては両者を結合させることになるであろう。それは、異常なまでの洞察力と同時に、——感受性を働かせすぎたことから生じる——神経症的な事実の歪曲をもたらす。

このような現象は、政治指導者の場合、彼らが指導することになる社会の外部、あるいはその周辺、外辺部から出身したものに、よく見られる。ナポレオンのフランス像は、フランス人のものではなかった。ガムベッタは南部辺境地帯の出身であり、スターリンはグルジア人、ヒットラーはオーストリア人、キップリングはインド生れで、デ・ヴァレラは半分しかアイルランド人ではなく、ローゼンベルクはエストニア出身、テオドール・ヘルツルとヤボチンスキーはトロツキーと同様、同化されたユダヤ人世界の周辺部の出自である。彼らすべては、高貴なものか、堕落したものか、理想主義的なものか、歪曲されたものかはともかく、火のように燃えたつ物の見方をする人々であった。そのような見方の源は、彼らの自尊心（アムール・プロプル）、彼らの侮蔑された民族意識にあった。彼らは、ある民族の辺境近くに住み、そのため他の社会、外国文明の圧力をもっとも強く感じたからである。ヒュー・トレヴァー－ローパーのいうには、もっとも熱狂的な民族主義はさまざまな民族と文化が混り合い、摩擦がもっとも鋭いところ、例えばウィーンに生れる。ウィーンに加えて、ヘルダーを育てたバルト諸国、フランス排外主義の父ド・メーストルの生れ育った独立のサヴォイ公領、バレスやド・ゴールの場合のロレーヌなどを挙げることができよう。このような外辺領域において、現実の事実はともかく、信念の目から見たものとしてのあるべき人民ないし民族の理想像が発生し、熱烈な成長を遂げるのである。

したがって、これと同じ過程がユダヤ人について見られても驚くべきことではない。彼らは、新しく解放された共同体の成員である。その共同体はどこの国でも少数者であるために、多数者と一体化することに憧れる。彼らは白昼夢の中で、遂に認められた、平等と地位を与えられたと思うか、あるいはもっと激しい気性のものの場合には、解放奴隷の地位から他人の運命を決定する主人の地位にまで登ったと想像した。排除された集団の成員の想像力がこのような激しさにまで達しない場合にも、彼らは自らの異常で、しばしば劣等の社会的地位からの解放を期待した。それは傾向として、二つの形態をとる。被抑圧民族については平等ないし優位を意識的に要求して、自決と独立のために戦う。興隆しつつある帝国では征服と栄光のために戦う。また、軍人階級、宗教的共同体、教会、その他の人間集団によって社会的、経済的に承認され、あるいは支配されることを求める。これが一つの形態であった。民族主義、社会主義、教権‐反教権の運動、帝国主義、軍国主義、ファッシズム、人種紛争などの歴史は、今日のわれわれにはよく知られている。

しかし、この承認の渇望にはもう一つの形態がある。それは、自らの元の状態にあるような欠点を有していない他の集団ないし運動と一体化することによって、抑圧され傷つけられた社会集団の弱さと屈辱感から逃れようとする努力という形態である。つまり新しい人格を得て、さらにそれに付随するものとして新しい衣服、新しい価値と習慣、かつて奴隷として負わされていた鎖が残した古傷、古い傷痕にさわらないような新しい甲冑をまとおうとすることである。軍隊、規律、制服などの本質は、むしろこの点にある。元の状態にあっては喪失と無防備を感じる人々が、新しく戦いとるべき大義、特に過去の栄光——現実のものか想像上のものかはともかく——と歴史的に結びつけられた大義を与えられると、勇敢で規律のある戦士に変貌する。征服されたアイルランドでは意気消沈していたアイルランド人は、イギリス軍やアメリカ軍にあっては立派に戦った。オーストリアに粉砕されたボヘミア人は、チェコ軍団にあっては勇敢さの奇蹟を演じた。テオドール・ヘルツルは、第一回シオン主義者大会の席上、途方に暮れている自分の支持者に命じておよそ考えうるかぎりでもっとも儀式めいた衣服を着用させ、大会の威厳と歴史的壮大さに相応しく振舞わせようとしたが、その時の彼は自分が何を意図しているかを充分に承知していた。この大会は、参会者を物質的、精神的に変身させ、未組織のばらばらの個人の集りを一つの民族運動に変えていくことになった。ヘルツルが儀式を要求したことは、ワイツマンも含めた東欧出身の疑り深い代議員から隠しようもない皮肉と懐疑の目で見られた。しかしワイツマンは、やがて自らの誤りを認めた。新しい人格(ペルソナ)を得、隷従と劣等の印を捨て、自由人の衣裳と記章をまとい、自由人の身振り、習慣、生活様式を得ることは、これまで抑圧されてきた集団に属する多くの人々にとって、当然の願いであった。しかも彼らは、平等と威厳の新しい社会、これまで挫折させられてきた才能を伸ばしていけるような将来を目指して、まさに解放の境界線上にあった。ともかくもそこにいると想像していた。ナポレオンの勝利がラインラントのユダヤ人に与えた新しい希望は、このようなものであった。大きな嵐が古来の封建的制約を吹き飛ばし、ゲットーを破壊し、その住民を人間としての完全な地位に高めた。この新しい始まりを体験したハイネは、何につけてもそうしたように、それを半ば祝福し、半ば嘲笑した。国外の事態によって解き放たれた変化の風は、イギリスにも吹き始めていた。私は、この状況の心理的特徴を、二人の非常に異なった人物、ベンジャミン・ディズレーリとカール・マルクスの反応によって例証することにしたい。

二

この二人の間の対照は、当初は非常に大きく見えるに違いない。前者はやや風変りな人物で、野心的な日和見主義者、社会的、政治的な冒険家、派手で服装を着飾り、伊達男と人工性の化身であった。手袋をはめた手の指輪、蒼白の異国風の顔に垂れかかる入念に整えた巻毛、気取った胴着、ロココ的な雄弁、警句、悪意、甘言、そして彼の目眩めく社会的、政治的才能は、尊敬されながらも不信感を与え、あるものからは恐れ嫌われた。彼は、すべて陶然としている公爵と伯爵、実直な田舎紳士と逞しい農民の集りの先頭に立つ、いわばハメルンの笛吹きであった。それは全十九世紀を通じてもっとも奇妙で奇抜な現象の一つである。さて他方は、貧乏にとりつかれた厳しいパンフレット作者、辛辣で孤独で熱狂的な亡命者、富者と権力者に呪いの言葉を投げ、容赦なく陰謀をめぐらし、搾取者と労働者の敵という呪われた階級の破滅を準備する人物である。彼は、大英博物館図書室でひとりひたすらに研究し、国家元首や軍人などの行動の人よりも大きな転換をペン一本で惹き起した。しかしこの二人の間にはいくつかの共通性があり、私はそれに注意を喚起したい。

二人の出自は、全く違うという訳ではなかった。いずれも先祖は有名ではなかった。ディズレーリの家族はイタリアから来たようである。そしてセシル・ロスのまことしやかな推測が許されるとすれば、その前はレヴァント地方から来ている。カール・マルクスについては、家族の父方、母方双方の祖先はドイツ、ハンガリー、ポーランドのユダヤ教聖職者(ラビ)であった。父方の祖父と曾祖父はともに、彼自身が生れたトリヤールの町の聖職者であった。カール・マルクスの父は、マイエル・ハレヴィ・マルクス師、またの名はマルクス・レヴィの息子であった。父マルクスは、モーゼス・ルヴォヴの娘と結婚した。モーゼス・ルヴォヴの父ヘシェル・ルヴォヴは、一七二三年にトリヤール市の聖職者に選ばれているが、祖先はポーランドの都市ルヴォフ——その姓と同じである——の聖職者から来ていた。他の祖先には、パデュア、クラコフ、マインツの聖職者がいた。カールの辿りうるもっとも遠い祖先は、十五世紀初期にイタリアからドイツに移住した。彼の母方の祖父はハンガリーからオランダに移り、ニメゲン市の聖職者になっている。その娘の一人が、ヘシェル・マルクス、つまりカールの父と結婚したのである。もう一人の娘はフィリップスという名の銀行家と結婚したが、それが今日では世界的規模の電気企業フィリップスの創立者の祖父に当っている。ディズレーリ家、マルクス家いずれの場合にも家族は十八世紀後半に啓蒙によって与えられた機会から社会的な恩恵を受けた。

この大いなる才能――おそらく程度の違いはあったであろうが――を持った二人の父の間にも、ある心理的な類似性がある。アイザック・ド・イスラエリは、父ベンジャミンが望んでいた商業の道に入るのを拒否し、あらゆる意味で上品で人好きのする二流の文士となった。本好きで気取りがなく、雑多な面白い逸話、イギリス文学こぼれ話などを編纂した。彼は人柄がよくて見栄がなく、著名な文士――スコット、ロックハート、バイロン、サミュエル・ロジャース――の贔屓や出版者ジョン・マレー二世の友情を得て、当時のロンドン文壇の社交界で歓迎される人物になったのは、文学で傑出していたというよりそのような性質のためであった。主人役としては愛想がよく、チャールズ一世に熱を挙げる開化された保守党(トーリー)で、ほとんど田舎紳士と思える位であった。[2] ロンドンのセファルディ寺院(シナゴーグ)で役員になってもらいたいという度重なる要請に苛立ち、あっさり寺院を離れ、ユダヤ人社会を抜けてしまった。彼は、あらゆる情熱的な信念とは無縁であったようである。どちらかといえば、多分十八世紀的な理神論者で、ユダヤ人に生れたことを特に喜ぶのでもなく悲しむのでもなかった。暢気であったから、精神的な問題を気にかけることもなかった。つまり、当時の文明化された時代と環境にいる数多くの自由主義的不可知論者(アグノスチックス)と同じ心境であった。彼の友人シャロン・ターナーは、子供を受洗させるよう彼を説得した。彼は、同じ立場の多くの人々と同様、そうすることにした。子供の重荷をなくしてやり、世間に容易に出ていけるようにしたのである。いずれにせよ、彼はその重荷を自分が背負ったり、他人に背負わせたりする理由はないと思っていた。彼の息子ベンジャミンは、一八一七年に洗礼を受けた。この同じ年、カールの父ヘシェル・マルクスはルッター派教会に加入を認められ、ハインリッヒという洗礼名を受けた。アイザック・ド・イスラエリと同じく、父マルクスも正統ユダヤ教徒の家族に生れた。父と兄弟の一人は、もともとトリヤールの聖職者であった。しかし他方で、彼はヴォルテールとルソーの反教権的な著作によって育てられていた。ナポレオンの敗北以後、プロイセンのラインラント支配が復活してユダヤ人が法律家職につくことに障害が設けられた時には、彼は三四歳か三五歳であった。彼は自分の職業を続けたいと思っており、ユダヤ教の信仰は明らかにとっくに失い、政府公認のプロテスタンティズムは多分、多くの啓蒙思想創始者の漠然とした理神論とさして変らないと見なしていたのであろう。そのため、彼はあまり苦痛を感じることなく境界線を越えて、一八二四年八月にはカールと他の子供たちを受洗させた。彼は穏和で権威を尊び、他人を喜ばせるのが好きで、仲間の市民たちと仲良くやっていくことを願っていた。彼はカールを愛し、息子の鼻っ柱の強い性格を心配し、息子がうまく出世し、要人たちの気に障らないようにすることを願っていた。優しくて臆病、正しいことをしようと努める彼は、アイザック・ド・イスラエリが模範的なイギリス市民であったのと同様、模範的なプロイセン市民であった。この紳士的で中間階級の二人の父は、それぞれの息子を世界に送った。息子の方は、父の体質とは無縁の内的な力によって駆り立てられ、情熱的で尊大、火のような気質と不撓の意志を持ち、自らの周囲のほとんどすべての人間にたいしてかなり強い軽蔑を感じていた。大物になろう、大きなことをしようと決心しており、それぞれ非常に違ったやり方で、この野望を達成した。いずれの場合にも、息子と父は愛情の絆で結ばれていた。ベンジャミン・ディズレーリは、常に感動的な言葉で父アイザックについて語った。カール・マルクスは、終生父の肖像を身につけており、他の誰とも――エンゲルスとでさえも――それ程親密にならなかった。彼が一九歳の一八三七年一一月、父に宛て書いた有名な手紙は、彼の自己告白の資料としてはもっとも完全で、かつ唯一つの資料であった。二人の息子は、ともに母にたいしては比較的無関心であった。このことが両人について何を示しているかは、私は心理学者の考察に委せねばならない。

マルクスとディズレーリは、環境と気質ばかりでなく、物の見方においても深く異なってはいたが、ある点では明白に共通するところがあった。何よりも先ず、二人はそれぞれの社会を支配したいという情熱的な願望に溢れていた。マルクスはそれを変革することを望み、ディズレーリはそれに受容され、かつそれを指導することを望んだ。二人はそれぞれ若い頃には、突飛なロマン主義的夢想を書いた。ともにそれぞれのやり方で、自らが生れ落ちた環境にたいして反抗した。ともにプロレタリアートがその環境の犠牲者であることを発見した。マルクスはそれを、革命の担い手と見た。ディズレーリは土地所有階級にとっての関心の対象、ブルジョワジーにともに敵対する同盟者と見た。(3)

キリスト教の教義については、マルクスは大学生の頃までに、生涯のきわめて早い時期にそれを拒否した。それはディズレーリにとっては、大きな意味を有していた。彼は宗教一般、特にキリスト教について決して冷笑的ではなかった。彼は生涯を通じて、自分流の半ば神秘的、半ば文学的なキリスト教、歴史の連続感によって深く色どられた宗教、伝統によって――バークとコールリッジがその伝統の生命力を大いに復活させた――聖化された信仰を、信じていたようである。それにもかかわらず、もちろん彼はほとんど誰からもユダヤ人と思われ、多少なりとも自分でもいつもそうだと思っていた。マルクスが平均的ドイツ人のようではなかったのと同じく、彼の外見、動作も平均的イギリス人のようではなかった。二人はともにアウトサイダーであった。ともにその出自の不利な条件を除去しようとして、手を打った。ディズレーリは一つの道を選び、マルクスは別の道を選んだ。

ディズレーリの立場は、徹底して両義的であった。彼はいかなる意味でも通常のイギリス人ではなかった。それでは何であったのか。他の人々には、この質問に答える必要はなかった。彼らには、彼は奇妙で異常な人物、尊敬や嫌悪、羨望や嘲笑の的であり、抗しがたいまでに魅力的か俗悪なまでに自己顕示的と思われた。世紀の前半のいくつかのロンドンの集りでは、彼は「精神のユダヤ人」という名で知られていた。しかし彼自身には、自分自身が一つの問題であった。自分が成功するには――彼は自分を駆り立てている激しい野心を隠してはいなかった――、深く階級に分断されたイギリス社会、産業革命によって生み出された急速な転換にもかかわらず今だにきわめて階層的なイギリス社会の中に、自分の場を見つけねばならなかった。彼は何なのか。いかなる利害、階級、社会構造を彼は代表しているのか。彼は面白い異国風の文学ディレッタント――当時のロンドン社交界を才気と皮肉をこめて描いた記録でいわゆるモデル小説（ロマン・ア・クレ）の『ヴィヴィアン・グレイ』の著者として、泳ぎ続けていくことはできた。彼はアウトサイダー――オスカー・ワイルド、プルースト、イヴリン・ウォーの先駆者として出発した。貴族身分なるものに魅了され、半ばそれとの恋に落ち入り、半ばはそれを嘲笑した。面白くて若い芸術家、政治小説の創始者、対話と食卓の対応に見事で、男からはいくらかげすな男、女からは魅力的な人と思われていた。この安楽な世界にあって、自分を社会の特定の部分と一体化させることなく、冷静な外部からの観察者、彼の芸術の素材から距離があるというまさにそのことによって遠近感を保っている観察者にとどまることも、できたであろう。しかし彼には、それだけでは充分でなかった。彼は権力を望んだ。内部の人々にその一人として、優者としてではなくても少なくとも対等の一人として認められたいと望んでいた。こうして、自分が何であるかを自分自身にたいして確認しておく心理的必要があった。彼はそれにたいして社会の承認をかち取る。またそれによって自らの才能を自由に、その最大限度にまで発展させることができるようになるであろう。そしてやがて、彼は少なくとも想像の中で、自分のための一つの人格を創造するのである。彼は目前に、自由で傲慢で強力な貴族たちの社会を見ていた。彼がいかに鋭くその社会を見抜いていたとしても、それでもやはり陶然としてそれを豊かで素晴らしい世界と見ていた。彼の小説は、この点を非常に明らかにしている。人は政治演説や手紙では、誠実でないかもしれない。しかし彼の芸術作品は彼自身であり、彼の真の価値がどこにあるかを教えてくれる。彼はこの世界を征服しようとして自ら乗り出していくが、理由はその世界が政治的に重要であるということだけではなかった。彼も充分承知していたように、製造業者と技術者という新しい身分（オーダー）、イギリスの富を創出している今も興隆しつつある中間階級の方が、現在と未来の観点からすればおそらくより重要であった。しかしディズレーリは、一つの階級、一つの原理としての貴族制にどうしようもなく魅了されていた。彼は貴族制から承認されることを願い、貴族制を称讃し、貴族制の宇宙を支配したいと願った。彼がもっとも悪意と皮肉に満たされている時にも、彼はそれを深い愛着のこもった献身ぶりをもって描いた。

ディズレーリはいつも、生活の非合理的側面に惹かれていた。彼は真のロマン主義者であった。たんに突飛で派手な著作、打ち出しているポーズ、私的－公的生活での多くの虚栄の行為などにおいて、そうであったというだけではない。それらのことは、比較的表面的なことと見なすことができよう。彼はもっと深い意味でのロマン主義者であった。つまり彼は、個々人と社会の生活を支配する真の諸力は分析的理性によっては理解できない、いかなる体系的、科学的な調査によっても規則化できない、それは理性の範囲を越えた独自で神秘的、おぼろげでつかみようのないものであると、信じていた。彼は、傑出した個々人、暴民たちの頭上高くに立つ天才、民族の運命の支配者が莫大な影響力を持つと、深く信じていた。彼は、彼の中傷者カーライルと同様、英雄の存在を信じていた。平等、凡庸、そして普通人を軽蔑した。歴史をいたるところに潜んでいる権力者たちの陰謀の物語と見て、その歴史観に喜びを感じていた。功利主義、冷静な観察、実験、数学的推論、合理主義、常識、科学的理性の驚くべき業績と可能性、つまり十七世紀以来の人類の真の栄光――このようなものは、彼にはほとんど無いに等しかった。ベンサムとミルにたいする彼の軽蔑は、彼が保守主義者でこの二人はそうでないというたんなる事実に刺戟されたものではなかった。それは彼独特の物の見方に根ざしており、その観点からすればこの二人の価値観は、例えばバートランド・ラッセルの価値観がT・S・エリオット(もう一人の「外来の」保守党員である)にそう見えるように、退屈で俗悪であるように思えた。彼は、直観と想像力は理性と才能よりもはるかに優れていると、情熱的に確信していた。気質、血、人種、天才の説明しがたい飛躍を信じた。徹底した反合理主義者だったのである。芸術、愛、情熱、宗教の神秘的な諸要素は、彼には鉄道や大転換を惹き起した自然科学の諸発見、イギリスの工業力、社会改良、計量と統計と演繹によって得られるいかなる真理よりも大きな意味を持っていた。彼は生涯の初めから終りまで変ることなくこのような見方に立っていた。このような見方の人は、貴族制に眩惑されずには済まなかった。バルザックやワイルドやプルーストがそうであったし、平民ないし中間階級の出身で感受性と想像力に富み、劣等感に悩まされている多くの少年は、より自由で陽気で自信のある世界と思われるもの、多分実際にそうであった世界と接すれば、そうならざるをえなかった。

このような性質、この快活な社会に入って大きな役割を果したいという圧倒的に強い願望を前提にした上で、ディズレーリは完全に意識的ではないとしてもむしろそれだけ情熱的に、自らの夢想の翼を自由に拡げていった。彼は自分を、あくせく働いている大衆、中間と下層の階級、視野の限られた多くの人々の上に高く立っていると見るようになった。自分はその一人ではない。自分は頭のよい高貴な生れの人間である。どうしてこのように考えることができるようになったのであろうか。自分はエリートの一員、世界にそのもっとも貴重な財産——宗教、法、社会制度、聖典、さらには偉大な立法者モーゼの事業を完成した救世主――を与えた古い人種の一人であり、また自分自身の家族はこの古い人種のもっとも高貴で誇り高い家族の一つであると、考えたからであった。現実にそう考えていたに違いない。その人種はたしかに古かった。彼の祖先については、一八四九年に父の著作を自ら編集した時に、ディズレーリは読者にこのように語っている。

私の祖父は……十五世紀末に宗教裁判のためにやむなくスペイン半島から移住し、ヴェニス共和国のより寛容な領土に亡命を求めたあるヘブライ家族の血を引くイタリア人であった。彼の祖先たちは、すでにそのゴシック的な姓を捨てていた……そして、この前例のない試練を通じて家族を支え、前代未聞の危険を通じて家族を守ったヤコブの神に感謝し、彼らの人種を永遠に認知できるようにディズレーリ〔イスラエルより〕という名を名乗ることにした。それ以前以後に、他のどの家族も背負ったことのない名である。彼らは、聖マルコの獅子の保護のもと、妨害や迫害を受けることなく二世紀以上もの間、商人として繁栄した……。(4)

家族の説明はこのように続いていく。しかしここには、真実は一語もないようである。ルシアン・ウルフ(5)とセシル・ロス(6)は、それをずたずたに引き裂き、見事なディズレーリ伝を書いたブレーク卿もこの二人の発見した事実を承認している。(7) 多分そのすべてが、純然たるフィクションであろう。ディズレーリの家族がスペインから来て、ヴェニスに定住したという証拠はない。彼の祖父は、フェラーラの近くチェントーの法王領からイギリスに来た。ディズレーリの生存中にも、彼の二人の貧しい親戚がヴェニスのゲットーに住んでいたが、事実はそれだけである。スペインやヴェニスには古いド・イスラエリd'Israeli家の記録はない。彼が血縁関係にあると自称している有名なド・ララ家は、彼と何の関係もなかった。真実の話は、このように続いていくであろう。しかし明らかに彼は、自分にこれら一切のことを確信させ、そしてこの信念が彼を浮揚させたのである。真実は迷惑千万であった。彼は自分の演ずる役割を必要としており、役割がなければ舞台に登れなかった。彼は、彼の時代のもっとも鮮やかな演技者であったが、自らでっち上げた事実をせめて半ば信じていなければ、公演の舞台に登っていくことはおそらくできなかったであろう。彼は貴族の仲間として、製造業者とベンサム主義者に対抗して公爵や男爵たちを率いていった。彼の敵、そして多くの後代の観察者は、彼をせいぜい狡猾で冷笑的な詐欺師と考えた。しかしそれだけでは、真理の全体にはいささかも近付いたことにはならないであろう。たしかに彼はでっち上げた。しかし彼は、想像力の大きな人によくあるように、自分のでっち上げたものをほとんど信じ込んでいた。彼の業績、彼の力は、これなくしては理解できない。彼は役者であり、自分の役と一体となった。仮面が顔と合体した。第二の天性が第一の天性にとって代った。さもなければ演技はあまりにも浅薄となり、遂には誰も騙されないであろう。しかしあらゆる術策ときざな雄弁と異国調にもかかわらず、彼は確信を伝えていた。まさに自らを確信させていたがために、他人に確信を伝えたのである。彼の思想、政治的理想、宗教観などは、当時も後世にもある人にはけばけばしく大げさで、むしろ邪悪と思えるかもしれない。しかしそれは見せかけではなかった。ディズレーリは冒険家で自己顕示を好んだが、しかし政治や宗教では冷笑家でも偽善者でもなかった。

ここに一つの謎がある。保守党は穀物法廃止をめぐってピールと決裂し、その命運を挽回するために利口な人を必要としていた。この党は、有能な人々にはあまり恵まれていなかったからである(「保守党はもっとも愚かな政党である」(8)と、ジョン・スチュアート・ミルがいった。そしてこの言葉を攻撃されると、「保守党員が一般に愚かだというつもりは、いささかもなかった。愚かな人々は一般に保守党員であることを、いいたかったのである」と、訂正した(9))。このような状況にあって田舎の郷紳と公爵、さらには屈強の農夫さえもが、自分たちを愚行と失敗から救うにはこの東洋風の呪術師が必要だと思った。しかし、彼が彼らの文句のつけようのない指導者となったという事実、彼とは全く異なり、むしろ彼が擁護しようとしているものにありとあらゆる偏見を抱いている人々との間にこの驚くべき共棲関係を実現したという事実は、どのように説明できるのであろうか。彼が、自分は彼らの大義の擁護者となるべく召命を受けていると真に信じ、彼らの資質を心から信頼し、それをウィッグ党や急進派(彼自身は、急進派として生涯を始めている)が代表している資質と利益よりも優れたものとして理想化したことを抜きにしては、決して説明できないであろう。これだけではない。彼の中年のもっとも親密な政治的協力者は、青年イングランド党の同志たちであった。彼らは有機的な国民社会、貴族的土地所有者の目下の人々にたいする義務、キリスト教的な新封建秩序の復活を深く信じていた。若い同志たちは、工業社会を嫌い、信仰と共同体、社会的献身の感覚、製造業者と店舗所有者と市場社会の荒涼たる個人主義と利己心に対抗する意味での忠誠心と義務感を復活させることを願っていた。工業社会の個人主義と利己心にたいしては、カーライルとラスキン、キングスレーとウィリアム・モリスも、それぞれの間に大きな差違があるにもかかわらず同じく激しい怒りをこめて非難していた。しかし、きわめて真剣で深くキリスト教的、敏感で気難しい同志の若い貴族たち、よりによってこの人々が、レヴァント出身の策謀家をどうして同志の一人として受け入れ、さらには指導者として忠実に従うことになったのであろうか。彼はいわば、傭われの傭兵隊長であった。原則も理想もなく、いわば伝説の妖精レプラコンであった。彼に反感を抱いた伝記作者と歴史家は、ディズレーリを操り返しこのようなものとして描いてきた。例えばグラッドストンやアーガイル公爵は、彼のことを悪魔的な人物、徹底した虚偽のかたまりで、あらゆる正と善の恐るべき敵と見なしていた。この腹黒い毒蛇のような男を、ジョン・マナース卿とジョージ・ベンティンク卿は胸にひしと抱きしめたのである。これら若い保守党の公達(きんだち)たちは、両親の忠告をかえりみず、この男に従い、自らの忠誠を決して悔いることがなかった。

　しかし、この謎にあまり首をひねる必要はない。貴族制、人種、天才にたいする彼の信仰、工業的搾取にたいする彼の憎悪、血と土にたいする彼の信念(狂気のドイツ民族主義者が使うことによって、この血と土という言葉が堕落させられる前のことである)、歴史と国土と互いの差違を生むものとしての連続性にたいする彼の愛着に満ちた献身——これらすべてがいかに非合理的で夢想的で反動的であるにせよ、ともかくも真実であることを証明するのに必要な証拠は、すべてディズレーリの小説が提出している。右のような資質を材料に、彼自身の歴史的ないし擬似歴史的想像力が一つの人格を構築し、彼はその人格によってイギリスと世界に対面したのである。受洗したかどうかを問わず、当時の同化したユダヤ人のいく人かとは違って、彼は自分の中の真実と思われるものにたいしては、決してそれを踏みにじることはなかった。彼がむしろあまりに執拗なまでに自分のユダヤ人としての出身を誇り、自分の政治経歴を危うくしてまでも時をかまわずそれに言及し、しかも風変りではあるが真実のキリスト教徒であったにもかかわらずそうしたという事実は、誰しも気付くであろう。ユダヤ人に生れたという事実が、彼の出世の障害になったことは疑いない。彼は高貴な生れという途方もない嘘にまでそれを膨張させることによって、障害を克服した。彼の家族が選んだ国、彼が深く崇めている国の指導者たちに対等の立場で応待していると感じるためには、そうする必要があった。まさにそのために、彼の小説には異様な夢想(ファンタジー)がある。

明らかに彼は、学校では嘲けられ迫害された。あるいはそれに近い状態であった。彼の初期の小説『ヴィヴィアン・グレイ』の有名な一節で、学校の門衛が主人公、つまり彼のことを「煽動的な校外の人」[10]と呼んだこと(彼は、自分の小説がかなり自伝的であることを隠さなかった)が、その手掛りとなる。また、

彼ら〔生徒たち〕は私の兄弟と呼ばれた。しかし自然が、この繰り返していわれることを偽っていた。われわれの間には似たところがなかった。彼らの青い目、亜麻色の髪、白い顔は、私のヴェニス人的な顔付きに何の血縁もなかった。どこへ行っても、私は周りを見廻し、私とは違う人種を見た。私の身体と、私が暮すことになった厳しい風土との間には、何の共感もなかった。

これは、『コンタリーニ・フレミング』[11]の一節であり、それ自身で充分に語っている。このような人々を、彼としてはどう扱えばよいのか。彼の真実の出身を主張し、むしろ過度に主張するのが、その対処の方法であった。彼の上に自分たちを置いているこの人々とは、一体誰なのか。彼は彼らのことを、「ノルマン騎士団、彼らの祖先は略奪者、バルト海の海賊であった」と形容する。

彼はサクソン人とノルマン人の混合したこの人々の中で初めて陽の目を見たが、それでは彼らは彼よりも純血であったのか。否、彼は世界でもっとも古い人種の一つ、イングランドの住人が半ば裸体で森の中でどんぐりを食べていた時に高度の文明を発展させていた、あの厳しく隔離された純血のベドウィン族の直系の子孫であった。

彼は続けて、自分は純血であると宣言する。しかし奇妙なことに、彼らは彼の人種を下層のカーストと見た。そしてそれにもかかわらず、このカーストが「アラビア」地域にあった時の特徴を成していた法と習慣の大部分を採用しているのである。彼らは、彼の祖父のすべての宗教、すべての文学を我が物にした。ユダヤ人の遺産は、その後のすべての文明社会の基礎となった。彼らはユダヤ人民の文学、安息日、聖なる歴史、聖歌、悲曲と讃歌を尊び、遂には「あるユダヤ婦人の息子を神として」崇めた。「彼らの祭、聖歌、文明の半ば、宗教、神はすべて彼の人種のものであった。にもかかわらず彼らは、この人種をあたかも地球の汚物であるかのように彼らの社会、彼らの議会から排除した。彼は頭をひねった。」

古代ヘブライ人とユダヤ人一般について彼が語った叙情的な発言のすべてを、ここで再び列挙する必要はない。ディズレーリの伝記作者の多く、特にユダヤ人の伝記作者は、そのような文章を引用している。彼の初期の幻想物語『アルロイの不思議な物語』では、主人公はユダヤ人を古来の地に復活させ、小アジア全部を征服し、最後には栄光の死を遂げる。『コニングスビィ』では、シドニアという神秘的で万能の人物――慈愛深く強力で、ほとんど万能に近いこの人物は、「アジア的純血」(12)の代表である。ユダヤ人とアラブ人は、この血の絆によって互いに従兄弟となる。そしてディズレーリは、アラブ人とは「馬上のユダヤ人」(13)に他ならぬと形容するにいたった。ユダヤ人はそのコーカサスの血(14)と、彼らを下級の人種から分離しておいた賢明な法とによって、時間と迫害に勝ったというのが、シドニアの説明である。(15)彼は、ユダヤ人は「いつも騒々しく自惚れにのぼせている鼻の低いフランク人(おそらくまだほとんど切り拓かれていない森林地帯の泥沼の中に生れた人種なのであろう)(16)」よりも優れているという。また熱病的な主人公ロザイアは奇妙な物の見方をしている。『タンクレッド』では、「アラビアの天使」がパレスチナで主人公に神秘的な言葉を語る場面がある。(17)この小説はディズレーリの気に入っていたが、そこには彼の他のどの作品にもまして、東方のものは全てよくて高貴で優れており、勝利する運命にあるという観念が強く浸透している。これは、単純な意味でのユダヤ民族主義ではない。ディズレーリはシオン主義者だったと考えるのは、時代錯誤で説得力がない。(18)東方の旋律は一個の人格、彼自身についての内的な像を構築する必要に応えて呼び込まれた。彼は新しい人格を得ることによって、世界の中に自分にある場所を確保し、歴史と社会の中で一つの役割を演じることができたのである。

本章の表題の「自我（アイデンティティ）の探求」の意味は、そこにある。二流文士の息子、イタリア風の異邦人は、明らかに十九世紀イギリス政治社会を構成するどの正常な社会集団にも属していなかった。したがって彼は、自分は場違いでどこにも属していない、外来の存在で、山師、カーライルのいう「第一級のヘブライ人手品師」[19]、「彼の心はイギリス人の心ではない」[20]とE・T・レイモンドのいう外国の冒険家として片付けられてしまうという苦痛に満ちた意識に我と我が身を焼き尽してしまわないでおこうとすれば、何か決定的な心理的自己転換の行為なくしては、容易に自分の道を切り開くことはできなかった。そこで彼は、自分のために一つの役割をでっち上げ、自らを一体化するに相応しい立派な階級の人々を発見すべく、駆り立てられていった。これは、神秘的で無意識的な精神の手品によって実現された。「偉大な人種の影響力は、感得されるであろう。」したがって、「ユダヤ人を破滅させるのは不可能である。」[21]すべてのユダヤ人は貴族である。彼らの仲間は、古代の土地所有郷紳であった。彼らは、育ちの悪い成上り者、バークのいう功利主義的詭弁家、経済学者と打算家、同胞たちの肉体と精神を鉱山と工場で破壊している無情の工業的搾取者、歴史を知らぬ俗物、自分の足下に何を踏みにじっているかを知らぬ輩、無神論者、功利主義者、マンチェスター流の個人主義者、一切の精神的価値と存在の聖なる神秘性とは無縁の物質主義者、盲人を手引きする盲目の指導者、人間をお互い同士と神に結びつける精神的絆とは何のゆかりもない人々に裏切られ、打ち敗かされ、破滅させられた。このような夢想は、彼の豊かな想像力に育くまれ、イギリス国教会（アングリカン）の伝統、バーク、ロマン主義者に由来するもっと古い教義の周りで成長して、今日でもイギリス保守主義思想の核心に残っている神秘的理念の一つの根となった。

この光彩ある見方を発展させていく過程で、ディズレーリはイギリス帝国、特にその東方の領土であるインドと、やがて来るべきエジプト支配に同じく豊かな想像力を付与した。この想像力は、通常の経験的で慎重なイギリス思想とは本来的に無縁のものであった。そしてこの色彩豊かな夢想がもっと伝統的な潮流と結合して、イギリスの政治思想に大きな影響を及ぼし、イギリスの命運を賭けた数十年の間、その思想を形成した。ディズレーリは、ヴィクトリア女王のインド女帝の王座への昇格とそれに伴う一切の行事を主宰した。帝国と象とインド宮廷がその壮大な背景となり、東インド会社の現実的で堅実な統治に代って一切の東洋的光彩が出現し、後期帝国主義の誇大ではあるが時として空虚な修辞に魂を吹き込んだ。この時にあっては、この一部が少なくともディズレーリの真正の東洋主義から派生しているという印象を拭うことは、困難であった。結局のところ、オランダ、フランス、スペイン、ポルトガルの帝国主義にはそのような要素は全くなかった。またその要素には、土着のイギリス的な根は感知できなかった。またディズレーリの女王との関係、政敵には恥知らずと思われた彼の女王にたいする途方もないお世辞の言葉も、このような見方の自然な表出であった。彼の女王にたいする求愛には、冷笑主義とまではいわずともかなり強い皮肉がこめられていたことは疑いない。しかし、それもやはり光彩と栄光への憧れから発していた。堅実で抜け目のない、さらには無慈悲な人々——ヴィクトリア女王さえも含めて——も、公的生活の空虚さの代償としてそれによって自らを慰める必要を感じていたのである。生活の一部は夢想であるが、しかし完全には現実から切断されていない生涯を送ったすべての人と同じく、ディズレーリもこの一部は見せかけであることを知っていた。彼自身がかつていったように、アルロイは伝説にすぎないから、あまり真面目に取ってはならないのであった。しかし、やはりそれが彼の存在に浸透していた。自分とヴィクトリア女王との関係についての彼自身の見方は、想像力によって創り出したものであった。彼はそこに純然たるでっち上げの要素があることを知っていたが、それでもそれを信じていた。彼は半ば真実に、ヴィクトリアを偉大な女帝、自らを彼女の大官と見ていた。彼女はセミラミスでティタニア、東方の女帝で妖精の国の女王であった。

彼には、自分の立身出世が途方もない不思議と思われたに違いない。彼はパントマイム劇で自分の役を演じる時には、それに没入した。彼がそれを嘲笑したからといって、それが彼にとって非現実となるわけではなかった。それは、信者が自らの信仰について語る冗談に似ている。彼が自分が手品で招き寄せた世界の存在を少なくとも半ばは信じていなければ、彼はおそらく役を演じ通すことはできなかったであろう。催眠術師が、自分を半ば催眠術にかけていたのである。このことを認識しないかぎり、彼の全生涯は理解不可能である。彼のいく人かの伝記作者がそうであったが、彼の外的な挙動を描くだけでは不充分である。内的な力を把握しなければならない。このことは、彼が自分ででっち上げた自画像の問題と結びついている。それは、グラッドストン派のアーガイル公爵には、見せかけだけのいんちきに見えた。セシル・ロスの伝記は、公爵がディズレーリについて語った言葉——ユダヤ人として自分自身の意見がなく、決別しようにも伝統がないから、彼は「自由に自分が共有していない偏見を弄び、個人的な遺恨を含まないかぎり、自分自身のものでない情熱を吐露した」[22]——を引用している。これは私には、誤った判断のように思える。ディズレーリは偏見を共有しなかったとしても、情熱はたしかに彼自身のものにしていた。自分自身の重要な伝統を有していなかったとしても、彼はそれを構築し、最後にはそれを信じ、それによって生きた。もちろん、ディズレーリの生涯のようにバイロン的夢想にもとづいた生涯は、高潔で共感に欠けた観察者には「詐欺的」「政治的に不正直」、非道徳的で冷笑的に見えざるを得ない。しかし、ディズレーリが『コニングスビィ』でいうように、「第一級の組織能力のある純血の人種は、自然の生んだ真実の貴族である」[23]という時には、彼は明らかにそれを信じていた。人種、民族、伝統にたいする彼の弁護、自由主義的コスモポリタニズム、あるいはまた無神論、合理主義、自由貿易にたいする彼の嫌悪感は、真実の信仰であり、彼自らそれを生きた。彼が自分自身の立場に内在している正常でない要素を回避できた唯一つの方法は、自己転換の幻想劇の中に自分自身を包み込んでしまうことであった。

〔彼はシドニアにこう叫ばせる〕もっとも深く研究するものは、人間の理性がいかに限られているかを、もっとも強く意識している。人間の行為と人間の進歩の里程標になっている偉大な業績は、何一つとして人間の理性によるものではない。トロイを包囲したのは理性でなく、サラセンを砂漠から出撃させ世界征服に向わせたのは、十字軍を惹き起したのは、修道院の僧団を結成したのは、理性ではなかった。イエズス会を生んだのは理性でなかったが、何よりも先ず、フランス大革命を創り出したのは理性でなかった。人間は、情熱によって行動する時だけ、真に偉大である。想像力に訴えかける時、人間の力は無敵である。予言者モルモンでさえも、ベンサムよりは信奉者が多い。

これは、『コニングスビィ』[24]からの引用である。「予言者モルモンでさえも、ベンサムよりは信奉者が多い。」たしかにこれは、非合理主義的な信条である。しかしこの信条によって、彼はこういうことができるようになった。「私の血統がキャヴェンディシュ公爵家の血統と同じようによいとか、さらにはそれより優れているとかいうつもりは、いささかもない。[25]」これは一八四七年の選挙で行なった発言であった。「先祖が多分シバの女王と親しい関係にあったというのに、その男を冒険家と呼ぶのは妙なことだ。[26]」彼の保守党的イギリスとのかかわり合いは、彼の宗教的感情を抜きにしては説明できないが、それも同じ源から発している。オックスフォードでの講演で、彼はダーウィンとハックスレーに反対して、自分は猿よりも天使の側にいると語ったが、私はここにはしゃれた台詞以上の意味があると信じている。それは彼に典型的なことであった。面白くて皮肉、真面目に取られるつもりでの発言ではないが、それでも彼のもっとも深い信念なのである。重々しさが全くない言葉によってしか、自分のもっとも深い感情を表明できない人がいる。この種のふざけた皮肉は防衛的であろうが、だからといって軽薄や浅薄であるという訳ではない。

階級意識の強い社会にあって血統も怪しげな人物として、本来の人格では機能しえなかったから、ディズレーリは素晴らしいお伽噺をでっち上げ、イギリスの心を呪文にかけ、それによって人々と事件にたいしてかなりの影響を及ぼした。学校にいた時には自分の出自で悩んだに違いないし、政敵は終始その問題を彼の面前に投げつけたが(この政敵にはグラッドストンも含まれている。彼は、ディズレーリがユダヤ人の大義に熱狂的だとして、彼を秘密のユダヤ人と呼んだ)、彼は自らの出自を無視したり隠したりしないで、むしろ逆の方向に走った。つまりそれについて冗舌を弄し、その重要性を誇張し、小説の中で場違いにそれを導入し、自分の書いたジョージ・ベンティンク卿の伝記にはユダヤ人についての長い余談をさしはさんだ。それは彼自ら認めるように、ベンティンクの行為や意見とはほとんど無関係であった。しかし、ユダヤ人の離散は神を殺したことにたいする罰であるという教義にたいして、それが神学的、歴史的に誤っているとして長い反論を書いたが、その前置として彼はこう書いている。

働いている大衆は、ユダヤの法にしたがって七日目ごとに休む。彼らは「模範として」、ユダヤ史の記録を絶えず読み、ユダヤ詩人の頌歌と悲歌を歌う。彼らは日毎に跪き、創造主と彼らの間の唯一の通信の媒体がユダヤ人種であることを敬虔な感謝をこめて承認する。それにもかかわらず、その人種をもっとも低劣な人種と扱うのである……。(27)

ギリシャが近代国家として復活する以前、ギリシャ人を「アッチカの人種」と扱ったのと同じであった。このような余談は、彼の著作の至るところで現れてくるであろう。ユダヤ人という観念が、次第に強い執念になっていく。世界は彼にとっては、想像上のユダヤ人の住むところである。全能でいくらか邪悪なシドニア、『タンクレッド』に登場する奇怪な人物たち、それればかりか無数の奇妙で驚嘆すべき人物――初期のイエズス会員、ドイツの教授、ロシアの外交官、イタリアの作曲家とプリマ・ドンナ、彼らすべてがユダヤ人である。彼らが糸を引いて世界を動かし、地上の全ての国を支配する。「一切は人種である。他に真理はない[28]」と、シドニアはいう。「進歩と反動とは、何百万大衆を惑わす言葉にすぎない……一切は人種である」と、彼はベンティンクの伝記でいう[29]。そしてユダヤ人は人種の最たるものである。彼は人種という観念、むしろ彼自身の出自という観念に取り憑かれていた。彼は、「生れながらの人間の平等という近代の邪悪な教義[30]」、「劣等」の人種と混わるというコスモポリタニズムの教義を非難する。社会主義や国際主義ではなく、「宗教、財産、自然の貴族の支配」――これがユダヤ的「偏見[31]」である。一八四八年の場合のように、ユダヤ人が革命家になることもある。しかしそれは、「忘恩のキリスト教世界[32]」が彼らに加えた傷のためにすぎない。彼は次のようにいう。

特定の人種の中での政治的平等は、一国内の取決めの問題であって、政治的な考慮と事情にだけかかわっている。しかし現在流行しているコスモポリタン的友愛という形態での人間の自然の平等という原理は、もしそれにのっとって行動することが可能とすれば、偉大な人種を荒廃させ、世界のすべての天才を破壊するであろう[33]。

「偉大なアングロ-サクソン国家」が「そのネグロと有色人種と混る」ことを自ら許すならば、それは衰退し[34]、まさに「かつて放逐した原始人」によって「多分逆に征服され」、「原始人が優等になるであろう。」しかし、そうはなるまい。「優等人種は決して劣等人種に破滅され吸収されることはないという呵責ない自然の法に、人がさからっても無駄である。[35]」それが、ユダヤ人が生き残った理由である。「偉大な人種だけが、試練に耐えて生き残ることができたからである。[36]」ユダヤ人を代表してディズレーリがそう主張する根拠は、その「アラビア的」信仰と、その聖なる歴史の栄光にある。そのような議論は、ヴィクトリア朝イングランド(とスコットランド)のように深く過去を崇拝し、聖書の文面を親しく知っている社会だけで発生することができたし、またそのような社会だけに話しかけることができたと、論ずることができよう。たしかにフィヒテとアルント、ゴビノウとダニレフスキーは、それぞれの人種論的、生物学的夢想を全く別の根拠の上に基礎づけていた。

ディズレーリは、「疎外された人々」の中でもっとも深く悩み、かつもっとも才能のある人の一人であった。今日、この疎外された人々の問題は、政治家、社会学者、教育者、心理学者、その他、中央集権化と工業発展が社会を解体させる方向に作用することを憂えているすべての人々にとって、心配の種になっている。十九世紀の生んだ根を失った個人と集団の中で、おそらくユダヤ人はもっとも顕著で悲劇的な事例であろう。彼らを発狂させないでおこうとすれば、あるいは彼らが他の人々を発狂させないようにしようとすれば、ディレンマを抜け出る何らかの道を発見しなければならなかった。同化、社会主義、民族主義、古代のユダヤ的信仰を本来の厳格さと純粋さで維持しまた保持しようとする努力の倍化など、多くの解決策が提出された。ベンジャミン・ディズレーリ——ヴィクトリア朝のもっともヴィクトリア的でない人、自分本来の要素を発揮しながら、しかも純然たる意志と想像力の力によってそれを抑制した人、この人物の生涯は、有効な理念、行動計画、取りわけ集団的忠誠を求めて行なわれた必死の探求の生き生きした実例である。彼は集団的忠誠という、いわば自分を一体化させることができる部隊を求めた。彼はその部隊の名において、語りかつ行動することができた。自分自身の名においてだけ語るという恐るべき事態に、彼は直面できなかった。何が自分自身のものかを発見しようとすれば、答えは見つけられないかもしれぬと、思われたからである。そのような疑いを抱くことさえ、耐えがたいことであった。答えは見つけられないとすれば、答えは、でっち上げねばならなかった。イギリス、ヨーロッパ、ユダヤ人、そして彼自身についてのディズレーリの理解は、大胆なロマン主義的夢想であった。かつて彼はいった。「私は小説が読みたい時には、小説を書く。」[37] 彼の全生涯は、一貫してフィクションを生き、他の人々の心に呪文をかけようとする試みであった。

三

ディズレーリとは正反対のカール・マルクスの場合は、よく知られているから、私はあまり長くは述べない。誰もが知っているように、カール・マルクスはディズレーリの道とは全く逆の道を選んだ。彼は、理性を拒否するどころか、むしろそれを人間の問題にも適用したいと望んだ。彼は自分は科学者であると信じており、エンゲルスは彼を社会科学におけるダーウィンと見ていた。彼は、現実の社会発展の原因は何か、これまでの人間は何故、平和と調和と協力、なかんずく合理的に自己を指導していくための不可欠の前提である自己理解を得るのにほとんど失敗してきたのか、どのようにすれば将来、そのようなものを得られるのか、また得るようになるのかについて、合理的分析を行なおうとした。

これは、ディズレーリの思想の様式とは無縁であった。むしろ彼は、それを心底から嫌っていた。にもかかわらず、二人の社会的環境には類似の点があった。マルクスは、父方、母方ともにユダヤ教聖職者の長い家系の直接の末裔であった。彼の父はディズレーリの父と同じく、解放されたユダヤ人の第一世代に属していた。二人は穏和な同調主義者であった。二人の息子は、それぞれ父に——深い敬意というのではなかったが——愛着を抱きながらも、その同調主義には激しく反撥した。マルクスは受洗したから、ドイツの他のユダヤ人のような無権利状態に悩まされることはなかった。しかし彼の生涯の大部分を通じて、仲間の社会主義者、急進主義者から反ユダヤ的（アンチ・セミティック）な嘲りを受けた。ロシアの無政府主義者バクーニンからはこの点で挑発されたし、プルードンのユダヤ人にたいする激しい憎悪、アルノルド・ルーゲとオイゲン・デューリングの抱いていた同様の見解について、いやでも知ることになったであろう。彼は、このような人々を激烈に攻撃した。しかし、彼自身のユダヤ人としての出自については、いささかも触れなかった。この点については、彼は沈黙している。彼のユダヤ人そのものとの唯一度の接触は、一八四三年のルーゲ宛の手紙[38]に言及されている。彼はそこでこう書いている。「当地〔ケルン〕のイスラエル人会の会長が、議会に提出するユダヤ人からの請願の問題について、私の援助を求めて面会に来たばかりのところだ。イスラエル人の信仰は私には不愉快だが、彼らのために援助するつもりだ。」彼はその説明として、ユダヤ人の請願は当然に拒絶され、憤激を惹き起して、キリスト教国家に打撃を加えることになるかもしれぬという理由を挙げている。マルクス研究者のいうところでは、彼が自分の出自に言及したのは唯一度だけである。一八六四年、オランダの叔父リオン・フィリップスへの手紙で、たまたまディズレーリを「われわれと同じ人種[39]」の出身者であると呼んでいるくだりである。これだけである。彼はエルサレムのユダヤ人貧民の状態について、たまたま同情的でなくもない批評を下している。彼らユダヤ人貧民は、先に同じ世紀のディズレーリがいったように、一人当り二〇ピアストルでキリスト教宣教師によって改宗させられていたのである。またマルクスは、ユダヤ人歴史家ハインリッヒ・グレーツに『資本論』を献呈した。以上の事実を別とすれば、彼のユダヤ人にたいする態度はどこまでも敵対的である。一八四四年のエッセイ「ユダヤ人問題について」の中の有名な一節で、ユダヤ人の世俗的道徳は利己主義、その世俗的宗教は強欲、その世俗の神は金であると、彼はいう。ユダヤ人の真の神は為替手形、「金はイスラエルの熱烈な神であり、その前には他のいかなる神もありえない[40]。」そしてこの発言は、『神聖家族』の議論を要約したところでも事実上繰り返されている。ブルーノ・バウアーがユダヤ人解放に反対したことにたいして彼が特に挙げた反論は、見当外れである。注目すべきは、むしろ彼の言葉の物凄さである。それは、右翼左翼、独仏露英などの別を問わず、排外主義とファッシズム、無政府主義と共産主義、あるいは過去現在の別を問わず、多くの後の反ユダヤ主義文献の言葉によく似ており、現代ではますますよく似るようになっている。

一八四五年の「フォイエルバッハについてのテーゼ」では、マルクスは「その汚いユダヤ的表現[41]」における実践という誤った観念について語っている。彼はパリの株式取引場を「株式取引のシナゴーグ」と呼び、十人目のミューズはヘブライ人、「株式相場のミューズ」であるという。彼はフォールド家、ロスチャイルド家、パリのその他の金融業者がユダヤ出自であることを、機会を逃さず強調したし、一八五六年には『ニュー・ヨーク・トリビューン』紙への寄稿の一つで、「すべての暴君はユダヤ人の支持を受け、法王はイエズス会員の支持を受けている」と述べる。彼の言葉は、ラッサール(彼は洗礼を受けず、自分のユダヤ人的感情を匿さなかった)について語る時には、真の憎しみの絶頂に達する。エンゲルス宛の手紙[42]で、ラッサールを「ユダヤ的黒ん坊(ニッガー)」と呼び、エジプト脱出の時期にユダヤ人が人種的に混合した結果、彼の血管に黒人(ニグロ)の血が入ったに違いないという、仮説を提出している[43]。もう一通の手紙では、ラッサールの典型的に「ユダヤ的な泣き言[44]」に不満を洩らす。ラッサールは普通、イツイヒあるいはイツイヒ男爵と呼ばれている。(十八世紀の銀行家に、この名の実在の人物がいた。ハイネは彼を大いに嘲笑したが、マルクスの手紙ではその名はユダヤ人にたいする蔑称的な渾名として用いられている。イツイヒは、グスタフ・フライタークの『借方と貸方(ゾル・ウント・ハーベン)』では詐欺師、高利貸であり、ラッサールと同じくシレジア出身のユダヤ人である。)したがって、一九四三年のマルクス・エンゲルス研究所のある出版物で行なわれている主張、「マルクスは反ユダヤ主義をもっとも強い言葉で非難した」という主張には、控え目にいってもいささかおかしい点がある。マルクスを反ユダヤ的と呼ぶのは正しいというトーマス・マサリクの判断には、反論は困難である。にもかかわらず、明らかにこの問題点は彼にとって全く無関心の点ではなかった。彼の女婿ロンゲは、一八八一年、マルクスの妻イェニー・フォン・ヴェストファーレンの死を悼んだ文章を社会主義的雑誌『ラ・ジュスティス』(45)に載せ、彼との結婚に彼女の家族が反対したことに彼女は激しく戦ったと書き、その反対は人種的偏見によるものであると述べたが、マルクスはこの文章に激怒した。彼は自分の娘、つまりロンゲの妻に、ヴェストファーレン家にはそのような偏見はなかったという手紙を書き、ロンゲ氏には今後一切自分の名に言及しないでもらいたいと思うといっている。当時のラインラントの開明的貴族の間に、反ユダヤ的感情が全く存在しなかったとは考えられない。ハイネ、ヘス両人の証言は、存在しなかったという説をあまり支持していない。たとえヴェストファーレン家には反ユダヤ主義の気配は全くなかったとしても、一見したところマルクスの反応は激烈に過ぎるように見える。明らかにこれは、敏感な痛感地帯であった。明らかなことと思えるのは、マルクスが強い意志の人、決定的な行動を好む人で、自らの内にある疑惑と不安と自己疑問の源を一挙に消滅させようと決意したことである。この疑惑と不安と自己にたいする問いかけは、ベルン、ハイネ、ラッサールなど、改革ユダヤ教の創始者たちを含めその他大勢の人々、そしてシオン主義な意味で問題を解決するまでのドイツ最初の共産主義者モーゼス・ヘスのような人々を、苦しめたものであった。ヘスについては、その出自と知的形成はマルクス自身の場合によく似ていた。

マルクスは、この問題を軽蔑をこめて一掃し、それを非現実のものと扱うことに決めた。もちろん、彼が真実にユダヤ教と無縁でなければ、それはもっと困難になったであろう。しかしその彼もまた、若きディズレーリが出会ったのと同じ困難に直面させられたのである。彼は社会を描くだけでなく、それを変革することを願った。彼は自分の足跡を残すことを望んだ。彼は戦士であり、自分が人間の進歩の障害となっていると思う人々を滅亡したいと考えていた。彼の時代のドイツは、ナポレオンの支配だけでなく過去二世紀間続いてフランス人から受けた屈辱のために、イギリス、オランダ、イタリア、さらにはフランスよりも一層鋭く民族主義的であった。ドイツの極端な排外主義は、マルクスの誕生以前の年月の間に病理的なまでに反ユダヤ主義の形態を取っていた。そしてこれは、ドイツの他の地域と同じくラインラントにおいても生じていた。反ユダヤ的感情は宗教上の不寛容に限られてはいなかった。アルント、ヤーン、ゲーレス、さらにはフィヒテの強力な宣伝と、愛国的な学生組織の暴発においては、それは公然と人種主義的であった。かつてラッサールは透徹した率直さでもって、自分がユダヤ人に生れなかったならば多分、右翼民族主義者になっていたであろうといった。たしかに、社会的に野心的で、時として耐えがたいまでに見えっ張りで虚栄心の強いラッサールを、驚異的なまでに強力なドイツ社会主義の煽動者、組織者にした一つの資質は、彼の完全な人格的一貫性であった。ドイツ労働者の上に、二度と余人によっては揮われなかったような道徳的影響力を彼が揮うことができたのは、何にもましてこの人格的一貫性のためであった。

マルクスは自分の出自に触れるのを体系的に避け、ユダヤ人に触れる時には挑発的な表現を用いたが、ロシア系ユダヤ人の著名な歴史家シモン・ドブノフは、それを自分の見捨てた陣営にたいして裏切者の抱く当然の憎しみの故にしている。この憎しみのために、ユダヤ出自を隠したとして、例えばロンドンの『デイリー・テレグラフ』紙の社主ジョセフ・モゼス・レヴィなどを攻撃したというのである。しかし私は、この悪名高い事実をある特殊な形態の自己憎悪――新たに解放されたユダヤ人の中には、他にもこの自己憎悪を感じているものがいた[46]――の故にしているウェルナー・ブルメンベルクの方が真理により近いのではないかと考えている。かつてディズレーリは自分の祖母サラ・シプラットについて、彼女は「自らの人種にたいする嫌悪感を育んでいた。これは虚栄心の強い人が、自分は一般の軽蔑を受ける生れであると知った時に取りがちな態度である[47]」といった。これは、その他の点では合理的で現実主義的なカール・マルクスが自分のかつての同胞にたいして取った態度を、かなりうまく説明していると、私は思っている。自己憎悪は神秘的な現象ではない。大抵の人間は、その環境に支配的な意見に影響される。長くかつ広く支持されてきた意見には、特に強く影響されるであろう。結局のところ反ユダヤ主義は、マルクスの生れるはるか以前からヨーロッパに普遍的な感情であり、それはナポレオン支配下とナポレオン以後のドイツではきわめて強くなっていた。それは当然に、その犠牲になった人々、社会に普及している通常の価値観に照らして自分を判断せざるをえない人との間に、自己軽蔑と自己憎悪を育くむ。ユダヤ人がゲットーの中で隔離されている間は、このような事態はあまり一般的ではなかった。二つの生活様式は周辺部で接触していたが、衝突はしていなかった。しかし、他の人々と接触し混交するようになると、ユダヤ人は新しい思想の様式、この思想の新様式の一部として自らを非難している価値体系にさらされることになった。

juedischer Selbsthass という言葉、(自己批判ないし現実的な分析とは対立する意味での)ユダヤ的自己憎悪という言葉を造語したのは、まことに相応しいことにドイツ系ユダヤ人作家テオドー・レッシングであった。それは、ハイネの読者なら誰もが知っている特殊な表出形態を取ったある感情を表現している。今日では当然のこととして忘れ去られているが、ドイツにはきわめて小さいながらもユダヤ人政党[48]があって、それはユダヤ的性格についてのヒットラーの評価をそのまま受け入れ、ユダヤ人であることが自らの最大の不幸であると公言していたのである。あらゆる形態でのユダヤ的自己卑下の中でおそらくもっとも激烈なものは、ナチが尊敬したユダヤ人作家、かつては有名であったオットー・ヴァイニンガーの中に見出すことができよう。彼自身は、このユダヤ的自己憎悪の激発に悩まされていたのである。またラテナウの日記には、問題の神経症的な歪曲を示す痛ましい証拠がある。彼は、遂には彼を殺害した反ユダヤ主義的民族主義者を陶酔的に尊敬していた。高潔で深い苦悩を湛えたシモーヌ・ヴェイユのエッセイや、いく人かの現存のユダヤ人作家の作品にもその徴候が見られるが、彼らの名を挙げるのは人情に欠けるというものであろう。マルクスが成人した初期の段階は、このような環境であった。あるものはそこから終生続く精神病と戦うことになったが、彼はもっと強く厳しい人格であった。受洗したユダヤ人知識人は、仲間からは人種的にまだユダヤ人と見られている。そのため、彼にとって民族主義が問題である限りは、彼は政治的

な効果を収めることはできなかった。どうにかして、それを問題点から排除してしまわねばならなかった。意識的かどうかはともかく、マルクスは終生、一つの独立の力としての民族主義を体系的に過小評価した。この幻想のために、二十世紀の彼の信奉者たちはファシズムと民族社会主義（ナショナル・ソシアリズム）の分析を誤り、多くがその誤りを自らの生命で償うことになった。また現代の人間の歴史の行方についても、多くの偽りの診断と予言を生み出すことになった。マルクスは彼の主要なテーゼの深さと独創性にもかかわらず、民族主義の源泉と性質について充分に説明することに失敗し、社会の独立の要因としての宗教の力を過小評価したのと同じく、民族主義を過小評価した。これは、彼の偉大な綜合的判断に潜んでいる大きな弱点の一つである。

ここにも再び、耐え難い現実を逃れようとする努力を見ることができる。同じような苦境に直面させられたディズレーリが、自分をイギリスの土地所有貴族、紳士層と一体化させ、郷紳と大地主に魔術をかけて、彼らがほとんどすべて彼の変身を受け入れるに至ったように、マルクスもまた一つの制服をまとい、それによって自分自身の抑圧的な着衣から自分を解放して、自分の育ったきわめて傷つきやすい社会集団の傷痕を何ら負っていない一つの運動、一つの党に加入し、その運動と党を転換させていった。要するにマルクスは、全世界がすでに知っているように、自らを一つの社会勢力、いわば相続権を奪われている労働者という大きな国際的階級に一体化させた。彼はその階級の名によって、自分の激しい呪いを雷のように下すことができた。彼の著作は、この階級が不可避的に勝利する武器となるであろう。そしてその勝利は彼にとって、彼が真に信じているものの全て——行動における理性、調和的、合理的に組織化された社会の樹立、人類の視界と行動を歪める自己破壊的な闘争の終結、一言にしていえばプロレタリアート、これら全ての約束を体現しているように見えた。ディズレーリがイギリス上流階級の内的核心とはほとんど無関係であったのと同じく、マルクスも個々のプロレタリアート、個々の未熟練工場労働者や鉱夫や土地のない農業労働者とはほとんど関係がなかった。つまりディズレーリとマルクスのそれぞれにとって、問題の集団は徹底的な研究の対象であった。それは二人の主体であり、ユダヤ教でいう「契約の櫃（はこ）」であった。マルクスは科学者としての地位を要求したが、二人はそれぞれの集団の詩人、聖職者に自らを仕立てた。しかし二人は、その外部にとどまった。その観察者、分析者、宣伝家、同盟者、擁護者、指導者ではあっても、その一部、その血縁者ではなかった。

マルクスにおいては、プロレタリアートは抽象的な範疇であった。彼は他の思想家を、歴史を無視して時間を超えた抽象に耽り、観念的な実存を築いた上で、それを現実の生活過程にかかわっている実在の人間として扱っているとして非難したが、この点については彼自身も完全に潔白であった訳ではない。彼のプロレタリアートは、民族的忠誠心のない、ぎりぎりの生活手段以外の全てを奪われた人間の集団である。たんなる機械の一部であり、それ自身の個人的な必要をほとんど感じないまでに窮乏化し、餓えて野獣化し、最低限の生活水準をほとんど越えていない人々であった。このような労働者概念は、あの恐るべき十九世紀にあっても、今日も生活状態がまだ低劣である国々においても、やはり一つの抽象である。その姿はあまりに様式化され、あまりに無差別である。マルクスは貧困を知り、屈辱を知っていた。彼は彼以前の誰もが把握できなかったまでに深く、世界的体制としての近代工業主義の力学を、その全貌において把握していた。彼は、彼自身の時代の資本家の精神と活動を、その総論と各論において理解した。彼の眼は憤怒と憎悪によって研ぎすまされたために正確となった。充分に発展した工業社会に、これ程の知的、予言者的な力が適用されたことは、これまでなかったことであった。しかし、彼がプロレタリアートについて語る時には、実在の労働者ではなくて人類一般、あるいは時として彼自身の怒れる自我について語っている。彼が階級間の休戦あるいは妥協に達成しえないと主張し、相互理解に訴えることを非難して、最後のものが先に立つ、革命の日来りなば、今日支配している傲慢な敵は倒れると予言する時には、彼の中にあって語っているのは、最近になって登場してきた階級ではなく、賤民（パリア）の民の何世紀にもわたる抑圧のように思えた。彼が報復している侮辱、彼が粉砕しようとしている敵は、しばしば彼個人の侮辱、彼個人の敵である。ブルジョワジーとその執行者――政府、裁判官、警察官――から成るその敵は、根のないコスモポリタン、革命的ユダヤ人知識人、侮辱された人類に代って復讐するコスモポリタン的報復者にたいする迫害者である。彼の言葉に情熱と現実性を貸し与えるのは、まさにこれであった。そしてまさにその理由によって、彼の言葉は彼と同じような立場にある人々、世界的規模での知識人層の疎外された人々、ブルジョワ的ないし貴族的両親の子に生れながら、自分自身の階級が支えている秩序の不正義あるいは非合理と俗悪さに憤激するいわば目覚めた叛徒たちに、もっとも深く訴えるのである。マルクスは、工業国の工場労働者に語り、表面的には彼らの名において人類に語りかけたが、それよりももっと直接に右のような人々に語りかけ、今日においても彼らに語りかけている。マルクスのプロレタリアートは、彼の正義の復讐を遂げる道具として、ある程度までマルクス自身の注文によって構築された階級である。彼の体系におけるその階級の機能は、その正反対の極にあるもの――つまりディズレーリの『コニングスビィ』、『タンクレッド』、『ロセール』、『コンタリーニ・フレミング』の人種的エリートの機能と同じである。それは作者の声であり、理想化された人間である。作者はそれと、そして、その苦悩と一体化し、いわばそれを演壇としてそこから砲火を指揮する。こうして作者の展望を体現した階級は、その具体性について色々語られているにもかかわらず、理想化されたままである。

私の命題を繰り返しておきたい。マルクスがプロレタリアートに代って語る時、特に彼が、プロレタリアートと資本家との間には共通の利益はなく、したがって和解の可能性はないと主張して社会主義の歴史(そして人類の歴史)を一変させた時、つまり共通の基盤はない、したがって共通の正義の原則や共通の理性や共通の幸福への願望――そのようなものはない――に訴えることによって人類の敵を改宗させる可能性はないと主張する時、また同じようにして、ブルジョワジーの人間性や義務感に訴えることをブルジョワジーの犠牲者の哀れな幻想にすぎぬと非難し、資本主義にたいする絶滅戦争を布告し、歴史そのものの冷酷な判決としてプロレタリアートの勝利、つまりは人間の非合理性にたいする人間の理性の勝利を予言する時――彼がこれらすべてをいう時には(そういったのは、事実上彼が最初の人であった。ピューリタンやジャコバンは、少なくとも理論的には説得と合意の可能性を認めていたからである)、その声は誇り高く挑戦的な賤民(パリア)の声、プロレタリアートの友の声よりもむしろ長い屈辱を味った人種の一人の声と、考えない訳にはいかない。『ドイツ・イデオロギー』、『共産党宣言』、『資本論』の論戦的な部分は、既存の社会にたいして拳を振り上げている人の著作、古いヘブライの予言者のように選民の名において語り、資本主義の重荷、呪われた体制の運命、歴史の行方と終着点に盲目の人々——そのために自己破壊と清算を定められた人々を待ちうけている罰を宣告する人の著作である。マルクスによるプロレタリアートの理想化は、彼自身このような幻想に反論を唱えたにもかかわらず、それ自体が理想化された人間像である。この人間像は、マルクス個人の傷とは無縁の恵まれた人間集団と自らを同化させようと願っていた。

　私はここでは、工業社会とその文化についてのマルクスの分析の有効性には関心がない。彼自身の人格と苦境に根ざしているその分析の心理的な根にだけ関心がある。彼の変身(メタモルフォーシス)は、放浪の急進的ジャーナリストとしての役割、自分自身の環境とは完全に別の人々の軍団の組織者、指導者としての役割から発生している。それは、少なくとも一つに彼がその変身を必要としているからであり、彼が局外者であるからであり、彼の身分証明書が怪しげなもので、社会的、民族的出自を鋭く意識している社会にあっては、特に疑わしいものであったからである。洗礼を受けたために、彼はシュリダンの『デュエンナ』のドンナ・ルイーザのいう「旧約と新約の間にある空白の頁」[49]になった(この警句を、かってディズレーリは自分自身に当てはめた)。彼はそのために、矢玉を放ち自らの軍勢を組織する堅固な足場を見つけることが必要になった。マルクスはその生涯の間に、プロレタリア階級の成員と出会ったが、その数は多くはなかった。誰とも本当に親密にはならなかった。彼は彼らにたいして説教した。何をなすべきかを命令した。イギリス労働組合の指導者を感心させ、第一インターナショナルを牛耳った。しかし、彼が語りかけることができた友人たちは、彼と同じく脱階級化した人々、つまりエンゲルス、フライリグラート、ハイネであった。ハイネとは、祖先と社会観、人間観が似ていたために、特に親しかった。彼らはともに自らの出自について耐え難い焦燥感を感じ、ディズレーリのように誇大な誇りへと向わずに、それを腹立たしい事実と見た（同じような行詰りに陥って孤立した他の才能ある感受性の鋭い人々と同様であった。また例えば、同じような祖先の問題に悩む『ドクター・ジヴァゴ』のパステルナークと同様であった）。人種、伝統、民族性、宗教などの重要性を信じないこと、ましてやそれらを物神化したくないと考えることと、その固有の重要性を猛烈に否定し、（必死の余り）それを歴史上独立の役割のない上部構造ないし副産物の役割に追放することとは、全く別のことである。後者の観点に立てば、人種、伝統、民族性、宗教などは、経済的土台の不可避の変化にともなって、悪い夢と非合理な幻想のように消え去る現象であった。そして賢明な人々は、すでにその中にある夢と幻想を見抜くことができるというのであった。

　私の命題は、ディズレーリやマルクスのいったことが偽りだとか疑わしいとかではない。むしろ私は、ディズレーリの社会観、歴史観は異様で時には馬鹿馬鹿しい、深く反動的で危険な幻想に貫かれており、他方でマルクスは歴史における非経済的要因の作用をあまりにも軽視したと、考えている。しかしそれはここでの問題点ではない。私は普遍的な論題ではなくて人的な論題に——同じような祖先を持ち、例外的なまでの知性と想像力と野心と精力を持ったこの二人が、それぞれいかなる社会的苦境に立たされていると認識したのか、またそれが二人にどのような影響を与えたかに、注目している。私は心理学者ではないから、私の命題を慎重に、むしろ試論として提出しているが、もし二人のいずれかのいったことがすべて全体として正しいことが判ったとしても、私の命題には変りはない。それは、ディズレーリ、マルクスの世界像——それによって前者は自分を貴族的エリートの自然の指導者と見、後者は世界プロレタリアートの教師、戦略家と見るようになった——の源泉の一つは、自らの本来の場を見出し、人的な主体性(アイデンティティ)を確立し、自分は本来、人類のどの部分、どの民族、政党、階級に属しているかを、この問題をかってなく執拗に問う世界にあって決定しなければならぬというそれぞれの心理的必要性にあったという命題である。それは、歴史と社会的情勢のために本来の居住地——懐しい安全に隔離されたユダヤ人少数集団から切り離された人が、何か新しい、そして以前と同じく安全で肥沃な土壌に自らを移植しようとする試みであった。野心のないもの、ただ生きていくことだけを願っているもの、例えばアイザック・ド・イスラエリとハインリッヒ・マルクスは、彼ら以前以後の多くの人々と同じく、自分が誰であり自分が何であるかについてあまり深く思い患うことなく、平和的に同化するのに成功した。しかし二人の息子は、父の人生観にたいして鋭く反撥した。二人の息子、皮肉な(そして情熱的な)政治的ロマン主義者ディズレーリと、同じく情熱的な道徳論者で社会理論家のカール・マルクスは、より堅固な足場を必要とした。そしてそのような足場をもって生れなかったから、それを自ら作り出した。その代償は、彼ら程に苦悶しなかった、もっと普通で正気の人々が見ていた現実の多くの部分を、彼ら二人が無視したことであった。

人々は何かの集団に属することを求める。その必要は一つの基本的な必要である。彼らは、仲間に地位と権利を承認されることを求める。このような事実に、さらに十九世紀初期に、いわば無縁の無情の世界に直面させられているゲットーの子と孫という異常な事態が重なり合った。このような事態が、ディズレーリの非合理主義的夢想、マルクスの合理主義的理想、この双方をかなりよく説明している。二人はともに部外者であり、社会に公認の場を持っていなかった。二人は、当時の中間階級社会に叛逆した。二人の父はひたすらそれに入ることを願ったが、おそらくはそれを大きな理由として、息子は叛逆したのであろう。二人は、それぞれ出身の社会階級に激しく立ち向った。ディズレーリは、ミルのいわゆる集団的凡庸さ(50)の流れに抗して、貴族的エリートを維持し発展させようとした。彼は、自分の想像上の祖先を貴族的エリートと一体化させ、それに貪欲なブルジョワジーから貧者、素朴な人々、弱者を守るという道徳的に立派な役割を与えた。マルクスはもっと現実的に、ユダヤ人をブルジョワジーと一体化させ、侮蔑され抑圧された人々の名において、それを下から攻撃した。二人は、自らの出自にうんざりしていた。二人はそれを、さらには自らの自我をあるがままのものとして承認できなかった。ディズレーリには、これが執念となった。彼は強迫感に駆られて、場違いにいたる所にユダヤ人を押し出し、ユダヤ人を夢想の中で何か豊かで奇妙な存在に転換させた。そしてその夢想が、彼を終生支えていった。マルクスは、彼の祖先についての一切の意識を、彼の自覚的な思想から事実上閉め出した。にもかかわらず、それが割れ目から現れた時には、それは激烈な戯画という形態で、強い抑圧感情の悪夢のような所産として現れ出た。現代の心理学者には、それを解釈するのはきわめて容易なことであろう。

ディズレーリは、自分を神秘的な王侯の衣で包んだ。この王侯は、他の優れた精神と交わり、「偉大な」人種の天才によって大衆の上に高く立つ。それにたいしてマルクスは、自分を理想化されたプロレタリアート、完全な人間社会を相続するはずの人々と一体化させた。それは、彼自身の出身階級、ブルジョワ知識人としての彼自身の環境とは遠く離れた階級ではあったが、自らを清浄化する力と一貫性の源泉であった。二人は少なくとも精神的には、それぞれが理想化した階級から距離をおいて暮した。二人は、客間と工場で出会うことができるそれぞれの階級の実在の成員よりも、一般的に把握された集団に自らを一体化させ、それを支配しかつ指導しようとした。このような見方に知的形態を与えた二人の理論は、情熱的な献身、熱烈な忠誠、宗教的な崇拝を惹き起した。一般的に言って、ディズレーリの神秘的保守主義も、マルクスの無階級社会という未来像も、当の二人からは検証可能な仮説、つまり誤り、訂正、修正の可能性があるもの、ましてや経験に照らして大きく改正する必要のある仮説とは見られていなかった。私がいわんとしているように、この二つの理論がかなりの程度、心理的必要性から発し、それにたいする対応であるとすれば、仮説ではありえなかったであろう。その機能は、第一義的に現実を記述ないし分析することではなく、むしろ自らを慰め、決意を強め、敗北と弱さを償い、もっぱらその理論の創始者の中に戦闘意欲をかき立てることにあった。ディズレーリは科学的研究の合理的方法に公然と嫌悪感を表明し、マルクスは自らの弁証法的目的論を科学的方法と同一視して、その結果、もっと客観的だがあまり社会を転換させることのない経験的技術を嫌うようになったが、それは私には、ともに同じ心理的な根から発しているように思われるのである。

自己を理解することは、人間の最高の必要である。もしこの命題に何らかの実質があるとすれば、新しく解放された父のこの二人の息子、性格は異なり才分は不平等であるが、共通の苦境におかれていた二人の人物の物語は、ある人には激励として、またある人には警告として、一つの道徳的訓話として役立つであろう。

（1） もちろんハイネは、ともかく受洗以前には、ベルネよりもはるかに強くユダヤ人共同体に自らを一体化させていた。しかし受洗以後にも、古い宗教、特に旧約聖書にたいする嘲笑的皮肉と感傷的愛着の気分の間を揺れながらも、当時の他のユダヤ人改宗者、例えばシュタール、メンデルスゾーンの娘たち、メンデルスゾーンの名をバーソルディと変えたその兄弟が明白にしたように、それから精神的に絶縁することは決してなかった。

（2） ベンジャミン・ディズレーリ伝でのアンドレ・モーロワは、私にはこの点をあまりに強く強調しているように思われる。彼の本、*La Vie de Disraëli*(Paris, 1927)は、その対象よりも筆者について多くを明らかにしている。

（3） この点は、Yigal Allon に負っている。

（4） 'On the Life and Writings of Mr. Disraeli', in Isaac Disraeli, *Curiosities of Literature*(London, 1881), vol. 1, p. viii.

(5) Lucian Wolf, 'The Disraeli Family', *The Times*, 20(p. 6) and 21(p. 12) December 1904 : reprint in *Transactions of the Jewish Historical Society of England* 5(1902–1905), pp. 202–18.

(6) Cecil Roth, *Benjamin Disraeli : Earl of Beaconsfield* (New York, 1952), chapter 1.

(7) Robert Blake, *Disraeli* (London, 1966), p. 4.

(8) *Considerations on Representative Government*, chapter 7, note.

(9) W. L. Courtney, *Life of John Stuart Mill* (London, 1889), p. 147, 他に J. S. Mill, *Autobiography* (London, 1873), p. 289 を見よ。

(10) Book 1, chapter 4, p. 9. 頁数の表示は Bradenham Edition of the Novels and Tales of Benjamin Disraeli, 1st Earl of Beaconsfield (London, 1926–27) による。

(11) Part 1, chapter 2, p. 5.

(12) Book 4, chapter 10, p. 232.

(13) *Tancred*, book 4, chapter 3, p. 261.

(14) *Coningsby*, book 4, chapter 15, pp. 263–67.

(15) *Ibid.*, chapter 10, p. 232.

(16) *Tancred*, book 3, chapter 7, p. 233.

(17) Book 4, chapter 7, pp. 299–300.

(18) オーストリアのジャーナリスト Chlumiecki は、ディズレーリはシオン主義的論文の著者で、彼がそれをベルリン会議に提出しようとしたのをビスマルクがようやく止めたという話を語っているが、それは控え目に云っても説得力がなく、詳しい検討に値しない。Cecil Roth, *op. cit.*, pp. 159–62 を見よ。

(19) Thomas Carlyle, 'Shooting Niagara : and After ?', *Critical and Miscellaneous Essays* (London, 1899), vol. 5, p. 11.

(20) E. T. Raymond(E. R. Thompson の匿名), *Disraeli : The Alien Patriot*(London, 〔1926〕), p. 5.
(21) *Lord George Bentinck : A Political Biography*(London, 1852), pp. 494, 495.
(22) Cecil Roth, *op. cit.*, p. 85.
(23) Book 4, chapter 10, p. 232.
(24) Book 4, chapter 13, p. 253.
(25) Cecil Roth, *op. cit.*, p. 60.
(26) *Ibid.*
(27) *Lord George Bentinck, op. cit.*, pp. 482–83.
(28) *Tancred*, book 2, chapter 14, p. 153.
(29) *Lord George Bentinck, op. cit.*, p. 331.
(30) *Ibid.*, p. 496.
(31) *Ibid.*, p. 497.
(32) *Ibid.*, p. 498.
(33) *Ibid.*, p. 496.
(34) *Ibid.*
(35) *Ibid.*, p. 495.
(36) *Ibid.*, p. 490.
(37) Wilfrid Meynell, *The Man Disraeli*(London, 1927), p. 220 を見よ。
(38) 一八四三年三月一三日付の手紙。Karl Marx, Friedrich Engels, *Werke*(East Berlin, 1956–)(以下 *Werke* と略記), vol. 27(1973), p. 418.
(39) 'Unser Stammgenosse' がその原語である。一八六四年一一月二九日付の手紙' *Werke*, vol. 31(1975), p. 432.

（40） *Werke*, vol. 1(1974), p. 374.

（41） *Werke*, vol. 3(1969), p. 5.

（42） 一八六二年七月三〇日付の手紙、*Werke*, vol. 30(1974), pp. 257–59.

（43） *Ibid*., p. 259.「彼の頭の形と髪の質が示しているように、彼はエジプトから脱出するモーゼに加った黒人の血を引いている（彼の母か母方の祖母が、黒ん坊と混っていなければ）。ユダヤとドイツがその黒人的な源と結合すれば、奇妙な混血を生ざるを得なかった。あの男のしつこさもまた黒人的である。」

（44） *Werke*, vol. 30(1974), p. 164.

（45） *La Justice*. 一八八一年一二月七日。

（46） Werner Blumenberg, *Karl Marx*(London, 1972), p. 60.

（47） '*On the Life and Writings of Mr. Disraeli*', *op. cit*., p. x.

（48） 党名は Verband deutschnationaler Juden, 指導者は Max Naumann.

（49） Act 1, scene 3.

（50） *On Liberty*, chapter 3 : p. 195 in *Utilitarianism, On Liberty, Essay on Bentham*, ed. Mary Warnock (London, 1962).

〔河合秀和訳〕

ヴェルディの「素朴さ」

――W・H・オーデンに――

私のテーマはヴェルディの「素朴さ（ナイヴテ）」についてである。私は、この表現が誤解を招かないように希望したい。ヴェルディが何らか通俗的な意味で単純素朴であったなどというのは、まったく馬鹿気たことであろう。しかしながら、私には、彼が非常に独自的な――そして今日では忘れられている――意味において素朴であったと思われるのである。それは、この言葉がかつてフリードリヒ・シラーによって用いられた意味においてのことなのである。ヴェルディはシラーの劇作を非常に高く評価していた。そして、彼のオペラ作品のうち四つは〔訳注1〕、シラーの戯曲から霊感を受けたものであった。だが、私がここで論じたいのは、ヴェルディとシラーの親縁性――それはたしかにしばしば指摘されている点ではあるが――についてではない。私の論点は、この二人を結びつけている別の絆にかかわる。

シラーは『素朴文学と情感文学』(1)と題する一七九五年に公刊され、一時は称讃されてもいた論文において、詩人たちを二つのタイプに区別した。そのひとつは、自分と自分をとりまく環境との間、あるいは自分自身のうちに存する亀裂を意識していない詩人たちであり、他は、それを意識している詩人たちである。前者にとっては、芸術は自然な表現形態である。彼らは、彼らが直かにみているがままのものをみ、それ自身のためにそれを表現しようと努め、どのように崇高なものであれ、何らかのより深い目的のためにそれを表現しようとはしない。ここで、シラーの言葉を引用しておこう——

これらの詩人たちは生気にあふれた古代世界およびそれに直結する時代に登場してくる。彼らは森のなかの処女神ダイアナの如くに峻厳で冷淡である。……こうしたタイプの詩人が対象をあつかう際の素気ないほどのまっとうなやり方は、感覚が欠けているのではないかと思わせるばかりである。対象が完全に彼を捉えてしまっている。彼の心は、安ものの金属のように地表のすぐ下におかれているのではなく、黄金の如くに、地下深くに求められるものでなくてはならない。彼は、恰度神がその創造になる世界によって隠されているように、彼の作品によって隠されているのである。彼は彼の作品である。というのは、作品が彼自身なのであるから。その作品を読むに値しない者、あるいはそれを理解しえない者、あるいはそれに既に飽いた者のみが、その作品のうちに作者の姿を求めようとするのである。(2)

ホメロス、アイスキュロス、シェークスピア、そしてゲーテなどが、この種の詩人に属する。彼らは、詩人として自意識の強いタイプではない。彼らは、ヴェルギリウスやアリオストとは違って、自分の創造物を観想し、自分自身の感情を吐露するために少し離れてわきに立つようなことはしない。彼らは平穏に自分自身の許に安らいでいる。彼らの目標は限られており、彼らは、天賦の才を有している場合には、自分の抱いた幻想に十分の肉づけを与えることができる。こうしたタイプをシラーは素朴（ナイーフ）と名づけた。シラーは、彼らと対照をなすものとして、堕罪以後に現われた詩人たちをあげている。もう一度シラーの文章を引用することにしよう。「人間が文化の状態に足を踏み入れ、技芸が人間の上にその手をおくようになると、原初の感性的統一は去ってしまう。……最初の段階において現実的であった感覚と思考との間の調和は、今やただ理想としてしか存在しなくなる。そのような調和は、人間のうちに、人間の生の事実として存在するのでなく、人間の外に、実現されるべき理想として存在するに至るのである。(3)」統一は破られてしまった。詩人はそれを回復しようと努める。彼は、ひとがそれを自然と呼んでいる失われた調和ある世界を求め、それを、自分の想像力を通じて作り上げようとする。こうして、彼の詩作は、このような自然に、想像のなかの幼年時代に帰ろうとする彼の試みなのである。彼は、日々の世界——そしてそれはもはや彼の棲み家ではなくなっているのだ——を失われたパラダイス——そしてそれは理想的な形でのみ、省察のうちにのみ存在しているにすぎないのだ——から切り離されたものとして捉える、深い分裂の意識を伝えようとするのである。それ故、この理想の王国は何ものによっても境界づけられない。この王国は、まさにその本質からして、定義不能であり、到達不能であって、有限の手段をもってしてはどうしても包み込むことはできないのである。それは、素材を発見し、形成し、変容する詩人の能力がどのように大きなものであっても、やはりそうなのである。ここでも、シラーの語るところを聴こう。「視覚的芸術は有限な形でその目標に達する。想像力の芸術は無限定性において〔もまたそこに達しうる」[4]。」「詩人は……彼自身が自然であるか、それともそれを求めるかである。[5]」シラーは、前者を素朴（ナイーフ）と呼び、後者を情感的（センティメンターリッシュ）と呼んでいる。

シラーにとっては、ルソーにとってと同様、ひとたび観念が入り込んでくると、平和、調和、歓喜は永遠に去ってしまう。芸術家は、自分自身を、自分の理想的目標を意識するようになる。それは、これらの目標が彼自身の分裂した本性から無限にかけ離れてしまっていること、すなわち、彼の社会および彼自身が、思想と行動、感情と表現との本源的な、そして断絶のない全体から疎遠になってしまっていることを、彼が意識するようになったことを意味する。「情感的なもの」を特徴的に表現する詩は諷刺詩である。すなわち、それは、それ自体は現実生活であると名乗っているが、実際にはその堕落であるもの（今日の言葉でいえば現実からの疎外ということになる）、人為的で、醜悪かつ不自然なものに対する否定であり、攻撃なのである。あるいは、そのような詩は哀歌となる。それは、失われた世界、実現不能な理想の肯定である。この区別は古典主義とロマン主義（その内容をどう規定するかにかかわりなく）との区別とはまったく違ったものである。たとえ、そのようにいいうる理由が、そこでは客観的規則、普遍的基準、確定した評価基準、あるいは永遠の理想的秩序などの存否が問題となっているのではないということであるにすぎないにしても。アイスキュロス、セルバンテス、シェークスピア、オシアン〔三世紀頃のアイルランド、スコットランドの伝説的詩人〕らロマン主義の英雄たちは、古典派からは訓練に欠けた粗野な作家であるとして非難されたのであったが、彼らは素朴（ナイーフ）なのである。これに対し、古典主義の典型的作家たち――劇的、牧歌的、諷刺的、あるいは叙事詩的文学の作家、すなわち、ユーリピデース、ヴェルギリウス、ホラティウス、プロペルティウス〔前一世紀のローマの哀傷詩人〕、さらにルネサンス期の新古典派の詩人たちは、懐旧的、自己意識的であり、非常に深く情感的なのである。

素朴芸術家は、彼の女神（ミューズ）と幸福な結婚をしている。彼は規則や約束を当然のこととして受け容れ、それらを自由にかつ調和的に用いており、シラーの言葉を借りていえば、彼の芸術の効果は「静穏、純粋で楽しげ」である。情感的芸術家の彼の女神（ミューズ）との関係は葛藤に満ちており、その結婚は不幸である。作劇上の約束事は彼をうんざりさせているのだが、彼はそれを狂信的に遵守しようとする。彼は、〔妖女クンドリーへの愛欲のため病み衰えるパルジファル伝説の聖盃王〕アンフォルタスの如き者であって、平和と救済を求め、彼自身および彼の社会の秘かなまた公然たる傷を癒されることを願っているのである。彼は安らいでいることができない。このようなタイプの作家について、シラーは次のように述べている。

> 彼の観察は空想によって、また彼の感受性は観念によって、無理矢理わきに押しのけられている。彼は眼と耳を閉じて、何ものも彼が彼自身の思考に沈潜することを妨げないようにする。……彼の心情は、外からの印象を受けとると同時に必ず、自分自身の動きを瞑想すべく内に向うのである。……このようにして、われわれは、対象そのものではなく、ただ、詩人の反省的悟性がその対象から作り上げたものを受けとるにすぎないのである。そして、詩人自身がこのような対象であり、彼が彼の感情をわれわれに描き出そうとするときでさえ、われわれは彼の

感情をあるがままに、直かに知るのではなくて、彼の心情のなかにそれらの感情がどう反映したか、すなわち、彼が彼自身の観察者としてこれらの感情について考えていることを知らされるにすぎないのである。(6)

これ故、情感的芸術家のもたらす効果は歓喜や平安ではなくて、緊張、自然あるいは社会との葛藤、飽くことなき欲望、近代における悪名高い神経症状群であり、これらはそれぞれその騒々しい精神の持主、殉教者、狂信者、反抗者を有している。そして、その怒れる、傲慢にして破壊的な説教者たち、ルソー、バイロン、ショーペンハウエル、カーライル、ドストエフスキー、フロベール、ワグナー、マルクス、ニーチェらは、平和ではなく、剣をもたらす人びとなのである。

シラーの区別は、あらゆる二分法と同様、文字通りに受けとられると、余りに行き過ぎたものとなるかもしれない。しかし、それは非常に独創的かつ示唆的なものである。もしわれわれが、近代にもシラーの意味において素朴な芸術家が存在するかどうか、すなわち、彼の環境のうちに平穏に安らぎ、人間としても芸術家としても一貫し、例えて挙げれば、セルバンテス、バッハ、ヘンデル、ルーベンス、ハイドンのように平静かつ堅固で、自意識や固定観念から免れ、芸術的に充実している芸術家、そして彼の芸術はその対象のうちにおいて極致に達し、それ自体を越えた何らかの精神的目的のため用いられて、何か到達しえない理想を捉えようとしたり、俗物や裏切者に対する戦いの武器となったりすることのない、そういう芸術家が存在するかどうかと尋ねてみるならば、われわれはこう答えることができよう——「然り、たしかに。ゲーテ、プーシキン、ディケンズ、そして時にはトルストイ(それは彼が自分の教義と罪とを忘れている時である)がまさにこのようなタイプの芸術家であり、また、ロッシーニやヴェルディもそうである」と。天才的作曲家たちのうちでは、ヴェルディは恐らく最後の完成した、自己実現を遂げ、自らの芸術のうちに同化した創造的作家である。彼は自らの芸術と一体となっている。そして、何らか背後におかれた目的のためにそれを利用することなど考えもしない。彼の作品によってまったく隠されている神は、シラーのダイアナの如くに峻厳で気むずかしく、彼の内面生活に好奇心を示すどのような者に対しても疑わし気な眼を向け、完全に、頑として非人格的であり、無味乾燥な程に客観的であって、そんな風な形で彼の音楽とひとつになっているのである。それは、あらゆるものを彼の芸術のなかに溶かし込んで、シェークスピアやティントレットと同様に人格的残滓を引きずっていない人物なのである。それは、シラーの意味において、現代の最後の偉大なる素朴派詩人である。

もちろん、ヴェルディの生涯について何らかの知識をもっているひとなら誰でも、それが彼の祖国の運命とからみ合っていたことをよく知っているであろう。すなわち、彼の名がリソルジメント(イタリア国民復興運動)のまさにシンボルとなったこと、「ヴェルディ万歳」が(たんに政治的ないし君主主義的理由からだけではなく)〔訳注2〕イタリアにおけるもっともよく知られた革命的ならびに愛国的歓呼であったこと、また、彼は、マッツィーニとカヴールのいずれをも、革命的民主派と国王のいずれをも尊敬しており、こうして、彼自身の人格のうちには、イタリア国民を形づくっているさまざまな要素が一体となって結びつけられていたこと。彼はつねに、(ヘルダーの比喩を使うならば）彼の属する民族の重心に近いところに生き、同胞たちに対し、同胞たちのために語ったのであった。これは、他の誰もなさなかったことであり、彼がその身近にいたマンヅォーニやガリバルディさえもなさなかったことなのである。彼の信念は、それが左右のいずれに動いていた場合にせよ、民衆感情のうちにある信念とともに動いていた。彼は、イタリアの統一と自由とのための闘争のなかにおけるあらゆる屈折および転回に対し、深くそして人間的に対応した。そのなかのコーラス「わが胸の思いよ、黄金の翼にのって飛んで行け」は、復興を求める民族的な祈りの歌であった。『レニャーノの戦い』の公演は、一八四九年の革命的ローマのうちに筆舌に尽し難い程の民衆的興奮をまき起した。『リゴレット』（一八五一年）も、『運命の力』（一八六二年）、『ドン・カルロ』（一八八四年）、『アイーダ』（一八七一年）に劣らず、抑圧、不平等、狂信、人間性への凌辱に対する憎しみによって生気を与えられている。ヴェルディがマッツィーニのために書いた讃歌は、ひとつの大きな国民運動のなかの一エピソードであるにすぎない。半世紀の間、彼は、イタリアの国民感情のなかでもっとも高潔かつ普遍的であったあらゆるものの生きたシンボルであった。

これらのことはすべてこの通りである。しかしながら、それがヴェルディの芸術の中心にあるわけではない。彼の音楽を理解するために、こうしたことのすべて、あるいは幾分かをも知る必要はない。もちろん、一人の天才がどのような人物であったか、彼が感じたのはどのようなことであったかについてのあらゆる知識は興味深いものであろう。だが、それは必ずしも本質的なことではない。しかしながら、問題は、そのようなことが偉大なる「情感派の」巨匠たちの場合には本質的な意味をもつということである。ベートーヴェンが専制主義についてどのように感じていたかを理解していないひとは、『英雄交響曲』や最初の偉大な政治的オペラである『フィデリオ』を十分に理解しえないであろう。十九世紀ロシアの重要な社会運動について知らないひとは、ムソルグスキーの歌劇『ボリス・ゴドノフ』や『ホヴァンシチナ』を理解できないであろう。シューマンの美学的見解、ワグナーの神話学、ベルリオーズの抱いていたロマン主義理論は、これらの音楽家の作品を理解するために欠かすことはできない。しかし、シェークスピアの史劇の理解のためには、彼の政治観を知る必要はないのである。それは理解の助けにはなるかもしれないが、なくてはならぬものではない。そのことは、ヴェルディについても同じである。人間の基本的な情熱——父性愛、人間性を喪失した社会で人間が人間を辱しめるような行為に対して抱かれる心からなる憎悪、こういったものを理解できるひとなら誰でも、『リゴレット』を理解しうるのである。また、嫉妬によって自暴自棄になった英雄の心理に洞察をもつことのできるひとなら、『オテロ』〔一八八七年〕を十分よく理解できるであろう。音楽外的な準備としては、実際、人間の基本的な情熱について知識をもっているだけで、ヴェルディの作品を理解するためには十分である。それは、初期の作品であろうと後期の作品であろうと、大作であろうと小品であろうと同じである。こうして、『トランペットの響き』であろうと『椿姫』であろうと、また『アッティラ』や『ルイザ・ミラー』であろうと、『運命の力』や『アイーダ』であろうと、『海賊』や『エルナニ』であろうと、『イル・トラヴァトーレ』、『レクイエム』、『オテロ』、さらには『フォルスタッフ』であろうと、同じなのである。最後の歌劇『フォルスタッフ』〔一八九三年初演〕は音楽的ならびに芸術的にみて絶対的に独創的な作品であった。それにもかかわらず、その真価を知るために必要不可欠な要件として、作曲家の個人的見解や属性についての知識、あるいは彼の生活や彼の社会の歴史的背景についての知識が求められるということはないのである。このようなことが彼について必要でないというのは、バッハ、モーツァルト、ロッシーニ、また、シェークスピア、ゲーテ、ディケンズについてと同じである。最初の歌劇『サン・ボニファッチョ伯オベルト』〔一八三九年〕から晩年の『聖歌四篇』〔一八八九―九八年〕に至るまで、ヴェルディの創造になる作品の性格は、シラーの独自の意味において、完全に素朴(ナイーフ)である。それらの作品は対象を直接眺めるところから出発している。はるか彼方へ、無窮の到達しえない天空にまで飛翔し、そのなかに没入しようなどという努力も、何らか背後におかれた目的も存在しないし、また、音楽と文学、個人と公共、具体的現実と超越的神話といった互いに相容れない別々の世界を融合させようなどという不可能な試みも存在しない。ヴェルディは、魔術的手段を用いたり、地獄や天国の幻影を逃避、復讐、救済などの手段として魔法の杖でよび起したりすることによって、裂け目を結びつけたり、人間生活の不完全さの埋め合わせをしたり、彼自身の傷を癒したり、彼の社会の内的欠陥を克服したり、共通の文化あるいは古来の信仰からのその社会の疎遠化を克服したりしようとは、決して試みないのである。このことは、『フォルスタッフ』についても、また『一日だけの王国』〔一八四〇年〕や『弦楽四重奏曲ホ短調』〔一八七三年作〕についても同様に当てはまる。「欲望はその対象のうちにおいて頂点に達する」とバトラー主教〔訳注3〕はいっている。ヴェルディはこの伝統に属し、そのもっとも洗練された開花をなした代表的人物である。ヴェルディの芸術は、バッハの芸術と同様に、客観的、直接的であって、芸術を支配している約束事とも調和を保っている。彼の芸術は、完璧な内的統一性、換言すれば、その時代、社会、環境に帰属しているという意識――それはまたシラーが情感的と名づけているものの中心に存する療法としての芸術の概念、無限への憧憬（ノスタルジー・ド・ランフィニ）を排斥するものであるが――から発しているのである。この意味において、ヴェルギリウス、プロペルティウス、ホラティウスは情感的であった。すなわち、「感傷的（センティメンタル）」であるとともにまた、古典主義の典型であった。これに対し、『ニーベルンゲンの歌』や『ドン・キホーテ』は、ロマン派によって理想化された形において、素朴（ナイーフ）なのである。

ヴェルディは、情感的なものに支配されるようになった時代における、西洋音楽の素朴派の巨匠として最後の人物であった。彼は、情感的なものに殆んど影響されないまま終始した。彼は、ワグナーやリスト、あるいはマイアベア〔ジャコモ、一七九一―一八六四、ドイツ生れの歌劇作曲家〕らに興味をもち、影響されさえしたといえよう。しかし、その影響は方法、技術的斬新さの面に限られていた。彼らの世界、彼らの理論はヴェルディにはあくまでも相容れないものであった。彼に従えば、素朴さ（ナイヴテ）とは、少なくとも西欧においては、辺境地帯においてのみ、中央での運動の外に見出されるべきものである。それは、スラヴ諸国、スペイン、そして恐らくノルウェーなど、社会条件がヨーロッパの初期の頃に似ている国々の作曲家のうちに見出されるものなのである。

ヴェルディも、もちろん、イデオロギーなき人物ではない。しかし、それは、歴史の長いつながりを通じて厖大な数の人間に抱かれてきたイデオロギーである。それは実際、「ヒューマニズム」という言葉の中心的な意味のひとつにつながるものである。アルベルト・モラヴィア〔一九〇七年生、『無関心な人々』〕は、それを彼の農民的出自と環境とに結びつけ、それが彼の時代のブルジョワ社会に勝利を収めた経緯を跡づけている。農民は古来の普遍的な社会階級である。そして、それがまたヴェルディのうちにも働いていた要素であるとするならば、〔訳注4〕それは、ルソーやシラーが自然との比較的堕落せざる結びつきということで意味していたものと関連をもたないわけでもない。

ヴェルディに対する攻撃もよく知られている。それは多くの方面からやってきた。イギリスでは、コーリィ氏はヴェルディを余りに騒々しい、すなわち、ロッシーニやボワルデュ〔フランソワ、一七七五―一八三四〕などに比して余りに通俗的であると指摘した。ロッシーニやベルリーニ〔ヴィンツェンツォ、一八〇一―三五〕に戻ろうという願望は、北方の保守派に限られていたわけでもなかった。それはまたイタリア人の間からも生じてきた。ただ、注意しておくべきことは、それはロッシーニ自身からきたのではないことである。当然、主要な攻撃は新音楽の擁護者たちからやってきた。ワグナー派やリスト派たち。もっとも自意識が強く、音楽外的、「感傷的」で、精神を救世主の如く再生させるものとして音楽に信仰を抱くあらゆる傾向の主唱者たち。ボイト〔アリゴ、一八四二―一九一八、後にはヴェルディの協力者〕は、後にはワグナーを偽予言者として否認することになるのだが、当時においては深くこうした傾向に捉われていた。彼のヴェルディに対する爆発的評言は余りによく知られているので引用するには及ばないであろう。

これには実際そうなるだけの理由が存在した。ヴェルディはまったく、新しい美学的信仰にとって最大の、そしてもっとも強力な障害であった。ヴェルディが支配している間は、パッツィーニ〔ジォヴァンニ、一七九六―一八六七〕、メルカダンテ〔サヴェリオ、一七九五―一八七〇〕、あるいはマイアベア、オベール〔ダニエル・フランソワ、一七八二―一八七一〕、アレヴィ〔ジャック・フロマンタール、一七九九―一八六二〕らに散発的攻撃をかけて時間を無駄にしていても仕方なかった。ヴェルディは大敵であり、力と天才とをもった伝統派であった。更に激しい攻撃が東からやってきた。それは、スラヴ世界、殊にロシアの偉大な新しい国民楽派から向けられたものである。バラキレフ、ボロディン、ムソルグスキー、そしてスターソフ〔ウラジミール・ヴァシリエヴィチ、「ロシア五人組」の理論的擁護者、一八二四―一九〇六〕らはヴェルディを嫌っていた。それは、ヴェルディが折々にみせる単調さや通俗性の故ではなく――従って「あれかこれか」(『リゴレット』)や「あ、パレルモ」(『シチリア島の夕べの祈り』)のためではなく――彼の強みが宿っているまさにその特質、すなわち、あの憎むべき定式――オペラの約束事を彼が受け容れ、それと一体化しているという事実の故になのである。これらのロシア人は、人民派の理想に鼓舞され、また(彼らが第一級の天才とみなしていた)知られざる巨匠ダルゴムイシスキー〔アレクサンドル、一八一三―六九、歌劇『ルサルカ』などの作曲あり〕の弟子として、音楽的リアリズム、すなわち、言葉、構想、表現、音楽、歴史的社会的意識などのもっとも緊密な相互関係が可能であると信じていたのである。彼らは実際、個人および大衆いずれもの「現実的な」内面的ならびに外面的生活のもっとも微妙な心理的ニュアンスをも伝達しうるような表現豊かな半叙唱法を創り出した。ブゾーニ〔フェルーツィオ・ベンヴェント、一八六六―一九二四〕が愛の場景は舞台の上で演ぜられるべきでない――なぜなら、秘事は公然となされる筈はないのだから――と述べたとき、このもっとも理窟の多い人物は、無意識的にではあろうが（彼はこのように語られることに怖気立ったであろう）、この字義通りのリアリズムを復唱していたのである。ロシア人たちは、パイジエロ〔ジォヴァンニ、一七四〇―一八一六〕、ケルビーニ〔ルイジ、一七六〇―一八四二〕、ロッシーニ、ドニゼッティ〔ガエターノ、一七九七―一八四八〕、ベルリーニらのイタリア・オペラに公然たる反感を示していた。到頭最後には、オペラ興行の哀れな一行は崩壊の兆候をあらわにしはじめていた。しかし、そのとき、ヴェルディが伝統のうちに新しい生気を吹き込んだ。そして、いまいましい定式（フォミュラ）、ばらばらに切り離すことのできるオペラ的「断片（ナンバー）」の機械的連続、また、例えばヴェルディが歌手たちとともにそれをもってヨーロッパ中を廻った『レクイエム』にみられるような、どんな順序ででも演奏できるような小楽曲の積み重ね、こうしたものによって音楽を愛好する聴衆を再び征服したのである。ロシア人たちは、これらの自己完結的なアリア、デュエット、トリオ、クインテット、コーラスのすべて、当然それらに伴う装飾的長前打音（アポジアテューラ）、技巧的にくっつけられたカバレッタ（アンサンブルつき二重唱）やカヴァティーナ（短いアリア）など、余りにも思い入れたっぷりに響かせられるオーケストラ伴奏の仕組み、現実的経験の生き生きとした表現を殺してしまう恐るべき手風琴的音響、これらのものを公然と非難していた。彼らにとっては、ボロディンの『イーゴリ公』〔一八九〇年〕が自然な感情を表わし、「現実的」であるのに対し、『ドン・カルロ』や『椿姫』は、けばけばしい金ぴか物で飾り立てられたクリスマス・ツリーのようなものなのであった。だからといって、彼らがワグナーをより好んだというわけではない。彼らにとって、ワグナーは、ボイトの表現を用いれば、「騒然とした混乱状態を勿体ぶって繰り広げている人びと」(7)の一人であると思われていた。セローフ〔アレクサンデル・ニコライェヴィチ、一八二〇―七一〕は、ロシア五人組の同僚でありながら、ワグナーを尊敬し、模倣しようとしていた音楽家であったため、当然のことながら、国民楽派の戦列から放り出されてしまった。彼らの尊崇する神々はリストであり、ベルリオーズであった。そして、最大の敵はつねにヴェルディであって、彼らはヴェルディに対して、恰度ドイツの初期ロマン派が十八世紀フランスの審美的批評家たちに対してとっていたのと同じ見方をしていた。すなわち、浅薄で、勿体ぶって、誇張的で、技巧的で、まったく予言的な口の利き方をし、しかもまったく値打ちがないという代物。これに対して、リストやベルリオーズはルソーであった。すなわち、自然の色と音とへの還帰、規格的作家たちの堕落した商業主義的な凝った技巧から真の個人的感情への還帰であった。そして、それらの規格的作家として挙げられるのは、マリヴォー、クレビヨン〔クロード、一七〇七―七七、『ソファ』の作家〕、マルモンテル〔J・F、一七二三―九九、『暴君ドニ』など〕就中あのヴォルテール、そして、舞踏教師たちであった。彼らは、髪粉をつけたかつら姿で、韻を踏んだ対句と丹念に拵え上げた警句をもって、つまらない、そして心情を欠いたサロンのごたごたのなかへと現われ出てくるのである。

これが（一世紀前のドイツ、フランスにもみとめられるとおりに）情感的なものからする素朴なものへの攻撃のやり方であった。それは、恐らく、同様に不可避的な、そして同様に誇張された頑迷な攻撃の仕方であった。ヴェルディは彼自身の道を進んだ。傷つけられはしたが、究極的に晴朗で、かき乱されることなく平静であった。疑いもなく、彼は、ボードレール、フロベール、リスト、ワグナー、ニーチェ、ドストエフスキー、ムソルグスキーらの新しい世界に属していたわけではない。彼がそのような世界のことを知っていたとか、もし知っていたら気にしたであろうとか考える根拠は存しない。彼は、それ自体のうちに矛盾をもたないヒューマニズムの最後の偉大な発言者であった。少なくとも音楽の世界において、まさにそうであった。

彼の楽譜がどんなに技巧を凝らしたものであったにせよ、そこには、最後まで、自意識、神経症、デカダンスの痕跡は存しない。そのようなものがイタリア音楽のうちに現われてくるのは、ボイト、プッツィーニ、およびその後継者たちの世代になってからである。ヴェルディは、不朽の重要な人間感情に直接的表現を与えるため、はっきりとして明るい原色で描き出した最後の巨匠であった。そのようにして、愛と憎しみ、嫉妬と恐れ、義憤と情熱、嘆き、怒り、侮り、冷酷、皮肉、狂信、信仰といったすべての人間の知っている感情が描き出されるのである。彼以後においては、これは殆どみられないことである。ドビュッシー以降、音楽は、印象主義的であれ表現主義的であれ、新古典派であれ、新ロマン派であれ、全音階的であれ半音階的であれ、十二音楽、賭けの音楽（アレアトリック）（ブレーズによるもの)、具体音楽のいずれであれ、あるいはこれらのものの混淆であれ、無垢さというものは去ってしまったのである。(8) ドイツ後期ロマン主義の誇張癖とぞっとするような象皮病とから逃れるために、多様な種類の収斂性、収縮性の表現形態が登場してきた。しかし、バッハあるいはペルゴレーシ〔ジョヴァンニ、一七一〇―三六〕、ゲズアルド〔ドン・カルロ、一五六〇―一六一三〕あるいはマショー〔ギョーム・ド、一三〇〇頃―七七〕へ立ち帰ることが解毒剤を求めての意識的な試みとして取り上げられている。ここから実際、ずっと独創的で魅力的な音楽が生み出されてきた。それは反情感的であるが、そのことによってそれ自体としては情感的である。というのは、それは自愛的自己意識的で、教義に影響された音楽であり、それを正当化するために、新カトリック的(ソレーム唱法のグレゴリオ聖歌)〔訳注5〕、無調的、シュールレアリズム的、社会主義リアリズム的(新全音階主義)等々の理論や宣言を伴っているからである。われわれは、イデオロギー的宣言、綱領的言明、さらには呪いを、ワグナーやベルリオーズやドビュッシーや二十世紀のロシア作曲家たちから期待している。しかし、われわれが、ディケンズや大デューマの署名のある文学の役割についての宣言を殆ど想像もできないものとみなした筈であるのとまったく同様に、イタリア・オペラの美学的ないし社会的意義や、(例えばボイトやブゾーニの作品のうちに見出される種類の)芸術的コメディィ(コメディア・デ・ラルテ)とイタリア・オペラとの関係といったことについてのヴェルディの信仰告白(プロフェション・ド・フォワ)なるものも、殊の外信用しがたい偽造物であるとの嫌疑を受けても当然であるだろう。宣言類は、個人的であれ集団的であれ、反逆ないし反動の徴候である。すなわち、「情感性」の激烈な症状である。しばしばそういわれており、また、ある意味において、そう性格づけられて正当であるように、十九世紀の特質をもっとも深く代表している芸術家の一人であるヴェルディが、その時代の中心的様相――その典型的病症（マレーズ）――であると通常みなされている、この特殊な状態からかけ離れたところにいたということは、恐らく、芸術家としても人間としても、彼の人格のなかのもっとも注目されるべき点なのである。この点において、彼は後継者というべきものを有していない。少なくとも音楽において、彼は最後の素朴派天才芸術家であった。ヴェルディに「帰ろう」という願望は、それ自体みたされえないノスタルジアの一形態であり、きわめて非ヴェルディ的「情感性」の表現となるのである。そうした願望から、ヴェルディ自身は、完全にかつ平穏裡に自由だったのである。

情感的運動の最盛期、すなわち一八七〇年代から一九三〇年代までの間、ドイツおよび反ドイツ（すなわちフランスおよびロシア）の音楽聴衆（および批評家たち）のいずれからも、ヴェルディの大衆向けの通俗的スタイルとみなされていたものが、最近の四半世紀のうちに、偉大な伝統の最後の直接的表現として再登場してきたのは、十分自然なことであるといえる。それは、かけ離れたもの、異国趣味のものを求める願望――これは退行の徴候なのだが――、また、中世や啓蒙時代の音楽、東欧、アジア、アフリカ、太平洋諸島の民俗的伝統のうちにある遺産など、時間的にも空間的にもかけ離れた伝統のうちから慰めを受け、新しい生命衝動を得ようという願望と意識的な対照をなしつつ、なおそのように自然なことであると感じられるのである。

高貴にして単純、創造と構成との面で一定程度達成された無疵の活力と広大な自然力でもって、ヴェルディは、もはや存在しない世界の声を代表している。今日、もっとも普通の聴衆にも、もっとも洗練された聴衆にも、同じように大きな人気をヴェルディが得ているのは、彼が永久不変の心理状態をもっとも率直な言葉で表現したという事実によっている。それは、ホメロス、シェークスピア、イプセン、トルストイがなしたと同様のことなのである。これこそシラーが素朴(ナイーフ)と名づけたものなのである。ヴェルディ以後、このようなものは音楽のなかで再び聴くことができない。音楽芸術の権威ある名鑑のなかで、ヴェルディが、今日誰も反駁しないような確固たる地位を占めていることは、われわれの時代の健全さの現われである。こうした現象の社会学、また同様に、ヴェルディ自身がその時代において占めていた位置の社会学的文脈は、それ自体魅力的な主題であるが、それはもはや、私に論ずる資格のある事柄であるとは思われない。

(1) *Über naive und Sentimentalische Dichtung, Schillers Werke*, ed. Ernst Jenny, vol. 10(Basel, 1946), pp. 208–321.〔野島正城訳『素朴文学と情感文学について』世界古典文庫、日本評論社、一九四九年〕
(2) *Ibid*., p. 232.〔同訳書、三八ページ〕
(3) *Ibid*., p. 238.〔同、四六ページ〕
(4) *Ibid*., p. 242.〔同、五一ページ〕
(5) *Ibid*., p. 237.〔同、四五ページ〕
(6) *Ibid*., pp. 257–58.〔同、七一ページ〕
(7) Arrigo Boito, 'Mendelssohn in Italia,' *Tutti gli scritti*, ed. Piero Nardi(Verona, 1942), p. 1256.
(8) 例えばブルックナーを素朴であると呼びうる意味も存在する。しかし、それはシラーの意味でなく、通常の意味においてのことである。シラーの用語の意味では、ブルックナーの幻想的神秘主義、すなわち、感覚性と自己超越への努力との結合は、(セザール・フランクおよび聖歌学派(スコラ・カントルム)〔フランクの弟子V・ダンディを中心とする〕の一層鋭敏なケースにおけると同様)考えられうるもっとも深い情感性の表現なのである。あらゆる要素の到達不能な統合を目指す、綜合芸術作品(ゲザムトクンストヴェルク)という概念がまさにそういうものである。

〔訳注1〕 シラーによるヴェルディの四つの作品——ジャンヌ・ダルク(一八四五年初演)、群盗(一八四七年)、ルイザ・ミラー(『たくらみと恋』による。一八四九年)、ドン・カルロ(一八八四年)。

〔訳注2〕 VERDI の名には、イタリア統一時の国王、Vittorio Emmanuele, Re-D'Italia の意味がこめられていた。

〔訳注3〕 Joseph Butler (1692-1752), 著書に "*Sermons on Human Nature*" (1726) がある。

〔訳注4〕 「私はただの農民にすぎない(Io sono un paesano)」とヴェルディは自分自身について語っていた。(ピエール・プティ、高崎保男訳『ヴェルディ』白水社、一九七〇年、二五ページ参照。)

〔訳注5〕 ソレーム(Solesmes)はフランス中部ル・マン市近郊の小村で、ここのサン=ピエール僧院が現代におけるグレゴリオ聖歌演奏の中心になっている。

〔田中治男訳〕

ジョルジュ・ソレル

ソレルは今日なお変則的な人間類型に属するとみられている。十九世紀の他の思想家や予言者たちは、それぞれに相応しいレッテルをつけて、間違いなく分類されてきた。ミル、カーライル、コント、ダーウィン、ドストエフスキー、ワグナー、ニーチェ、さらにマルクスも含めて、これらの人びとの理論、影響、人格などは、思想史の博物館のそれぞれの棚の上に、間違いなく配置されている。ソレルは、生前においてもそうであったのだが、今なお分類されないままおかれている。そして、右翼と左翼のいずれからも、自分たちの側の人間だと主張され、また反対にそうでないといって拒否されているのである。彼は一体、彼のひとにぎりの弟子たちが公言しているように、圧倒的な天才性をもった大胆にして華麗な革新家だったのであろうか、それとも、ジョージ・リヒトハイムがいっているように、ただのロマンティックなジャーナリストにすぎなかったのであろうか。また、G・D・H・コールの軽蔑的な表現でいえば、(1)「血をみて嘆いている」ペシミストであったのか、あるいは、(クローチェに従って)マルクスとともに、社会主義がこれまでにもった唯一の独創的思想家であったとみるべきであるか、それとも、レーニンが冷淡に規定したように、名うてのとんまというべきだろうか。私はここで何か答えを与えようとするわけではない。私の願っているのは、ただ、彼の主要な観念、そしてまた、（かなり濫用されている言葉を使うならば）それらの観念の現代とのかかわりについて何事かを語りたいということであるにすぎない。

一

ジョルジュ・ソレルは一八四七年にシェールブールで生れた。彼の父は実業家であったが、成功しなかった。そのため、家族は非常な困窮生活を余儀なくされた。彼の従兄である歴史家アルベール・ソレル〔一八四二―一九〇六〕によれば、ジョルジュ・ソレルはまだ年少時に非凡な数学的才能を示していたという。一八六五年に彼はパリのエコール・ポリテクニック（理工科大学）に入学し、五年後には、技師として政府土木局（ポン・エ・ショセ）に採用された。その後二〇年の間、彼は数多くの地方都市で勤務することになった。一八七〇、七一年の瓦解の時期には、彼はコルシカにいた。一八七五年に、彼はリヨンのホテルで病に伏した。そこで彼はマリー・ダヴィドという名の女中の看護を受けた。彼女はサヴォワの国境地方の農家出身で、敬虔だが半文盲の女性だった。この女性と彼はやがて生活をともにするようになる。彼は、手紙のなかで彼女のことを妻として語っているが、実際には、彼女と正式の結婚はしなかったと思われる。それは恐らく、このような身分違いの結婚に明らかにショックを受けた彼の家族の願望を尊重してのことであったとみられる。だが、それは完全に幸福な関係であったと思われる。彼は彼女を教育し、また彼女から学んだ。そして、一八九八年に彼女が死んだ後、彼は、彼女が彼に与えていた神聖なイメージを心に秘め、彼が生きている間ずっと、彼女の記憶を慈しみ、崇めていた。

四〇歳になるまでは、彼の生活は、平穏で、地方的で、人目につかない、フランスの典型的な下級官吏のそれであった。一八八九年に、彼の最初の書物が公刊された『ソクラテスの裁判』。一八九二年に、彼は、既に四五歳になり、主任技師の地位に就き、レジョン・ドヌール五等勲章(シュヴァリエ)をも得ていたが、突然職を辞した。この時から彼の公的生活が始まった。彼の母は彼に小さな遺産を残していたが、これで彼はパリに移ることができた。彼は静かな郊外のブーローニュ・シュル・セーヌに居を構え、そこで死ぬまで、すなわち三〇年後の一九二二年まで暮した。一八九五年から彼は左翼誌に寄稿するようになったが、この時以来、彼はフランスにおけるもっとも論争的な政治的評論家の一人となったのである。

彼は一定の立場をもっていないとみられた。彼の批判者たちは、しばしば彼のことを、でたらめな方向を歩んでいるとして非難した。若い時には正統王朝主義者であり、一八八九年にもなお伝統主義者であったが、一八九四年までに、彼はマルクス主義者になった。一八九六年に、彼はヴィーコについて称讃にみちた文章を書いた。一八九八年になると、彼は、クローチェ、またエドゥアルト・ベルンシュタインに影響されて、マルクス主義を批判しはじめたが、同じ頃にまた、アンリ・ベルグソンの魅力に深く捉えられた。彼は、一八九九年にはドレフュス派であり、その後の一〇年間は革命的サンディカリストとしてとどまった。一九〇九年までに、彼はドレフュス派にとって不倶戴天の敵となっており、その後二、三年のうちに、『アクション・フランセーズ』紙の編集に携わっていた王党主義者たちの仲間となり、また、バレスの神秘的ナショナリズムの支持者となった。彼は、一九一二年には、ムッソリーニの戦闘的社会主義について称讃の文章を書いたが、一九一九年には、より一層大きな称讃の言葉でレーニンについて書き、それはボルシェヴィズムに対する満腔の支持で終っていた。だが、彼の生涯の最後の何年間かは、ドゥーチェ(ムッソリーニ総統)に対する讃嘆を隠さなかった。

その政治的見解がこれ程激しく、また予測もできない方向にくるくる変わる男の思想に、どんな信頼を寄せることができるであろうか。彼自身もまた、首尾一貫していると主張しはしなかった。一九〇三年に彼は、彼の忠実な文通相手であった、イタリアの哲学者ベネデット・クローチェに宛てこう書いている——「私は毎日毎日その時々の必要に従って書いています。」[2] ソレルの著作にはどんな形式も体系もなかった。そして、彼は、他人の著作のうちにあるそのようなものから感銘を受けることもなかった。彼は押しつけがましく情熱的な談論家であって、その他の有名な談論家——ディドロ、コールリッジ、ゲルツェン、バクーニンらの場合も時としてそうであったように、彼の著作は挿話的、非体系的、未完結的、断片的であり、よくいって精々、何か直接的な問題関心に触発されて書かれた鋭い、論争的な評論ないしはパンフレットであって、緊密にまとめ上げられ、展開された理論体系のなかへ収めるべく準備されたものでもなければ、また、そのような体系としての資格を要求するものでもなかった。それにもかかわらず、ソレルが書き、語ったあらゆることを結びつけるひとつの中心的な糸は存在する。それは、たとえ理論でないとしても、態度であり、立場であり、また、独特の気質、不変の生活観の表現なのである。既成のあらゆる教義や制度に対して雨霰のように叩きつけられた彼の諸観念は、彼の友をも敵をもその魅力で惹きつけた。そして、今なお、その本来の性質および力の故のみならず、当時において小さな知識人グループに限られていたものが今日では世界大の拡がりをもつに至ったという事実の故に、その魅力は失われていないのである。ソレルは、その生前においては、精々、論争的ジャーナリストとしてみられ、また、力強い筆力と、異常な洞察を伴った折々のひらめきとを示すが、余りに不定見でしかも片意地なので、真面目で勤勉な人びとの注意を長く留めておくことのできない独学者タイプとしてみられていたにすぎない。だが結局において、彼は、彼と同時代の数多くの尊敬された社会思想家たち——彼らの大部分を彼は無視するか、そうでなければ、軽蔑をあからさまに示しながら扱っていたのであるが——よりもはるかに侮り難い存在であることを実証したのである。

二

人間社会の事柄に関心をもつあらゆる哲学者の思想は、結局のところ、人間とは何か、また何でありうるかについて彼らがもつ考え方に基礎をおいている。このような思想家たちを理解するためには、彼らが自分の見解を擁護したり、現実の、また可能な反論に論駁したりするときに用いるもっとも強力な議論の中身よりは、こうした基本的な観念あるいはイメージ(それは暗示的にとどまっているかもしれないが、彼らの世界像を規定しているのである)を把握することの方が肝要である。ソレルはひとつの指導観念（イデー・メトレス）によって支配されていた。それは、人間は創造者であり、受動的に受けとり、抵抗する術もなく流れに押し流されているときではなく、創造するときにのみ、自己を実現するのだという考え方である。人間の精神は、刺戟に反応する機械的装置や有機体ではなく、それ故、人間科学などによって分析され、記述され、予測されうるようなものではない。ソレルにとって、人間とは、何よりもまず、自分の仕事のうちに、またそれを通じて自分自身を表現する生産者であり、自然によって提供された原料、それを彼は心の奥で抱かれ、自発的に湧き上ってくるイメージないしはパターンに従って造形しようと試みるのであるが、そのように原料を改変する活動に従事する変革者なのである。生産的活動それ自体がこのパターンを生み出し、それを変化させる。それは、自由に、どんな法則にも従属することなく自らを実現するのであり、創造的エネルギーをもった天然泉のようなものとみることができる。この天然泉の活動は、内的感情によって捉えられるが、科学的観察とか論理的分析によって理解できるものではないのである。人間とは何か、何でありうるかについての、他のあらゆる見解は誤りである。歴史の示すところによれば、人間は本質的に、幸福や平和や知識や他人に対する支配力や、あるいは来世における救済を求める者ではない。少なくとも、これらは人間の第一義的目的ではない。そのようになっているとすれば、それは、人間がその真の人間性から堕落してしまったからであり、教育、環境、境遇が人間の観念、性格を歪め、人間を無力で悪徳にみちたものとしてしまったからなのである。

　人間は、その最善の、すなわち、もっとも人間的な状態においては、何よりもまず、個人的に、また、自分と身近な人びとと一緒に、自発的で妨げられることのない創造的活動において、自分の人格を御し難い外界に対し押しつけるということから成る事業をなすことにおいて、自分自身を実現しようと試みるのである。ソレルは、彼の政治的敵対者であるクレマンソーの次の言葉を引用している――「生きているあらゆるものは抵抗する。[3]」彼はこの命題を、彼がその生において信じていたあらゆるものと同じだけ強く信じていた。行動するのであって、他から行動を受けるのでないこと、選ぶのであって、選ばれるのでないこと、自然界と思想界とのうちにわれわれが見出す混沌に対し形式を課すること、これが、芸術および科学の両方の目的であり、人間そのものの本質に属することなのである。彼は、彼のエネルギーを減殺し、彼から独立性と威厳とを剝奪し、意志を抑圧し、彼のうちにあって独自的な自己表現のために闘っているあらゆるものを押しつぶし、それを画一化し、非人格化し、単調にし、最後には消滅させてしまおうと試みているあらゆる力に抵抗する。人間は、その事業のうちに、その事業によって、完全にただ一人で生きている。決して、受動的な享受や、平穏さや、安全によって生きているのではない。これらのものは、人間が、外からの圧力や習慣や約束事に屈服し、彼が不可避的に従わなければならない自然法則のメカニズムを、彼自身の自由に構想された目的のために利用することに失敗したときに、見出すものであるといえる。

もちろん、これは新奇な考え方ではない。それは、殊にフランス文明なるものと同一視された合理主義、啓蒙主義に対する大いなる反逆の中心に存するものであるが、それはまた、宗教改革後のドイツのより急進的なプロテスタント諸セクトを活気づけ、さらに、十八世紀末には、物質的諸力と穏やかな理性的知識とのいずれに対しても人間意志の優位を称讃するという形をとったものである。ここはロマン主義の起源を論ずる場所ではない。しかし、ひとは、ソレルの精神のなかで酵素として働いたものが、彼が初期ロマン派の作家たちの何人かと共有していた情熱的確信であったということ、そして、平和、幸福、利益などの追求、また、権力、所有、社会的地位、平穏な生活などに対する関心は、思想をもつ程の人間ならば誰であっても、人間生活の真の目的であると認める事柄——制作者という名に値する何ものかを作り出す試み、何ものかであろうとし、何事かをなそうとする努力、そして、他の人びとにおける同じ努力を尊敬しようという努力——に対する軽蔑すべき裏切りであるということを理解しないならば、ソレル、あるいは彼の見解のもった影響力を理解しえないであろう。労働に従事するようにというたんなるパウロ的義務と対置されたものとしての、労働の権利、労働の尊厳の観念は、ずっと近代的な社会主義の中心に存するものであるが、もともとロマン主義的な考え方に起源をもっている。それは、謹厳なルター的敬虔主義のなかで育てられたドイツの思想家、とくにヘルダーとフィヒテがヨーロッパの意識に刻印したものであった。

ソレルは、彼の時代のパリのブルジョワジーの生活に激しい、そして終生変わらぬ嫌悪感を抱いており、それには、彼が気質的にある種の共通性をもっていたフロベールの抱いていた嫌悪感と同種の激越さがあったといえるのであるが、これは、快楽主義と物質主義という対になった害悪に対してジャンセニストの示す憎悪と結びついたものなのである。第三共和政初期におけるフランスの政治生活のなかの機会主義と腐敗は、一八七〇年の後の国民的屈辱感情と一緒になって、ソレルにとって、それは多くのフランス人にとっても同じであったわけだが、深い傷を残す経験であったといってよいであろう。しかし、彼が、ルイ＝フィリップ時代の貪欲で、互いに張り合っているパリや、第二帝政期の金権的かつ快楽追求的なパリにおいては違った風に感じたであろうとは到底考えられない。十九世紀の営利的で、気取った、傲慢で、不徳義で、遊惰で、卑怯で、愚鈍なブルジョワ社会と必死に闘おうとする精神がこの時代の著作を満たしている。プルードン、カーライル、イプセン、マルクス、ボードレール、ニーチェらの著作、また、この時期の有名なロシア文学の殆ど全作品は、そのひとつの巨大なる告発状である。これこそ、ソレルが著述家としての生活の最初から最後に到るまで属していた伝統なのである。公的生活の堕落は、彼には、古代ギリシャの頽廃期やローマ帝国末期におけるよりもはるかに深く進行しているように思われた。議会制民主主義は、その欺瞞性と偽善性とでもって、彼には、人間の尊厳に対する我慢のならない侮辱であり、人間の本来の目的に対する冷笑であると思われた。民主政治は、投票が恥も恐れもなしに売り買いされる巨大な株式取引所に似たものとなっており、そのなかで、人間は、策略をこらす政治家たち、冷酷な銀行家たち、腹黒い実業家たち、三百代言と三文文士ども——法律家、ジャーナリスト、教授と名のつく連中に胡麻化され、裏切られているのである。これらの連中はすべて、軽蔑すべき馬鹿者と奸智に長けた悪漢ども、ペテンにかける客とかけられる客たちでいっぱいの世界のなかで、金と名誉と権力とを求めて争っている。しかも、彼らは結局のところ、「人道主義によって愚鈍化された」ヨーロッパの「民主主義の泥沼のなかで(4)」搾取されている労働者に寄食しているのではないか。

三

西欧における社会思想の伝統は二つの中心的な教義によって維持されてきた。一方の教えるところによれば、人間の悲惨さ、愚劣さ、悪徳の究極的原因は無知と精神的怠惰とのせいであるとされる。プラトンからコントに至る理性主義者たちは、現実とは単一の理解可能な構造をもつものであると主張した。それ故、このような現実を理解し、解釈し、そして自分自身の本性を理解し、それをこの構造のうちにおくこと——このことのみが、特定の状況のなかで実現しうること、および実現しえないことを明らかにしうるのである。ひとたび諸々の事実とそれらを支配している諸法則とを知ることができたならば、ひとは、彼なりの仕方で幸福なり調和なり知慧なり美徳なりを願望するとき、この目標に向けて、彼の知識が彼に明らかにしている唯一の正しい道程以外を進むことができないのである。理性的な、あるいはたんに正常な人間であるということは、人間生活のなかの数の限られた自然な目的のうちひとつ、あるいは数個だけを追求することを意味する。そうした目的がどんなものか、また、それらを達成するための正しい手段は何かについて無知であることだけが、悲惨や悪徳や失敗にひとを導くのである。この教義の科学的なあるいは自然主義的な形態が、啓蒙主義およびそれがその後、実際今日までも続く二世紀の間にとった多様な思想表現を生気づけるものとなったのである。

ソレルはこうした接近方法を徹頭徹尾拒否した。彼は、世界が合理的調和をなすとか、人間の真の完成は、創造主――それが人格神であるか非人格的自然であるかを問わず――によって人間に指定された正しい位置が世界の何処にあるかを理解するかどうかにかかっているといったことを信ずるべきどんな理由も認めなかった。マルクスおよび半ば忘れられたイタリアの思想家ヴィーコ――の影響下に、ソレルは実際ヴィーコの著作の十九世紀における数少ない鋭敏な読者の一人であった――ソレルは、人間の有するあらゆるものは人間自身のたゆむことなき労働の所産であると堅く信じていた。たしかに自然科学は人間的努力の勝利であった。しかし、それは、実証主義者たちが十八世紀に主張していたように、自然の模写でもなく、地図でもなかった。この点で、十八世紀の実証主義者たちも、彼らの現代の弟子たちも誤っていた。自然には二種類のものがあった。まず、人為的自然。それは科学の自然であり、原子、電荷、質量、エネルギー等々といった観念的に構成された諸実体の体系である。これらの実体は、観察された斉一的傾向から合成された仮構であって、それらは、特に天文学の世界の内容のように人間の日常的関心からは比較的離れた領域のうちに存し、人びとに宇宙の内実の幾部分かを確認させ、かつそれを予測し、さらには実際、制御すらさせうるような数学的処理の方法の慎重な適用を受けることができるようなものなのである。この自然を構成するために用いられてきた概念ならびに範疇は、人間的目的によって制約されていた。それらは宇宙から、人間にとって関心の対象となり、一般化を可能にするに十分な規則性を示す諸側面を抽象したものであった。これは勿論、驚嘆すべき事業であった。しかし、それは、創造的想像力の事業ではあっても、現実の構造の厳密な再生ではなく、存在するものの地図でもなく、ましてその画像であるとはさらにいえなかった。こうした一連の定式、すなわち、体系を構成する想像上の実体と数学的諸関係の組み合わせの外に、「自然的」自然、それこそ現実の事物であるものが存在した。それは、混沌とした、恐るべきものであり、制御し難い諸力から成るものであった。だが、人間はこれらの力と格闘しなければならず、また、もし彼が生きのび、創造していくことを志すとすれば、それらを少なくとも部分的には屈服させなければならないのである。たしかに、これは、人間の有する諸科学の助けを得てなされる。しかし、対称性とか統一性とかは、第一の、すなわち、人為的な自然の属性であり、人間の知性の構成物であって、見出されるのではなく、作り出されるところの何ものかなのである。現実が調和的全体であり、理性にその論理的必然性が開示されるような合理的構造であり、理性的存在としての人間がそれを他の仕方においてなお合理的にとどまりうるものと考えたり願ったりしても不可能であり、それ故、そのなかにおいて満足し、充たされていると感じなければならないような驚くべく首尾一貫した体系であるとする仮定、こうした仮定はすべてとんでもない誤謬である。自然は完全機械でも精妙な有機体でも合理的体系でもない。それは未開のジャングルである。科学は、われわれに可能な限りうまくそれを処理するための技術なのである。われわれがそのような技術を同じように人間にまで拡張するとき、われわれは、人間を貶しめ、非人間化することになる。というのは、人間とは行為の主体であって、対象でないからである。もしキリスト教がわれわれに何事かを教えたとすれば、それは、われわれに、宇宙において絶対的価値をもつ唯一のものは人間の魂であり、それこそが行為し、想像し、創造する唯一のもの、それに対して働き、抵抗を受けないならば、われわれを奴隷化し、究極的には塵介と化してしまうような非人格的諸力に抵抗する唯一のものであるということを理解させたことであった。これは、われわれの上に永遠におおいかぶさっている脅威である。それ故に、生とは絶えざる闘いなのである。

この真理を否定することは浅薄な楽観主義であり、これこそ、ソレルが、カーライルと同様に、生涯を通じて軽蔑した浅薄な十八世紀を特徴づけるものなのである。自然の法則はたんなる記述ではない。それらは、彼がウィリアム・ジェームズ(および恐らくはまたマルクス)から学んだように、戦略的武器なのである。クローチェは彼に、われわれの範疇は行為の範疇であり、それらの範疇は、われわれの行動的自我の目標が変わるにつれて、われわれが現実と呼んでいるものを変えるのである、すなわち、それらの範疇は、実証主義者が主張したように、時間を超えた真理を確立するものではない、と教えた。「われわれは、われわれの意志から、多少とも完全に逃れていくものを、物質、あるいは基体とみなしている。形式の方がむしろわれわれの自由に対応するものである。」[5] 行為と関係をもたず、経験を超越しようと試みる体系や理論、大学教授や知識人が非常に得意とするものは、人間が現実の混沌状態と直面することを避けて逃れ込む抽象であるにすぎない。科学的(そして政治的)なユートピアなるものは、これら抽象的なものの合成である。このようなユートピアを支えているわれわれの未来についての疑似科学的予言は、占星術の現代的形態以外の何ものでもない。このような図式が人間存在に適用されると、恐るべき損害がもたらされることになる。われわれ自身の構成物、案出物を永遠の法則あるいは神的命令と混同したことが、人間の抱いたもっとも破滅的な幻想のひとつである。これが、フランス大革命において生起したことである。実際の自然と人為的自然という二つのものを混同するとは、まったく間違ったことである。しかし、啓蒙哲学者（フィロゾーフ）たちは、概していえば、真正の科学者ではなかった。彼らは、科学を実際に応用することなく科学についてお喋りをしていた社会理論家、政治理論家であったにすぎない。『百科全書』は人間の真の知識や技術を改良しはしなかった。科学の効用についてのイデオロギー的呪文や楽天的評論ジャーナリズムは科学ではない。それらは、実証主義と官僚主義、要するに通俗的科学(la petite science)に導くだけである。この種の理論が人間社会の事柄に無慈悲に適用されると、その結果は恐るべき専制主義以外の何ものでもない。ソレルはここで殆どウィリアム・ブレイクの使った言葉で語っている。知識の樹が生命の樹を殺してしまった、ということである。ロベスピエールとジャコバン派は、人間生活を、彼らにとっては客観的真理に基礎づけられていると思われた諸規則に還元してしまうことを試みた狂信的衒学者なのである。彼らが作り出した諸制度は、自発性と発明力を押しつぶし、人間の創造的意志を奴隷化し、麻痺させてしまったのである。

ソレルにとっては、行動的存在であることを本質とする人間は、二つの同様に破滅的な危険に絶えず脅やかされている。それは、〔『オデュッセイア』で有名な〕スキュレーの岩とカリュブディスの渦巻とである。スキュレーとは倦怠、精力喪失、頽廃であって、このとき、人びとは緊張した努力から弛緩して、饗宴の席に立ち戻るか、それとも、静寂主義に落ち込んで、あらゆる名誉、活力、誠実さ、独立性を破壊し、それに代えて、奸計と詐術との支配、官僚制の冷たい手、破廉恥な黒幕たちによって彼らの利益になるよう変えられてしまうことのできる法律をもたらすずる賢い策士たちのペテンの犠牲になってしまうかのいずれかなのである。そして、こうした連中を助け、煽てるのは一群の玄人たちであって、彼らは、権力の座にある者たちの売春婦、侍僕であるか、怠惰な芸人、おべっか使いの寄生生活者であり、ヴォルテールやディドロのように、「堕落したアリストクラシーの道化[6]」ともいうべき存在で、怠惰で享楽的な貴族の趣味を模倣しようと努めるブルジョワたちに他ならないのである。カリュブディスとは狂信的理論家たちによる専制主義である。それは「自分の計画に対して向けられた予期しない妨害のため猛り狂ったオプティミストの血なまぐさい狂気沙汰[7]」であり、この種のオプティミストは、現在の残骸の上に未来の幸福を築き上げるという名目のため、現在を滅茶苦茶にこわしてしまっても平気なのである。これら二つのものの交互の出現が、不幸な十八世紀を特徴づけている。

このディレンマの角から人びとはどのようにして救い出されることができるか？　ただ精神の強さによってのみ。すなわち、恐怖や貪欲に捉われていない完全に鍛え上げられた人間、その想像力や感情を純理論派の連中によって拘束されたり、知識人によって台無しにされたりしていない人びと、こうした新しいタイプの人間を発展させることによってのみ可能なのである。ソレルの見方は、若い頃のトルストイやニーチェの見方と似ている。それは、かつてホメロス時代のギリシャにおいてそうであったような、文明的懐疑主義や批評的詮索の腐蝕的効果から免れた生の充実性についての見方であった。真の人間的絆を創り出すものは、推論によって培われた確信、共通観念を有しているということではなく、共通の生活と共通の努力とによることである。あらゆる結合の真の基礎は家族であり、部族であり、ポリスであって、そのなかにおいて、協力は本能的、自発的なものであり、規則や契約や考案された装置に依拠してはいないのである。資本主義制度の政治的経済的機構において端的にみられるような、何らかの人為的協定に拠った、利益ないし功利のための結社は、共通の人間性という感覚を窒息させてしまい、競争的便宜主義の精神を生み出すことによって、人間の品位を破壊してしまう。アテネは、ソクラテスがやって来て、理論を紡ぎ出し、緊密に結合して、かつては英雄的でさえあった共同体を、懐疑をまき散らすことによって、また、人間のもっとも奥深い、もっとも生の重味を担った本能に起源をもつ確立された価値を掘りくずすことによって、解体させてしまうという不とどきな役割を果すまでは、不滅の傑作を数々生み出していたのである。

ソレルは、まだペルピニャンの町の地方技師であったときから、こういう仕方で著作をはじめていた。彼の友人、ダニエル・アレヴィ〔一八七二—一九六二〕は、ソレルは当時、後になって大いに称讃するようになるニーチェの著作をまだ読んでいなかった、とわれわれに証言している。しかし、ニーチェとソレルの、ソクラテスに対する非難は同趣旨のものである。彼ら二人はともに、ソクラテス告発者の側に立った。ソクラテス、そして彼の弟子であるプラトン、これらの大知識人こそが、生を破壊する種子を植え付け、それらが成育した末に、抽象、アカデミー、観想的批判的哲学、ユートピア的構想などを美化する態度を根付かせ、こうして、ギリシャ的生命力とギリシャ的天才との没落に導いたのであった。

頽廃の方向を転ずることはできるだろうか？　どこに求められるべき永遠の救いはあるか？　人びとが伝統的にそこに保証を求めてきたもう一つの古来からの教義がある。それは目的論である。歴史は、もし何らかの究極目的を欠くならば、意味のないものであるだろう——すなわち、たんに因果的連鎖であるか、数多くの無関係の挿話から成る混沌であるにすぎないであろう、と考えられた。そこで、究極目的を欠いた歴史などというものは考えられないことであるとみなされた。理性は「生ま生ましい」事実のたんなる並列という観念を拒否する。何らかの目標あるいはパターンを目指しての前進ないし成長がなければならない。人間精神は、あらゆる偶発事や挫折にもかかわらず、物語が幸福な結末に到るだろうという保証を幾分かは求めているものである。摂理がわれわれを計り難いやり方でそのような結末に向けて導いているか、それとも、歴史が大きな宇宙的精神の各段階を経ての自己実現として捉えられ、あらゆる人間、あらゆる制度、そして恐らく自然全体は、このような精神の変化していき、進歩していく形での表現であると考えられるかである。それとも、あるいは、永遠に挫折することがなく、またそのようなことがありえないのは人間理性それ自体であって、それは、遅かれ早かれ、外来的なものであれ、自生的なものであれ、あらゆる障碍に打ち勝ち、人間がそこにおいて、理性的被造物として、意識的にせよ無意識的にせよ、そのようなものでありたいと努めているどんなものにでもなる、そういう世界を打ち立てるに違いないのである。ヘブライ的信仰とアリストテレス的形而上学とのこの混合は、その形而上学的ないし神秘的ないし世俗的形態において、最近三世紀間の思想を支配し、他の仕方では絶望に陥ったかもしれない多くの人びとに自信を与えたのである。

人間がその希望をかけてきたこれらの主要な知的伝統——知識による救済というギリシャ的教義および神義論としての歴史についてのユダヤ教的キリスト教的理論は、ソレルによって殆ど拒否された。彼は、全生涯を通じて、二つの絶対者を信じていた。それは、科学と道徳という二つの絶対者である。科学は、人間的作為によるものであるとしても、あるいは恐らく、その故に、ある種の出来事の分類、予測、制御をわれわれに可能にしてくれる。科学的問題提起の枠組みとしての概念や範疇は、文化的変化に応じて変わるかもしれない。だが、解答の客観性や信頼度は変わるものではない。しかし、それは現実に対して武器となるものであって、その存在論となり、その分析となるものではない。科学という巨大機械は形而上学や道徳の問題に答えを与えることはない。人間生活の中心的諸問題を手段、すなわち技術の問題に還元するのでは、それは一体何であるのかということを理解することにはならないのである。技術的進歩を文化的進歩と同一視したり、あるいはその保証であるとすら考えたりすることは、道徳的盲目性に他ならない。ソレルは一連の論文を著わして、技術と生活とを混同することからくる一般的な人間的進歩という観念や、最初は十七世紀末の文人たちによって提起されたのであるが、彼ら近代の人間は必然的に古代の人間より優越しているといぅとんでもない主張の不条理さを論証することに努めた。人間の完成可能性に対する神学的あるいは形而上学的信念に関していえば、それらは、藁にもすがりたいという感傷、弱き者の逃げ場であるにすぎない。

科学も歴史も慰めを与えはしない。テュルゴーとコンドルセ、そして彼らの十九世紀における弟子たちは貧弱であり、歴史はわれわれの側にあると信じている幻惑されたオプティミストたちである。いや、そのようになりもしよう。だが、歴史がわれわれの側に立つのは、われわれが歴史をそのようにするときにのみ、すなわち、われわれが、抑圧者にして搾取者である連中、生の現実を破壊する、退屈極まりない平等主義者たち、主人たちと奴隷たちに対してよく戦い、民主主義者と金権主義者、衒学者と俗物たちに対し、崇高なもの、英雄的なものを守ろうとするならば、そのときにのみ実現されることとなのである。

ソレルは、個人においてであれ、社会のなかであれ、何が健康であり、何が病気であるかについて、いささかも疑念をもっていない。ホメロス時代のギリシャ人は、それなしには社会が創造的でありえず、偉大さの感覚をも有しえないような価値の光のなかで生きていた。彼らは勇気、強さ、正義、忠実、犠牲、そして就中闘争そのものを称讃していた。彼らにとって、自由は理想でなく、現実であった。すなわち、成功した努力のもたらす感情であった。その後(そしてこの考え方は恐らくヴィーコからくるのであるが)、懐疑主義、詭弁、安逸な生活、民主主義、個人主義、頽廃が現われた。ギリシャ社会は解体し、征服された。ローマもまた、かつては英雄的であったが、法律万能主義と生活の官僚制化とに身を屈した。後期ローマ帝国は、人間がそのなかで窒息させられるように感ずる鳥籠であった。

人間の旗を一度は高く掲げたのは初期の教会であった。初期のキリスト教徒が信じていた内容は、腐蝕的な知性がそこに浸透してくることを許さなかった信仰の強さと比べて、それ程重要ではない。何よりも、これらの人びとは妥協することを拒否した。初期のキリスト教徒は、ローマの官憲と交渉して、自分たちを迫害から救い出すこともできたであろう。彼らはむしろ信仰、誠実、犠牲を選んだのである。ソレルは繰り返していう――譲歩はつねに、結局は自己破滅に導く、と。唯一の希望は、ひとがそれによって生きているのだということを本能的に知っているそのものを弱めようと目論んでいる諸勢力と絶えず抵抗するところにのみ存するのである。教会が勝利し、世界と和解したとき、教会は世界に感化され、それ故堕落していった。蛮族はキリスト教に改宗したが、それは世俗化したキリスト教に改宗したのであって、彼らもまた没落していった。

殉教者たちの英雄的キリスト教は頽廃した国家に対する防禦である。しかし、それはそれ自身内在的に、社会を破壊する性質をもつ。キリスト教徒は(ストア派もまたそうであるが)生産者でない。福音書は、旧約聖書やギリシャ文学と違って、貧者や隠者に向けて呼びかけたものである。富に無関心で、日々のパンで満足している社会は、活発で創造的な生活を受け入れる余地をもたない。キリスト教は、あらゆるイデオロギーと同様、またその世俗的模倣ともいうべき、後代のユートピア社会主義と同様、「社会生活と精神とを結びつける紐帯を断ち切り、到る処に、静寂主義、絶望、死の種子をまき散らすのである。」[8] カエサルに帰せしむるものは余りに少なく、教会に帰せしむるものは余りに大きい。これは、消費者の組織体であって、(ソレルの意味における)生産者の組織体ではない。ソレルは、辛苦に慣れたユダヤの農民やギリシャのポリスの堅固な価値に立ち帰ることを望んでいる。彼らの許にあっては、これらの価値について疑問を呈することさえ破壊的なことであるとみなされたのであった。ソレルは、幸福にも救済にも関心を寄せていない。彼が関心をもつのは、ただ、生活それ自体の質であり、通常徳と名付けられるもの(それは彼の場合、ルネサンス的な徳力(ヴィルトゥ)に大いに類似している)なのである。ジャンセニストと同様、またカントやロマン派と同様、ソレルは、動機と性格とに価値をおき、結果や成功は重くみない。

聖職者や修道士たちの手に公共の富が蓄積されたことが、西ローマ帝国の窮乏と没落に大きな役割を果した。しかし、没落の後には常に復興への希望がある。ヴィーコは還帰(ricorso)について語らなかったのであろうか――それの意味するところは、歴史の一サイクルが道徳的弱化と頽廃とのうちに閉じたとき、新しいサイクルが、野蛮で、新鮮で、単純で、敬虔で、強力な力をもって物語を再び始めるということであった。ソレルは、ニーチェも示した熱狂でもって、この命題を強調する。彼は、腐敗堕落に対する決然たる道徳的抵抗のあらゆる事例に感銘を受け、従ってまた、迫害下の教会や〈戦いの教会〉の物語に魅せられた。彼は〈勝利した教会〉には殆ど関心を示さない。彼は(ベルグソンの影響を受けるようになってから後は一層はっきりと)社会的神話、永遠の階級闘争、暴力、ゼネ・ストなど、彼がそのもっとも有名な提唱者となった諸理論を発展させることになるが、それは、今述べたような抵抗や再生の諸運動と関連しているのである。

もっとも暗い頽廃期においてさえ、社会的有機体は病気に抵抗する抗体を発展させる――すなわち、屈服することなく、立ち上り、人類の名誉を救おうとする人びとがその役割を果すのである。後期ローマ社会の全面的な堕落状態から人類を救った聖者や殉教者たち、献身的な修道士団などをみよ――一体どんな人びとが今日このような資質を体現し、ルネサンス期の偉大な傭兵隊長(コンドティエリ)や芸術家たちの徳力(ヴィルトウ)を有しているであろうか？　あるいはアメリカの実業家のうちにそのようなものが幾分か存するかもしれない。彼らは、大胆で、企業心に富み、創造的な産業指導者であって、彼らの意志を自然および他の人間の上に及ぼしているからである。しかし、彼らもまた、彼ら自身がその指導者である資本主義の一般的腐敗に染まっている。そのような資質を有する唯一つの真の集団が存在している、とソレルには思われた。それは、労働によって救済されている人びと、労働者階級、すなわち現代における唯一の真に創造的な階級である。ブルジョワ的生活の魔力に道徳的に捉われていないプロレタリアは、ソレルにとって、英雄的であり、正義と人間性とについて自然な感覚を身につけ、道徳的に堅固で、知識人の詭弁や饒舌を相手にしない存在であると思われたのである。

前世紀の最後の何年かの間、ドレフュス事件を契機に結成された左翼の統一戦線のなかで、また恐らくは、ドイツのベルンシュタインの修正社会主義の影響も受けて(ソレルにはこれはともかくも経済的現実に基礎をもっていると思われた)、ソレルは労働者階級のための政党という構想を支持した。しかし、間もなく、彼はサンディカリストのジャーナリスト、ラガルデル〔ユベール、一八七四―一九五八〕の立場を受け容れるようになった。ラガルデルは『社会主義運動(*Le Mouvement socialiste*)』という評論誌を主宰し、ソレルの論文の多くもそこに発表されたのであるが、彼の立場というのは、人間を真に団結させるものは意見ではない、なぜなら信条などというのは、言葉と観念をもてあそぶイデオローグたちによってまき散らされる上っ調子な代物であり、互いに共通点を根本的にもっていないさまざまの社会階層の人びとによって抱かれることもできるからである、とするものであった。人びとが本当にひとつになるのは、ただ現実的な紐帯によってのみである。それは、プルードンやル・プレエ〔権威に基づく社会改造論者、一八〇六―八二〕の強調したように、道徳的生活の不変の単位たる家族によってであり、また、共通の大義のため殉教することによってであるが、何よりもまず、共に労働すること、共同の創造行為によってであり、また、労働者に素材を提供する生命なき自然と、彼らの労苦の果実を略奪しようとねらっている傭主たちとの両方の圧力に一致して抵抗することによってなのである。労働者がひとつの党派に結合するのは、権力への野望のためでもなければ、物質的利益のためでさえもない。彼らは社会的形成体であり、階級なのである。諸階級の真の性格を発見し、それを、資本家およびプロレタリアートの葛藤によって引き裂かれているが、それによってまた前へと駆り立てられている社会の生産過程との関連において定義したのは、マルクスの天才によることであった。ソレルはマルクスに対する彼の信念を決して放棄しなかった。だが、彼はマルクスの理論を選択的に活用したのである。

ソレルは(自分自身のヴィーコ解釈によって補強してのことであるが)、マルクスから、労働し創造するために生れた能動的存在という人間観を引き出している。ここからまた、道具に対する人間の権利も導き出される。というのは、道具は人間の本性の延長なのであるから。今日における労働のための道具は機械である。機械体系は社会的結合剤であり、それは、ソレルの信念では、言語と比べてさえより一層効果的なものなのである。あらゆる創造は本質上芸術的であるが、工場は、現代の生産者たちの社会的詩作が展開される舞台とならなければならない。人間の歴史は、技術発展の非人格な物語以上のものである。発明、発見、技術、生産過程等は、精神、そして何よりも意志を担った人間の活動の所産である。人間の価値、彼らの実践、彼らの労働は、ひとつの動的で、継ぎ目のない全体である。ソレルはヴィーコに従って、われわれ人間は出来事のたんなる犠牲者や観察者ではなくて、行為者であり創始者であると主張する。マルクスもまた引き合いに出されるが、彼は、時に、ソレルにとっては余りにも決定論者でありすぎるとみられる。しかもマルクスは、より実証主義的なマルクス解釈者――エンゲルス、カウツキー、プレハーノフ、その他ブルジョワ的経済学者ならびに社会学者と同様、通俗科学に傾斜した人びと――の手にかかると一層決定論者とされてしまうのである。だが、社会法則・経済法則は鉄鎖でも、締め付け枠でもなくて、可能な行動のための指導要綱であり、行動によって、行動のなかで生み出され、発展させられるものなのである。未来は開かれている。ソレルは、『資本論』のうちに沢山見出される、「不可避的結果に向けて鉄の必然性をもって働く諸傾向」といった類の決定論的言辞を拒否する。マルクス主義は「強い人間に適した生活の教義である。それはイデオロギーをたんなる道具の役割にまで還元してしまう。」[9]

ソレルにとって歴史は、ヘーゲルにとってそうであったと同じものである。それは、人間が作者であるとともに俳優となるドラマである。それは、何よりもまず、生命力を表わす諸勢力と没落を表わす諸勢力の闘争であり、能動性と受動性との間の、動的エネルギーの怯懦・屈服に対する闘争なのである。

ソレルにとって、マルクスのもっとも深遠な唯一の洞察は、階級闘争を社会的変化全体の母型であるとする考え方である。創造とは常に闘争である。ギリシャ文明は、ソレルにとって、大理石を刻む彫刻家によって象徴されている。石の抵抗、抵抗そのものは、創造の過程にとって本質的なのである。現代の工場においては、闘争はたんに人間――労働者と原料を提供する自然との間に存するだけではなく、労働者と、他人の労働者を搾取することによって剰余価値を抽出しようと企てている雇用主との間にも生ずる。この闘争において、人間は、鋼鉄と同様に、精練される。彼らの勇気、自尊心、相互の連帯は成長する。彼らの正義感もまた発達する。というのは、正義とは、プルードン(ソレルにとって彼に負うところはマルクスより大きい)に従えば、他人に加えられた屈辱によって惹き起された憤激の感情から発する何ものかなのであるからである。辱かしめられたものはあらゆる人間に共通のものである――彼らの人間性はわれわれのものでもある。人間的尊厳に対する侮辱は、攻撃者によっても、傷つけられた者によっても、また第三者によっても、感じられる。彼らすべてが自分たちの内部に感ずる共通の抗議か、正義・不正義の感覚なのである。これこそが社会主義者たちのうちの幾人かを自由主義的ブルジョワと団結させて、ドレフュス事件の際に軍部および教会の謀略に対抗せしめたものであり、また、ソレルとシャルル・ペギーとを結びつけたものであった。ペギーは決してマルクス主義者ではなかったが、しかし、フランスが正義を厚顔無恥に踏みにじることによって名誉を失ってしまうのをみることを望まないどんな人とも一緒に働こうという姿勢を保っていた。一八九九年に、彼は、アルマーヌ派〔ジャン・アルマーヌは、パリ・コミューンにも参加した労働者。当時、ポシビリスト・グループの指導者の一人、一八四三—一九三五〕の労働者がジョレスの側に立って「真理、正義、道徳」のため示威行進した際の「讃嘆すべき熱情」について語っている。[10] そのジョレスに対し、彼はやがて、まさにこれらの性質の欠如を理由として激しい攻撃の矢を向けるようになるのである。

正義は殊に、ジョレスにとって絶対的価値であり、歴史的変化の試練を経たものである。彼の正義観は、カントおよびプルードンの場合と同様に、厳格な育ちのうちに根をもつものであるといえるかもしれない。ソレルは感傷的人道主義を毛嫌いしていた。民衆が人間のなす犯罪に恐れを感じなくなるとき、それは彼らにおける正義感の衰退を意味する、と彼は考えている。人道的民主主義を特徴づける寛大さに対する感傷的な傾向や無関心よりは、非情な応報の方がましである。彼をひとつの極端な対応策から他の極端に駆り立て、愚劣または邪悪との妥協への傾向を含む疑いのあるあらゆるものを彼に忌避させたのは、当時のフランスの公共生活のなかで正義感覚——それは彼にとって絶対的道徳的緊張をもった一種直観的な感覚であった——を希薄にさせていると彼がみなしたものに対する憤激である。ソレルにとって、マルクスの唯一にして最大の弱点であるとみられたのは、絶対的道徳的価値についての感覚の欠如であり、人間生活のなかで道徳的意志の果す決定的役割の欠如である。マルクスは余りに歴史主義的、決定論的、相対主義的であった。ソレルの妥協なき主意主義は彼の全見解の中心に存している。マルクスにおいては経済に対して余りに大きな強調がおかれ、倫理教説には十分の配慮がなされていない。

真の道徳的価値の担い手は、今日ではプロレタリアートである。労働者階級のみが、労働、家族、犠牲、愛に対して真の尊敬を抱いている。彼らは節倹で、品位をもち、誠実である。ソレルにとっては、フランス・サンディカリスムの真の創始者であるフェルナン・ペルティエ〔一八六七—一九〇一〕にとってと同様、労働者階級は恩寵によって祝福された存在なのである。ソレルにとっての労働者は、ゲルツェンにとっての農民、ヘルダーや民衆主義者にとっての「民衆(フォルク)」、バレスにとっての「民族(ナシヨン)」と同じものであった。彼がある種の保守主義者と共有していたのは、このような伝統主義である。また、労働者階級の道徳的品位と、デモクラシー諸国において成功した融通の利く、利巧な連中の性格および値打ちとの間の裂け目についての意識を彼のうちで深めさせたのは、素朴で敬虔なマリー・ダヴィドとの家庭生活の実質である。彼は、プルードン、ペギー、ペルティエ、その他、正義と独立とのためにはいかなる犠牲をも払う覚悟のある妥協なき闘士たちのうちに、こうした厳しい一貫がある、と見出した、もしくは、それを見出したと考えていた。彼は同じものを、王党派の文人たち、超国家主義者たちのうちに、また、第三共和政の御都合主義的支持者やそのデマゴーグに対するあらゆる抵抗のうちに、探し求めた。ここからまた、彼がデルレード〔一八八二年に結成された〈愛国者同盟〉の総裁、一八四六―一九一四〕流の民衆的ナショナリズムやブーランジェ派の戦線全体に対して何ら共感を抱かなかったことが説明される。彼は、「火の十字団(クロワ・ド・フウ)」〔一九二〇―三〇年代に在郷軍人を中心に組織された右翼的行動団体〕には賛成したかもしれないが、プジャーディスム〔一九五〇年代中葉に反税闘争で名を上げ、議会にも大量進出した右翼政治家ピエール・プジャードのグループ〕を是認することは決してなかったであろう。

ソレルのマルクスに対する関係は性格づけるのがより困難なものである。諸階級の存在と社会変動の中心的要因としての階級闘争、一時的階級的利益を偽装するものとしての普遍的超時間的理想、自己変革的創造的道具発明的存在としての人間、最高の人間的価値の担い手としてのプロレタリアート＝生産者、こうした観念をソレルは決して放棄しなかった。しかし、彼は、事実と価値とを融合させてしまうヘーゲル的マルクス的目的論全体を拒否した。ソレルは絶対的道徳的価値の存在を信じていた。ヘーゲル的マルクス的伝統のうちにある歴史主義は、彼にとって受け容れうるものではなかった。基本的な道徳的ないし政治的原理にかかわる問題が社会科学者、心理学者、社会学者、人類学者などによって解決されうるとか、自然科学の方法の模倣に基礎をおいた技法で、歴史および芸術の全体、宗教および道徳の全体がその力と永遠性とを証明している観念や価値を説明し、説明し尽すことができるとか、また実際、通俗科学の盲目的な追随者である実証主義者たちが信じているように、人間行動をも機械論的な、あるいは生物学的な用語で説明することができるといった見解に至っては、なおさらソレルの受け容れうるものではなかったのである。

ソレルは、道徳的審美的のいずれであれ、価値を、その形態や応用は可変的であるとしても、出来事の進行からは独立したものとして捉えた。それ故、彼は、芸術作品の社会学的分析については、ディドロによるものであれ、マルクス主義的批評家によるものであれ、それは彼らが審美的感覚を根本的に欠いており、創造行為の神秘さ、そして人間生活において芸術が果す役割について盲目であることを示す証拠であるとみなした。しかしながら、彼は、論敵の動機を解明しようとするとき、余り首尾一貫しない態度をとることになる。というのは、その際、彼は、不変の法則あるいは公正な理想という装いをした利害関心の「正体を暴く」ことによって行為の真の源泉を探ろうとする人びとによって提供された心理学的ないし社会学的分析の道具をすべて利用しようとする点で、進んでという以上の積極的な態度を示しているからである。こうして、彼は、経済法則とは自然法則ではなく、意識的であるとそうでないとを問わず、あるひとつの階級の利益のために創出された人間的作為の産物であるというマルクス主義的見解を完全に受け容れているのである。ブルジョワ経済学者がそうしているように、経済法則を客観的必然とみなすことは、それを物化することであり、それを永遠的かつ不変的であると表象することを自分たちの利益であると考えている階級にとって都合のよい幻想に他ならない。しかし、その次には、彼は、自由に選択された努力と闘争が物事を大きく変えることができるとする非マルクス主義的主意主義的結論を導き出して、生産力と制度および観念の上部構造との間には厳格にして予測可能な因果的相関関係が存すると主張する正統派とは袂を分かつのである。道徳的絶対者には手を触れてはならない。それは、生産力や生産関係の変化とともに変わるものではないのである。

歴史は、ソレルにとっては、マルクスが想定した以上に生ま生ましい変転の過程である。社会は創造物、芸術作品であって、(恐らく国家がそうであるようには)経済的諸力からのたんなる所産ではないのである。マルクスの経済主義を、ソレルは誇張であるとみている。これは、(エンゲルスも実際上認めていたように)観念論的あるいは自由主義的個人主義的歴史理論に対抗するために必要であったのかもしれない。しかし、結局において、これらの歴史理論も、彼の考えるところでは、未来の社会的仕組みを予測する可能性に対する信仰に導くものである。これは危険で妄想的なユートピア主義である。そのような幻想は労働者を元気づけることもあるかもしれないが、また、専制主義の武器となることもありうる。たとえ労働者がブルジョワジーとの闘争に勝利したとしても、それでも、彼らが創造的であるように教育されていないならば、彼らもまた彼ら自身の階級内部から教条的インテリから成る抑圧的エリートを生み出すこともありえよう。ソレルはマルクスが余りにも世界精神、あのヘーゲル的雑役婦に依拠していたことを非難する。それは、マルクス自身については、科学(そして特に経済学)は人びとが直面したあらゆる問題をそのなかに抛り込むと、解決を与えてくれる「製粉機」[11]のようなものではないことを理解していたという点で、十分信頼していたにもかかわらず、そうなのである。応用の方法がすべてである。マルクス自身がかつては、「未来に関するプログラムを作成する者は誰であれ一個の反動家である」と宣言しなかったであろうか。[12]また、ソレルに従えば、マルクスは労働者階級の政党というものを信じていなかったのである。というのは、政党は、ひとたび権力を握ると、その宣言に何が述べられていようと、専制的で自己永続的なものに十分なる可能性をもつのである。マルクスは結局、諸階級の存在する現実のみを信じていたのである、とソレルはわれわれに語っている。

これは大いにソレル化されたマルクスである。ソレルはマルクスのうちにあるもので、彼にとっては政治的に思われるあらゆるものを拒否する。すなわち、労働者政党の観念、革命組織の理論とそのための実際的諸手段、決定論、そして就中、プロレタリア独裁の全理論。これをソレルは、抑圧的ジャコバン主義の最悪の要素の不吉な再現であるとみなしていた。真の人間史がそこから始まるとされる無政府的無階級社会すら、ソレルによっては実質的に無視されている。確かにそれは余りにも概念的でイデオロギー的な構成物には違いないのだが。彼は明言する――「社会主義とは教義でも、党派でも、政治制度でもない。それは、自らを組織し、自らを教育し、新しい制度を創出していく労働者階級の解放ということそれ自体なのである。」[13]プロレタリアートは、彼にとって、彼らが従事している労働の本質によって訓練されるとともに鼓舞されている生産者の団体なのである。彼らを一個の階級とし、党派とはしないのは、まさにこのことの故である。プロレタリアとはたんに不満を抱いた大衆ではない。プロレタリア革命とは、たんに富者に対する貧者の反抗でも、自分でその地位についた指導部によって組織され指導される、イタリアの自治区の下層民(ポポロ・ミヌート)の反乱でもなく、バブーフやブランキのような人物に煽動されて生ずる種類の蜂起でもない。というのは、このようなものはどこにでも、いつでも生じうるものだからである。現代における真の社会革命は生産者・製造者より成る英雄的階級の搾取者とその代理人ならびに寄生者とに対する反乱であるべきであって、それは、(この点がマルクスのなした重大な発見であるわけだが)社会が一定の技術的発展段階に到達し、真に創造的な階級がそれ自身の道徳的人格を発展させないならば、生じえない事柄なのである。(グラムシに感銘を与え、彼をしてソレルを非難者たちから弁護するべく決意させたものは、生産者、すなわちプロレタリアートの文化の内在的価値と革命的性格とに対するこの強調の姿勢である。)ソレルは、経営者および労働者をともに含み込む技術官僚制機構を生み出すことになるような機械化された社会を構想したとは思われない。実際、そのような社会においては、社会的活動力は産業制度の規模それ自体からして必要とされる組織化のため窒息させられることになるであろう。ダニエル・アレヴィに従えば、世紀の交におけるフランス、そして殊にパリとその周辺は、イギリスやドイツと比較して、相対的に工業化されていなかったのである。ソレルは、ゼネラル・モーターズや英国化学工業合同会社(ＩＣＩ)の世界よりも、プルードンの世界にずっと近いところにいたといえる。

葛藤のみが物事を純化し、強化する。それは永続的な統一と連帯を創出する。これに対して、社会的出自を問わず誰でも参加できる政党は構造ががたがたの代物であり、日和見主義的な連合や同盟に走り勝ちである。これがデモクラシーの欠陥である。それは、マルクス主義者によって非難されているまがい物であり、資本主義的統制のための表看板であるというだけのことではない。それだけではなく、デモクラシーのまさに理念とされていること——国民的統一、さまざまの不一致の調停、社会的調和、共通善への献身、諸党派の争いの上に立つルソー的一般意志、こうしたことすべてが、そこにおいてのみ人びとが完全な姿にまで発達を遂げることのできる諸条件、とくに闘争、社会的葛藤の存在を台無しにしてしまうのである。あらゆる民主主義的制度のうちもっとも有害なものは議会である。なぜなら、それは妥協、譲歩、和解に依存しているからである。たとえわれわれが、サンディカリストたちのよく口にする策略とか胡麻化し言葉とか偽善といったことを度外視するとしても、政治的連合関係というものはあらゆる英雄主義の、そして実際、道徳性それ自体の死である。議会の議員は、彼の過去がどんなに戦闘的であっても、不可避的に、委員会で、ロビーで、そして議場それ自体で、階級敵と平和的同盟関係から、さらには協力関係にまで入り込んでいく。ソレルのみるところでは、労働者階級の代表も非常に易々とすぐれたブルジョワに成り変わるのである。そのいまわしい実例はわれわれの目の前に存在する——ミルラン、ブリアン、ヴィヴィアーニ、そして人を魅了する力をもったデマゴーグ、ジャン・ジョレスはたちまち大衆的人気を得ているではないか。ソレルはかつてこれらの人びとに大いに期待したものであった。だが、それはすぐ幻滅に変わった。彼らはすべて、その他の連中と同様のうす汚れた卑劣漢、誇張的弁舌家、腐敗議員、陰謀家であることが明らかとなったのである。

ソレルはさらに議論を先にまで進める。創造的活力というものは、何もかもが順応しているところ、余りに柔和で抵抗したりはしないところには存在しえない。敵——寄生的なインテリや理論家ではなくて、資本主義勢力の指導者たち自身が精力的で、同様に精力的な相手と張り合っているのでないならば、労働者もまた彼らの武器に相応しい敵を見出さないことになり、彼ら自身も堕落していくことになるであろう。強力で活発な敵と相対したときにのみ、真に英雄的な資質は発展させられうる。ここから、ブルジョワジーもまたより強い実力を培養していて欲しいものだというソレルに特有の願望が出てくる。生真面目なマルクス主義者なら誰もこのような命題を受け容れることはありえないであろう。もっとも穏和な改良派さえそうはしないし、また、ベルンシュタインのように、マルクス主義的な歴史発展の筋書の妥当性を否認して、ソレル自身のものとしても通用する言葉で、「目標は無であり、運動がすべてである」[14]と宣言するような人びとさえ、そうはしないであろう。ソレルは、労働者階級の究極的勝利の結果に注目したりはしない。彼が関心をもつのはただ、興亡の過程であり、創造的な社会と階級そして堕落していく社会と階級の様相である。完成か最終的勝利とかは社会的存在においてはありえない。そのようなことが達成されるのは、ただ芸術、純粋な創造行為においてのみである。レンブラント、ロイスダール、フェルメール、モーツァルト、ベートーヴェン、シューマン、ベルリオーズ、リスト、ワグナー、ドビュッシー、ドラクロワ、ソレルと同時代の印象派の画家たち——これらの人びとはその芸術において乗り越え難い頂上にまで達することができた。ここからまた、名声と金銭のために才能を切り売りする人びとに対する彼の攻撃が出てくる。マイアベアは軽蔑に値するが、非難はされない。彼はその時代と環境との本当の子供であった。彼の才能が通俗的であったのは、彼が喜ばすことのできた聴衆のレヴェルと相応していたのである。マスネーはそうではない。彼はもっと天才的な才能をブルジョワ的公衆を喜ばせるための売り物としていたのである。こうしたことがある程度までアナトール・フランスについても当てはまる、とソレルは考えているように思われる。

芸術や科学において、また個々の天才たちにおいて可能な全面的成就は、社会生活のなかでは生じえない。ここから、搾取者の搾取、プロレタリアート独裁、豊かさの支配、国家の死滅といったマルクス主義の筋書に対するソレルの不信が出てくる。彼は実際的諸問題を考えようとしない。彼は、生産、分配、交換が新しい秩序のなかで規制される仕方とか、創造的と規定することが困難な最少限幾つかの仕事を実行していくことなしに、窮乏を克服する可能性があるかどうかという問題とかに関心を示さない。マルクス主義者は、自分の側の剣を鞘のなかで錆びつかせないためには、敵を存続させねばならないと願い、生命を欠く自然と闘うために結合し団結した生産者たちの自由な社会という理想については何も語らないような人物をその陣営に属する者として認めないとしても、非難されるいわれはないであろう。この人物はさらにこう明言しさえしている——「もし、暴力の行使によって、プロレタリアートが……中産階級に対しそのかってのエネルギーの幾分かでも取り戻してやることができるならば、すべては救われるであろう[15]」と。そして、この人物は、貧困と窮乏の問題そのものには関心をもっているとは思われなかったし、工場でのサボタージュに対しては、他人の創造的労働の成果の意図的な破壊であるとして抗議しさえしたのである。革命的テロルを政治的行為であるとして非難し、ジャコバンを暴君にして狂信者であると告発する——ジャコバンこそ、マルクスもある程度まで、そしてレーニンに至っては一層はっきりと、自分たちの正統な先駆者として認めていたグループではないか――人物が、マルクス主義者であると名乗る資格はもちえないであろう。ソレルは、道徳的に不純な感情、ブルジョワの毒に侵された動機から発する行動を否認する。彼はいう――「富裕な商人がギロチンにかけられるのをみたがる貧乏インテリの兇暴な嫉妬心は、社会主義的であるとは少しもいえない邪悪な感情である。[16]」彼は、英雄的な活力、勇気、強さ――全面的な勝利が勝利者に一人の敵も残さなくなれば、消滅してしまうかもしれないこうした資質を維持することにのみ関心を抱いているのである。

彼は自分の立場の奇妙さに気がついていた。そして、彼の同盟者たちの弱味と混乱を暴くことに片意地な、そして幾分かは悪意のある喜びを見出していたのである。彼は、社会主義は今世紀の初めのうちに死んでいると宣言した。彼は、活動的な社会的政治的集団のいずれにも影響を与えようという努力を全然しなかった。彼は自ら公言したとおり、孤立し、独立して、自分だけに依拠する人間という性格を守りつづけた。社会主義運動の内部で彼に匹敵する人物がいるとすれば、それは、同様に独立的で予測できない行動をとるウィーンの批評家にしてジャーナリスト、カール・クラウス〔一八七四―一九三六〕である。彼もまた道徳性に関心をもち、生活と文学とにおけるスタイルの維持を重視していた。[17]活力、スタイル、ナポレオン的素質、「生命力」を憧憬していたバーナード・ショウさえ、カウツキー、プレハーノフ、ゲード、マクス・アドラー、シドニー・ウェッブ、その他ヨーロッパ社会主義の中心人物たちと比べてはるかに、ソレルと類縁性が強かった。ソレルにとっては、これらの社会主義者の方は、もっとも深く軽蔑していた連中であった――無味乾燥で、舌先だけ廻る現代のソフィストたち、あらゆる生命力ある衝動を抽象的な定式、ユートピア的青写真、文字を連ねた紙屑に変えてしまう書記や註釈家たち。彼はもてる限りの軽蔑の言葉を彼らに浴びせかけた。そして、彼らの方は、完全なる無視でもってこれに応じた。

ジョレスはソレルをサンディカリスムの形而上学者と名づけた。そして、事実、ソレルは、あらゆる人間の魂のうちには、灰の下で石炭の残り火が輝やきを保っているように、形而上学的な傾向が隠されているのだという信念をもっていた。これを炎に当てるならば、それは、凡庸さ、紋切り型の生活、臆病さ、日和見主義、階級敵との腐敗した取り引きなどすべてを破壊してしまう大火を惹き起すことになるであろう。社会は、生産者、すなわち労働者、殊に自分の手を使って働く人びとを解放することによってのみ救済されうるのである。サンディカリスムの創始者たちは正しかった。労働者は専門家、イデオローグ、教授たちの支配から保証されなければならない。これらの連中は、プラトンの忌むべき夢想をもった知的エリートであり、バクーニンが(マルクスを念頭におきながら)名づけた「衒学者支配」に他ならない。「諸君は教授たちの政府よりも恐るべきものを何か考えることができるだろうか」[18]とソレルは設問した。今日では、これらの連中は、しばしば、根無し草(デラシネ)の知識人となり、祖国なきユダヤ人である傾向をもっている、とソレルは観察している。すなわち、彼らは、自分自身の家庭をも、故郷をも、「守るべき先祖の墓も、蛮族から護るべき遺物も」[19]もたない連中なのである。

これは、確かに、ド・メーストル、カーライル、ドイツの民族主義者たち、フランスの反ドレフュス派、反セミティズムの排外主義者たち――モーラスやバレス、ドリュモンやデルレードなど極端右翼の用いる激越なレトリックであるといえる。だが、それはまた、時として、フーリエやコベット、プルードンやバクーニンが口にした言葉でもあり、後には、ファシストやナチスおよび多くの国々における彼らの文学的共鳴者たち、また同様に、ソ連や東欧諸国において批判的知識人や根無し草のコスモポリタンを大声で非難する連中によって用いられた言葉でもある。このような思考と表現とのスタイルにもっとも近かったのは、いわゆるナチ左派に属するグレゴール・シュトラッサーとナチス初期の頃の彼の追随者たち、そして、フランスにおいては、デアやドリュー・ラ・ロシェルのような連中であった。

ヨーロッパの急進主義的伝統のうちには反主知主義的反啓蒙主義的潮流が存しており、それは時として民衆主義、民族主義、あるいはネオ中世主義と結びついており、遡ってはルソー、ヘルダー、フィヒテに源泉をもち、下っては、農民的、無政府主義的、反セミティズム的、その他の反自由主義的運動のなかに流れ込んで、社会主義的革命的思想のさまざまの流れとも、時には安易に同盟し、時には公然と反対するなど、無定形な組み合わせを作り出しているのである。デモクラシー、ブルジョワ共和国、そして何よりも、インテリゲンツィアの合理的世界観と自由な価値観に対してとりつかれたような憎悪を示すソレルは、この潮流を育成する役割を果した。それは、当初は間接的にであったが、今世紀の最初の十年代の終り頃にはより激しくかつ公然となったため、遂に、一九一〇年までには、彼と彼の左翼の側の同盟者たちとの間に亀裂が生ずるに至ったのである。

疑いもなく、宗教的雰囲気のなかでの成長、伝統的で古風なフランスの地方生活のなかにもつ深い根、口には出さないが深く感得されている愛国主義はそれぞれ、ソレルのうちに大きな役割を果している。彼にとってフランスの伝統的社会の堕落であり解体であると思われたことは、彼の生涯を通じてはっきりと彼の心を捉え、彼の目からは西洋の伝統的文化の境界を越えてさまよっているとみえた人びとに対する根本的な嫌悪と敵意を強めさせた。彼の反主知主義、反セミティズムは、プルードンやバレスにおけるそれと同じ根から発していた。しかし、彼のうちにはまた、アンリ・ベルグソンの哲学の決定的影響があった。友人であるペギーとともに、ソレルはベルグソンの講義を聴講したことがあり、ペギーと同様に、そこから深くかつ終生変わらぬ影響を受けたのである。

彼がベルグソンから引き出した考え方は、一世紀前のフランス嫌いのドイツ・ロマン派の思想のうちにも同様に見出すことができたであろうものであるが、それは、理性は個人生活および社会生活のいずれにおいても非合理的なもの、無意識的なものの有する力に比べてか弱い道具であるにすぎない、とする立場であった。彼は、ベルグソンの分析しえない「生の躍動(エラン・ヴィタール)」に関する理論に深い感銘を受けた。それは、合理的に把握したり、表現したりすることのできない内面的な力であって、空虚と未知の未来とのうちに突き進んでいき、生物学的成長と人間的活動性とのいずれもの原型となるものなのである。理論的知識でなくて行動が、そしてただ行動のみが現実に対する理解を可能にしてくれる。行動は予め考案された目的へ向けての手段ではなく、それ自身が政策作成者であるとともに、先導的実行者であるのである。予測は、たとえ可能であるとしても、行動を殺してしまうものとなるであろう。われわれは、自分がどの地点にいるかについて内的感覚を有している。それは外からの見方、すなわち、明確な構造を分類し、分解し、確定する平静な冥想とはまったく異なった、およそ両立できないものなのである。知性は物事を凍りつかせ、歪曲する。ひとは、休息によって運動を、空間によって時間を、機械的モデルによって創造的過程を、また何か動かない死んだものによって生けるものを表現することはできない。ベルグソンが再び生命を与え、展開したのは、こうした古いロマンティックな理論である。現実は直観的に、芸術家がそれを捉えるときのように、イメージの力を借りて把握しなければならない。概念や議論やデカルト的推論によるのでは駄目なのである。社会運動に生命を与える唯一のものとしての社会的神話についてのソレルの有名な理論を生み出す土壌となったのは、こうしたものであった。

もっとも、神話の理論が生じてきたとみられる別の源泉も存在する。それは近代社会学の創始者、エミール・デュルケムの教説である。そして、デュルケムはベルグソンとは反対の極端に位置する学者なのである。合理主義者にして、厳格な実証主義者として、彼は、コントと同様に、科学のみがわれわれの問題に答えを与えることができるのであり、科学がなしえないことは、他の方法によってても達成できない、という信念を抱いていた。彼はベルグソンの深い非合理主義に一貫して反対した。フランス第三共和政の指導的イデオローグとなったデュルケムは、どんな社会もその成員間に高度の社会的連帯性がなければ安定して存続しえない、と教えた。これはまた、その社会のなかに、適切な儀式や祭典と結びついた支配的な社会的神話が行きわたっているかどうかに依存することであった。宗教は過去において、この意味における連帯性が自然な表現を見出す形態として、かけ離れて強力なものだったのである。神話は、デュルケムにとって、現実についての誤った信念ではない。それは、あれでもこれでも何でもいい事柄についての信念ではなく、何かはっきりとしたあるもの――共通の祖先に由来すること、共通の過去における変革的な出来事、共通の伝統、共通の言語のなかに秘められて共有されているシンボル、就中、宗教と歴史とによって聖化されたシンボル、こうしたものに対する信念なのである。神話の機能は社会を結合させ、規則と習慣との支配する構造を創出することである。このことなしには、個人は孤立と孤独の感情に悩まされ、不安を経験し、途方に暮れてしまうことであろう。そして、こうなると、無法状態と社会的混乱が招来されることになる。デュルケムにとっては、神話は究極的に、半ば生物学的な必要に対する、目論まれたものでなく、自生的、自然的であるとしても、功利的な応答には違いなかった。神話の機能についてのデュルケムの説明は、バーク的な性質の、すなわち、社会的安定のための必要条件の経験的発見として述べられているのである。ソレルは功利主義を嫌悪しており、殊に、慎重な共和派の大学人による社会的平和と結合とに対する要求には憎悪さえ抱いていた。これこそ、ブルジョワ共和国の利益のために階級闘争を押え込む試みであるとみられたのである。

ソレルにとっては、神話の役割は安定させることでなく、エネルギーを導き、行動を鼓舞することである。神話がこのことをなすのは、生の運動の動的な様相を具体的形姿に表わすことによってであるが、この様相は理性的でなく、それ故大学の才人たちの批評や論駁に左右されないが故に、一層力強いものなのである。神話は「鮮やかに色どられた[20]」形象から成っているが、これらの形象が人間に影響を与えるのは、理性がそうするようにではなく、また意志の教育や上級者の命令のようにでもなくて、熱狂を呼び起し、行動に駆り立て、必要とあらば、騒乱を惹き起しさえする魂の発酵作用のように働きかけるのである。神話は歴史的現実を必要としない。それはわれわれの感情を導き、意志を動員し、われわれの全体に、また、われわれがなし、作るあらゆることに目的を与えるのである。神話は、何よりもまず、ユートピアではない。ユートピアとは、プラトンこの方、ありえない状態の記述であり、現実からかけ離れた知識人たちの頭のなかの幻想であり、具体的問題の回避であり、理論と抽象とへの逃避であった。ソレルの神話は、人びとに世界と人間自身とについて新しい見方を与えることによって、現実の諸事実の間の関係を変えるやり方なのである。それは恰度、新しい信仰に回心した人びとが世界とその内実とを新しい目でみるときのようなものである。ユートピアは「知的労働の産物である。それは、諸々の事実を観察し論議した後に、モデルを作り上げて、これとの対比において現存社会を測定しようとする理論家の仕事である。……それは分解可能な構築物である[21]。」その諸部分は取り外して、他の構造の部分として用いることもできるのである。ブルジョワ的政治経済学は、まさにこのような作為的存在なのである。しかし、神話は、想像力によって即時的に了解されうる全体である。それは、実際、強い感情によって「暖められた」形象として現われる政治的抱負の息吹きなのである。それは、たんなる言葉ではなしえない仕方で、過去および現在のこれまで見ることのできなかった潜在的要素を顕わにし、こうして、人びとを、神話の実現をもたらすための一致した努力へと駆り立てるのである。この努力自体が新しい活力、新しい努力と戦闘性を螺旋状に上昇する無限の動的過程のうちに培うのである。これをソレルは、「近い将来の行動の希望に現実性の側面を与えること」[22]と名づけた。

近づきつつある再臨についてのキリスト教徒の見方も、ソレルにとっては、この種類の神話である。この光のなかで、人びとは殉教を受け容れたのであった。キリスト教の改革に対するカルヴァン主義者の信念は、この世には属さない新しい秩序についての見方であった。だが、この信念に火をつけられて、信者たちは世俗的人間主義の前進に抵抗して成功することができたのであった。フランス大革命の観念は、フランスの地方都市での市民集会などで熱烈に取り上げられて、愛国心を集中させ、ある種の行動を惹起させる曖昧だが強烈なイメージを与えるものとして生きつづけているが、しかし、それは、讃歌や旗と同様に、特定の綱領や一連の明確な目標に翻案されることのできない神話であるにすぎない。「大衆が奮起するとき、社会的神話となるようなひとつのイメージが形成されるのである。」[23]これがまた、イタリア・リソルジメントの運動がマッツィーニの追随者たちに呈示された仕方である。社会主義の一種の社会詩となり、行動のうちに表現されることができて、たんに理解されるだけを目的とした論文や散文にとどまらなくなるのは、まさに神話の力によってなのである。一七九二年のフランス革命軍は熱烈な神話に鼓舞されて、そして勝利を得た。王党派の軍隊にはそうした神話が欠如していたため、敗れ去ったのである。古代ギリシャ人が健在であったとき、彼らは神話で満ち満ちた世界のなかで繁栄していたが、やがてソフィストたちが彼らを顚倒させ、その後にはオリエントから根無し草のコスモポリタンがギリシャに流れ込んで来て、それを破滅に追いやった。現代世界との類推は余りにも明白である。

ソレルの神話はマルクス主義的な観念ではない。それは、マルクスの理論と実践との統一に関する合理主義的な捉え方よりは、むしろ、ロワジイ〔フランスの聖職者、近代言語学の方法による聖書研究、一八五七―一九四〇〕やティレル〔ダブリン出身の聖職者、近代主義的布教に従事、一八六一―一九〇九〕の近代主義的心理的解釈、ウィリアム・ジェームズの意志理論、ファイヒンガー〔ドイツの哲学者、森鷗外の紹介で有名、一八五二―一九三三〕の「《かのように》の哲学」などに一層大きな親近性をもつものである。急進派であれ反動派であれ、民衆主義者によって理解されているような、善良・単純・誠実だが、未だ目覚めていない「人民」「民衆」という観念、民族主義者の思想のうちにあって、バレスの「土地と死者たち」のような堕落した、あるいは卑怯な代弁者たちとは対置させられた、永遠なる「実在する民族」という観念、これらは、ソレルの神話であって、デュルケムの神話ではない。理解を欠く批評家であれば、大抵のマルクス主義者たちの用いる、プロレタリアートにおける、実際の「経験的」願望とは対置させられた真の、弁証法的に把握された利益の概念とか、また恐らく、その輪郭が曖昧なまま残されている無階級社会そのものの観念とかについても、同じようなことをいうかもしれない。神話の機能は「叙事詩的精神状態」を創出することである。神話の非合理性に対するソレルの強調は、恐らく、レーニンをしてあんなにも素気なくまた軽蔑的にソレルを無視させた理由であるといえよう。

では、何が労働者の神話であるのか？　何が彼らをして英雄的偉大さの境地にまで高め、単調な日々の灰色の決まりきった仕事から超越させるものとなるであろうか？　ソレルの信ずるところでは、フランスの組合組織のなかで、あの尊敬すべきフェルナン・ペルティエ——彼こそ民主主義政治による汚染から労働者を正しくも保護していたのだ——を自分たちの指導者として認めていた活動家たちに既に霊感を与えているあるものこそ、その答えであった。それがゼネラル・ストライキの神話である。サンディカリスト的ゼネラル・ストライキは、傭主からより高い賃金やよりよい労働条件を引き出すためのたんなる努力であり、所有者と賃金奴隷とに共通の社会・経済構造の承認を前提としている通常の意味での産業ストライキないし「政治的」ストライキと混同されてはならない。これはただの取っ組み合いであり、真の階級闘争の反対物である。サンディカリスト的ゼネラル・ストライキの神話は、損得計算から成る忌わしい世界全体、人間とその能力とを商品として、官僚的操作の材料として取扱う世界、幻想的な合意と社会調和とに基づく世界、どんな主人に仕えているにせよ、人間を統計的計算の主題とし、従順な「人的資源」として扱って、そのような統計の背後には生きた人間がいること、それも通常の人間的欲求をもったという意味ではなく(それはソレルには重要なことと思われていない)、集団的に抵抗し、世界を自分たちの意志に従って創造し、形成していくことのできる自由な道徳的活動主体が存在するのだということを忘れてしまっている経済学や社会学の専門家たちから成る世界を全面的にひっくり返してしまおうという呼びかけなのである。

ソレルにとって敵は必ずしもいつも同じではない。ドレフュス事件の時期には、敵は国家主義的民衆煽動者たちであった。彼らは、偏執病的に、またジャコバン派のように、反逆罪だという叫び声を上げ、スケープゴートを狂信的に探しまわり、そして、この役割を果すことになるユダヤ人に対して暴徒を駆り立てるため邪悪な企て[24]をなしていたのである。彼らが敗れた後に敵となったのは、ドレフュス事件の勝利者たち——知識人たちの「反対教会」、アカデミックなボスたちに指導され、エコール・ノルマルで養育された不寛容で、人間性を失わせる、共和政的な「政治的スコラ的」政党である。この連中は、その後ますます、ソレルの憤激の重要な対象となっていく。ゼネラル・ストライキは高まりいく戦闘性と「暴力」との頂点にある。そのとき、集中された集団的意志の行為として、労働者は、一斉に工場や職場を離れ、アヴェンティノの丘に退き、次いでひとりの人間のように立ち上り、彼ら労働者をデュルケム的コント的区画や階序制のうちに引きずり込み、こうして彼らから人間的本質を殆ど奪い取ってしまう憎むべき制度に対して、全面的圧倒的永久的な、「ナポレオン的な」敗北を負わせるのである。これは光の子の闇の子に対する、自由の闘士の商人、知識人、政治家に対する偉大な人間的蜂起である。この後の連中というのは、欲得ずくで資本主義的世界の主人たちにくっついている惨めな一団であり、下層から成り上がり、地位を買い取って階層秩序のなかに入り込んだ人間たちであり、立身出世主義者にして社会計画家、右翼ならびに左翼の権力ないし地位追求者、貪欲と競争に基づく社会、そうでなければ、無慈悲なばかりにまとめ上げられた合理的組織の息を詰まらせるような圧迫感の上に立つ社会を推進する者たちなのである。

一体ソレルは、労働者たちが、このような最終的な解放事業が歴史的出来事として実際に起るであろうとか、起りうると信ずるものと信じ、期待していただろうか？　これに答えることは難しい。彼は、一九〇四年に(これは彼がもっともサンディカリスト的であった時期である)ベルギーで生じた特別の譲歩を確保するために企てられたゼネ・ストや、また何よりも、一九〇五年の流産したロシア革命のなかで生じたゼネ・ストに関して、語るべき有利な論点を何も見出さなかった。これは、彼にとって、ペギーのいう、たんなる政治に堕した神秘に他ならなかった。その上、もし彼が、表面的にそうであるとおりに、敵が弱まれば生産者階級もまた弱化するのだと信じているのであれば、全面的な勝利は、それなしにはどんな努力も、どんな創造も必要でなくなるような緊張状態の消滅につながるのではないだろうか？　しかしながら、神話なしには、精力的なプロレタリア運動を創出することは不可能である。ゼネラル・ストライキの可能性や望ましさについて経験的な議論をすることは大して意味をもたない。ゼネラル・ストライキは行動の理論として意図されたものではなく、いわんや現実の世界に実現されるべきプランではなおさらなかった、とひとは疑うことができよう。

労働者の武器は暴力である。これはソレルのもっとも有名な書物(「私の標準的作品」[25]と彼はこれについて皮肉に言及している)にその題名を与えたのであるが、その性質は決して明確になっていない。階級闘争は社会の正常な状態である。そして、生産者、すなわち労働者に対しては搾取者によって絶えず力が行使されている。力は必ずしも公然たる強制から成っているわけでなく、制度を手段とした統制や圧迫から成り立っている。これらの制度は、意図されていると否とを問わず、マルクスおよび彼の弟子たちが明快に示したとおり、所有者階級の権力を助長する効果を有している。圧迫に対しては必ず抵抗が生ずる。力によって力に抵抗することは、ジャコバン革命の例にみられるように、ひとつの軛を他の軛に代え、古い主人の代わりに新しい主人をもってくるだけの結果になる可能性が大きい。ブランキ主義的蜂起は国家によるたんなる強制——プロレタリア独裁、恐らくは、資本家独裁の継承者として現われたプロレタリアートの代表者たちによる独裁をもたらすだけであろう。教条的革命家は容易に抑圧的暴君となる。このテーマはソレルと無政府主義者たちとに共通している。カミュはサルトルとの論争のなかでこの論点を再生させた。力(フォース)は、定義上、抑圧する。これに対して向けられた暴力(ヴァイオレンス)は解放する。資本家のうちに恐怖を浸透させることによってのみ、労働者は彼ら資本家の権力、労働者に対して行使された力を打破することができるのである。

これが実際、プロレタリア的暴力の機能である。これは攻撃でなく、抵抗である。暴力は鉄鎖を打ち落すことであり、再生への序曲なのである。暴力なしにも、より理性的な生活、よりよい物質的条件、より高い生活水準、安全、さらには労働者、貧民、被抑圧者のための正義を確保することは可能であるかもしれない。しかし、生活の革新、若返り、創造力の解放、ホメロス的単純さ、旧約聖書の崇高さへの回帰、初期キリスト教の殉教者、コルネイユ的英雄、クロムウェルの鉄騎兵隊、フランス革命軍などの精神への回帰——こうしたことは説得だけでは達成できず、自由の武器としての暴力がなければならないのである。

暴力の行使が実践の上でどのように力の行使から区別されるのかということは明らかにされていない。それはただ、労働者と使用主とに等しく共通な共同善を前提することによって階級闘争の現実を否定する平和的交渉に対する唯一の代替物として要請されているにすぎない。マルクスもまた、プロレタリアートを旧世界の汚物から純化し、新しい世界に適合したものとするために、革命が必要であると語った。ゲルツェンは清浄効果をもつ革命の嵐ということを述べた。プルードンやバクーニンも同様に黙示録的な言葉で語った。カウツキーさえ、革命は人間を堕落した状態からより高揚した生活観にまで高めると明言している。ソレルは革命という観念にとりつかれていた。彼にとって、革命的暴力に対する信仰と力に対する憎悪とは、まず第一に、労働者の厳格な自己隔離を伴うものである。ソレルは、どんな程度にせよ階級敵と協力することを容認するプロレタリアは自分自身の立場を失ってしまうとする点で、労働組合集会所（ブルス・デュ・トラヴァイユ）(職業紹介所、労働組合委員会、戦闘的労働者の社会活動ならびに教育のセンターを独自の仕方で一緒にしたもの)のサンディカリスト・オルグたちと熱烈に一致していた。責任感ある人間的な傭主とか、穏健で平和愛好的な労働者とかについて語られるすべては、彼に気持ちを悪くさせるだけである。労資をともに含んだ利益分配のための工場協議会とか、すべての人間を平等に認めるデモクラシーとかは、大義名分に致命的な傷を与えるものである。全面戦争においてはどんな友好関係もありえない。

暴力とはこれ以上のことを意味しているか？ それは、工場占拠、権力掌握、警察その他所有階級の権力機関との物理的衝突、流血などを意味しているだろうか？ ソレルは明確さを欠いたままである。アルマーヌ派の労働者がドレフュス事件のある時点で(当時まだよく考えられていた)ジョレスとともにデモ行進した行動は、ソレルがプロレタリア的暴力の正しい用い方として言及している非常に数少ない事例のひとつである。戦闘性を増大させるが、労働者階級自身のなかにおける権力構造の形成に導かないものは何であれ是認されている。力と暴力との区別は、その役割および動機の性格に全面的にかかっているように思われる。力は鉄鎖を課し、暴力はそれを打破する。力は、公然としたものであれ隠微なものであれ、奴隷化する。暴力はつねに公然としたものであって、自由にする。これらは道徳的形而上学的概念であって、経験的概念ではない。ソレルはモラリストであって、彼の価値観は最古からの人間的伝統のひとつに深く根ざしている。それが、なぜペギーが彼のいうことに耳を傾けたか、彼の命題が彼の時代に属するだけでなく、今日でも新鮮さを保っているかを説明する理由である。ルソー、フィヒテ、プルードン、フロベールはソレルのもっとも信頼する近代における先行者である。同様に、合理化の破壊者、階級闘争とプロレタリア革命の唱道者としてのマルクスもそうである。だが、社会科学者、歴史的決定論者、政治運動のための綱領作成者、実践的陰謀家としてのマルクスはそうではないのである。

四

神話の理論とその系、人間の思想および行動における非合理的なものの力に対する強調、これが近代科学運動の帰結であり、科学的範疇ならびに方法の人間行動への適用の結果なのである。十九世紀のずっと以前にまで遡る社会哲学者や政治哲学者の中心的観念の基底にあった人間性についての比較的単純なモデルは、行動の起源に関する新しい、混乱を招来するような仮説が心理学者や人類学者によって提起されてくるにつれて出てきた、ますます複雑で不安定な映像によって次第に取り替えられてきた。人間は合理性をもたない諸要因によって規定されている、そしてこれらの要因のうち幾つかは人間の意識のなかで非常に誤った形で屈折している、とする諸理論が登場してきたことで、現実の社会的政治的実践とその真の原因および条件とに注意が向けられるようになった。これらの原因や条件は科学的研究によってのみ解明されることができるとされたのであるが、それだけに自由意志の領域を著しく狭め、さらにはまったく消滅させる程になったのである。自然主義的アプローチは、行為者が誤ってそれに動機づけられていると自らも想定し、他人にもそう思われている意識的な理由づけの役割を軽くみるという結果を伴った。こうした事情が、古典的政治理論の没落のもっとも決定的な原因として出てきたとみることは正当であろう。古典的政治理論は、多くの可能性のうちから選択する自由をある程度までは有している人間は、自分にも他人にも理解可能な動機においてそのような選択をなし、その限りにおいて(pro tanto)、決定に到達する際合理的な議論によって納得するという態度を保っている、と想定していたのである。「みせかけ」、個人生活および社会生活のなかにおける心理学的・経済学的・人類学的なさまざまの隠れた因子が、その実際の役割の検証を通じて解明されたことが、ホッブズからJ・S・ミルに至る政治理論が扱ってきたより単純な人間性モデルを変容させ、強調の重点を政治的論議から多少とも決定論的で記述的な研究ジャンルへと移させたのである。この新しいジャンルはトックヴィル、テーヌ、マルクスに始まり、その後、ウェーバー、デュルケム、ル・ボン、タルド、パレート、フロイトそして現代における彼らの弟子たちによって推進されているものである。

ソレルは決定論を拒否したが、彼の神話の理論はこれの発展のうちに属するものである。彼の社会心理学は、マルクス主義、ベルグソン的直観主義、ジェイムズ的心理学の奇妙な混淆であって、それによれば、人間は、一旦自分たちが、それを認識しているといないとを問わず、階級闘争(これをソレルは歴史的与件として扱っている)によって形成されているということを理解するならば、適切な神話の霊感によって強化された意志の努力によって、自分たちの性質の創造的な側面を自由に発展させることができる——ただそれは、彼らがたんなる個人としてそうするのでなく、集団的に、階級としてそうするよう努力するということを条件とする、とみられたのである。このことさえ、天才的な個人については完全には当てはまらない。それは特に芸術家の場合そうであって、彼らは、不利な社会的条件のなかにあっても、彼ら自身の不屈の精神の強さによって創造をなしうるのである。こうした暗い影のなかの過程については、一面的な社会環境論者たちよりは、ジェイムズやクローチェやルナンの方が、より深い理解を示している、とソレルには思われた。しかし、ソレルは首尾一貫した思想家ではない。人間全体、あるいは少なくともフランスを凡庸さと没落から救いうる階級、あるいは集団を求めてのソレルの生涯をかけての絶望的な努力は、それ自体、疑似マルクス主義的歴史社会学に根ざしたものであるが、この歴史社会学は一個のドラマであって、そこにおいて主役は生産力の成長によって生み出された諸階級なのである。そして、これこそ、ソレルが客観的妥当性ありと主張する理論であった。

五

ソレルの理論の革命的サンディカリスム運動への影響は微々たるものである。彼は幾多の論文を、ラガルデル、ドゥルザル〔一八五七―?〕、ペギーらの協力に成る諸雑誌に発表し、フェルナン・ペルティエに敬意を表し、パリにおいては自分の崇拝者たちのグループと語り合い、また彼らに講義をした。しかし、サンディカリスト中ペルティエ以来もっとも有力な人物であったグリフュエル〔一九〇二年以降CGT事務局長、一八七四―一九二三〕がソレルを読んだかどうか尋ねられたとき、「私が読んだのはデュマだ」[26]と答えたという話がある。ソレル自身は、彼が他人をみる場合にはもっとも軽蔑していたタイプの人間であった――余りにも知的で、理窟っぽくて、労働者の生活の現実からもかけ離れていた。彼は叙事詩的精神を具えた聖書的あるいはホメロス的な英雄を探し求め、そして絶えず幻滅を味わっていた。ドレフュス事件の間、彼は反ドレフュス派を非難した。彼らは、ソレルには、虚言行為、不正、破廉恥な煽動主義を表わすものであると思われた。しかし、ドレフュス派が勝利した後には、彼は今後は、民衆の友を名乗る者たちの下劣な政治的策動、冷笑と欺瞞にうんざりさせられた。ジョレスの人間愛と雄弁は、ソレルにとっては、たんなる私利私欲のためのデマゴギーであり、民主主義的ポーズのはったり、労働者の目を眩ませるものであると思われた。同様に、ゾラの大風呂敷、アナトール・フランスの銀の時代ともいうべきドレフュス事件以後の社会的活動、あるいは労働者の偽りの友人たちの裏切りなどは、これと同列のものである。そして、この最後の連中のうち最悪の人物にアリスティド・ブリアンがある。彼はかつてゼネラル・ストライキの熱烈なる主唱者ではなかったか。

ソレルはブーローニュ・シュル・セーヌに静穏な生活を続けていた。一九一二年まで一〇年の間、彼はベルグソンの講義に参加するため市街電車に乗って通い、また、毎木曜日にはペギーの『半月手帖』*Cahiers de la Quinzaine* 事務所の集会に姿を現わし、そこでの討論の中心となった。この編集部から、ソレルは政治、経済、古典文化、キリスト教文化、芸術、文学に関する莫大な数の独白的作品を公刊し、それらは彼の弟子たちを眩惑させた。彼は非体系的な読書からくる幅広い知識の蓄積に依拠していた。しかし、彼の議論を聴いた人びとの記憶のうちに長くとどまったものは、彼の破壊的なパラドクスであった。ペギーはソレル小父（ル・ペール・ソレル）さんの話すことをうやうやしく聴いていたが、しかし到頭、すべての労働者とともに社会的デモクラシーの沼地へ入り込んでしまったサンディカリストに幻滅したソレルが、政治的腐敗に対して闘う新しい勇士を探し始め、急進的知識人、そのなかでも特にユダヤ人を余りにも激しく論難するようになったとき、そのペギーでさえも不愉快になったのである。ソレルの反セミティズムがより公然となり、より悪意のあるものとなったとき、そして彼がジュリアン・バンダ〔詩人、哲学者、一八六七—一九五六〕（ベルグソン、そしてあらゆる形態のナショナリズムに対する猛烈な批判者であったが、ペギーは彼を大いに尊敬していた）に対し敵意ある態度を示すようになり、そして最後には、モーラスに導かれた戦闘的王党派にして排外主義者のグループやバレスの周辺の神秘的カトリック的民族主義者たち――この連中のみがソレルには独立的で、戦闘的で、共和政的病害に毒されていないと思われたのである――と同盟を結ぶようになったとき、これはペギーには余りにも行き過ぎであると感じられ、彼はソレルにもう二度と現われないようにと要求した。ソレルは深く傷つけられた。彼はもともと書くことよりは話すことを好んでいたのである。才能ある作家や知識の聴衆が彼には必要であった。彼はあるより控え目な心服者の書店を繁々と訪れるようになり、以前と同じように語りつづけた。

いわゆるセルクル・プルードン〔一九一一年に結成されたベルト、ヴァロワらを含む研究サークル〕のなかにおける反動派とのいちゃつきは長く続かなかった。一九一二年に、ソレルはムッソリーニに喝采した。この時ムッソリーニは華々しい戦闘的社会主義者で、いつの日か「イタリア国旗に自らの剣で敬礼するであろう[27]」隊長（コンドティエーレ）としてみられたのである。一九一四年までに、ソレルは再び独立した自分に戻った。大戦が勃発したとき、彼は自らを見捨てられた者と感じた。ベルグソン、ペギー、モーラス、そしてエルヴェさえ含めて、すべての人びとが共和国の防衛のために団結した。戦争の間、彼は元気を喪い、沈黙していた。彼は、批判的で、捉われない立場にいると彼には思われたクローチェと文通し、友人ダニエル・アレヴィには、この戦争はアングロ・アメリカの財力とドイツの参謀本部との争いにすぎないと語っていた。どちらのギャングが勝利を収めるかは、彼には大して気になることでなかった。

大戦後、彼は、クローチェへの手紙のなかで、ファシズムの始まりを批判した。しかし、恐らくパレートの影響と、クローチェの初期の親ファシズム的契機に動かされたことで、彼はムッソリーニを「政治的天才」[28]であると公言した。レーニンは彼をこれよりはるかに興奮させた人物であった。ソレルはレーニンを社会主義の勇敢で現実主義的な再生者、マルクス以来最大の社会主義者であり、ロシアの民衆の革命的感情を叙事詩的段階にまで高めた人物であると評価した。レーニンはピョートル大帝あるいはロベスピエールであり、トロツキーはサン＝ジュストであった。彼らのソヴェト概念はソレルにとって純粋なるサンディカリストであると思われた。彼はそれを額面どおりに受け取ったのであるが、それは恐らく、一九二〇年にムッソリーニが「あらゆる形態および表現における国家、昨日の、今日の、明日の国家をすべて」[29]否認したのを額面どおり受け取ったのと同じであった。彼はボルシェヴィキのデモクラシーに対する軽蔑に拍手喝采し、彼らの知識人に対する冷厳な態度にはさらに一層讃辞を惜しまなかった。彼は、ボルシェヴィキ党の増大するテロルもそれが抑圧しようと意図している勢力と比べれば害の小さいものである、とはっきり述べた。いずれにせよ、それは同党内のユダヤ人メンバーによってなされた過ちとみるべきであった。彼は、党機構の強化から目を逸らし、社会主義国家としてのロシアについては語ろうとしなかった。なぜなら、この概念は、マルクスにとってもそう思われたであろうと同様、彼にもはなはだしい名辞上の矛盾と思われたのである。

国家をブルジョワジーに対抗するための武器として用いることは、彼が明言しているとおり、「雨に濡れないために水のなかへ飛び込むグリブィユ[30]（まぬけな人間の典型として一五四八年以来の通り名）」流のやり口であった。彼はなお続けてムッソリーニのことをよく考えていたが、レーニンについては一層高く評価していた。ソレルは彼のために熱情的な讃歌を捧げている。この頃まで、ソレルのいうことに耳を傾ける者は殆どいなかった。彼は孤独と貧窮のうちに生きていた。彼は資産の余りにも多くの部分を帝政ロシアおよびオーストリアの公債に投資していた。彼の死は、ムッソリーニのローマ進軍の数週間前のことであったが、これに気のついた者は誰もいなかった。彼の最後に発した言葉は、「ナポレオン……」だったといわれている。

彼が晩年において見出した二人の英雄のうち、レーニンは彼を無視していた。ムッソリーニは、卓越した知的系譜を自らに帰せしめたく思っていたので、ソレルを精神上の父と呼んだ。ファシストの宣伝機関はソレルの著作のなかから役に立つ武器を引き出した——自由民主主義に対する嘲り、激しい反主知主義、非合理的な力への訴えかけ、行動主義、暴力、闘争そのものへの呼びかけ、こうしたものすべてがファシスト運動の流れを豊かにした。[31] ソレルは、プルードンと同様ファシストではなかった。しかし、彼の栄光、名誉、反抗心の讃美、デモクラシーおよび平等に対する憎悪、自由主義者やユダヤ人の軽蔑は、プルードン流の社会主義と同様、ファシズムおよびナチズムの言語や思想と無関係ではない。また、彼のもっとも近しい友人たちもこの事実を見逃しはしなかった（し、彼らのうちの幾人かは当然それに影響されさえした）。ソレルの見解と、ロマン的ボルシェヴィズムおよび左派的ファシズムに共通なものとを結びつけるイデオロギー的な環は痛い程はっきりとしている。彼は最後の論文集のなかで希望をもってこう書いている――「《知識人に死を》という叫びは、非常にしばしばボルシェヴィキたちのものとされているが、やがて全世界のプロレタリアートの鬨の声となるであろう。[32]」

この点で、ひとはソレルにさようならを告げたい気持ちになるかもしれない。実際、ひとは彼のうちに常軌を逸した夢想家、議会制民主主義とブルジョワ的人道主義――これはトロツキーがかつて「カント的クエカー的自由主義的菜食主義者的ナンセンス」と名づけたものであるが――の諸欠陥の鋭敏にして残酷な批判者、主としてイタリアで、左翼およびナショナリストの諸グループのなかで読まれていたが、当然のことながらパレート、モスカ、ミヘルスによって取って代わられた著述家、クローチェの友人、ムッソリーニに若干の影響を及ぼした人物、左右両派の一握りの急進主義者たちの鼓舞者、比較的大部の社会主義理論史の何頁かに無難に収められた半ば忘れられた極端派を認めるにすぎないのである。しかしながら、彼の亡霊は、半世紀経た後になっても、決して横たわったままではいないのである。

六

ソレルは、ニーチェと同様、製作者と行為者より成る新しい文明の必要を説いた。これは今日、対抗文化あるいはもう一つの社会と呼ばれているものである。十九世紀の進歩的左翼は科学を信じ、自然、社会生活および個人生活の合理的なコントロールが可能であると信じた。そして、この基礎の上に立って、伝統、偏見、審美主義、保守的ないし国家主義的神秘化、その他何であれ合理的議論によって弁護しえないものを攻撃した。そして、これらの人びとは、ある程度までは勝利を得ている。われわれがそのなかで生活しているといわれる技術主義的・産業主義以後的社会は、熟練した科学専門家、合理的計画家、技術官僚を利用する人びとによって支配されている。収斂理論は、今や明らかに過去になっているが、その最盛期において、われわれに次のように教えていたものである――社会は鉄のカーテンのどちら側においても、本質的なあらゆる点において同様な力によって制約されている、それは、それらの社会の成員が享受している個人的自由の性質や程度の差がどのように違っていても変わらない、と。

これが、ソレルのもっとも深く恐れ嫌悪した、青写真と専門家とに対する尊敬の上に立っているような秩序――実在的なものであれ、見せかけだけのものであれ、デモクラシーと名づけられた種類の秩序である。自分たち固有の真正な道徳的価値を欠いた消費者たちから成る社会――これは豊かさが高まっていく真只中で俗悪と倦怠とのうちに沈み込み、崇高性とか道徳的偉大さとかに盲目なままの社会である――、ソレルが通俗科学と名づけたものの働きによる人間生活の官僚主義的組織化、疑似科学的法則の社会に対する実証主義的適用――こうしたことすべてが、ソレルの蔑み、憎んだものであった。これに反抗するのは誰であろうか？　労働者階級は彼の期待を満たすものではなかった。彼らは、彼のラッパの呼びかけに応じてくれなかった。彼らはもっぱら物質的欲求に捉われつづけていた。彼らの生活様式は、絶望的なまでに、プチ・ブルのそれと似たものであった。この後者こそ、やがてファシズムの主たる補給源になるものであり、ソレルが道徳的汚濁の最大の源泉であるとみた階級であった。彼は結局失望した人間として死んだ。

しかしながら、もし彼が今日生きていたとすれば、急進的動乱の波によって興奮を味わうことができたであろうと思われる。ファノンやブラック・パンサー、また若干の非正統的マルクス主義グループと同様に、彼は、屈辱を受け、抑圧されていた者は、革命的暴力の行為において自分自身を見出し、自己証明と人間的品位とを獲得できると信じていたのである。臆病なブルジョワジーを(あるいは、ファノンの場合には帝国主義的支配者を)大胆な反抗行為によっておびえさせることは、ソレル自身はテロリズムやサボタージュに賛意を示していなかったけれども、彼の感情やレトリックに適合したことである。チェ・ゲバラやファノンが関心を有していた貧困、苦難、不平等などの問題はソレルの道徳観の中心にはなかった。しかし、彼らは、ソレルの抱いていた革命的誇りとか、絶対的道徳的価値によって動かされた意志という理念を満足させたであろうといえるのである。

抑圧的寛容という観念、「叙事詩的」精神状態を禁ずる秩序を寛容することはそれ自体抑圧の一形態であるという信念は、彼自身の見解の反響である。あらゆる制度そして理論さえ、絶えず流動し、絶えず創造的に働く人間的実践なるもの、すなわち一種の永久革命を凍結させる形態であり、従ってそれにとって障碍となると考えるネオ・マルクス主義的弁証法は、彼にとって、たとえ彼がヘーゲル主義的ネオ・マルクス主義の陰鬱な言葉を理解したとしても、たんにアナーキーに導くものにすぎないと思われたことであろう。フランクフルト学派やルカーチ(彼は若い頃ソレルの思想の影響を受けている)の形而上学は、確かに、彼によって、アカデミックな衒学者、夢想家、山師どもの最新形態のユートピア的目的論的特効薬としてきっぱりとはねつけられたであろう。

イギリスでは、反自由主義的批評家——ウィンダム・ルイス〔一八八六?—一九五七〕やT・E・ヒューム〔一八八三—一九一七〕が彼の思想に興味を示した。ヒュームは『暴力論』を翻訳した。彼らは、ソレルの自己克己、自己規律に対する強調に共鳴したのであった。彼らと同様、彼も無秩序、放浪気質、自己制約の欠如を、放逸、頽廃の徴候として嫌悪した。しかし、あるドイツの作家が最近、豊かな社会から出た再洗礼派と名づけた人びと、過去の悪徳に汚されていない別の新たな社会の伝道者たちのなす反抗は、彼に訴える力を十分もっているといえるであろう。彼は、彼らの性的自由度の大いさには困惑したであろう。純潔は彼にとって最高の美徳であった。彼らのだらしない習慣、自己顕示欲、麻薬常用、無定形な生活は、彼を憤慨させたことであろう。また、彼は、彼らの現代型原始主義、貧窮と粗野さとの方が厳格さと開化された生活とよりも自然に近く、それ故より本物で、より純粋であるとするルソー的信念を否認したことであろう。彼はこうした考え方を誤りで愚劣であるとみなし、終生、これに攻撃を加えていた。しかし、西欧社会の現在の状態は、彼には、ヴィーコが予言した第二の野蛮時代への序曲としての社会的解体を確認するものと思われたであろう。ヴィーコによれば、この後には新しいより男性的な時代が、すなわち、人間が再び単純で、敬虔で、厳粛なものとして生きる新しい始まりが続くのである。そして、野蛮状態そのものはソレルを驚かせはしなかった。

彼は中国における文化大革命を歓迎するに十分な理由を見出したことであろう。彼はかってこう書いた――「もし社会主義が衰亡するとすれば、それは明らかに〔プロテスタンティズムにおけると〕同じ仕方で、それ自身の野蛮性を恐れてのことであるだろう。[33]」これには、野蛮性を押しとどめてはならず、突き進ませるがよい、野蛮状態は結局において没落に対する矯正手段なのである、という含意がこめられているのである。これは、今日、邪悪な社会から抜け出たすべての人びとによって本能的に信じられていることである。それは恰度、初期キリスト教とピューリタンとを彼らの断念の態度故に尊敬していたソレルが、労働者にもそのようにすることをあのように熱烈に期待していたのと同じである。アテネよりもスパルタ。この点のみが、ソレルと安易で寛大な人道的ジョレスとの間に架橋しえない裂け目をつくっていた。現代のより恐ろしい爆弾テロ犯たちに訴えかけているのも、まさにこの性質なのである。

しかし、今日の革命運動との最強の唯一の絆となっているのは意志に対する彼の確固として動かない強調の姿勢である。彼は、どのような弁証法的ないしその他の歴史的類型とも関係のない絶対的道徳的目的というものを信じていた。それはまた、人間が自分自身で創り出した条件のなかで、これらの目的を、自由なそして思慮に富む集団意志の一致した力によって実現していく可能性に対する信念でもあった。これは、歴史的決定論の不変の予定表という感覚よりもむしろ、最近二〇年間の政治的文化的な反抗者たちの大多数の気分を表わしているものである。革命組織に加わる者、またそれから離れる者たちは、歴史の発展段階や社会変動に関する、彼らがそれからとり残されることを欲しない形而上学的理論によってよりも、よりしばしば、彼らがその下で生きている体制の偽善性や非人間性(あるいは逆に、彼らが幻滅して離脱する革命政党内の同様の悪徳)に対する道徳的憤激によって動かされているのである。この反応は知的というより道徳的なものであり、理性よりもむしろ意志の反応である。このような人びとは、支配的な体制に対して、それが非合理的であるとか退化してしまっているとかいうよりも、むしろ不正あるいは獣的であるという理由から、反抗するのである。七〇年以上も前に、エドゥアルト・ベルンシュタインは、マルクス主義は生活の目標に関して受け容れられうる見方を提供することに失敗したと確信するに至り、新カント派の普遍的価値を説いた。カール・リープクネヒトもまたそうした。彼はこれによって革命的情熱の欠如を非難されることはなかった。これは、ソレルの立場にはるかに近いものであり、彼と現代の革命的異議申し立てとを結びつけているのである。

しかしながら、勿論、この反合理主義はある程度まで自己論駁的なものである。彼は、たとえ理性に対する信仰が人を誤らしめるものであるとしても、このことが見出され、確認されることができたのは、理性的方法の使用によってであり、歴史、心理、社会行動などの諸事実の合理的説明、そして知識と自己知識とによってであることを知っていた。彼は発明や技術を押しとどめることを欲しなかった。彼は機械破壊主義のラッダイトではなかった。彼は、機械を破壊することは無知、欠乏、貧困を永続させることであると知っていた。彼は、現代の反乱者たちによって提起された矯正策が幻想であるということを認めたであろう。しかし、そのことは彼にとって気にならなかったであろう。彼はどんな特別の政治的経済的政策をも提起しなかった。ナポレオン後の時期のドイツにおけるヘーゲル反対派のように、彼は愛、連帯、共同体に訴えかけた。これは、当然の帰結として、左右両翼の「議会外的」反対派に支持を与えることになった。たとえファノンや第三世界の闘士たちや革命的学生が医者でないとしても、彼は彼らを病気そのものとして認知したことであろう。これは、ゲルツェンが彼自身および彼の世代のニヒリストたちについていったことである。ソレルの生涯を通じての努力は、純粋なものを不純なものから、医者を病人から識別して確認することであり、社会の救済者となるべき英雄的少数者を、労働者であれ、急進的民族主義者であれ、ファシストであれ、ボルシェヴィキであれ、見定めることであったが、それは失敗に終った。彼は、そのような少数者を、植民地の民衆のうちに、あるいはアメリカの黒人や、不可思議にも自分たちの社会の誤った価値に染まらないでいる学生たちのうちに見出そうと努力したであろうか？　われわれにはそれは分らない。何れにせよ、彼が語っていた危険は現実的なものであったし、今もそうである。最近の事態は、時代の病症についての彼の診断が時代遅れのものどころではないということを明らかにしているのである。

彼は、彼があんなにも烈しく否認したあらゆるタイプの人間像を、殆どすべて体現していた――疎外された知識人、活動家から離れ、労働者とどんな関係も結ばず、どのような活発で協同的な生産者集団のメンバーになったこともない孤立した思索家。切り出した石、磨き上げた大理石を創造のシンボルとしていた彼は、ただ言葉だけを生み出していたにすぎない。彼は家庭生活というものに絶対的に信頼を寄せていたが、二〇年の間それをもたないまま終始した。彼はただ書店で、言葉の調達人、すなわち、彼自身が常にそうであったように、労働者や芸術家の生活から切り離された談論家たちの間にあるときにのみ、気楽にくつろぐことができたのである。彼は常規を逸したところがあり、自己中心的で、アウトサイダー中のアウトサイダーであった。これは、確言していいことであるが、彼が殆ど逃れることのできなかった皮肉な運命である。

ソレルのためにはどんな記念碑も存在していない。彼の死後一〇年を経た頃、これはダニエル・アレヴィが語っていることであるが、パリ国立図書館館長のロラン・マルセルが奇妙な話を彼のところに持ち込んできた。マルセルはファシスト・イタリアの大使と会う機会があり、その時、大使は、イタリア政府はソレルの墓が荒廃状態にあるということを知ったが、そこでこの卓越した思想家のために記念碑を建立することを申し出たく思っている、とマルセルに伝えたのである。このことがあって間もなく、今度は、ソ連大使がソ連政府の意向を受けて同じ提案をもって彼に接近してきた、というわけである。アレヴィはソレルの家族と連絡をとってみることを約束した。長い時日を経てから、彼は一通の返書を受け取ったが、それには、家族としては墓のことは自分たちだけの私事であり、他の誰ともかかわりのないことであると考えている、と述べられていた。アレヴィは喜んだ。文言はあっさりとして、素気なく、決定的であった。それは、ソレル自身から発したもののようでもあった。

一致した集団行動、実際的効果をもつ接近方法の予言者であるソレルは、ただ絶対的価値、全面的独立性をのみ重んじた。彼は、もっとも神聖な教義をも破壊してしまう決意をもつ近代のディオゲネスである筈であったが、同時に、彼の生きた文明社会のあらゆる確立された制度の信条をも尊重していた。ソレルは今日なお読まれるに値する。彼がそれについて、またそれに反対して書いた世界は、われわれ自身の世界であるといえるかもしれない。彼は、彼がそうありたいと願ったとおりに、「深刻で、恐るべき、そして崇高な」[34]人物であるにせよ、あるいは、しばしばそうであるように、片意地で、教条的で、永遠の青年の如きあらゆる道徳的激情に捉われているにせよ(そしてこの火のように激しく、完全に成人したとはいえない、狂暴なばかりの感情は、現代の若い革命家たちと彼との親近性を幾分か説明するものであるかもしれない)、彼の思想の諸観念はあらゆる方面からわれわれの方に向ってやってくる。それらは、あらゆる根本的疑問が適切な技術によって解消される技術的問題に還元されてしまうような調和的社会制度のなかで摩擦なしの満足を味わうことを理想とする合理主義的な考え方に対する反抗を表わしているのである。今日若者たちに道徳的に不快感を与えているのは、このような閉鎖的な世界の見方なのである。そして、この感情を明確な言葉で最初に定式化した人物こそソレルであった。彼の言葉は今なお物事をくつがえす力をもっているのである。

(1) G. D. H. Cole, *The Second International* [*A History of Socialist Thought*, vol. 3], Part 1 (London, 1956), p. 387.

(2) Letter of 28 April 1903, *La critica* 25(1927), p. 372.
(3) *Réflexions sur la violence*(Paris, 1972——以下 *R. V.* として引用), p. 80.〔木下半治訳『暴力論』岩波文庫㊤、一一五ページ〕
(4) *R. V.*, p. 101.〔木下訳、㊤、一四一ページ〕
(5) Croce, 'Osservazioni intorno alla concezione materialista della storia', in: *Saggi di critica del marxismo*(Palermo, 1902), p. 44.
(6) Sorel, *Les Illusions du progrès*, 5th ed.(Paris, 1947), p. 133.
(7) *R. V.*, p. 14.〔木下訳、㊤、三四ページ〕
(8) Sorel, *La Ruine du monde antique*, 3rd ed.(Paris, 1933), p. 44.
(9) *loc. cit.*
(10) Sorel, 'L'Éthique du socialisme', *Revue de métaphysique et de morale* 7(1899), p. 301.
(11) *R. V.*, p. 173.〔木下訳、㊤、二二八ページ〕
(12) *R. V.*, p. 168.〔木下訳、㊤、二二二ページ〕

L・J・ブレンターノ教授の述べるところでは、マルクスのイギリスの友人ビーズリィ教授に一八六九年に送られたとされるこの手紙は、私の知る限りでは、発見されていない。また、この文言の心情はそれ程マルクス的でない。しかしながら、エドゥアルト・ベルンシュタインは、彼にはマルクス的に思われると語ったと報告されている——*Mouvement socialiste*, 1 September 1899, p. 270, を参照せよ。

(13) Sorel, 'La Crise du socialisme', *Revue politique et parlementaire* 18(1898), p. 612.
(14) Sorel, 'L'Éthique du socialisme', *op. cit.*, p. 296, に引用されている。
(15) *R. V.*, p. 110.〔木下訳、㊤、一五二ページ〕
(16) Sorel, *Matériaux d'une théorie du prolétariat*, 2nd ed.(Paris, 1921), p. 98, note 1.
(17) マルクス主義は「言語疾患の上に打ち立てられた神話学」になる危険に直面している、と彼はクローチェに書いた——Letter to Croce of 27 December 1897, *La critica* 25(1927), pp. 50-52.

(18) Sorel, *Procès de Socrate*(Paris, 1889), p. 183.

(19) *Ibid*., p. 158.

(20) *R. V*., p. 184.〔木下訳、(上)、二四二ページ〕

(21) *R. V*., p. 38.〔木下訳、(上)、六三ページ〕

(22) *R. V*., p. 149.〔木下訳、(上)、一九九ページ〕

(23) *R. V*., p. 36.〔木下訳、(上)、六一ページ〕

(24) Sorel, *De l'église et de l'état*(Paris, 1901), pp. 54-55.——ここでソレルは、ユダヤ人問題は恐るべき武器となるべき運命にあると指摘している。

(25) Letter to Croce of 25 March 1921, *La critica* 28(1930), p. 194.

(26) Michael Curtis, *Three Against the Third Republic: Sorel, Barrès and Maurras*(Princeton, 1959), p. 53, に引用されている。

(27) これはジャン・ヴァリオとの会話のなかで語られた——Jean Variot, in: *L'Éclair*, 11 September 1922. Gaetan Pirou, *Georges Sorel*(Paris, 1927), p. 53, の引用による。

(28) J. Variot, *Propos de Georges Sorel*(Paris, 1935), p. 55.

(29) Gaudens Megaro, *Mussolini in the Making*(London, 1938), p. 319, に引用されている。

(30) *R. V*., p. 144.〔木下訳、(上)、一九二ページ〕

(31) ロマン派で厳しい反民主主義者であった十九世紀ロシアの一反動主義者はかつてこう述べたことがある——彼がパリの街をちょろちょろ歩き廻っているいまわしい服装のブルジョワたちのことを考えるとき、一体アレクサンダー大王が羽根飾りのついた兜をかぶってアルベラの戦い〔前三三一年〕でペルシアの軍団を打ち破ったのはこんなことのためであったろうかと自問してみた、と。ソレルもこのような意見を拒否したりはしないであろう。

(32) Sorel, *Matériaux d'une théorie du prolétariat*, *op. cit.*, p. 53.
(33) *R. V.*, p. 19, note 1.〔木下訳、(上)、三九ページ〕
(34) *R. V.*, p. 170.〔木下訳、(上)、二三五ページ〕

〔田中治男訳〕

ナショナリズム

——過去における無視と現在の強さ——

一

思想史は豊かな研究分野であるが、本来の性質からしてあまり明確でない分野である。そのためもっと正確な学問を専攻する人々からは、当然の疑いをかけられることになった。しかし思想史研究にも、それなりの驚きとやりがいがある。その驚き、やりがいの一つに、われわれ自身の文化の中のもっとも馴染み深い価値のいくつかが意外に新しいことを発見することがある。例えば一貫性と誠実さは、古代や中世の世界では称讃されるような資質ではなかった。むしろこの二つの資質については、滅多に言及されることもなかった。古代と中世の世界は、客観的真理と物事を達成すること(いかに達成するかはともかく)に価値を置いたからである。多様性が望ましく、画一性は単調で物淋しく退屈である。画一性は自由奔放な人間精神にはめられた足枷であり、ゲーテがドルバックの『自然の体系』を批評した言葉で言えば「(西の果の暗黒の国)キムメルのようで、死体に似ている」という見方は、真理は一つ、誤謬は多数という伝統的な見方と鋭い対照を示している。十七世紀以前――一番古くには――には、後者の見方に異議を唱えるものはほとんどいなかった。寛容の観念、破滅的な闘争を避けるための功利主義的便法としての寛容ではなく、それ自体価値としての寛容という観念、あるいは今日論じられているような意味での自由と人権の概念、あるいは一切のレヴェルにおいて理性の拘束を軽蔑し、不羈の意志によって通則に挑戦するものという天才の観念――これらすべては、十八世紀の西欧思想、感情の転換の中で生じた要素であり、その結果は、今日のすべての生活領域の中であまりにも明白に生じている多様な反革命の中にも現れている。この広大な話題について、直接に論じるつもりはない。せいぜいのところ、そのほんの一隅に注意を喚起したいと思うのである。

二

周知のように、十九世紀には歴史的研究の大きな成長を見た。これについては、多くの説明の仕方がある。自然科学の急速な発展と勝利、特に技術革新とその結果として生じた大規模工業の成立によって、生活と思想に革命的な変容が生じたからとするもの、新興の国家と階級と支配者が自らの系図を欲したからとするもの、ルネサンスの世俗主義と宗教改革の結果、古い宗教的、社会的諸制度が解体したからとするものなど――これらすべての説明は、歴史的な変化と新しさという現象に注意を集中していた。歴史研究、むしろあらゆる発生論研究は、きわめて強い刺戟を受けた。継続的前進という新しい感覚が生れた。ともかくも、人間社会の生活における運動と変化という新しい感覚が生れた。したがって、この時期の主要な思想家たちが社会的変化を支配する法則を発見しようとしたのも、驚くに当らない。自然科学の新しい方法によって自然と外界の法則を説明できることが証明されたが、その方法が人間の世界についても同じように役に立つと考えられても当然のことのように思われた。もしそのような法則が発見されたならば、それは過去ばかりか未来にたいしても適用できるはずである。人間の未来についての予言を神秘的な予言者や聖書の黙示録の解釈者、占星術師やオカルト好きの人々の手から救い出さねばならない、それは体系的な科学的知識の領分でなければならないというのである。

このような希望が新しい歴史哲学に拍車をかけ、まったく新しい社会研究の領域を生み出すことになった。新しい予言者たちは、過去、未来双方についての自らの発言に科学の裏付けがあると主張するようになった。彼らの中のいく人かの書いたものは、大抵のところ旺盛で抑制のない、時には病的なまでに自己中心的な想像力の所産であり、ともかく高度に思弁的であったが、全体としての成果は一般に想像されているよりはまともであった。コンドルセは、人間についての包括的で体系的な自然科学の発展を予言し、そしてそれとともに人間における犯罪、愚行、不幸――それはすべて、怠惰と無知と不合理性によっていた――が終るとする点では、あまりにも楽観的であったかもしれない。彼は一七九四年、獄中の暗黒にあって新しい有徳で幸福な世界を明るい色で描き出した。その世界は、知的、道徳的に解放された人々が科学的方法を社会組織に適用することによって組織化され、やがては諸国民の調和のある世界、芸術と科学と永久平和の不断の進歩に至ることになるであろう。もちろんこれは楽天的にすぎたが、しかし社会問題に数学的、特に統計的な技術を適用して成果を挙げうるとする点では、独創的で重要な予言であった。

サン－シモンは、誰もが知っているように技術家支配（テクノクラシー）の秩序が不可避的に勝利することを予言した天才であった。彼は、やがて科学と金融と工業組織が一体化するという。この科学者の援助を受けた生産者の新世界においては、聖職者の教化に代って新しい宣伝家という人種が登場してくる。つまり芸術家、詩人、新しい世俗的宗教の僧侶たちが人々の感情を動員する。感情を抜きにしては、新しい工業世界を運営していけないというのである。彼の弟子オーギュスト・コントは、合理的社会（民主社会や自由社会ではないが）とその科学的訓練を受けた市民を教育し管理するには権威主義的教会が必要であると唱え、同時にそれが創設されることを予言した。この予言の正しさについては、取り立てて述べるつもりはない。技術的な能力と世俗的聖職者層の結合は、現代においてはあまりに見事に実現されているからである。そして、偏見と無知と迷信、さらには経済、政治、人種、性などの分野でそれを体現した非合理で抑圧的な諸法規が、新しい啓蒙によって一掃されると信じた人々の期待が実現されなかったとしても、西欧の発展途上に切り開かれた新しい道にたいする彼らの洞察の深さを否定するわけにはいかない。まさしくその新しい道が、合理的――過去を一掃した上に組み立てられた――新秩序の展望を開いたのである。ベンサムとマコーレーはその先触れであった。ミルとトックヴィルはそれに心を悩ませた。またカーライルとディズレーリ、ラスキンとソロー、そして彼ら以前には十九世紀初頭の初期ドイツ・ロマン主義者のいく人かが、それに深い反撥を感じた。他方でフーリエは、多くのナンセンスを語りながらも、抑制のない経済競争に耽っている商業と工業の悪を痛撃した。それは自己の利潤を増大させようと願う人々に、人間労力の成果をむざむざ破壊ないし堕落させることになるというのである。彼は、巨大な人間諸集団にたいする中央集権的管理の増大が隷従化と疎外をもたらすことに抗議した。そして抑圧を終らせ、細心な職業紹介によって情熱を合理的に吐露させる道をつけて、一切の人間の願望と能力と性向が自由で創造的な方向に発展できるようにする必要があると唱えた。フーリエは奇怪な夢想に耽っていた。しかしこのような考えは馬鹿げたことではない。彼の予言の多くは今日の常識である。

トックヴィルは、民主的平等主義につきものの大勢追随と単調さについて不安に満ちた見通しを立てた。その結果を減殺しようとして彼が提案した対策についてどう考えるにせよ、その見通しの怖るべき正確さについては、誰もが認めている。またマルクスが(どんな誤りを犯したにせよ)、独自の予想の力量を示したことを否定するものはいないであろう。彼は、彼の時代に作用している中心的な要因のいくつか——生産手段の私人の手中への集中と集権化、当時はまだ萌芽でしかなかった大企業の成長と巨大化、それに伴う不可避的な社会的、政治的対立の尖鋭化を突きとめた。それは、彼と同時代の人々には決して明らかな事実ではなかった。また彼は、これらの対立のもっとも激烈な現れとその社会的、知的帰結を陰蔽している見せかけ、政治-道徳的、哲学-宗教的、自由主義的、科学的な偽装を暴くことでも成功した。以上に挙げた人々が主要な予言者であるが、他にもいなかったわけではない。頭が切れて片意地なバクーニンは彼の大敵手マルクスよりも正確に、持たざるものの大蜂起が起る状況を予言した。それは先進工業社会において経済的進歩の上昇曲線の上に起るのではなく、国民の大多数がぎりぎりの生活水準に近いところにいて、動乱によって失うべきものをほとんど持っていない国々――つまりスペインやロシアのように、資本主義がもっとも弱い後進農業経済の中の絶望的な貧困状態にある原始的な農民から生じると予想したのである。現代のアジア、アフリカにおける社会的大動乱の原因を理解することでは、彼は何の困難も感じないであろう。さらに続けることができる。詩人ハイネは、ルイ・フィリップ王の統治初期のフランス人にむかって、このような予想を語っていた。ある晴れた日、隣人のドイツ人が形而上的、道徳的熱狂と結びついた歴史の記憶と怨恨に駆られて、フランス人に襲いかかり、西欧文化の偉大な記念碑を根こそぎ倒すというのである。これらイデオロギーに陶酔した野蛮人は、「肉体的な拷問によっても肉体的な快楽によっても屈服させることができなかった初期キリスト教徒のように、恐怖によっても貪欲さによっても制止されることなく」、ヨーロッパを砂漠に変えるであろう。またラッサールは、国家社会主義を説き、おそらくはそれを将来のこととして予言していた。それは今日の人民民主主義諸国に実現されている。国家共産主義と呼ぶか国家資本主義と呼ぶかはともかく、それはゴータ綱領批判のマルクスが全面的に非難した混血の体制であった。

それから一〇年許りして、ヤコブ・ブルクハルトが軍事・工業複合体を予見した。それが頽廃した西欧諸国を支配するのは、避けがたいことだというのである。マックス・ヴェーバーは、官僚制の権力が増大することについてはいささかの疑いも持っていなかった。デュルケムはアノミーの可能性について警告した。彼らに続いて、現代の諷刺家にして予言者であるザミャーチン、オルダス・ハックスレー、オーウェルらの悪夢がある。これらの予言のあるものは純然たる予言にとどまったが、あるものは――特にマルクス主義者の予言と、人種主義者と新異教的な非合理主義者の想像力を支配したハイネの野蛮人たちの予言は、ある程度まで予言することによって自ら実現していくという性質のものであった。十九世紀は、他にも多くの偉大なユートピアと予想を生み出した。あるものは自由主義的、社会主義的、技術家支配的(テクノクラティック)であり、またあるものは過去のもっぱら想像上の共同体(ゲマインシャフト)――大部分が忘れ去られて当然の体制であった――を熱望する新中世的ノスタルジアに満たされていた。これら精巧な統計に裏付けられた未来学と夢想の大行列の中に、一つの奇妙な空白がある。十九世紀ヨーロッパの大部分を支配した一つの運動があった。それは非常に広く拡がりかつ身近であり、それが何の役割も演じなかった世界を頭に浮べるには、意識的に想像力を働かせねばならない程である。それには味方と敵があり、それぞれ民主的、貴族的、王党派的な一翼があり、行動の人々と芸術家、知的エリートと大衆をつき動かした。しかし奇妙なことに、私の知っている重要な思想家は誰一人として、それがさらに支配的な役割を演じるような未来を予言していなかった。しかし、今日の世界に作用している単一の運動としては、それがもっとも強力なものの一つ、地域によってはもっとも強力なものと言っても、おそらく言い過ぎではないであろう。そしてこのような発展を予見しなかった人々の中には、そのために彼らの自由、さらには彼らの生命を失うものもいたのである。この運動とはナショナリズムである。私の知識の及ぶ限りでは、いかなる有力な思想家もその未来を予見しなかった——ともかくそれを明確に予言したものはいない。私の知っている唯一の例外は、軽く見られがちのモーゼス・ヘスである。彼は一八六二年に、彼の著書『ローマとイェルサレム』の中で、ユダヤ人には共産主義と国民性を統一するという歴史的使命があると断言していた。しかしこれは、予言というよりはむしろ願望の表明であり、彼の本は、後世のシオン主義者以外の人々にはほとんど読まれないで終った。

今日、国際連合総会に代表を送っている主権国家の大多数が、国際連盟時代の国々よりもさらに強く、強力な民族的情熱によって行動の大部分を動かされているという明白な事実については、改めて強調する必要はない。けれども私は、この事実は知性と政治的直観力の如何にかかわりなく十九世紀の大部分の予言者たちを驚かすのではないかと考えている。というのは、当時の大抵の社会、政治観察者は、当人がナショナリストであるかどうかにかかわりなく、一般に民族的感情の衰退を予想していたからである。一般にヨーロッパでは、ナショナリズムは過渡的な一段階と考えられていた。自らのものと見なしている民族と同じ拡がりを持った国家の市民でありたいという、大抵の人々が抱いていた願望は自然な願望であると考えられていた。そして民族意識の成長が、ともかくも、歴史的-政治的発展によってもたらされたものと考えられていた。ともかくも、ともかく西欧ではその発展の原因でもあり結果でもあった。感情とイデオロギーとしてのナショナリズムは、民族意識と同じとは考えられていなかったのである(私の意見では、それは正しい)。

容易に確認できる集団に属したいという必要は、ともかくアリストテレス以来、人間の自然の欲求と考えられてきた。家族、部族、種族、身分、社会的序列、階級、宗教組織、政党、そして遂には民族と国家は、この基本的な人間の必要を満す歴史的諸形態であった。おそらくどの形態にしても、人間の生存にとって食と住、安全と生殖の必要程には必要ではないであろうが、しかし人間の生存には何らかの形態が不可欠であり、これら諸形態の歴史的進化を説明するために、プラトン、ポリビウスからマキアヴェッリ、ボシュエ、ヴィーコ、チュルゴー、ヘルダー、サン・シモン、ヘーゲル、コント、マルクス、さらには現代における彼らの後継者にかけて多くの理論が提出されてきた。共通の祖先、共通の言語、習慣、伝統、記憶、長期にわたって同じ領土を継続的に占有してきたことによって、一つの社会が構成されるといわれてきた。この種の同質性は、一つの集団とその近隣の集団との間の差違、種族的、文化的、ないし民族的連帯性の存在、そしてそれとともに異なった習慣と異なった起源(本当のものか神話的なものかはともかくとして)を有する集団にたいする違和感――しばしばそのような集団にたいする強い嫌悪ないし軽蔑を伴っていた――を強調した。そしてそれが、民族国家の存在を説明し、かつ正当化するものとして承認されたのである。イギリス、フランス、スペイン、ポルトガル、スカンディナヴィア半島の国民は、この国民国家を十九世紀よりもかなり以前に実現していた。ドイツ、イタリア、ポーランド、バルカン半島とバルト海沿岸の国民はそうではなかった。スイス国民は、それ自身の独自の解決を実現していた。国家と民族の領土が一致していることは、ロシア、オーストリア、トルコのような王朝的、多民族帝国の支持者、あるいは帝国主義者、社会主義的国際主義者、無政府主義者、そしておそらくはいく人かの法王至上論者のカトリック教徒を別とすれば、概して望ましいことと考えられていた。政治思想家の多くは、それを是認するかどうかはともかくとして、このことを社会組織の不可避的な一段階として認めていた。あるものは、それに続いて他の政治構造の形態が生れるであろうと考えて、それを希望するか恐れていた。またあるものは、それを「自然」ないし恒久的なものと見ていた。民族の統一と自決という利益を至上の価値の地位にまで高め、必要とあればその前に他の一切の考慮は一貫して従属しなければならないとするナショナリズムは、ドイツとイタリアの思想家が特に陥りやすいイデオロギーであったが、自由主義的なタイプの観察者からは、民族意識が従順な教会の助けをかりた専制支配者によって辱められ、力によって抑圧されたために内亢し、そこに一時的な段階として生れたものと見なされていた。

十九世紀半ばには、ドイツ人とイタリア人の政治的統一と自治を求める願いはまさに実現されつつあるように思われた。この支配的な傾向は、間もなく多民族帝国の抑圧された諸民族を解放することになるであろう。そうなれば、傷つけられた民族意識の病的炎症であるナショナリズムも穏やかになるであろう。それは楽観論者の予想よりは長くかかったようだが、一九一九年には、民族自治の基本原則は世界的に承認されたように思われたのである。ヴェルサイユ条約は民族独立の権利を承認し、他のことを達成するには失敗したにせよ、ともかくいわゆる民族問題を解決することになるであろう。もちろん、新しい国民国家内部でのいろいろな少数民族の権利という問題が生じてくることになったが、その権利も新しい国際連盟の保障を得ることができた。たしかに、もしこれら新興国家が自らの歴史の体験から理解できることがあるとすれば、それはそれぞれの国境内の人種的ないし文化的集団の自治への願いを満足させる必要があるということであった。植民地的搾取、社会的、政治的不平等、無知、貧困、不正、腐敗、特権等々、他にも人類を悩ませている問題があったかもしれない。しかし大抵の進んだ自由主義者とさらには社会主義者は、ナショナリズムは衰退するであろうと想定していた。民族に加えられたもっとも深い傷は、今では治癒しつつあるように思われたからである。

マルクス主義者と他の急進的社会主義者はさらに先へ進んだ。彼らにとって、民族的感情そのものが虚偽意識の一形態、ブルジョワジーという特定の一階級の経済的支配によって——意識的か無意識的かを問わず——発生させられたイデオロギーであった。ブルジョワジーは、古い貴族制から残った人々と同盟して、このイデオロギーを社会の階級的支配を保持、促進するための武器として利用する。そして、社会の階級的支配はプロレタリアートの労働力の搾取に依存していた。やがて時が満ちれば、労働者は生産過程そのものによって不可避的にますます増大する規律ある勢力、政治意識、そして権力へと組織化され、資本主義的抑圧者を転覆させるであろう。抑圧者は、彼ら自身の間での激しい経済競争によって弱められ、組織的抵抗の能力を失っているであろう。搾取者が搾取され、資本主義の弔鐘が鳴るであろう。それとともにイデオロギーなるものが終りを告げる。民族的感情、宗教、議会制民主主義などは、このイデオロギーの個々の側面に他ならない。民族間の差違は残るであろう。しかしそれは、全世界の労働者の連帯と比べれば重要でない。今や生産者は自由に連合して、自然の力を全人類の利益のために利用するために協力するのである。

これらの見解に共通なのは、ナショナリズムは人間の自決への渇望が挫折させられたことから生じる一時的な所産であると信じることであった。それは、非人格的な諸勢力の作用と、そこから発生するイデオロギーによって生れた人類の進歩の一段階であった。これら諸勢力の性質については、理論家の意見の一致はなかったが、大抵の理論家は、ナショナリズム現象はその原因が消滅するとともに消滅すると考えていた。ナショナリズムの原因は、道徳的なものか技術的なものかはともかく啓蒙の抵抗しがたい前進――つまり理性の勝利か物質的進歩の勝利、あるいはその双方――によって、破壊されるであろう。それとともに、生産力と生産関係における変化、あるいは社会的平等、経済的‐政治的民主主義、地上の果実の公正な分配のための闘争が生じるであろう。世界貿易と科学と合理的原理にもとづく道徳の勝利によって、民族間の境界が破壊され、こうして人間の可能性が全面的に実現される。それは、遅かれ早かれ普遍的に達成されるであろう。

このような展望を前にすれば、たんなる民族的集団の主張や理想は重要性を失い、人間の未成熟さの遺物として他の遺物とともに民族博物館入りをすることになるであろう。独立と自治を達成した国民の中のナショナリストは、非合理主義者として――ニーチェ主義者、ソレル主義者、新ロマン主義者とともに――取るに足らぬものとして片付けられてしまう。しかし、民族的統一がほとんど達成された後に生じるナショナリズムの高まりを無視するわけにはいかなかった。例えば、一八七一年以後のドイツの排外主義、フランスの失地回復主義、イタリアの「神聖なる利己主義(サクロ・エゴイスモ)」、あるいは人種理論やその他ファシズムを先取りした理論の出現などがそうである。けれども私の知っている限りでは、十九世紀末ないし今世紀初頭の未来論者はいずれも、これらの現象――それをどう説明するにせよ――を人類史の新しい局面の先触れとは見なしていなかった。このことは、保守主義者、自由主義者、マルクス主義者のいずれについても、同様に当てはまる。例えばカール・カウツキーは、「戦争と危機と破局」の時代を予言した。しかしその現象の描写、原因の分析の中にナショナリズムが現れてくるとしても、せいぜい副産物、「上部構造」の一要素でしかなかった。私の知る限り誰一人として、今世紀の残りの三分の一の期間、ナショナリズムが支配的な勢力となることを暗示さえしていなかった。今日の世界では、いかなる運動ないし革命もナショナリズムと提携するか、あるいはともかくもそれに敵対しないという態度を取らなければ、成功の可能性がないであろう。他の点では鋭い社会思想家たちがこの点では奇妙に展望を欠いていたという事実は、私には説明を要する事実、少なくともこれまでよりも広い討論を要する事実であるように思われる。私は歴史家ではなく、社会心理学者でもない。またこの展望の欠如について説明を提出しようとするつもりはない。ただこの奇妙な現象を解明するような一つの示唆を提出したいと思うのである。

三

けれどもその前に、一つの精神状態としてのヨーロッパ的ナショナリズムの起源について少し述べておきたい。民族感情そのものについていおうとするのではない。おそらく民族感情の起源は、有史時代のもっとも早い時期の種族感情にまで遡ることができるであろう。私のいわんとするのは、それが社会観察者によって一つの力、一つの武器として認められた意識的な教義、意識状態の所産、明確化、そして同時に綜合にまで高められることである。この意味でのナショナリズムは、古代世界にもキリスト教的中世にも存在していないようである。ローマ人はギリシャ人を軽蔑していた。キケロはユダヤ人について、また古代ローマの風刺詩人ユヴェナリスは東方人一般について悪口をいっている。しかしこれは、たんなる外国嫌いである。マキアヴェッリやシェークスピアには情熱的な愛国心があり、愛国心については遠く彼ら以前にも長い伝統がある。また私は、ナショナリズムがたんなる祖先についての誇り――ギリシャ伝説のカドムス王子の子、トロイの出身、神と誓約を交した人々の子、フランクやヴァイキング等の征服人種の血を引き、征服者としての権利によってゴール‐ローマ人やケルト人奴隷の子孫を支配する等々――であるとは思っていない。

私はナショナリズムによって、もっと明確で、イデオロギー的に重要で危険な何ものかを意味したい。つまり先ず第一にそれは一つの確信である。人は特定の集団に属し、その集団の生活様式は他の集団の生活様式とは異なり、集団を構成する個々人の性格はその集団の性格によって形成され、それを離れては理解できない。集団の性格は、共通の領土、習慣、法、記憶、信念、言語、芸術的‐宗教的表現、社会制度、生活様式によって定められる――人によっては遺伝、血縁、人種的性格などを付け足すであろう――、そして人間と人間の目的、価値を形成するのはこのような要因である、という確信である。

第二に、次のような確信がある。社会生活の型は生物的有機体の生活の型と同じで、この有機体の適切な発展に必要なもの――それは有機体の性質にもっとも敏感な人々が言葉や画像、その他の人間の表現形式によって明確に示し出す――がその共通の目標となり、その目標が至上のものとなる。特定の――知的、宗教的、道徳的、あるいは人的、世界的等の――「有機体」の特定の目的から発していない他の価値と対立した場合には、この至上の価値が優先する。何故なら、そうすることによってのみ民族の頽廃と滅亡が避けられるから、という確信である。さらに次のような確信がある。そのような生活の型を有機的と呼ぶのはそれが個々人や集団――その地位がいかに支配的であっても――によって人工的に形成できないということを意味する。もしできるとすれば、その個々人や集団が歴史的に発展しつつある行動と思考と感情の様式に滲透されている時だけである。これら精神的、情緒的、物理的な生活様式、現実にたいして臨む様式、とりわけ人々が他の人々に対処する様式――それこそが他の一切を決定し、民族が国家の形式を取るかどうかにかかわりなく、民族的有機体、つまり民族を構成するのである。そこから、さらに次のような確信が生じるであろう。人間の本性が全面的に実現される場としての本質的な人間の単位は個人ではなく、欲しいままに解散したり変更したり放棄したりできる自発的結社でもない。家族、種族、部族、地方などの従属的な単位の生活は、民族の創出と維持にかかっている。それら従属単位の性質と目的――それはしばしば意味と呼ばれる――は、民族の性質と目的から派生しているからである。そしてこの民族の性質と目的は合理的な分析ではなく、個々の人間を分解しがたい、また分析しがたい有機的全体の中に結合する独自の関係についての特別の意識――それは完全に意識化される必要はない――によって示されるのである。この有機的全体を、バークは社会、ルソーは人民、ヘーゲルは国家であるとした。しかしナショナリストにとっては、それは社会構造や統治形態にかかわりなく民族であり、また民族以外にはありえない。

第三に、このようなものの見方は次のような観念を生み出す。特定の信念を抱き、特定の政策を追求し、特定の目的に奉仕し、特定の生活を生きる上で、もっとも強い理由の一つ、いやもっとも強い根本的理由は、これらの目的、信念、政策、生活が**われわれ**のものだからであるという観念である。このことは事実上、次のような結論に達することになるであろう。これらの規則、教義、原則に従わねばならないのは、それが徳、幸福、正義、自由などをもたらすからではなく、また神、教会、君主、議会、あるいは他の何らかの普遍的に承認された権威によって命じられているからでもなく、それ自体で善であり正であるからでもなく、つまり特定の状況にあるすべての人にとって普遍的に、それ自体で適切であるからではない。そうではなくて、これらの価値が**私の**集団――ナショナリストにとっては**私の**民族――の価値であるから、それに従わねばならないのである。このような思想、感情、行動の方向は、善であり正である。私は、それと一体化することによって自己の充実ないしは幸福を達成する。何故ならそれは、私が生れ落ちた社会生活の特定の形態から発せられた要請だからである。私は、その特定の社会生活の形態にバークのいう無数の糸でつなぎ合されている。それは、私の民族の過去と未来に拡がっている。比喩を変えていえば、それから離れた私は木から折り取られた一枚の木の葉、一本の小枝でしかない。木だけが、葉と枝に生命を与えることができるのである。こうして、何らかの事情、あるいは私自身の我が儘のためにそれから切り離されたならば、私は目的を失い、枯れ果てるであろう。残されたものとしてはせいぜい、真に生きて活動するとはどのようなものであるか、民族の生活の中で役割を果す——それを理解することだけが、私の存在と行為に意味と価値を与えてくれる——とは何であるのかについてのノスタルジアに満ちた記憶だけである。

ヘルダー、バーク、フィヒテ、ミシュレ、彼らの後にはオーストリア帝国、トルコ帝国内のスラブ人居住地域の眠れる人民やロシア皇帝支配下の被抑圧民族、そして遂には全世界の民族的魂を呼び覚そうとしたさまざまな人々が、右のような華麗で情緒的な文章を用いた。バークは、個人は愚かかもしれないが種は賢いと主張した。一方フィヒテは、個人は消失し、種の中に吸収、昇華しなければならないと断言した。この両者の間には距離がある。しかし全体としての方向は同じである。この種の価値をこめられた言葉は、時として中立の記述的な言葉であるかのように装うかもしれない。しかし目指すところはただ一つ、民族ないしは歴史的発展という概念を照らし出すことにある。そして人々の行為にたいするその言葉の影響力は、自然法や人権や階級闘争、その他われわれの世界を形成するだけの力のあった理念の言葉と同じ位に大きかった。またその言葉を使う人々は、同じ位に大きくすることを意図したのである。

もはやナショナリズムの発展に驚く必要はない。こうして、完全に開花したナショナリズムは遂には次のような立場に到達する。私の属する有機体の必要を満すことが他の集団の目標を達することと両立しなければ、私、あるいは私が分ちがたく結びついている社会は、必要とあれば力によっても他の集団を屈服させる他はなくなるであろう。私の集団――民族と呼ぶことにしよう――が自由にその真の本質を実現しなければならないとすれば、その道に横たわる障害を除かねばならない。私の――つまり私の民族の――至上の目標を妨げるものは、何ひとつとしてその至上の目標と同じ価値を有してはならない。異なった民族諸集団の生活、資質、願望などの多様な価値を体系化できるような、超越的基準はない。そのような基準は超民族的であり、それ自体ある社会有機体に内在してその一部となるものではないからである。むしろその基準は、特定社会の生活の外にある源泉から力を引き出している。つまり、自然法や自然的正義を信じた人々が構想したような普遍的基準なのである。しかしナショナリズムの観点からすれば、一切の価値と基準は必然的に特定の社会、つまり民族的有機体とその独自の歴史に固有のものであり、個人、あるいはその個人が属している他の結社ないしは集団は、そもそも己を知ることがあるとすれば、彼の民族とその歴史の観点に立ってはじめて一切の価値と目的を自覚するようになるであろう。したがって、普遍性への訴えは人間と歴史の本質についての誤った見方にもとづいていることになる。さまざまな名で呼ばれているが、これが有機体説、忠誠、民族的価値の真の担い手としての国民（フォルク）、失地回復運動、歴史の根（ルート）、「土と言語」、民族意志のイデオロギーである。それは破壊と頽廃の勢力に向けて用いられる。そしてこの破壊と頽廃の勢力は、人間の問題にたいして自然科学の方法を適用することを形容するのに用いられる侮蔑的な言葉――批判的－「分析的」理性、「冷い」知性、破壊的－「原子化」的個人主義、魂を失った機械論、外からの影響、浅薄な経験主義、根を失ったコスモポリタニズム、文化と伝統の差違を無視した自然、人間、権利についての抽象的観念――によって範疇化されるであろう。要するにここには、敵についての類型論、敵のカタログのすべてがある。それはバークとハマンの著作に始り、フィヒテと彼のロマン的追従者において頂点に達し、ド・メーストルとボナールによって体系化される。そして今世紀においては、第一次、第二次大戦の宣伝文書、非合理主義者とファシスト的著作家の破門者名簿において新たな高みに達するのである。それは、啓蒙とその一切の著作にたいして向けられていた。

その言葉、その背後にある思想は、もともと感情がこめられているために全体として明確で一貫していることはめったになかった。ナショナリズムの予言者は、彼の民族が個人にたいしてより高位の、むしろ至上の要求でありうるのは、個人の存在と行為に生命と意味を与えうるのは民族の生命、目的、歴史だけであるという事実にもとづいているとよく主張する。しかしこのことから、他の人々もそれぞれの民族にたいして同じような関係に立っており、彼らにたいしても同じように強くかつ絶対的な民族の要求があるということになるであろう。そしてそれが、ある個人の民族の目的ないし「使命」の完全な実現と対立することになるかもしれない。それは、理論的には文化的相対主義に至る道であり、前提になっている絶対的な要求にたいして、形式的に矛盾しないとしても、うまく調和しない。そして他方では、万人の万人にたいする戦争への扉を開くことになるであろう。

この矛盾を避けようとして、ある民族ないし人種——例えばドイツ人は何らかの客観的、超民族的基準によって測れば他の人々よりも優れており、その目標は他の人々の目標を超越していることを証明しようとするナショナリストがいる。ある特定の文化によって特定の人々が生み出され、彼らにおいてはその文化の外にある人々におけるよりも、人間としての真の目的は完全な実現により近づくというのである。フィヒテは、後期の著作ではこのように語っている(また同じ命題は、この時期のアルントやその他のドイツ・ナショナリストにも見られる)。またそれは、歴史的諸民族はそれぞれ特定の時と所でより高位の使命を持つという、ヘーゲルに見られる理念の意味するところでもある。ナショナリストが自らの民族を称讃するのは、いわばその民族がその民族であるからなのか、それともその価値だけが何らかの客観的理想ないし基準に近いからなのか——そのいずれかを明確に定めることはできない。後者の理念ないし基準は、もともと前提になっている仮説からして、それに導かれる幸運な人々にだけ理解できるものである。他の社会は、それを理解しない、おそらく永遠に理解しないであろう。まさにそれ故に、客観的に劣っているのである。このような二つの把え方を区別する線はしばしば曖昧にされるが、いずれも集団的な自己讃美に至るであろう。ヨーロッパ、そしておそらくはアメリカのナショナリズムは、この自己讃美の強い表現となる傾向があった。

もちろん民族だけが、そのような自己讃美の焦点であるわけではない。個人の利益を、彼の教会、文化、カースト、階級の利益と一体化させようとして、歴史的に同じような言葉と修辞が用いられてきた。時にはそれは互いに重複したり、一つの統一された理想に融合することもあった。また時には、それが互いに対立することもあった。しかし、これらすべての献身と自己一体化の中でもっとも強く訴える力があったのは、歴史的には民族国家であった。一九一四年、民族国家が国民を把える力は、労働者階級の国際運動の階級的連帯よりも強いことが明らかになった。それはこの命題の正しさを、きわめて破滅的で悲劇的な仕方で示していたのである。

ナショナリズムは、十八世紀に誕生して以来、特に国家主義（エタティズム）と融合して以来、多くの形態を帯びるようになった。国家主義は、かつてナショナリズムの仇敵であった工業化、近代化を促進する諸勢力と同盟した後は、国家、特に民族国家のあらゆる分野における至上価値を唱える理論となった。しかし、ナショナリズムがいかなる装いをこらしたとしても、それは私が先に素描した四つの特徴を依然として保持しているようである。つまり、民族に属することが他の何にもまして必要であるという信念、民族を構成するあらゆる要素が有機的関連にあるという信念、それがわれわれのものであるが故にわれわれ自身の価値であるという信念、そして最後に、権威ないし忠誠を要求する他の対抗勢力に直面させられた場合、その要求が至上であるとする信念である。これらの構成要素は現在この地球上で増殖しているすべてのナショナリスト・イデオロギーの急速な成長の中に、さまざまな程度と比率で組み合わさって見出されるはずである。

四

たしかに、たんなる民族意識——ある民族に属しているという感覚——と区別された意味でのナショナリズムは、もともと社会の伝統的価値にたいする恩着せがましい、したがってそれを軽蔑する態度への反撥として生じたのかもしれない。つまり、もっとも社会意識の強い人々における傷つけられた誇り、屈辱感の結果として生じ、やがて怒りと自己主張を生み出すことになったのである。このことは、近代ナショナリズムの図式におけるドイツ的反応の経過によって証明されているようである。それは、トマジウスとレッシング、そして十七世紀の彼らに先行した人々の比較的穏和な文学的愛国心におけるドイツ文化の意識的防衛から、ヘルダーの文化的自立性の主張へ、そしてナポレオンの侵入期とそれ以後、アルント、ヤーン、ケルナー、ゲーレスの攻撃的排外主義の爆発へと至る。しかしことは、もちろんそれ程単純ではない。言語、習慣、領土占有の継続性は、遠い昔から存在していた。外敵の侵入——たんに種族や人民にたいする侵害だけでなく、宗教や単一の構成された権威にたいする服従によって統一されていた大社会にたいする侵入も、結局のところ地上のいたる所でしばしば起ったことであった。けれどもヨーロッパでもアジアでも、また古代でも中世でも、このことから特殊にナショナリスト的な反応が生じることはなかった。ギリシャによるペルシアの敗北、ローマによるギリシャの敗北、回教徒による仏教徒の敗北、あるいはハン族やオットマン・トルコによって蹂躙された時のギリシャ－ローマ文明の敗北にたいしても——この二つの大陸における他のすべての小戦争と征服者による土着の制度の破壊はいわずもがなである——、そのような反応はなかった。

社会の集団的感情、少なくともその精神的指導者たちの感情にたいして加えられた傷は、ナショナリズム誕生の必要条件ではあっても、充分条件ではない。このことは、歴史家、社会学者を自称できない私にとっても明白なことのように思える。ナショナリズムの誕生のためには、社会はその内部に少なくとも可能性として、忠誠ないし自己一体化の焦点、あるいは権力の基盤を求めている集団ないし階級を有していなければならない。そのような忠誠ないし自己一体化の焦点は、フランス、スペイン王政の中央集権化政策に見られるようなかつての統一への力――種族的、宗教的、封建的、王朝的、ないしは軍事的な諸力――によっては与えられなかった。またドイツ諸邦の支配者によっても与えられなかった。ある場合には、世俗的か宗教的かを問わず古い支配者に敵対して、社会の支配権を握ろうとしている新しい社会階級の興隆によって、このような条件が創出されている。これに加えるに、ともかくも民族的文化の端緒を有している社会が蒙った征服の傷があれば、あるいはその社会に外から加えられた文化的軽蔑だけであっても、ナショナリズム成立の土壌が準備されることになるであろう。

しかしそれには、もう一つの条件が必要であろう。ナショナリズムが発展するには、社会は少なくともそのいく人かのもっとも敏感な成員の心中に、自らを民族にまで成長すべきものとして描き出さなければならない。その民族像は、いくつかの一般的な統一化への要因――言語、人種的起源、(本当のものか想像上のものかはともかく)共通の歴史――の力によって生れるであろう。このような理念と感情は、教育と社会-歴史意識の高い人々の胸中においては比較的明確に存在しており、住民の大多数の意識においては漠然としているか、もしくは存在していない。この民族としての像が存在している人々においては、無視されたり侮辱されたりした場合に憤激の情が起ることがある。またこの像によってこれらの人々のいく人かは、国家の内か外かにかかわりなく、何らかの共通の敵――教会や政府や外国の彼らを軽蔑している人々――に直面した時には、意識的な知識人層(インテリゲンツィア)に変るであろう。彼ら――詩人と小説家、歴史家と批評家、神学者、哲学者等々は、人民にむかって話しかけ書きかけ、人民に彼らの人民としての欠点を意識させようとする。こうして生活の全領域におけるフランスの覇権にたいする抵抗は美学と批評という一見迂遠な地帯から始った(ここでは、イギリスないしスイスにおけるフランス新古典主義にたいする最初の反動を刺戟したものが何であったのかという問題には立ち入るつもりはない)。ドイツ諸邦においては、それは一つの社会的―政治的な勢力となり、ナショナリズムが育つ場となった。ドイツ人の間では、それは文筆家たちが窒息状態を感じていた状態、さし当っては精神の自由な発展を束縛しているフランスの美学的立法者の専制的ドグマから彼ら自身を――そして他の人々を――解放しようとする意識的努力の形態を取った。

しかし傲慢なフランス人以外に、社会的に――たんに美学的でなく――国内の暴君がいた。抑圧的で俗物的な社会の規則、規制に反抗する個々人の憤激の大噴出は「疾風怒濤」の名で知られているが、それは直接の目標として社会生活の一切の障壁――社会の下には追従と隷従、上には野蛮さと恣意、傲慢と圧制、そしてあらゆるレヴェルで嘘とバークのいう「偽善的なたわ言ときまり文句」――を打倒しようとしていた。一切の法――神や自然や国王によって命じられたと考えられていた規則――の効力にたいして、疑問が投げかけられるようになった。自己表現の自由が要求された。また、創造的意志――それは、芸術家においてはもっとも純粋に、かつもっとも力強く現れるが、同時に万人の中に存在している――の自由な表現が要求された。ヘルダーにとって、この活発なエネルギーは人民の集団的天分を創出することの中に体現されていた。伝説、英雄詩、神話、法、習慣、歌、踊り、宗教的-世俗的象徴、寺院、伽藍、儀式――これらすべては、個々の作者やそれと確認できる集団ではなく、あらゆるレヴェルで活動している全社会の集団的、非人格的な想像力と意志によって作り出されたものである。彼は、社会が一つの有機的全体として発展するのに必要な、親密で手に触れがたい絆はこのようにして発生してくると信じていた。

個々人と全社会の双方を貫いている創造能力という観念が、時間を超えた客観的真理という観念に代って登場した。後者はいわば永遠のモデルであり、人々はそれに従うことによってのみ幸福、徳、正義、自らの本性の正しい充実などを得られると考えられてきたのである。しかし今や、新しい人間と社会の見方が出現してきた。それとともに、活力、運動、変化など、個々人と集団が互いに似るよりもむしろ異なる点が強調されるようになった。多様性、独自性、個性の魅力が強調されることになったのである。世界を一つの庭園に見立てそこでは一本一本の木と花がそれぞれ個々の仕方で育ち、環境とそれぞれの個体としての本性から発した願望を体現していく。つまり、他の有機体の型と目標によって判定されはしない。このような見方は、支配的な「永遠の哲学（フィロソフィア・ペレンニス）」――つまり、どこでも常に、万人と万物に妥当する客観的、恒久的な法と規則の一般性、画一性、普遍性、時間を超えた有効性を信じる見方にたいして、いわば横から対立していた。このような見方の世俗的ないし自然主義的なものは、フランス啓蒙思想の指導者によって唱えられ、自然科学と数学の勝利によってますます意気が上っていた。それと対比すれば、宗教的、文学的、内省的、神秘主義に陥りやすく、狭く地方的で、せいぜいのところ西欧の弱々しい模倣でしかないドイツ文化は、いかにもみすぼらしく見えた。

この決定的な対照関係が、少なくとも当初はドイツの詩人、批評家の小さな集団の念頭の中でしか存在していなかったことを、付言しておきたい。しかしこれらの文筆家たちは、ドイツ、とりわけプロシャがフリードリヒ大王の西欧化改革の下で体験している社会的転換の中で、自らのよって立つ場を失ったことをもっとも鋭く感じていたのである。彼らの中でもっとも才能に恵まれ、もっとも独立心の強い人々は、一切の現実の権力から遠ざけられ、伝統的生活様式の上に課せられた官僚組織に自らを適応させることができず、彼らの基本的にキリスト教的、プロテスタント的、道徳的な世界観がフランス啓蒙思想の科学的気質と両立しえないことを鋭く感じとり、二百の領邦君主たちの小専制主義に悩まされながら、かつてルイ一四世の軍隊によって彼らの祖父に加えられた屈辱に始る自らの世界の崩壊過程にたいして、募りゆく反抗でもって対応したのである。彼らは、ドイツ的伝統の深さと詩情——そこには、精神生活の無限の表現不可能な多様性にたいする気紛れではあるが真の洞察力がひそんでいた——を、フランス思想家の世界の浅薄な物質主義、功利主義、薄手で非人間化された人形芝居と対比させた。これがロマン主義運動の根源である。それは、ともかくドイツにおいては、合理的方法で発見された法則の束縛を受けない集団的意志、人民の精神生活——それは観察したり記述したりはできないが、創造的個人は人民の活動(あるいは非人格的意志)に参加することはできる——を祭り上げた。民族の政治生活をこの集団的意志の表現と把えることが、政治的ロマン主義——つまりナショナリズムの本質である。

もう一度いっておきたいのは、私にはナショナリズムは初めは社会に加えられた傷にたいする反応であるように思えるが、これは民族の自己主張に必要な原因であっても、充分な原因ではないという点である。ある社会が他の社会から蒙った傷は、有史以来のあらゆる場合に民族的な反応をもたらしはしなかった。それには、何か他のもの、つまり新しい生活の展望が必要なのである。傷つけられた社会、あるいは政治的、社会的変化によって拠どころを失った階級ないし集団は、この展望と自らを一体化させ、その周りに結集して彼らの集団生活を復活させようとする。こうしてロシアのスラヴ主義とナロードニク主義の運動も、ドイツ・ナショナリズムと同様、ピーター大帝が国に押しつけた激烈かつ急速な近代化(プロシアのフリードリヒ大王の場合は、まだしも小規模であった)の永続的な結果を確認することなくしては、理解できないであろう。それは、技術革命、新しい市場の発展と古い市場の荒廃という結果であり、その結果として社会のすべての階級の生活が混乱に陥った。教育を受けた人々は新しい官僚制に入るには心理的に不適合で、自らの技能を用いる機会を欠いていた。さらにドイツの場合には、強力な外国軍隊の占領ないし植民地的支配が伝統的生活様式を破壊し、人々、特に芸術家、思想家あるいは何らかの自由職に就いていた人々などもっとも敏感で自意識に富んだ人々から確立した地位を奪い、彼らを不安定で途方に暮れるような状態に陥れた。そこに新しい綜合、新しいイデオロギーを創出しようとする努力が始まる。それは一方では、新しい事態を説明して、彼らの確信と生活様式に反する勢力にたいする抵抗を正当化し、他方で、新しい方向を指し示し、彼らに新しい自己一体化の焦点を提供しようとする努力である。

これは、社会的-経済的動乱にはこと欠かない現代においては、充分に馴染みの現象である。人種的な絆と共通の歴史的経験が民族の意識を作り出す程強くはないところでは、社会的階級、政党、教会などもこの新しい焦点になることができる。しかし権力と権威の中心、つまり国家そのもの（多民族的であるかどうかにかかわりなく）が、この新しい焦点になることも多いであろう。それは、土地のない農民、破産した地主や店舗主、失業中の知識人、さまざまな分野で失敗した専門職の人々など、伝統的生活様式を攪乱させられた人々を結集し、新たに集団化させるための旗印を掲げる。しかしこれらの焦点はいずれも、象徴としても現実としても民族ほどには強力ではなかったし、また民族ほどには統一を促す力として働くことができなかった。民族が他の献身の中心――人種、宗教、階級――と一つになった時、その訴える力は比較を絶して強くなった。

最初の真のナショナリスト、ドイツ人は、傷つけられた文化的誇りと、その傷を癒し、内的な抵抗の焦点を作り出す哲学-歴史的展望とを結合した一例である。先ず、教育のある不満に満ちたフランス嫌いの人々の小さな集団が生れ、次いでフランス軍とナポレオンの水平化（グライヒシャルトンク）による破滅的体験の衝撃のもと、厖大な大衆運動が起る。それは最初のナショナリスト的情熱の大きな発露である。学生の粗暴な排外主義、焚書、裏切り者の秘密裁判が始まる。魔法使いの弟子たちが手に負えなくなって、ゲーテ、ヘーゲルなど物静かな思想家の不快感をかき立てた。他の民族がドイツに続いた。一つにはドイツ的修辞の影響があったが、また一つには同じ病状、同じく危険な療法を生みだす程、事情が似ていたからである。ドイツの後には、イタリアとポーランドとロシア、やがてバルカン半島とバルト海沿岸の諸民族とアイルランド、そしてフランス第三共和制の瓦解の後を承けて、そして現代に至っている。アジア、アフリカに共和国と独裁国家が生れ、地方的ー人種的集団の熱烈なナショナリズムは、イギリスとフランス、ベルギーとコルシカ、カナダとスペインとキプロスに燃え上っている。実に果しがない。

私の知っている限り、十九世紀の予言者は誰一人としてこのような事態を予見していなかった。もし誰かが言い出したならば、あまりにも起りそうにないことで考える値打ちがないと思われたに違いない。現代におけるもっとも中心的な事態の発展の可能性が、これほどまでに無視された理由は何であるのか。

五

十九世紀と二十世紀初めの数十年間、自由主義的タイプの合理的思想家は、次のように想定していた。自由ー民主主義はもっとも満足すべき——少なくとももっとも不満が少ない——人間組織の形態である。民族国家は独立、自治の人間社会を構成する正常の単位であったし、少なくとも歴史的にはそうであった。そして、いったん多民族帝国(ヘルダーはそれを、取り合せの悪い怪物と呼んで非難した)が、その構成部分に解体されたならば、共通の言語、習慣、記憶、世界観への憧れは満され、解放と自治を達成した諸民族国家――マッツィーニの若きイタリア、若きドイツ、若きポーランド、若きロシア――から成る国際社会が出現する。それは攻撃的ナショナリズム(それ自体、圧制によって生み出された病的状態の徴候である)に汚されていない愛国心に燃えながらも、互いに平和と調和の裡に共存し、もはや奴隷的な過去の非合理な残存物に妨げられることはないであろう。マッツィーニの運動の代表者が第一国際労働者協会の会合に招待されて出席したという事実は(あまりマルクスの気には入らなかったが)、この点で重要である。第一次大戦後のいわゆる継承国家の自由-民主的創立者たちもこのような確信を有しており、現にそれは国際連盟規約の中にも謳われていた。マルクス主義者についていえば、彼らはナショナリズムを歴史的に反動的なものと見なしていたが、その彼らでさえも国境の全面的廃止を主張したりはしなかった。階級搾取が社会主義革命によって廃止されたならば、階級支配の道具である国家が枯死するまで、そしてその後にも、自由な民族的社会が共存できると想定していたのである。

これらのイデオロギーは、いずれも民族感情の成長を予想していなかったし、ましてや攻撃的ナショナリズムの成長を予想していなかった。ここで無視された事実を明確に知覚していたのは、私の思うにおそらくデュルケムだけであった。その事実とはこうである。工業の進歩が必要としまた促進させる集権化と官僚制的「合理化」によって、人々の忠誠心が深く根ざしていた社会生活の伝統的な階層制と秩序が破壊されると、多くの人々は社会的、情緒的安定性を奪われ、疎外、精神的宿無し、アノミーの増大などの悪名高い現象が生み出される。そして、古い社会秩序の基礎にあった文化的、政治的、宗教的価値(今やそれは失われている)と心理的に対応するものを、意識的な社会政策によって創出する必要が生じるという事実である。社会主義者は、階級的連帯、つまり被搾取者の友愛と、革命によって生れる正しく合理的な社会という見通しがこの必要不可欠な社会的セメントになるであろうと信じていた。そしてそれは、かなり正しかったのである。さらに、貧しい人々、拠どころを失った人々、価値を奪われた人々の一部は、新大陸へ移民した。しかし多数者にとっては、その空白は職業組織や政党によっても、またソレルが提出しようとした革命の神話によっても満されなかった。それは、古い伝統的な絆、言語、土地、真偽取り混ぜた歴史の記憶によって、そして人々が自らを共同体、ゲマインシャフトとして理解しているものを具体化したさまざまな制度や指導者によって満されたのである。このような象徴や担い手は、社会主義者や啓蒙的自由主義者が考えていたよりもはるかに強力であることが明らかになった。民族は、教会、国王、法の支配、その他窮極的価値の源泉と考えられていたものにとって代り、こうして至上の権威としての民族という理念(時には神秘的ないし救世主渇仰的な熱狂がこめられていた)は、傷を加えたものが誰であれ——外国の敵か自国の資本家か、帝国主義的搾取者か人工的に押しつけられた無情の官僚制かはともかく——、集団意識の傷の痛みを和げた。

たしかにこの感情は、政党や政治家によって意図的に利用された。しかし、それが存在していたからこそ利用できたのである。それは、自分の思惑通りに使おうとした人々が発明したものではなかった。それは存在しており、それ固有の独立の力を有していた。それは他の力と結合することができた。もっとも効果的なのは、近代化に没頭している国家の権力と結びつき、無縁ないし敵対的と考えられる他の権力にたいする防衛力となることであった。また、社会の大部分がまだ本能的な一体感を感じていない国家内の個々の集団、階級、運動——宗教的、政治的、経済的な——とも結びついた。それは、多様な多くの方向に発展し、それぞれの方向で利用することができた。世俗主義、工業化、近代化、資源の合理的利用のための武器として、あるいは真偽はともかく過去への訴え、失われた異教的ないし新中世的な楽園への訴え、より大胆で単純で清純な生活の展望への訴えにおいて、あるいは血や古来の信仰の呼び声として、さらには外国人やコスモポリタン、「詭弁学者、経済学者、打算家」——彼らは人民の真の魂、それが発生する根源を知らず、人民から人民の遺産を奪う人々である——に敵対して用いられた。

こうして、癒されない心の傷(それがどのようにして生じたにしろ)が、生けるものと死せるもの、そしてまだ生れていないもの(これが病的極端にまで進めば、怖ろしいことになるであろう)からなる社会という民族の像と結合した時、爆発的な力が発生する——この爆発的な力を無視した人々は、他の点ではいかに敏感であったとしても、社会的現実の把握において不充分であった。そしてこのことは、現在だけでなく過去二百年間についてもそうであったというのが、私の感想である。現代のナショナリズムは、たしかにドイツの土壌に生れたが、それは、近代化の衝撃を受けた伝統的なドイツ社会に似た状況では、どこでも発展してくることになった。私は、このイデオロギーの成立は不可避のことであったとは言いたくない。おそらく、まったく生れなかったかもしれないのである。人間の想像力は発見可能な法則に従う、したがって思想の運動は予測可能であるということを、確実に証明した人はまだいない。もしこの理念が生れなかったならば、歴史は別の道を辿ったことであろう。ドイツ人に加えられた傷はそのまま残ったとしても、彼らの生み出した鎮痛剤、レーモン・アロンのいう知識人の阿片(彼はマルクス主義をそう呼んだ)は別のものであったかもしれない——もしそうであったならば、事態は別の展開を見せたことであろう。しかしこの理念は現に生れた。そしてその結果は周知の通りである。その本質と重要性を認めようとしないのは、ある種のイデオロギー的頑冥さを示しているように、私には思えるのである。

何故、これを見なかったのであろうか。一つにはおそらく、いわゆる「ウィッグ的解釈」が啓蒙自由主義的な(そして社会主義的な)歴史家の間にきわめて広く流布していたからである。その実情はお馴染みである。一方には暗黒の権力——教会、資本主義、伝統、権威、階層制、搾取、特権がある。他方には光明がある。理性、知識、人々を隔てる壁を倒すための闘争、平等と人権(特に勤労大衆の)、個人的、社会的自由、貧困と圧制と野蛮さを減少させるための闘争がある。つまり人々の間の差違ではなくて、人々が共通に有しているものが強調されている。しかしきわめて単純化していえば、発生論的な同質性と同じく、またフォイエルバッハとマルクスの「類的存在」と同じく、差違もまた現実的なものとして存在していたのである。この差違から発生する民族感情は、ちょうど現代の共産圏で起っているように、光明と暗黒、進歩と反動の区別の両側に流れていった。無視された差違が自己主張を行い、遂には、想定ないし希望の画一性を目指してそれを乗り越えようとする努力にうち勝つのである。啓蒙の綱領の核心には、理性に支配された単一の科学的に組織された世界体制という理想があった。イマヌエル・カントには、非合理主義への傾きを非難する余地はほとんどないが、その彼が断言している。「人間という曲った材木から、真直ぐなものは作れない。」彼のいったことは、馬鹿げたことではなかった。

私は、もう一つ示唆をしておきたい。十九世紀と二十世紀初期の思想は驚くべくヨーロッパ中心的であったように思われる。この時期、アフリカやアジアの住民について語る時には、もっとも想像力に富み、そしてもっとも急進的な政治思想家でさえも、概して奇妙なまでに縁遠く抽象的なところがあった。彼らはアジア人とアフリカ人を、ヨーロッパ人が彼らをどう扱っているかという観点からだけ考えている。帝国主義者か慈愛に満ちた家父長主義者か、それとも征服と搾取に憤激している自由主義者、社会主義者かを問わず、アジア、アフリカの人民についてはいわば未成年者、あるいはヨーロッパの犠牲者として論じられることはあっても、それ自体として、つまりそれ自身の歴史と文化、彼ら自身の性格と状況から理解されねばならない過去、現在、未来を有するものとしては、めったに論じられることはなかった。またインドやペルシア、中国や日本の場合のように、土着文化の存在が認められても、これらの社会の将来の必要が論じられる時にはほとんど無視されがちであった。したがって、これら両大陸でナショナリズムが勃興するかもしれぬという観念は、真面目に考慮される余地がなかった。レーニンでさえも、これら両大陸のナショナリスト運動をヨーロッパ帝国主義に反対する武器としてだけ考え、それにたいする支持をヨーロッパの革命への前進を早めるか遅らせるかという点からだけ考えていた。これは完全に理解できることである。彼と彼の仲間の革命家たちは、世界的権力の中心はヨーロッパにあると信じていたからである。ヨーロッパのプロレタリア革命は自動的に全世界の労働者を解放し、それによってアジア、アフリカの植民地的、半植民地的体制は一掃されるであろう。アジア、アフリカの人民は、新しい社会的に解放された国際的世界秩序の中に統合されるであろう。したがってレーニンは、さまざまな社会の生活それ自身については関心を持っていなかった。その点ではマルクスに習っていたのである。例えばインドと中国、さらにいえばアイルランドについてのマルクスの文章は特殊にこれらの国の将来についで教えるところはまったくない。

両大陸における反帝国主義、さらにはナショナリズムの大爆発がほとんど予言されないでいたという事実は、少なくとも一部分、このほとんど普遍的なヨーロッパ中心主義によって説明できるであろう。一九〇四年のロシアにたいする日本の勝利という巨大な衝撃が生じるまでは、ヨーロッパの外の国民は言葉の完全な意味での民族として、西欧の社会、政治理論家の視野に現れてこなかった。ヨーロッパ外の人民の本来の性格、歴史、直面している問題、未来にとっての可能性は、政治、歴史、人類の発展一般を研究する人々にとって第一級の重要性を有する研究分野ではなかったのである。過去の未来学におけるこの奇妙な空白を説明するのは、一つにこのような事実であった。ロシア革命は、連合国の干渉以後においてもナショナリズムの要素とは真に無縁であった――むしろ、全体として反ナショナリズムの性質のものであったといってよいであろう――が、それは長く続きはしなかった。このことは教訓として心に留めておかねばならない。スターリンは、ヒットラーのロシア侵入の直前と最中に民族的感情にたいして譲歩しなければならなかったし、その後は純粋にロシア的な歴史上の英雄たちが称讃されるようになった。そのことは、民族感情の動員がソ連国家の目的を推進するのにどれ程必要であったかを示している。

少なくとも西欧世界の外では、今日のいかなる政治運動も民族感情と同盟することなくしては成功を望めないといっても、誇張ではないであろう。私は歴史家や政治科学者ではないから、この現象を説明したという積りはない。私は、一つの疑問を提出し、われわれの世界に決定的な影響を与えたロマン主義的反抗のこの特定の横枝にたいして、一層注目する必要があることを示したいと思うだけである。

〔河合秀和訳〕

■岩波オンデマンドブックス■

バーリン選集 1　思想と思想家

1983 年 7 月22日　第 1 刷発行
2017 年 1 月13日　オンデマンド版発行

編　者　福田歓一（ふくだかんいち）　河合秀和（かわいひでかず）

発行者　岡 本　厚

発行所　株式会社 岩波書店
〒101-8002 東京都千代田区一ツ橋 2-5-5
電話案内 03-5210-4000
http://www.iwanami.co.jp/

印刷／製本・法令印刷

ISBN 978-4-00-730551-1　　Printed in Japan